智库中社 年度报告
Annual Report

THE GLOBAL URBAN COMPETITIVENESS REPORT (2019-2020)

跨入城市的
世界300年变局

全球城市竞争力报告（2019-2020）

倪鹏飞 [秘鲁]马尔科·卡米亚 郭靖 等著

中国社会科学院财经战略研究院
联合国人类住区规划署　　联合课题组

中国社会科学出版社

图书在版编目（CIP）数据

全球城市竞争力报告.2019－2020：跨入城市的世界
300年变局/倪鹏飞等著.—北京：中国社会科学出版社，
2021.4

（中社智库年度报告）

ISBN 978－7－5203－7389－0

Ⅰ.①全⋯ Ⅱ.①倪⋯ Ⅲ.①城市经济—经济评价—
研究报告—世界—2019－2020②城市经济—产业经济—研
究报告—世界—2019－2020 Ⅳ.①F299.1

中国版本图书馆CIP数据核字（2020）第191001号

出 版 人	赵剑英
策划编辑	周 佳
责任编辑	刘凯琳
责任校对	周 昊
责任印制	王 超

出　　　版	中国社会科学出版社
社　　　址	北京鼓楼西大街甲158号
邮　　　编	100720
网　　　址	http://www.csspw.cn
发 行 部	010－84083685
门 市 部	010－84029450
经　　　销	新华书店及其他书店

印　　　刷	北京明恒达印务有限公司
装　　　订	廊坊市广阳区广增装订厂
版　　　次	2021年4月第1版
印　　　次	2021年4月第1次印刷

开　　　本	710×1000 1/16
印　　　张	26.5
插　　　页	2
字　　　数	421千字
定　　　价	139.00元

课题组成员

顾　　问

麦穆娜·谢里夫　联合国副秘书长、联合国人类住区规划署执行主任

王伟光　十三届全国政协常务委员、民族和宗教委员会主任、中国
社会科学院原院长

华安·克洛斯　联合国原副秘书长、联合国人类住区规划署原执行
主任

高培勇　中国社会科学院副院长

何德旭　中国社会科学院财经战略研究院院长

陈启宗　亚洲协会副主席、香港明天更好基金执行委员会主席

杨　榕　联合国人类住区规划署区域间事务顾问、中国事务总协调人

樊　纲　中国经济体制改革研究会副会长

萨斯基亚·萨森　美国哥伦比亚大学教授

彼得·泰勒　英国皇家社会科学院院士、全球化和世界城市研究网
主任

费农·亨德森　伦敦政治经济学院经济地理学教授

主要作者

马尔科·卡米亚　联合国人类住区规划署城市经济与金融局局长

倪鹏飞　中国社会科学院城市与竞争力研究中心主任

郭　靖　中国社会科学院大学博士研究生

李　博　天津理工大学管理学院副教授

马洪福　天津财经大学现代经济管理研究院讲师

徐海东　中国社会科学院财经战略研究院助理研究员

丽兹·帕特森·冈特纳　联合国人类住区规划署城市经济与金融局
　　　　　　　　　　　高级顾问

赛尔吉·阿鲁　世界城市和地方政府联盟秘书处技术顾问

卢克·阿尔登　世界城市和地方政府联盟秘书处技术顾问

华斯卡·埃吉诺　美洲开发银行首席专家

阿克塞尔·锐迪克斯　美洲开发银行经济学家

阿洛伊苏斯·C. 莫沙　博茨瓦纳大学教授

马丁·斯莫尔卡　美国林肯土地政策研究中心资深研究员

龚维进　首都经济贸易大学城市经济与公共管理学院讲师

李启航　山东财经大学经济研究中心副教授

曹清峰　天津财经大学现代经济管理研究院讲师

彭旭辉　中国社会科学院财经战略研究院博士后

郭金红　南开大学经济学院博士研究生

沈　立　中国社会科学院城市与竞争力研究中心特邀研究员

张洋子　中国光大集团股份公司、清华大学五道口金融学院博士后

周晓波　中国光大集团股份公司、清华大学五道口金融学院博士后

刘笑男　特华博士后科研工作站博士后

统计数据及大数据组

组长：

王　宇　中国社会科学院城市与竞争力研究中心科研助理

李健铨　中国社会科学院城市与竞争力研究中心特邀数据分析师
　　　　北京神州泰岳软件股份有限公司职员

陈　帅　北京中科闻歌科技股份有限公司数据工程师

汪小东　北京中科闻歌科技股份有限公司数据工程师

成员：

刘小康　中国社会科学院城市与竞争力研究中心特邀数据分析师

　　　　北京神州泰岳软件股份有限公司职员

刑文涛　中国社会科学院城市与竞争力研究中心特邀数据分析师

宾有才　中国社会科学院城市与竞争力研究中心特邀数据分析师

胡　敏　中国社会科学院城市与竞争力研究中心特邀数据分析师

胡旭奉　中国社会科学院城市与竞争力研究中心特邀数据分析师

罗子康　北京中科闻歌科技股份有限公司数据分析师

刘星辰　北京中科闻歌科技股份有限公司数据分析师

刘　静　北京中科闻歌科技股份有限公司数据分析师

陈　杰　江西理工大学电气工程与自动化学院学生

李墨轩　南开大学金融学院学生

许　臻　北京大学外国语学院学生

陈海潮　大连理工大学经济管理学院学生

郑雨涵　北京大学艺术学院学生

秦谊鸽　天津外国语大学求索荣誉学院学生

范韫盈　中国社会科学院大学国际关系学院学生

唐柯宇　天津外国语大学英语学院学生

报告项目协调

黄　进　中国社会科学院城市与竞争力研究中心博士

刘尚超　中国社会科学院城市与竞争力研究中心博士

张　祎　联合国人类住区规划署城市经济与金融局顾问

郭　靖　中国社会科学院大学博士研究生

目　　录

第三部分 竞争力报告

第四部分　城市分级

第一部分　总体报告

第一章

全球城市竞争力 2019—2020 年度排名

	国家	城市等级	经济竞争力	排名	可持续竞争力	排名
纽约	美国	A +	1.0000	1	0.8638	3
伦敦	英国	A +	0.8762	2	0.8246	4
新加坡	新加坡	B	0.8614	3	0.9026	1
深圳	中国	C +	0.8403	4	0.7136	19
圣何塞	美国	C	0.8359	5	0.6491	33
东京	日本	A +	0.8340	6	0.9012	2
旧金山	美国	B	0.8284	7	0.8083	5
慕尼黑	德国	B	0.8009	8	0.7238	15
洛杉矶	美国	B	0.7986	9	0.7570	9
上海	中国	B +	0.7950	10	0.6614	29
达拉斯—佛尔沃斯堡	美国	B	0.7911	11	0.6390	41
休斯敦	美国	B	0.7892	12	0.7034	24
香港	中国	B	0.7876	13	0.8028	7
都柏林	爱尔兰	B	0.7857	14	0.5049	134
首尔	韩国	B +	0.7752	15	0.7263	14
波士顿	美国	B	0.7737	16	0.7161	17
北京	中国	A	0.7602	17	0.6412	38
广州	中国	C +	0.7509	18	0.6011	67
迈阿密	美国	C +	0.7257	19	0.6981	25
芝加哥	美国	B +	0.7205	20	0.7478	10
巴黎	法国	A	0.7199	21	0.8060	6
法兰克福	德国	C +	0.7088	22	0.7120	20

续表

	国家	城市等级	经济竞争力	排名	可持续竞争力	排名
特拉维夫—雅法	以色列	D +	0.7065	23	0.6338	44
西雅图	美国	C +	0.7040	24	0.6543	30
苏州	中国	C	0.6879	25	0.6110	58
斯德哥尔摩	瑞典	B	0.6826	26	0.7289	13
费城	美国	C +	0.6789	27	0.7092	21
斯图加特	德国	C	0.6744	28	0.7182	16
大阪	日本	B	0.6645	29	0.7701	8
多伦多	加拿大	B	0.6575	30	0.7076	22
巴尔的摩	美国	C	0.6555	31	0.6177	50
布里奇波特—斯坦福德	美国	D	0.6549	32	0.5676	81
杜塞尔多夫	德国	C	0.6521	33	0.5111	125
圣迭戈	美国	C	0.6501	34	0.6141	54
日内瓦	瑞士	C	0.6489	35	0.6042	64
亚特兰大	美国	B	0.6487	36	0.6514	32
克利夫兰	美国	C	0.6486	37	0.6463	34
珀斯	澳大利亚	C	0.6422	38	0.6125	55
丹佛	美国	C +	0.6415	39	0.6321	45
底特律	美国	C	0.6395	40	0.6021	66
伊斯坦布尔	土耳其	B	0.6381	41	0.5814	74
南京	中国	C +	0.6331	42	0.5650	83
武汉	中国	C	0.6305	43	0.5128	122
台北	中国	B	0.6293	44	0.7051	23
夏洛特	美国	C	0.6277	45	0.5023	138
纳什维尔—戴维森	美国	C	0.6192	46	0.4935	145
明尼阿波利斯	美国	C +	0.6151	47	0.4856	150
柏林	德国	B	0.6148	48	0.6890	26
奥斯丁	美国	C	0.6127	49	0.5971	68
汉堡	德国	C +	0.6102	50	0.6318	46
维也纳	奥地利	B	0.6019	51	0.6372	43
阿布扎比	阿拉伯联合酋长国	C	0.6000	52	0.4269	224

续表

	国家	城市等级	经济竞争力	排名	可持续竞争力	排名
罗利	美国	C	0.5999	53	0.6095	59
成都	中国	C +	0.5996	54	0.4943	143
科隆	德国	D +	0.5985	55	0.5916	71
拉斯维加斯	美国	C	0.5973	56	0.5197	117
苏黎世	瑞士	C +	0.5966	57	0.6268	47
盐湖城	美国	C	0.5848	58	0.6151	53
里士满	美国	C	0.5830	59	0.5790	76
哥本哈根	丹麦	C +	0.5817	60	0.6174	51
奥兰多	美国	C	0.5795	61	0.5961	69
莫斯科	俄罗斯	B	0.5784	62	0.7343	12
悉尼	澳大利亚	B	0.5783	63	0.6435	35
杭州	中国	C	0.5765	64	0.5085	130
无锡	中国	D +	0.5763	65	0.5361	103
巴塞罗那	西班牙	B	0.5757	66	0.7366	11
伯明翰	英国	C	0.5736	67	0.6423	37
长沙	中国	C	0.5727	68	0.4745	165
米尔沃基	美国	D +	0.5692	69	0.5456	95
温哥华	加拿大	C	0.5682	70	0.6075	61
布鲁塞尔	比利时	B	0.5656	71	0.6032	65
迪拜	阿拉伯联合酋长国	C +	0.5653	72	0.5408	98
卡尔卡里	加拿大	C	0.5652	73	0.5209	116
多哈	卡塔尔	C	0.5622	74	0.5641	84
汉诺威	德国	C	0.5599	75	0.6158	52
青岛	中国	C	0.5595	76	0.4941	144
俄亥俄州哥伦布	美国	C	0.5585	77	0.5727	79
仙台	日本	D +	0.5579	78	0.4856	151
路易斯维尔	美国	D +	0.5559	79	0.5323	105
埃森	德国	D +	0.5548	80	0.5271	107
重庆	中国	C	0.5545	81	0.3911	284
天津	中国	C	0.5543	82	0.5270	108

续表

	国家	城市等级	经济竞争力	排名	可持续竞争力	排名
吉隆坡	马来西亚	C +	0.5535	83	0.6093	60
佛山	中国	D +	0.5522	84	0.5264	109
华盛顿特区	美国	C +	0.5480	85	0.6120	56
蔚山	韩国	D	0.5456	86	0.5795	75
俄克拉荷马城	美国	D +	0.5448	87	0.4527	192
曼彻斯特	英国	C	0.5445	88	0.6517	31
利雅得	沙特阿拉伯	C	0.5434	89	0.5592	89
宁波	中国	C	0.5429	90	0.4838	154
凤凰城	美国	C	0.5427	91	0.5667	82
安特卫普	比利时	D +	0.5424	92	0.5606	87
阿姆斯特丹	荷兰	B	0.5416	93	0.6070	62
郑州	中国	C	0.5412	94	0.4782	159
坦帕	美国	C	0.5396	95	0.5107	126
巴吞鲁日	美国	D +	0.5329	96	0.4674	173
辛辛那提	美国	C	0.5307	97	0.4216	234
多特蒙德	德国	D +	0.5296	98	0.5334	104
常州	中国	D +	0.5291	99	0.4802	158
海法	以色列	D +	0.5276	100	0.5618	85
蒙特尔	加拿大	C +	0.5261	101	0.6408	40
雅加达	印度尼西亚	C	0.5248	102	0.4229	231
名古屋	日本	C	0.5223	103	0.6253	48
东莞	中国	D +	0.5223	104	0.5166	121
圣安东尼亚	美国	C	0.5215	105	0.4910	148
广岛	日本	D +	0.5200	106	0.6429	36
奥斯陆	挪威	C +	0.5199	107	0.4838	153
德累斯顿	德国	D +	0.5192	108	0.5217	113
海牙	荷兰	D +	0.5163	109	0.5048	136
印第安纳波利斯	美国	C	0.5155	110	0.4631	181
奥勒姆	美国	E +	0.5147	111	0.4823	157
汉密尔顿	加拿大	D +	0.5136	112	0.5048	135
澳门	中国	D +	0.5134	113	0.4929	146
黄金海岸	澳大利亚	D	0.5116	114	0.4670	176

续表

	国家	城市等级	经济竞争力	排名	可持续竞争力	排名
堪萨斯城	美国	D +	0.5109	115	0.4578	186
莱比锡	德国	D +	0.5105	116	0.5053	133
弗吉尼亚比奇	美国	D	0.5090	117	0.5209	115
吉达	沙特阿拉伯	D	0.5086	118	0.5089	128
曼谷	泰国	C +	0.5080	119	0.4673	174
布里斯班	澳大利亚	C	0.5080	120	0.5251	111
南通	中国	D +	0.5076	121	0.4217	233
匹兹堡	美国	C	0.5073	122	0.4613	183
墨尔本	澳大利亚	C +	0.5064	123	0.6806	27
赫尔辛基	芬兰	C +	0.5042	124	0.5868	72
马德里	西班牙	B	0.5026	125	0.7147	18
高雄	中国	D +	0.4989	126	0.5114	124
查尔斯顿县北查尔斯顿市	美国	D +	0.4982	127	0.4407	205
墨西哥城	墨西哥	C	0.4981	128	0.5608	86
哈特福德	美国	D +	0.4977	129	0.5605	88
渥太华	加拿大	C	0.4965	130	0.4652	177
仁川	韩国	C	0.4962	131	0.6113	57
札幌	日本	D +	0.4948	132	0.5582	90
圣贝纳迪诺	美国	D	0.4939	133	0.4368	215
布里斯托尔	英国	C	0.4935	134	0.4320	219
哥德堡	瑞典	D +	0.4934	135	0.4182	241
艾伦镇	美国	D	0.4912	136	0.3836	298
罗马	意大利	B	0.4864	137	0.6652	28
科泉市	美国	D	0.4863	138	0.4963	142
大急流城	美国	D	0.4861	139	0.4093	257
里尔	法国	D +	0.4858	140	0.4829	155
济南	中国	C	0.4848	141	0.4407	206
北九州—福冈大都市圈	日本	D	0.4846	142	0.6231	49
米兰	意大利	B	0.4839	143	0.6410	39
普罗维登斯	美国	D +	0.4834	144	0.4708	169

续表

	国家	城市等级	经济竞争力	排名	可持续竞争力	排名
合肥	中国	C	0.4831	145	0.4462	199
里昂	法国	C	0.4829	146	0.5072	131
沙没巴干	泰国	E	0.4828	147	0.4436	201
泉州	中国	D	0.4821	148	0.4021	268
厦门	中国	C	0.4818	149	0.5486	94
西安	中国	C	0.4813	150	0.4477	197
埃德蒙顿	加拿大	C	0.4800	151	0.4029	265
鹿特丹	荷兰	C	0.4781	152	0.4754	163
福州	中国	C	0.4769	153	0.4163	246
伯明翰	美国	D	0.4766	154	0.4060	261
火奴鲁鲁	美国	D +	0.4765	155	0.4539	190
圣地亚哥	智利	C	0.4758	156	0.5378	100
哥伦比亚	美国	C	0.4756	157	0.4370	214
西约克郡	英国	D	0.4750	158	0.5917	70
伍斯特	美国	D	0.4745	159	0.5086	129
戴顿	美国	D	0.4745	160	0.4248	229
德里	印度	C	0.4743	161	0.4044	262
圣何塞	哥斯达黎加	D +	0.4713	162	0.5186	119
扬州	中国	D	0.4711	163	0.4038	263
奥克兰	新西兰	C +	0.4700	164	0.5249	112
开普科勒尔	美国	E +	0.4679	165	0.4406	207
巴伦西亚	西班牙	C	0.4678	166	0.5764	77
利马	秘鲁	C	0.4661	167	0.5128	123
亚克朗市	美国	D	0.4652	168	0.4102	255
波哥大	哥伦比亚	C +	0.4650	169	0.5187	118
利物浦	英国	C	0.4647	170	0.4824	156
麦地那	沙特阿拉伯	D	0.4646	171	0.5172	120
诺克斯维尔	美国	D +	0.4644	172	0.4068	258
珠海	中国	D +	0.4644	173	0.4554	189
镇江	中国	D	0.4640	174	0.4363	217
烟台	中国	D +	0.4632	175	0.4116	253
马赛	法国	C	0.4630	176	0.4438	200

续表

	国家	城市等级	经济竞争力	排名	可持续竞争力	排名
谢菲尔德	英国	D +	0.4625	177	0.4107	254
耶路撒冷	以色列	D +	0.4624	178	0.5734	78
贝尔法斯特	英国	D +	0.4602	179	0.5093	127
泰州	中国	D	0.4593	180	0.3909	285
巴拿马城	巴拿马	D +	0.4585	181	0.4173	243
布加勒斯特	罗马尼亚	C	0.4585	182	0.4371	212
威尼斯	意大利	D +	0.4580	183	0.4771	161
萨克拉门托	美国	D +	0.4574	184	0.3792	305
大连	中国	C	0.4573	185	0.4527	193
格拉斯哥	英国	C	0.4571	186	0.5425	96
布法罗	美国	D +	0.4555	187	0.5034	137
马尼拉	菲律宾	D +	0.4554	188	0.3361	380
麦加	沙特阿拉伯	E +	0.4544	189	0.4500	196
纽黑文	美国	D +	0.4543	190	0.5069	132
徐州	中国	D +	0.4533	191	0.3973	278
釜山	韩国	D +	0.4526	192	0.5496	92
华沙	波兰	C +	0.4510	193	0.3835	299
奥格登—莱顿	美国	D	0.4507	194	0.4610	184
昌原	韩国	E +	0.4501	195	0.4029	264
布宜诺斯艾利斯	阿根廷	C +	0.4484	196	0.6380	42
南昌	中国	D +	0.4451	197	0.4199	238
光州	韩国	D	0.4435	198	0.5565	91
大田	韩国	D +	0.4433	199	0.5830	73
沈阳	中国	C	0.4429	200	0.4614	182
萨拉戈萨	西班牙	D	0.4426	201	0.4998	140
阿德莱德	澳大利亚	C	0.4407	202	0.5417	97
东营	中国	D	0.4404	203	0.3777	308
蒙特雷	墨西哥	D +	0.4399	204	0.4021	269
盖布泽	土耳其	D	0.4387	205	0.3863	290
中山	中国	D +	0.4368	206	0.4903	149
布拉格	捷克	C +	0.4368	207	0.4412	203
蒙得维的亚	乌拉圭	D +	0.4365	208	0.4558	188

续表

	国家	城市等级	经济竞争力	排名	可持续竞争力	排名
阿斯塔纳	哈萨克斯坦	D	0.4359	209	0.6054	63
绍兴	中国	D	0.4355	210	0.4027	266
图卢兹	法国	C	0.4332	211	0.4409	204
里斯本	葡萄牙	C	0.4330	212	0.4845	152
台中	中国	D	0.4327	213	0.5262	110
奥马哈	美国	D +	0.4327	214	0.3614	330
嘉兴	中国	D	0.4320	215	0.4275	222
博洛尼亚	意大利	C	0.4285	216	0.4642	178
孟菲斯	美国	D +	0.4278	217	0.4362	218
南特	法国	D +	0.4273	218	0.3897	288
大邱	韩国	D +	0.4266	219	0.5380	99
孟买	印度	C +	0.4262	220	0.3443	357
安卡拉	土耳其	C	0.4261	221	0.4269	225
那不勒斯	意大利	C	0.4253	222	0.5487	93
尼斯—戛纳	法国	D +	0.4242	223	0.3842	296
列日	比利时	D	0.4232	224	0.5021	139
维罗那	意大利	D +	0.4229	225	0.4694	171
莱斯特	英国	D +	0.4225	226	0.4740	166
波兹南	波兰	D	0.4165	227	0.4179	242
萨拉索塔—布雷登顿	美国	D	0.4161	228	0.3423	365
诺丁汉	英国	D +	0.4159	229	0.4154	247
伊兹密尔	土耳其	D +	0.4154	230	0.4191	239
波尔多	法国	C	0.4149	231	0.3554	342
长春	中国	D +	0.4149	232	0.4012	270
布达佩斯	匈牙利	C +	0.4146	233	0.4563	187
土伦	法国	D	0.4144	234	0.3507	347
威海	中国	D	0.4122	235	0.3887	289
布莱梅	德国	D +	0.4118	236	0.3243	405
静冈—滨松大都市圈	日本	D	0.4116	237	0.4704	170
罗萨里奥	阿根廷	D	0.4110	238	0.4262	227
芜湖	中国	D	0.4105	239	0.3394	373
淄博	中国	D	0.4098	240	0.4122	251

续表

	国家	城市等级	经济竞争力	排名	可持续竞争力	排名
罗切斯特	美国	C	0.4093	241	0.4272	223
新竹	中国	D	0.4091	242	0.3771	309
马拉加	西班牙	D +	0.4047	243	0.5376	101
佛罗伦萨	意大利	D +	0.4045	244	0.4599	185
贵阳	中国	D +	0.4033	245	0.3730	313
魁北克	加拿大	D +	0.4027	246	0.4098	256
新奥尔良	美国	D +	0.4006	247	0.4671	175
热那亚	意大利	D +	0.3988	248	0.4213	235
台南	中国	D	0.3961	249	0.4748	164
塔尔萨	美国	D	0.3953	250	0.3404	371
潍坊	中国	D	0.3947	251	0.3674	322
布尔萨	土耳其	D	0.3944	252	0.4199	237
奥尔巴尼	美国	D +	0.3938	253	0.2568	576
熊本	日本	E +	0.3938	254	0.4130	250
盐城	中国	D	0.3923	255	0.3438	358
温尼伯格	加拿大	D +	0.3918	256	0.3978	277
唐山	中国	D	0.3893	257	0.3916	283
圣保罗	巴西	B	0.3874	258	0.5679	80
达曼	沙特阿拉伯	D	0.3863	259	0.4767	162
石家庄	中国	D +	0.3850	260	0.3814	301
圣菲	阿根廷	D	0.3818	261	0.3513	346
温州	中国	D +	0.3814	262	0.3853	294
宜昌	中国	D	0.3814	263	0.3281	398
台州	中国	D	0.3810	264	0.3701	317
都灵	意大利	D +	0.3809	265	0.4965	141
比勒陀利亚	南非	D	0.3805	266	0.5313	106
昆明	中国	C	0.3794	267	0.3648	324
新潟	日本	E +	0.3791	268	0.4403	208
马拉开波	委内瑞拉	E +	0.3766	269	0.4061	260
里约热内卢	巴西	C	0.3756	270	0.4917	147
惠州	中国	D	0.3742	271	0.3901	287
瓜达拉哈拉	墨西哥	D +	0.3730	272	0.3854	292

续表

	国家	城市等级	经济竞争力	排名	可持续竞争力	排名
苏腊巴亚	印度尼西亚	D	0.3727	273	0.3987	274
沙加	阿拉伯联合酋长国	D	0.3724	274	0.4201	236
马拉凯	委内瑞拉	E +	0.3716	275	0.4025	267
贝克尔斯菲市	美国	D	0.3687	276	0.3685	320
克拉科夫	波兰	C	0.3682	277	0.3862	291
容迪亚伊	巴西	E +	0.3673	278	0.3303	391
包头	中国	D	0.3668	279	0.3301	392
圣多明各	多米尼加共和国	D	0.3658	280	0.4368	216
秋明	俄罗斯	E	0.3645	281	0.3767	310
铜陵	中国	D	0.3641	282	0.2571	574
襄阳	中国	D	0.3641	283	0.3185	417
科威特城	科威特	D	0.3636	284	0.4224	232
约翰内斯堡	南非	C	0.3624	285	0.4693	172
圣彼得堡	俄罗斯	D +	0.3621	286	0.5215	114
班加罗尔	印度	C	0.3610	287	0.3688	319
太原	中国	D +	0.3603	288	0.3995	272
卡拉杰	伊朗	E +	0.3601	289	0.4276	221
波尔图	葡萄牙	C	0.3597	290	0.4512	195
淮安	中国	D	0.3596	291	0.3309	390
罗兹	波兰	D	0.3595	292	0.3597	333
南宁	中国	D +	0.3590	293	0.3608	331
呼和浩特	中国	D	0.3590	294	0.3524	345
巴塞罗那—拉克鲁斯港	委内瑞拉	D +	0.3587	295	0.4535	191
弗雷斯诺	美国	D	0.3578	296	0.3364	379
巴伦西亚	委内瑞拉	D	0.3564	297	0.4427	202
济宁	中国	D	0.3560	298	0.3386	374
鄂尔多斯	中国	E +	0.3559	299	0.3259	401
阿什哈巴德	土库曼斯坦	E +	0.3556	300	0.2926	473
圣胡安	波多黎各	D +	0.3554	301	0.4729	168
哈尔滨	中国	C	0.3553	302	0.3561	339

续表

	国家	城市等级	经济竞争力	排名	可持续竞争力	排名
阿瓦士	伊朗	E +	0.3533	303	0.4471	198
开罗	埃及	C	0.3531	304	0.2925	474
卡塔尼亚	意大利	D +	0.3508	305	0.4385	210
阿拉木图	哈萨克斯坦	D +	0.3501	306	0.3692	318
舟山	中国	D	0.3495	307	0.3497	349
达卡	孟加拉国	D +	0.3493	308	0.3049	443
索菲亚	保加利亚	C	0.3493	309	0.4634	180
埃尔帕索	美国	D	0.3486	310	0.3728	314
波特兰	美国	C	0.3483	311	0.3944	281
瓦赫兰	阿尔及利亚	D	0.3483	312	0.3650	323
新山市	马来西亚	D	0.3470	313	0.4396	209
帕多瓦市	意大利	D +	0.3468	314	0.3839	297
金华	中国	D	0.3458	315	0.3607	332
加拉加斯	委内瑞拉	D +	0.3441	316	0.4384	211
纽卡斯尔	英国	E +	0.3440	317	0.4140	249
洛阳	中国	D	0.3432	318	0.3451	356
阿达纳	土耳其	D	0.3420	319	0.3803	302
湖州	中国	D	0.3419	320	0.3476	353
阿雷格里港	巴西	D +	0.3418	321	0.4182	240
泰安	中国	E +	0.3412	322	0.3479	352
廊坊	中国	D	0.3411	323	0.3462	354
安塔利亚	土耳其	D	0.3407	324	0.3193	414
乌鲁木齐	中国	D +	0.3401	325	0.3951	280
巴库	阿塞拜疆	D +	0.3392	326	0.3747	312
株洲	中国	D	0.3391	327	0.3406	370
危地马拉城	危地马拉	D	0.3389	328	0.3492	350
莆田	中国	E +	0.3379	329	0.3226	409
莱昂	墨西哥	D +	0.3375	330	0.4640	179
阿尔伯克基	美国	D +	0.3354	331	0.3091	435
湘潭	中国	D	0.3340	332	0.3429	362
巴里	意大利	D +	0.3335	333	0.4173	244
许昌	中国	D	0.3328	334	0.3342	385

续表

	国家	城市等级	经济竞争力	排名	可持续竞争力	排名
布赖代	沙特阿拉伯	E	0.3328	335	0.3056	440
的黎波里	利比亚	D	0.3318	336	0.3300	395
马斯喀特	阿曼	D	0.3318	337	0.4165	245
提华那	墨西哥	D	0.3306	338	0.4153	248
萨格勒布	克罗地亚	C	0.3301	339	0.3538	343
门多萨	阿根廷	D	0.3292	340	0.4263	226
贝尔谢巴	以色列	E	0.3289	341	0.3795	304
内罗毕	肯尼亚	C	0.3281	342	0.3240	407
麦卡伦	美国	E +	0.3276	343	0.3414	369
明斯克	白俄罗斯	D +	0.3274	344	0.4513	194
安曼	约旦	D +	0.3269	345	0.4772	160
汕头	中国	D	0.3268	346	0.3556	341
马德普拉塔	阿根廷	E +	0.3263	347	0.3159	422
焦作	中国	D	0.3261	348	0.3530	344
哈瓦那	古巴	D	0.3253	349	0.4065	259
怡保市	马来西亚	E +	0.3252	350	0.3678	321
连云港	中国	D	0.3251	351	0.3276	400
德州	中国	D	0.3238	352	0.3227	408
三马林达	印度尼西亚	E +	0.3238	353	0.3427	364
维多利亚	巴西	E	0.3227	354	0.4260	228
圣路易斯波托西	墨西哥	D	0.3222	355	0.3783	307
岳阳	中国	D	0.3218	356	0.3185	418
宿迁	中国	E +	0.3184	357	0.2990	460
科尔多瓦	阿根廷	D	0.3179	358	0.3960	279
聊城	中国	D	0.3172	359	0.3277	399
麦德林	哥伦比亚	D +	0.3167	360	0.4010	271
鄂州	中国	E +	0.3162	361	0.3174	419
塞萨洛尼基	希腊	D +	0.3135	362	0.3789	306
贝洛奥里藏特	巴西	D +	0.3124	363	0.3589	335
日照	中国	E +	0.3122	364	0.3191	416
钦奈	印度	C	0.3121	365	0.3015	453
临沂	中国	D	0.3109	366	0.3125	426

续表

	国家	城市等级	经济竞争力	排名	可持续竞争力	排名
巴格达	伊拉克	D	0.3107	367	0.3908	286
滨州	中国	D	0.3101	368	0.3144	424
海口	中国	D +	0.3098	369	0.3624	328
库里奇巴	巴西	D	0.3097	370	0.3351	382
兰州	中国	D +	0.3085	371	0.3435	360
沧州	中国	D	0.3079	372	0.3203	413
马鞍山	中国	D	0.3073	373	0.2974	465
胡富夫	沙特阿拉伯	E	0.3072	374	0.2244	688
德黑兰	伊朗	D +	0.3072	375	0.4740	167
枣庄	中国	E +	0.3061	376	0.3416	367
卡利	哥伦比亚	D	0.3049	377	0.3572	337
罗安达	安哥拉	D	0.3035	378	0.4239	230
里加	拉脱维亚	C	0.3030	379	0.3009	455
江门	中国	D	0.3021	380	0.3241	406
圣若泽杜斯坎普斯	巴西	E +	0.3019	381	0.3594	334
贝鲁特	黎巴嫩	D +	0.3017	382	0.3459	355
巴勒莫	意大利	D +	0.3016	383	0.3917	282
北干巴鲁	印度尼西亚	E +	0.3016	384	0.3333	387
银川	中国	D	0.3015	385	0.3381	376
柳州	中国	D	0.3013	386	0.2989	462
新余	中国	E +	0.3006	387	0.2968	466
美利达	墨西哥	D	0.2999	388	0.3618	329
比亚埃尔莫萨	墨西哥	E +	0.2997	389	0.3356	381
坎昆	墨西哥	D	0.2987	390	0.2907	477
常德	中国	D	0.2985	391	0.3006	456
圣米格尔—德图库曼	阿根廷	E +	0.2977	392	0.2521	599
亚松森	巴拉圭	D	0.2975	393	0.3847	295
里贝朗普雷图	巴西	D	0.2974	394	0.3634	326
拉各斯	尼日利亚	D +	0.2972	395	0.3798	303
咸阳	中国	E +	0.2968	396	0.3212	412
茂名	中国	E +	0.2965	397	0.3065	439
巴厘巴板	印度尼西亚	E +	0.2954	398	0.3053	441

	国家	城市等级	经济竞争力	排名	可持续竞争力	排名
图森	美国	C	0.2951	399	0.3416	368
德阳	中国	E +	0.2945	400	0.3034	447
龙岩	中国	E +	0.2936	401	0.2696	530
坎皮纳斯	巴西	D +	0.2934	402	0.3853	293
圣地亚哥—德洛斯卡瓦耶罗斯	多米尼加共和国	D	0.2934	403	0.3980	276
基多	厄瓜多尔	D +	0.2931	404	0.3821	300
瓦尔帕莱索	智利	D	0.2930	405	0.3749	311
克雷塔罗	墨西哥	D	0.2922	406	0.3558	340
若茵维莱	巴西	E +	0.2920	407	0.2975	464
黄石	中国	E +	0.2907	408	0.3020	452
塞维利亚	西班牙	D +	0.2906	409	0.3984	275
漳州	中国	D	0.2898	410	0.3285	397
弗罗茨瓦夫	波兰	D +	0.2893	411	0.2876	486
遵义	中国	D	0.2893	412	0.2663	537
贝宁	尼日利亚	E +	0.2892	413	0.2263	684
托雷翁	墨西哥	E +	0.2886	414	0.3431	361
巴丹岛	印度尼西亚	E +	0.2886	415	0.3436	359
衡阳	中国	D	0.2867	416	0.3000	458
三明	中国	E +	0.2863	417	0.2606	559
加尔各答	印度	D +	0.2862	418	0.2563	578
乌海	中国	E +	0.2860	419	0.1736	831
北海	中国	D	0.2858	420	0.3032	449
盘锦	中国	E +	0.2855	421	0.3160	421
胡志明市	越南	D +	0.2851	422	0.2044	743
揭阳	中国	E +	0.2844	423	0.3011	454
代尼兹利	土耳其	E +	0.2832	424	0.1933	787
肇庆	中国	D	0.2828	425	0.2957	467
乌法	俄罗斯	D	0.2815	426	0.3639	325
榆林	中国	E +	0.2814	427	0.2814	498
开普敦	南非	C	0.2813	428	0.4304	220

续表

	国家	城市等级	经济竞争力	排名	可持续竞争力	排名
哈科特港	尼日利亚	E +	0.2812	429	0.2851	491
马塔莫罗斯	墨西哥	E +	0.2808	430	0.3348	384
攀枝花	中国	E +	0.2799	431	0.2745	517
九江	中国	D	0.2799	432	0.2817	497
德班	南非	D	0.2794	433	0.3725	315
巴西利亚	巴西	D +	0.2793	434	0.4370	213
卡拉奇	巴基斯坦	D +	0.2780	435	0.2661	539
胡亚雷斯	墨西哥	D	0.2780	436	0.4119	252
古晋	马来西亚	E +	0.2778	437	0.3001	457
菏泽	中国	D	0.2764	438	0.2806	503
安阳	中国	D	0.2755	439	0.3077	436
雅典	希腊	C +	0.2753	440	0.5363	102
湛江	中国	D	0.2753	441	0.3046	444
宁德	中国	D	0.2749	442	0.2699	528
宝鸡	中国	E +	0.2747	443	0.2812	500
濮阳	中国	E +	0.2746	444	0.2945	471
郴州	中国	E +	0.2730	445	0.2777	509
河内	越南	D +	0.2725	446	0.2023	749
蚌埠	中国	D	0.2722	447	0.2840	494
科钦	印度	D	0.2719	448	0.2903	478
西宁	中国	D	0.2713	449	0.3027	450
新乡	中国	D	0.2712	450	0.3101	432
开封	中国	D	0.2711	451	0.3050	442
索罗卡巴	巴西	E +	0.2711	452	0.3156	423
托卢卡	墨西哥	E +	0.2707	453	0.3252	404
哥印拜陀	印度	D	0.2695	454	0.2813	499
鹰潭	中国	E +	0.2682	455	0.2981	463
邯郸	中国	D	0.2677	456	0.3220	411
奥韦里	尼日利亚	E +	0.2674	457	0.1977	770
阳江	中国	E +	0.2671	458	0.2761	511
自贡	中国	D	0.2668	459	0.2760	512
阿瓜斯卡连特斯	墨西哥	E +	0.2662	460	0.3498	348

续表

	国家	城市等级	经济竞争力	排名	可持续竞争力	排名
萨尔蒂约	墨西哥	E +	0.2658	461	0.3193	415
萨马拉	俄罗斯	D	0.2651	462	0.3570	338
马拉普兰	印度	E +	0.2649	463	0.2339	656
万隆	印度尼西亚	D	0.2647	464	0.3122	427
三亚	中国	D	0.2644	465	0.2912	476
卡塔赫纳	哥伦比亚	D	0.2640	466	0.3377	377
六盘水	中国	E +	0.2640	467	0.2633	553
营口	中国	E +	0.2631	468	0.2417	621
累西腓	巴西	D	0.2628	469	0.3375	378
金边	柬埔寨	D	0.2627	470	0.2542	590
埃尔比勒	伊拉克	E +	0.2617	471	0.3995	273
比亚维森西奥	哥伦比亚	E +	0.2613	472	0.1889	796
萍乡	中国	E +	0.2611	473	0.2803	504
上饶	中国	E +	0.2609	474	0.2746	516
漯河	中国	E +	0.2605	475	0.2918	475
鹤壁	中国	E +	0.2600	476	0.2810	501
荆门	中国	E +	0.2593	477	0.2648	547
乌约	尼日利亚	E +	0.2586	478	0.1957	778
阿巴	尼日利亚	E +	0.2576	479	0.2106	729
玉溪	中国	E +	0.2571	480	0.2686	532
圣萨尔瓦多	萨尔瓦多	D	0.2567	481	0.3349	383
梅尔辛	土耳其	D	0.2566	482	0.2324	664
拉普拉塔	阿根廷	D	0.2565	483	0.2701	527
南阳	中国	D +	0.2563	484	0.3103	431
康塞普西翁	智利	D	0.2562	485	0.2019	751
萨姆松	土耳其	E +	0.2551	486	0.2696	529
桂林	中国	D	0.2550	487	0.2877	485
科伦坡	斯里兰卡	D +	0.2545	488	0.2293	671
潮州	中国	E +	0.2543	489	0.2884	483
保定	中国	D	0.2542	490	0.2885	482
彼尔姆	俄罗斯	D	0.2538	491	0.3293	396
三宝垄	印度尼西亚	D	0.2530	492	0.2474	609

续表

	国家	城市等级	经济竞争力	排名	可持续竞争力	排名
宜春	中国	E +	0.2517	493	0.2659	542
赣州	中国	D	0.2513	494	0.2720	526
克拉玛依	中国	E +	0.2505	495	0.2537	593
伊科罗杜	尼日利亚	E	0.2504	496	0.3480	351
瓜亚基尔	厄瓜多尔	D	0.2504	497	0.3161	420
第比利斯	格鲁吉亚	D +	0.2503	498	0.2900	479
吉林	中国	D	0.2496	499	0.3221	410
周口	中国	E +	0.2496	500	0.2636	552
望加锡	印度尼西亚	D	0.2493	501	0.2780	508
拉合尔	巴基斯坦	D	0.2488	502	0.2395	632
平顶山	中国	D	0.2488	503	0.2883	484
衢州	中国	D	0.2488	504	0.2648	548
雅罗斯拉夫尔	俄罗斯	E	0.2485	505	0.2859	490
内江	中国	E +	0.2484	506	0.2284	674
辽源	中国	E	0.2484	507	0.2364	646
商丘	中国	E +	0.2476	508	0.2655	544
海得拉巴	印度	C	0.2471	509	0.2446	615
资阳	中国	E +	0.2467	510	0.2771	510
浦那	印度	C	0.2465	511	0.2847	492
三门峡	中国	E +	0.2463	512	0.2638	550
娄底	中国	E +	0.2462	513	0.2661	540
绵阳	中国	D	0.2451	514	0.2690	531
贝尔格莱德	塞尔维亚	C	0.2447	515	0.3580	336
孝感	中国	E +	0.2447	516	0.2649	545
阿布贾	尼日利亚	D	0.2443	517	0.3254	403
艾哈迈达巴德	印度	D	0.2441	518	0.2316	666
淮北	中国	E +	0.2434	519	0.2731	521
隆德里纳	巴西	D	0.2422	520	0.2754	514
景德镇	中国	E +	0.2421	521	0.2649	546
秦皇岛	中国	D	0.2418	522	0.2953	468
本溪	中国	E +	0.2414	523	0.2722	524
宜宾	中国	D	0.2414	524	0.2570	575

	国家	城市等级	经济竞争力	排名	可持续竞争力	排名
南平	中国	D	0.2413	525	0.2417	622
伊丽莎白港	南非	D	0.2412	526	0.3066	438
库利亚坎	墨西哥	E +	0.2412	527	0.3043	445
泸州	中国	D	0.2411	528	0.2727	523
驻马店	中国	E +	0.2407	529	0.2587	568
塔伊夫	沙特阿拉伯	E	0.2407	530	0.2442	617
防城港	中国	E +	0.2406	531	0.2462	611
埃莫西约	墨西哥	D	0.2403	532	0.3098	433
益阳	中国	E +	0.2402	533	0.2588	567
辽阳	中国	E +	0.2401	534	0.2754	515
亚历山大	埃及	D +	0.2399	535	0.2735	519
特鲁希略	秘鲁	E +	0.2398	536	0.2844	493
鞍山	中国	D	0.2395	537	0.3256	402
信阳	中国	D	0.2395	538	0.2550	586
阿雷基帕	秘鲁	E +	0.2394	539	0.3036	446
淮南	中国	D	0.2393	540	0.2553	584
荆州	中国	E +	0.2392	541	0.2589	566
巨港	印度尼西亚	E +	0.2374	542	0.2894	480
陶里亚蒂	俄罗斯	E	0.2371	543	0.2658	543
奇瓦瓦	墨西哥	D	0.2370	544	0.2757	513
咸宁	中国	D	0.2370	545	0.2556	583
滁州	中国	E +	0.2369	546	0.2517	600
塞得	埃及	E +	0.2366	547	0.2151	718
松原	中国	E +	0.2363	548	0.2663	538
雷诺萨	墨西哥	E +	0.2358	549	0.2950	469
奇姆肯特	哈萨克斯坦	E +	0.2356	550	0.2990	461
十堰	中国	D	0.2353	551	0.2579	572
加沙	巴勒斯坦	E +	0.2347	552	0.2383	637
喀土穆	苏丹	D	0.2343	553	0.2397	630
福塔莱萨	巴西	D	0.2339	554	0.3301	394
乌贝兰迪亚	巴西	E +	0.2336	555	0.2867	488
马图林	委内瑞拉	E	0.2334	556	0.2497	605

续表

	国家	城市等级	经济竞争力	排名	可持续竞争力	排名
乐山	中国	E +	0.2332	557	0.2524	596
锦州	中国	D	0.2331	558	0.2938	472
巴尔瑙尔	俄罗斯	E	0.2330	559	0.2806	502
吉大港	孟加拉国	E +	0.2324	560	0.2545	589
卡诺	尼日利亚	E +	0.2323	561	0.2596	562
梧州	中国	E +	0.2322	562	0.2581	571
戈亚尼亚	巴西	D	0.2320	563	0.3097	434
遂宁	中国	E +	0.2320	564	0.2523	597
科泽科德	印度	E +	0.2319	565	0.2595	563
圣路易斯	巴西	E	0.2308	566	0.2868	487
萨拉托夫	俄罗斯	E +	0.2305	567	0.3105	429
大庆	中国	D	0.2304	568	0.3335	386
抚顺	中国	D	0.2299	569	0.2720	525
贝伦	巴西	D	0.2298	570	0.3105	428
突尼斯	突尼斯	D +	0.2294	571	0.3397	372
眉山	中国	E +	0.2288	572	0.2541	591
晋城	中国	E +	0.2288	573	0.2618	556
衡水	中国	E +	0.2287	574	0.2591	564
棉兰	印度尼西亚	D	0.2281	575	0.2669	535
渭南	中国	E +	0.2276	576	0.2563	579
广安	中国	E +	0.2269	577	0.2443	616
黄冈	中国	E +	0.2265	578	0.2363	647
伊巴丹	尼日利亚	E +	0.2263	579	0.2056	738
圣佩德罗苏拉	洪都拉斯	E +	0.2260	580	0.2438	618
德古西加巴	洪都拉斯	D	0.2260	581	0.2781	507
普埃布拉	墨西哥	D	0.2251	582	0.3416	366
南充	中国	D	0.2238	583	0.2516	602
科恰班巴	玻利维亚	E +	0.2237	584	0.3034	448
德拉敦	印度	E	0.2236	585	0.2523	598
设拉子	伊朗	D	0.2227	586	0.3301	393
宣城	中国	E +	0.2225	587	0.2349	653
韶关	中国	E +	0.2220	588	0.2395	633

续表

	国家	城市等级	经济竞争力	排名	可持续竞争力	排名
圣克鲁斯	玻利维亚	D +	0.2212	589	0.3628	327
巴东	印度尼西亚	E +	0.2210	590	0.2740	518
丽水	中国	D	0.2208	591	0.2436	619
石嘴山	中国	E +	0.2208	592	0.2214	696
邢台	中国	D	0.2201	593	0.2624	554
克拉斯诺达尔	俄罗斯	E +	0.2196	594	0.2599	561
加济安泰普	土耳其	D	0.2192	595	0.3326	388
通辽	中国	E +	0.2191	596	0.2355	652
马瑙斯	巴西	D	0.2178	597	0.3385	375
维拉克斯	墨西哥	D	0.2177	598	0.2222	693
科尼亚	土耳其	D	0.2172	599	0.1567	876
托木斯克	俄罗斯	E +	0.2171	600	0.2830	495
埃努古	尼日利亚	E +	0.2166	601	0.2223	691
芹苴	越南	E +	0.2157	602	0.2145	721
梁赞	俄罗斯	E	0.2156	603	0.2546	588
阳泉	中国	E +	0.2147	604	0.2421	620
奎隆	印度	E +	0.2147	605	0.2250	686
玉林	中国	E +	0.2142	606	0.2584	569
开塞利	土耳其	D	0.2139	607	0.2365	644
巴基西梅托	委内瑞拉	E +	0.2133	608	0.2384	636
牡丹江	中国	E +	0.2132	609	0.2567	577
迪亚巴克尔	土耳其	E +	0.2129	610	0.1988	767
库埃纳瓦卡	墨西哥	E +	0.2128	611	0.2327	663
通化	中国	E +	0.2128	612	0.2399	626
埃斯基谢希尔	土耳其	D	0.2118	613	0.2296	670
随州	中国	E +	0.2117	614	0.2187	705
弗里尼欣	南非	E	0.2116	615	0.2343	654
安庆	中国	D	0.2112	616	0.2682	533
塞拉亚	墨西哥	E +	0.2111	617	0.2370	642
坎帕拉	乌干达	D	0.2108	618	0.2332	660
宿州	中国	E +	0.2108	619	0.2361	649
若昂佩索阿	巴西	E +	0.2107	620	0.2664	536

续表

	国家	城市等级	经济竞争力	排名	可持续竞争力	排名
克麦罗沃	俄罗斯	E	0.2106	621	0.2515	603
坎努尔	印度	E +	0.2099	622	0.2549	587
朔州	中国	E +	0.2099	623	0.2532	594
吉安	中国	E +	0.2092	624	0.2369	643
四平	中国	D	0.2092	625	0.2671	534
玛琅	印度尼西亚	E +	0.2092	626	0.2948	470
赤峰	中国	E +	0.2088	627	0.2223	690
阿尔及尔	阿尔及利亚	D	0.2083	628	0.3704	316
帕丘卡—德索托	墨西哥	E	0.2079	629	0.2864	489
佩雷拉	哥伦比亚	E +	0.2078	630	0.2800	505
乔斯	尼日利亚	D	0.2076	631	0.2116	727
大不里士	伊朗	E +	0.2075	632	0.3021	451
哈拉巴	墨西哥	E +	0.2075	633	0.1838	805
特雷西纳	巴西	E +	0.2070	634	0.2641	549
茹伊斯迪福拉	巴西	D	0.2068	635	0.2620	555
云浮	中国	E +	0.2067	636	0.2329	662
池州	中国	E +	0.2065	637	0.2186	707
奥绍博	尼日利亚	E	0.2061	638	0.1795	813
汉中	中国	E +	0.2061	639	0.2276	679
达州	中国	E +	0.2060	640	0.2331	661
清远	中国	E +	0.2060	641	0.2507	604
永州	中国	E +	0.2053	642	0.2222	692
曲靖	中国	E +	0.2044	643	0.2396	631
钦州	中国	E +	0.2042	644	0.2609	558
嘉峪关	中国	E +	0.2040	645	0.1998	761
比宛迪	印度	E	0.2039	646	0.2611	557
安顺	中国	E +	0.2037	647	0.2193	703
苏莱曼尼亚	伊拉克	E +	0.2035	648	0.2990	459
怀化	中国	E +	0.2023	649	0.2275	680
墨西卡利	墨西哥	E +	0.2020	650	0.2660	541
奥伦堡	俄罗斯	E +	0.2013	651	0.2387	635
特里凡得琅	印度	D	0.2010	652	0.2168	712

	国家	城市等级	经济竞争力	排名	可持续竞争力	排名
张家口	中国	D	0.2010	653	0.2398	628
承德	中国	E+	0.2006	654	0.2333	659
宿雾市	菲律宾	D	0.2002	655	0.2450	613
巴特那	印度	E+	0.2001	656	0.1911	792
瓦里	尼日利亚	E	0.2000	657	0.1774	822
布卡拉曼加	哥伦比亚	D	0.1999	658	0.1968	773
基辅	乌克兰	C	0.1994	659	0.3428	363
费拉迪圣安娜	巴西	E+	0.1994	660	0.2491	606
延安	中国	D	0.1993	661	0.2374	639
伊尔库茨克	俄罗斯	E+	0.1991	662	0.2582	570
本地治里	印度	E+	0.1991	663	0.2266	682
巴兰基利亚	哥伦比亚	D	0.1991	664	0.2792	506
百色	中国	E+	0.1991	665	0.2150	719
卡萨布兰卡	摩洛哥	C	0.1987	666	0.2731	520
大同	中国	D	0.1987	667	0.2480	607
阜阳	中国	D	0.1979	668	0.2255	685
丹东	中国	E+	0.1977	669	0.2397	629
长治	中国	E+	0.1976	670	0.2552	585
特里苏尔	印度	E+	0.1967	671	0.1990	765
登巴萨	印度尼西亚	E+	0.1965	672	0.2044	742
喀山	俄罗斯	D	0.1961	673	0.3322	389
库亚巴	巴西	E+	0.1956	674	0.2409	624
弗洛里亚诺波利斯	巴西	D	0.1955	675	0.1972	772
晋中	中国	E+	0.1955	676	0.2398	627
汕尾	中国	E+	0.1949	677	0.2447	614
抚州	中国	E+	0.1936	678	0.2266	683
海防	越南	E+	0.1934	679	0.2209	699
运城	中国	D	0.1929	680	0.2373	640
格兰德营	巴西	D	0.1924	681	0.2558	582
岘港	越南	E+	0.1922	682	0.2114	728
达沃市	菲律宾	E+	0.1919	683	0.2157	716
邵阳	中国	E+	0.1917	684	0.2211	698

续表

	国家	城市等级	经济竞争力	排名	可持续竞争力	排名
莫雷利亚	墨西哥	D	0.1912	685	0.2459	612
卡加延德奥罗市	菲律宾	E +	0.1911	686	0.1966	776
阿比让	科特迪瓦	D	0.1907	687	0.2524	595
铜川	中国	E +	0.1905	688	0.1697	844
安康	中国	E +	0.1904	689	0.2061	736
扎里亚	尼日利亚	E +	0.1897	690	0.2476	608
卡耶姆库拉姆镇	印度	E	0.1894	691	0.1090	965
黑角	刚果	E +	0.1892	692	0.1990	764
亳州	中国	E +	0.1891	693	0.2185	708
绥化	中国	E +	0.1890	694	0.2278	678
伊瓦格	哥伦比亚	E +	0.1885	695	0.2219	695
拉杰沙希	孟加拉国	E +	0.1885	696	0.2467	610
阿斯特拉罕	俄罗斯	E	0.1884	697	0.2591	565
崇左	中国	E +	0.1882	698	0.2186	706
白山	中国	E +	0.1882	699	0.2025	748
马那瓜	尼加拉瓜	D	0.1879	700	0.2337	658
蒙巴萨岛	肯尼亚	E +	0.1878	701	0.2018	752
黄山	中国	D	0.1874	702	0.2127	725
马什哈德	伊朗	D	0.1873	703	0.3072	437
太子港	海地	E +	0.1868	704	0.2362	648
贵港	中国	E +	0.1863	705	0.2213	697
苏拉特	印度	D	0.1855	706	0.2005	757
桑托斯将军城	菲律宾	E	0.1853	707	0.1862	801
卢迪亚纳	印度	E +	0.1846	708	0.2133	722
科塔	印度	D	0.1844	709	0.2311	667
纳曼干	乌兹别克斯坦	E	0.1839	710	0.1329	927
巴哈瓦尔布尔	巴基斯坦	E +	0.1833	711	0.2193	702
乌兰巴托	蒙古国	E +	0.1827	712	0.2517	601
芒格洛尔	印度	E +	0.1815	713	0.2097	732
蒂鲁巴	印度	E	0.1812	714	0.1685	847
那格浦尔	印度	D	0.1808	715	0.2015	753
海得拉巴	巴基斯坦	D	0.1803	716	0.1783	816

	国家	城市等级	经济竞争力	排名	可持续竞争力	排名
阿克拉	加纳	D	0.1801	717	0.2894	481
马拉喀什	摩洛哥	D	0.1800	718	0.2341	655
河源	中国	E +	0.1796	719	0.2289	673
伊洛林	尼日利亚	E +	0.1793	720	0.1650	854
阿卡普尔科	墨西哥	E +	0.1792	721	0.2181	710
维萨卡帕特南	印度	E +	0.1786	722	0.1945	783
梅州	中国	E +	0.1785	723	0.2220	694
金斯敦	牙买加	D +	0.1781	724	0.2579	573
奥利沙	尼日利亚	E	0.1781	725	0.1664	853
阿斯马拉	厄立特里亚	E +	0.1780	726	0.1755	827
临汾	中国	E +	0.1780	727	0.2390	634
圭亚那城	委内瑞拉	E	0.1779	728	0.1883	798
葫芦岛	中国	E +	0.1775	729	0.2280	676
比莱纳格尔	印度	E +	0.1767	730	0.2377	638
万博	安哥拉	E	0.1766	731	0.2636	551
努瓦克肖特	毛里塔尼亚	E +	0.1765	732	0.1726	833
阿库雷	尼日利亚	E +	0.1759	733	0.2161	713
佳木斯	中国	E +	0.1757	734	0.2156	717
克里沃罗格	乌克兰	E	0.1756	735	0.2198	701
白城	中国	E +	0.1754	736	0.2051	739
哈马丹	伊朗	E +	0.1754	737	0.2370	641
马杜赖	印度	E +	0.1747	738	0.1626	858
波萨里卡	墨西哥	E +	0.1744	739	0.2011	755
阿散索尔	印度	E +	0.1739	740	0.1948	781
丹吉尔	摩洛哥	E +	0.1739	741	0.1938	785
库库塔	哥伦比亚	E +	0.1733	742	0.2098	731
布拉柴维尔	刚果	E +	0.1731	743	0.1899	795
张家界	中国	E +	0.1731	744	0.1931	788
新库兹涅茨克	俄罗斯	E	0.1724	745	0.2188	704
塔什干	乌兹别克斯坦	D	0.1720	746	0.1529	885
呼伦贝尔	中国	E +	0.1719	747	0.1876	799
基特韦	赞比亚	E +	0.1711	748	0.1967	775

续表

	国家	城市等级	经济竞争力	排名	可持续竞争力	排名
哈巴罗夫斯克	俄罗斯	E	0.1707	749	0.1951	779
梅克内斯	摩洛哥	E +	0.1701	750	0.2131	723
库马西	加纳	E +	0.1701	751	0.1974	771
坦皮科	墨西哥	E +	0.1699	752	0.2412	623
商洛	中国	E +	0.1698	753	0.1951	780
来宾	中国	E +	0.1697	754	0.2036	745
杜阿拉	喀麦隆	D	0.1697	755	0.2560	580
新西伯利亚	俄罗斯	D +	0.1696	756	0.2818	496
雅安	中国	E +	0.1695	757	0.1944	784
卡杜纳	尼日利亚	E +	0.1681	758	0.1468	896
拉巴特	摩洛哥	D	0.1679	759	0.1994	763
顿河畔罗斯托夫	俄罗斯	E +	0.1673	760	0.2365	645
万象	老挝	D	0.1673	761	0.1464	898
印多尔	印度	D	0.1660	762	0.1579	871
六安	中国	E +	0.1657	763	0.2178	711
拉巴斯	玻利维亚	D	0.1653	764	0.2540	592
高哈蒂	印度	D	0.1653	765	0.2302	668
拉瓦尔品第	巴基斯坦	E +	0.1648	766	0.1709	842
西爪哇斗望市	印度尼西亚	E +	0.1639	767	0.2297	669
奇克拉约	秘鲁	E +	0.1636	768	0.2127	726
利伯维尔	加蓬	E +	0.1626	769	0.2359	650
仰光	缅甸	E +	0.1624	770	0.1329	926
楠榜省	印度尼西亚	E +	0.1623	771	0.1774	821
克拉斯诺亚尔斯克	俄罗斯	E +	0.1621	772	0.2247	687
伊热夫斯克	俄罗斯	E	0.1613	773	0.2003	759
特拉斯卡拉	墨西哥	E +	0.1611	774	0.1967	774
哈拉雷	津巴布韦	D	0.1610	775	0.2094	733
乌兰察布	中国	E +	0.1605	776	0.1930	789
基希讷乌	摩尔多瓦	D	0.1602	777	0.1853	804
阜新	中国	D	0.1599	778	0.2103	730
广元	中国	E +	0.1599	779	0.1795	811
贾朗达尔	印度	E +	0.1597	780	0.1889	797

续表

	国家	城市等级	经济竞争力	排名	可持续竞争力	排名
瓦哈卡	墨西哥	E+	0.1595	781	0.2069	735
马塞约	巴西	E+	0.1594	782	0.2185	709
焦特布尔	印度	E+	0.1589	783	0.2019	750
埃罗德	印度	E+	0.1587	784	0.1782	817
齐齐哈尔	中国	D	0.1578	785	0.2128	724
加德满都	尼泊尔	D	0.1576	786	0.1987	768
巴彦淖尔	中国	E+	0.1575	787	0.1723	834
蒂鲁伯蒂	印度	E+	0.1574	788	0.1779	818
车里雅宾斯克	俄罗斯	E+	0.1574	789	0.2403	625
古杰兰瓦拉	巴基斯坦	E+	0.1574	790	0.1360	922
阿拉卡茹	巴西	E+	0.1572	791	0.2035	747
吕梁	中国	E+	0.1568	792	0.2279	677
鄂木斯克	俄罗斯	E+	0.1568	793	0.2268	681
加拉特	印度	D	0.1567	794	0.1625	859
达累斯萨拉姆	坦桑尼亚	D	0.1565	795	0.1936	786
茂物	印度尼西亚	D	0.1564	796	0.2728	522
朝阳	中国	E+	0.1560	797	0.2035	746
贺州	中国	E+	0.1559	798	0.1904	793
阿姆利则	印度	E+	0.1553	799	0.1918	791
巴科洛德	菲律宾	E+	0.1552	800	0.1696	845
泰布克	沙特阿拉伯	E+	0.1542	801	0.1722	837
保山	中国	D	0.1535	802	0.2003	760
索科托	尼日利亚	E+	0.1533	803	0.1535	881
卡尔巴拉	伊拉克	E+	0.1530	804	0.2157	715
忻州	中国	D	0.1528	805	0.2014	754
庆阳	中国	D	0.1527	806	0.1853	803
塞伦	印度	D+	0.1516	807	0.2056	737
锡尔赫特	孟加拉国	E+	0.1512	808	0.1856	802
萨尔瓦多	巴西	D	0.1510	809	0.3129	425
伏尔加格勒	俄罗斯	E+	0.1510	810	0.1785	815
图斯特拉古铁雷斯	墨西哥	E+	0.1509	811	0.2042	744
维查亚瓦达	印度	E+	0.1509	812	0.1515	890

续表

	国家	城市等级	经济竞争力	排名	可持续竞争力	排名
尚勒乌尔法	土耳其	E	0.1508	813	0.2559	581
蒂鲁吉拉伯利	印度	E +	0.1507	814	0.1728	832
基尔库克	伊拉克	E +	0.1506	815	0.3105	430
下诺夫哥罗德	俄罗斯	D	0.1505	816	0.2073	734
迈杜古里	尼日利亚	E +	0.1504	817	0.0935	978
喀布尔	阿富汗	E +	0.1504	818	0.1689	846
塞康第一塔科拉迪	加纳	E	0.1499	819	0.1313	930
吴忠	中国	E +	0.1498	820	0.1776	820
斋蒲尔	印度	D	0.1495	821	0.1816	808
沃罗涅日	俄罗斯	E	0.1481	822	0.2283	675
金昌	中国	E +	0.1481	823	0.1503	891
天水	中国	D	0.1480	824	0.1903	794
贾姆讷格尔	印度	E +	0.1479	825	0.1582	870
非斯	摩洛哥	E +	0.1478	826	0.1748	829
迈索尔	印度	D	0.1476	827	0.1754	828
乌尔米耶	伊朗	E	0.1475	828	0.2292	672
达喀尔	塞内加尔	D	0.1469	829	0.1946	782
占碑	印度尼西亚	E +	0.1460	830	0.1676	851
鲁而克拉	印度	E	0.1454	831	0.1560	878
卡努尔	印度	E +	0.1446	832	0.1628	857
詹谢普尔	印度	E +	0.1440	833	0.1772	823
萨利加里	印度	E +	0.1439	834	0.1642	855
三宝颜市	菲律宾	E	0.1436	835	0.1489	893
戈尔哈布尔	印度	E +	0.1428	836	0.1723	836
纳塔尔	巴西	D	0.1421	837	0.2157	714
密鲁特	印度	E +	0.1417	838	0.1684	849
巴士拉	伊拉克	E +	0.1410	839	0.2356	651
纳西克	印度	E +	0.1407	840	0.1599	864
布巴内斯瓦尔	印度	D	0.1402	841	0.1995	762
摩苏尔	伊拉克	E +	0.1397	842	0.1184	950
圣玛尔塔	哥伦比亚	E +	0.1395	843	0.1875	800
叶卡捷琳堡	俄罗斯	E +	0.1393	844	0.2146	720

续表

	国家	城市等级	经济竞争力	排名	可持续竞争力	排名
拉什特	伊朗	E+	0.1391	845	0.2049	740
符拉迪沃斯托克	俄罗斯	D	0.1387	846	0.1597	865
临沧	中国	E+	0.1383	847	0.1712	840
昭通	中国	E+	0.1379	848	0.1827	807
胡布利—塔尔瓦尔	印度	E+	0.1371	849	0.1436	905
铁岭	中国	E+	0.1365	850	0.2225	689
勒克瑙	印度	D	0.1364	851	0.1831	806
巴中	中国	E+	0.1359	852	0.1747	830
中卫	中国	E+	0.1358	853	0.1594	866
库尔纳	孟加拉国	E+	0.1350	854	0.1787	814
鸡西	中国	E+	0.1347	855	0.1807	810
洛美	多哥	D	0.1346	856	0.1958	777
尼亚拉	苏丹	E+	0.1339	857	0.1162	954
白银	中国	E+	0.1323	858	0.1684	848
费萨拉巴德	巴基斯坦	E+	0.1320	859	0.1771	824
阿加迪尔	摩洛哥	E+	0.1319	860	0.0917	980
瓦朗加尔	印度	E+	0.1316	861	0.1023	971
博卡罗钢铁城	印度	E	0.1315	862	0.1606	860
乌里扬诺夫斯克	俄罗斯	E	0.1313	863	0.1485	894
瓜廖尔	印度	E+	0.1309	864	0.1682	850
拉塔基亚	叙利亚	E	0.1306	865	0.1010	973
丽江	中国	E+	0.1302	866	0.1570	874
米苏拉塔	利比亚	E	0.1300	867	0.2600	560
金沙萨	刚果	D	0.1300	868	0.1778	819
纳西里耶	伊拉克	E	0.1298	869	0.2006	756
斯法克斯	突尼斯	E	0.1292	870	0.2047	741
昌迪加尔	印度	D+	0.1285	871	0.1426	906
河池	中国	E+	0.1279	872	0.1638	856
张掖	中国	E+	0.1278	873	0.1467	897
斯利纳加	印度	E+	0.1275	874	0.1452	901
马哈奇卡拉	俄罗斯	E	0.1273	875	0.1674	852
奥兰加巴德	印度	D	0.1272	876	0.1924	790

续表

	国家	城市等级	经济竞争力	排名	可持续竞争力	排名
七台河	中国	E +	0.1271	877	0.1606	861
兰契	印度	E +	0.1271	878	0.1706	843
卢萨卡	赞比亚	D	0.1269	879	0.1989	766
奢羯罗	印度	E	0.1265	880	0.1440	903
双鸭山	中国	E +	0.1254	881	0.1758	826
普洱	中国	E +	0.1245	882	0.1576	872
伊斯法罕	伊朗	E +	0.1244	883	0.2338	657
萨那	也门	E +	0.1241	884	0.1402	913
伊斯兰堡	巴基斯坦	D +	0.1235	885	0.2207	700
博格拉	孟加拉国	E	0.1232	886	0.1271	938
纳杰夫	伊拉克	E +	0.1231	887	0.1603	862
武威	中国	E +	0.1225	888	0.1550	879
基加利	卢旺达	D	0.1225	889	0.1369	920
萨哈兰普尔	印度	E +	0.1224	890	0.1485	895
巴罗达	印度	D	0.1218	891	0.1564	877
库姆	伊朗	E +	0.1211	892	0.2003	758
顿涅茨克	乌克兰	E +	0.1208	893	0.1168	953
马辰港	印度尼西亚	E +	0.1205	894	0.1599	863
贡土尔	印度	E +	0.1203	895	0.1523	887
边和	越南	E +	0.1202	896	0.1334	925
英帕尔	印度	E +	0.1184	897	0.1366	921
博帕尔	印度	D	0.1184	898	0.1575	873
哈马	叙利亚	E	0.1178	899	0.1061	968
大马士革	叙利亚	E +	0.1174	900	0.1405	911
埃里温	亚美尼亚	D	0.1171	901	0.1712	839
摩加迪沙	索马里	E +	0.1165	902	0.0821	987
固原	中国	E +	0.1165	903	0.1383	917
坤甸	印度尼西亚	E +	0.1158	904	0.1570	875
穆扎法尔讷格尔	印度	E +	0.1149	905	0.1462	900
瓦拉纳西	印度	E +	0.1138	906	0.1711	841
包纳加尔	印度	E +	0.1137	907	0.1276	936
蒂鲁内尔维利	印度	E +	0.1135	908	0.1124	961

续表

	国家	城市等级	经济竞争力	排名	可持续竞争力	排名
肖拉普尔	印度	E +	0.1129	909	0.1263	940
丹巴德	印度	E +	0.1127	910	0.1523	886
克尔曼	伊朗	E +	0.1126	911	0.1795	812
切尔塔拉	印度	E	0.1116	912	0.1531	883
锡亚尔科特	巴基斯坦	E +	0.1115	913	0.1723	835
拉卡	叙利亚	E	0.1110	914	0.0826	986
贝尔高姆	印度	E +	0.1103	915	0.1277	934
韦诺尔	印度	D	0.1100	916	0.1719	838
苏库尔	巴基斯坦	E +	0.1094	917	0.1374	919
卢本巴希	刚果	E +	0.1091	918	0.1405	910
白沙瓦	巴基斯坦	E +	0.1090	919	0.1530	884
阿格拉	印度	E +	0.1084	920	0.1381	918
鹤岗	中国	E	0.1082	921	0.1449	902
马莱冈	印度	E	0.1078	922	0.1068	967
阿姆拉瓦提	印度	E +	0.1076	923	0.1260	941
尼亚美	尼日尔	E +	0.1070	924	0.1182	951
平凉	中国	E +	0.1066	925	0.1534	882
亚丁	也门	E +	0.1064	926	0.0598	997
内洛儿	印度	E +	0.1060	927	0.1103	963
克塔克	印度	E +	0.1055	928	0.1593	867
阿尔达比勒	伊朗	E +	0.1052	929	0.1592	868
黑河	中国	E +	0.1049	930	0.1398	914
阿里格尔	印度	E +	0.1047	931	0.1522	888
桑给巴尔	坦桑尼亚	E +	0.1041	932	0.1412	909
亚的斯亚贝巴	埃塞俄比亚	D +	0.1039	933	0.1277	935
巴雷利	印度	E +	0.1038	934	0.1421	907
弗里敦	塞拉利昂	E +	0.1032	935	0.1184	949
莫拉达巴德	印度	E +	0.1031	936	0.1340	924
杜兰戈	墨西哥	D	0.1028	937	0.1587	869
古尔伯加	印度	E +	0.1028	938	0.1274	937
科曼莎	伊朗	E +	0.1020	939	0.1767	825
坎普尔	印度	D	0.1018	940	0.1496	892

续表

	国家	城市等级	经济竞争力	排名	可持续竞争力	排名
亚兹德	伊朗	E +	0.1011	941	0.1394	915
贾巴尔普尔	印度	E +	0.0999	942	0.1354	923
乌贾因	印度	E +	0.0988	943	0.1214	944
姆万扎	坦桑尼亚	E +	0.0969	944	0.1230	943
利沃夫	乌克兰	E	0.0968	945	0.1414	908
阿杰梅尔	印度	E +	0.0967	946	0.1270	939
苏伊士	埃及	E +	0.0965	947	0.1128	959
南德	印度	E	0.0963	948	0.1187	948
安拉阿巴德	印度	E +	0.0961	949	0.1515	889
第聂伯罗彼得罗夫斯克	乌克兰	E	0.0958	950	0.1463	899
扎波里日亚	乌克兰	E	0.0956	951	0.1403	912
布拉瓦约	津巴布韦	E +	0.0956	952	0.1126	960
哈尔科夫	乌克兰	E +	0.0947	953	0.1814	809
菲罗扎巴德	印度	E	0.0941	954	0.1174	952
查谟	印度	D	0.0920	955	0.1549	880
敖德萨	乌克兰	D	0.0897	956	0.1320	928
占西	印度	E +	0.0894	957	0.1153	956
木尔坦	巴基斯坦	E +	0.0890	958	0.1389	916
酒泉	中国	E +	0.0876	959	0.1203	945
科托努	贝宁	D	0.0875	960	0.1089	966
萨尔塔	阿根廷	E +	0.0867	961	0.1315	929
陇南	中国	E +	0.0859	962	0.1251	942
雅温得	喀麦隆	D	0.0856	963	0.1979	769
定西	中国	E +	0.0855	964	0.1279	933
伊春	中国	E +	0.0848	965	0.1160	955
督伽坡	印度	E +	0.0846	966	0.1302	931
奎达	巴基斯坦	E +	0.0829	967	0.1439	904
马图拉	印度	E +	0.0827	968	0.1283	932
比什凯克	吉尔吉斯斯坦	D	0.0814	969	0.0998	975
瓦加杜古	布基纳法索	E +	0.0769	970	0.0984	976

续表

	国家	城市等级	经济竞争力	排名	可持续竞争力	排名
内维	尼日利亚	E	0.0760	971	0.0893	982
布瓦凯	科特迪瓦	E +	0.0743	972	0.0875	984
布兰太尔	马拉维	D	0.0721	973	0.1025	970
比卡内尔	印度	E +	0.0712	974	0.1055	969
内比都	缅甸	E	0.0708	975	0.0881	983
扎黑丹	伊朗	E	0.0698	976	0.1191	947
巴马科	马里	E +	0.0690	977	0.1002	974
蒙罗维亚	利比里亚	D	0.0666	978	0.1202	946
吉布提	吉布提	E +	0.0658	979	0.1016	972
曼德勒	缅甸	E +	0.0655	980	0.0811	988
戈勒克布尔	印度	E +	0.0651	981	0.1144	957
布琼布拉	布隆迪	E +	0.0651	982	0.0744	991
科纳克里	几内亚	E +	0.0640	983	0.0903	981
阿波美—卡拉维	贝宁	E +	0.0631	984	0.1132	958
哈尔格萨	索马里	E	0.0612	985	0.0760	989
马托拉	莫桑比克	E	0.0603	986	0.1105	962
赖布尔	印度	E +	0.0601	987	0.0958	977
奇卡帕	刚果	E	0.0577	988	0.0725	992
塔那那利佛	马达加斯加	D	0.0571	989	0.0850	985
萨戈达	巴基斯坦	E +	0.0559	990	0.1094	964
利隆圭	马拉维	E +	0.0541	991	0.0754	990
马普托	莫桑比克	D	0.0539	992	0.0701	994
博博迪乌拉索	布基纳法索	E +	0.0518	993	0.0720	993
姆布吉马伊	刚果	E	0.0483	994	0.0640	996
楠普拉	莫桑比克	E +	0.0401	995	0.0532	999
杜尚别	塔吉克斯坦	E +	0.0386	996	0.0576	998
卡南加	刚果	E	0.0380	997	0.0532	1000
布卡武	刚果	E +	0.0300	998	0.0527	1001
塔依兹	也门	E +	0.0269	999	0.0325	1002
荷台达	也门	E	0.0235	1000	0.0315	1003

续表

	国家	城市等级	经济竞争力	排名	可持续竞争力	排名
班吉	中非共和国	E +	0.0190	1001	0.0164	1005
班加西	利比亚	E +	0.0177	1002	0.2320	665
霍姆斯	叙利亚	E	0.0172	1003	0.0672	995
恩贾梅纳	乍得	E +	0.0121	1004	0.0214	1004
基桑加尼	刚果	E	0.0085	1005	- . 000	1006
阿勒颇	叙利亚	E +	- . 000	1006	0.0930	979

第 二 章

跨入城市的世界 300 年变局

1750—2050 年是世界发生深刻巨变的 300 年，在这 300 年里城市地位异乎寻常。城市既是世界变化的主要内容，又是世界变化的核心力量。300 年间，世界从由城市主导，到由城市主宰，再到以城市为主体。

第一节　从微观层面看，领先城市嬗变引起世界的基础"细胞"变化

城市是人类文明的重要标志，也是照耀人类前行的灯塔。在 1750—2050 年的 300 年间，城市的发展是带动世界发展的火车头，而先进城市是城市发展的引擎，全球先进城市的发展引领世界发展方向，改变世界发展格局。

一　领先城市生产、交换和消费活动从由货物到劳务再到知识

人类活动是城市的基础。从 1750—2050 年的 300 年间，人类重要的集聚区——城市的活动内容、规模和结构已经和将要发生深刻的质变：从实物的生产、交换和消费转向劳务的生产、交换和消费，再转向知识的生产、交换和消费，甚至转向智慧的生产、交换和消费。

（一）1750—1850 年领先城市：资源加工主导发展，知识创新结伴而行

1750 年，城市开启由工业革命所引发的人类全新的活动。在 1750—1850 年的 100 年间，率先工业化国家的城市主要从事资源加工物的生产、交换和消费活动，尽管世界绝大多数国家的城市依然以传统农业时代的

简单手工生产、集市交易为主。但是，第一次工业革命率先在英国城市里发生后，纺织工业城市、金属加工业城市、煤炭工业城市、交通枢纽城市、贸易城市依次崛起。表2－1中显示英国那些依靠资源和港口区位优势的城市获得快速发展。

表2－1　　　　　　工业革命后英国工业城市和交通枢纽城市

类型		城市
综合性大都市		伦敦
工矿业城市	纺织工业城市	曼彻斯特、索尔福德、斯托克波特、博尔顿、普雷斯顿、勃雷、布莱克本、诺丁汉、利兹等
	金属加工业城市	伯明翰、伍尔弗汉普顿、沃尔索尔、设菲尔德等
	煤炭工业和炼铁中心城市	卡迪夫、斯旺西、纽波特、玛森、温斯伯里、达德利、沃塞尔、威伦豪尔等
交通枢纽城市	铁路枢纽城市	巴德、米德尔伯勒、谢尔顿、斯维顿、沃尔弗顿、克鲁等
	港口城市	伦敦、布里斯托尔、利物浦、纽卡斯尔、桑德兰、朴茨茅斯、普利茅斯等

资料来源：根据网络资料整理。

随着英国工业革命成果向外输出，德国、法国、美国等国家也进行了工业革命。德国鲁尔区、美国纽约等城市在此阶段接受了工业化的洗礼，城市产业以工矿业、轻工业为主。世界工业化领先城市主要以初级商品、金属设备制造等工业品生产、交换和消费为主（见图2－1）。除了非储蓄信贷中介，全球上市公司主要分布在饮料制造、纺织、百货、造纸、玻璃、工业机械制造等相关行业，主要以初级产品、简单工业品生产为主。

这一时期，尽管先进城市的资源加工产业技术比较低，创新并不普遍，但信息、知识、技术和文化等非物质产品，已经成为先进城市生产、交换和消费不可缺少的内容。1750—1850年间的第一次工业革命使人类最基本的饥荒问题得到解决，与此同时生产水平的提升和收入的上升刺激了更多的非物质需求，如报纸、杂志。工业使人清楚地划分工作和闲暇的界限。它激发对知识劳动力的需求，从而刺激报纸、杂志等的发展。

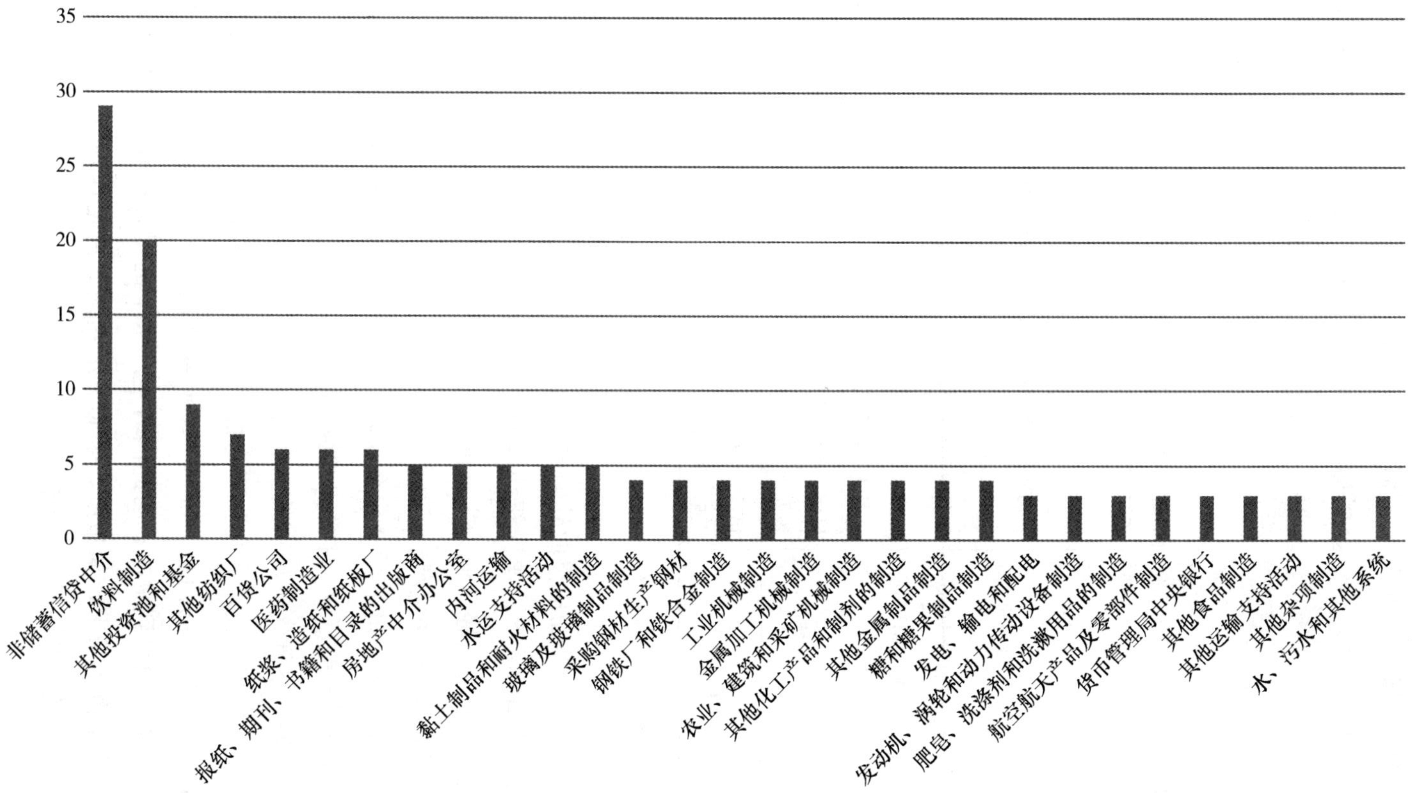

35　30　25　20　15　10　5　0

图2-1 1750—1850年成立的全球上市公司行业分布30

资料来源：根据Osiris全球上市公司的数据整理绘制。

全球主要工业国家的领先城市创办、发行了大量的报纸、杂志，如 1821 年英国有报纸 267 种，至 1880 年英国伦敦有报纸 18 种，1892 年法国巴黎的报纸达到 300 多种，德国柏林报纸发行量由 1847 年的不到 10 万份增长到 1870 年的 900 多万份；美国到 19 世纪中叶有日报 400 多种、周报 3000 多种。

（二）1850—1950 年领先城市：资源化合主导发展，信息活动开始萌芽

1850 年后，先进城市的工业结构开始从资源加工的轻纺工业转向资源化合的重化产业。在其后的 100 年间，先进城市主要从事化合物质的制造、交换和消费，重化产业成为城市的主导产业。领先城市工业结构调整在一定程度上改变着全球商品流通的类型，一些开启工业化的城市开始从事资源加工的活动。

1850 年后，第二次工业革命在英国、德国、法国、荷兰、比利时、卢森堡、丹麦、美国的城市进行，通过新建和改造，以电力工业、化学工业、石油工业、汽车工业等为代表的新工业群在这些城市出现。如美国的汽车城底特律、世界钢都匹兹堡等新兴城市，形成了以芝加哥为辐射中心的五大湖城市群（见表 2 - 2）。

表 2 - 2　　　　　　　　20 世纪美国部分城市类型和功能

类型和功能	城市
综合性全国城市	纽约、芝加哥
专业化地方中心城市	巴尔的摩、费城、辛辛那提、圣路易斯等
专业化小城市	伊丽莎白、托利多、大瀑布城等
卫星城市	匹兹堡、福莱斯特等

资料来源：根据《西方城市史学》整理。

第二次工业革命使全球城市产业结构发生了重要的变迁，先进城市的工业结构开始从资源加工的轻纺工业转向资源化合的重化产业（见图 2 - 2）。1850—1950 年，电力设备、工业机械制造、医药制造、汽车零部件、金属矿产开采、半导体及其他电子元件以及通用设备制造等重化工业成为产业的主导，先进城市传统资源加工企业数量下降。同时，工业机械制造、通用设备制造、电气设备等企业不断增加，提升了城市生产的自动化水平，自动化使人类体力得到进一步解放。

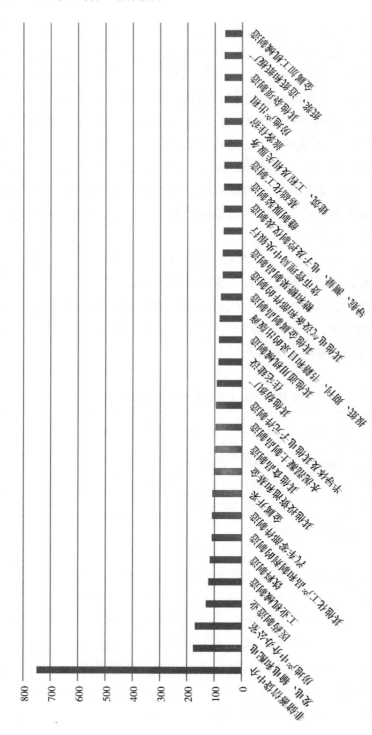

图2-2 1850—1950年成立的全球上市公司行业分布前30

资料来源：根据Osiris全球上市公司的数据整理绘制。

电报电话的发明和应用，以及半导体及其电子元件等的发明使得信息的生产、交换和消费不断增加。从全球城市来看，全球信息生产、交换和消费主要集聚在英国的伦敦、美国的纽约、亚洲的日本等先进城市，全球城市间差距较为明显（见图2-3）。1989年纽约信息相关的生产、交换、消费已经突破千万美元，紧随其后的伦敦和东京分别达到900多万美元和700多万美元的规模。

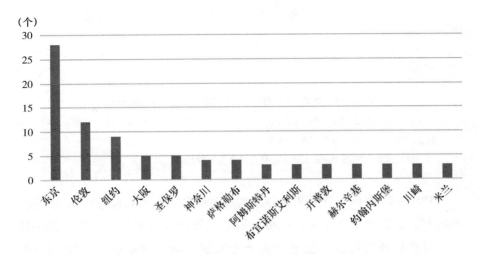

图2-3　1850—1950年全球信息软硬件生产和服务上市企业城市分布
资料来源：根据Osiris全球上市公司的数据整理绘制。

（三）1950—2050年领先城市：从服务主导和信息引领发展，到智能主导发展

1950—2000年，领先城市活动从物质的生产、交换和消费主导向劳务的提供、交换和消费主导转变，世界城市形成以领先城市服务、中间城市制造、低端城市加工的格局。全球城市间分工模式从部门专业化向功能专业化转变，并具体表现为研发、营销和投资等高附加值环节在中心城市集聚，附加值较低的制造环节在中小城市集聚。先进城市功能向高端服务化转变（见图2-4）。

生产性服务业的发展改变了城市的经济结构和功能分区，全球金融城市的形成是全球城市功能变化的重要表现，如伦敦、纽约、巴黎、法兰克福、东京、香港、北京、上海等。

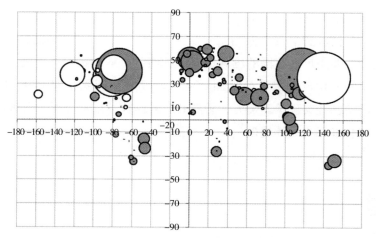

图2-4 2017年全球生产性服务上市公司地域分布

注：气泡面积对应上市公司数量，气泡越大表示公司数量越多。实心点表示公司数量增加，空心圈表示公司数量减少。

资料来源：根据 Osiris 全球上市公司的数据整理绘制。

1950—2000 年，计算机软件及其相关服务、专用和商业设备的制造、房地产、证券相关产业成为城市发展的主导产业（见图2-5）。这一阶段，计算机软硬件及其服务相关产业发展迅猛，除东京、伦敦、纽约、巴黎等发达城市集聚了大批相关企业外，亚洲城市如北京、台北、孟买、汉城、班加罗尔、深圳等也在此阶段获得快速的崛起。

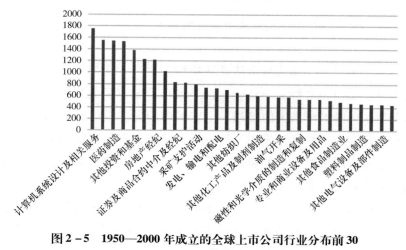

图2-5 1950—2000年成立的全球上市公司行业分布前30

资料来源：根据 Osiris 全球上市公司的数据整理绘制。

2000—2050 年，领先城市活动从劳务的提供、交换和消费主导向信息、知识和思想的生产、交换和消费主导转换。智能机械替代人的体力和智力，从事产品和劳务提供。不仅软件产品和劳务的生产、交换和消费成为城市活动的主要内容，而且人类主要活动转向知识和技术的创新。人工智能、大数据等新一代信息技术的发展，促进全球城市智能化水平提升。到 2050 年，智能化将深化全球城市产业分工格局，促使高端城市智能创造、中端城市智能制造与服务、低端城市智能消费的新的全球产业格局形成。当前先进城市的先进产业即高端制造和高端服务预示着全球先进城市的转型方向（见图 2 - 6）。

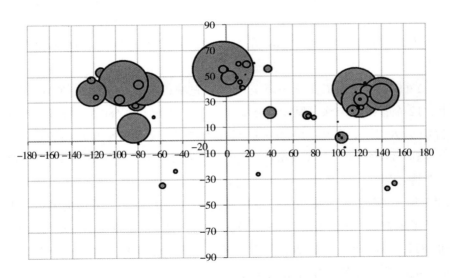

图 2 - 6　2017 年知识密集型行业在全球城市分布

注：气泡面积对应上市公司数量，气泡越大表示公司数量越多。

资料来源：根据 Osiris 全球上市公司的数据整理绘制。

用科技来为人类服务，是全球国家和城市共同的使命。至 2050 年，全球城市发展的趋势一定是智能化，ICT（信息、通信和技术）将全球的国家和城市打造成智能化的国家、全球化的城市。当前智能制造本质上就是制造业的智能化过程，既有纽约、伦敦、东京这样的老牌世界级制造业中心城市智能制造引领，也有苏州、天津、佛山等中国的新兴智能制造中心城市兴起。此外，在自动化发展迅速的情况下，到 2030 年，全球 8 亿人口的工作岗位将被机器取代。①

二　领先城市人口规模由数万到数十万、数百万再到数千万的扩张

人口规模是度量城市发展的核心指标。20 世纪以来，随着工业化在世界各个国家的启动，城市人口规模呈指数式暴增，预计城市的扩张还将迎来新一轮加速。从历史演进角度看，1750—2050 年的 300 年间，由领先城市引领，城市的人口规模不断突破极限，城市人均收入显著增长，城市社会的结构变得越来越复杂多样。

（一）1750—1850 年：典型城市人口从数万发展到数十万

1750—1850 年的 100 年间，一方面，先进城市人口规模实现数倍的扩张，多达 10 万人以上；另一方面，城市人口的社会结构更加多样。全球绝大多数地区的人口在 10 万人以下，城市主要是工商业者和政府官员。

1760 年，率先工业化国家英国的领先城市只有伦敦人口在 10 万以上，12 个省级城市除布里斯班外都在 5 万人以下。到 1801 年省级城市都在 10 万人以下，5 万—10 万人的城市有 5 个，2 万—5 万人的城市有 8 个。到 1851 年有 7 个城市超过 10 万人，超过 5 万人的城市有 13 个，曼彻斯特、利物浦、格拉斯哥等先进城市超过 30 万人。据估计，1801—1851 年，英国纺织业城市人口增长率居第一，为 229%，其他的港口城市增长了 214%，制造业城市增长了 186%；个别城市的发展速度更为惊人，如 1811—1861 年，利物浦和普雷斯顿人口增长了 5 倍，布莱顿增长了 7 倍，毛纺织中心布莱福德增长了 8 倍。作为世界贸易、金融中心，伦敦的人口在 1801 年达到了 70 万，1850 年伦敦的人口飙升至 236 万人，1801—1850 年人口增长了 2.4 倍。

此次工业革命后，普通人的收入和效用规模较工业革命前有所提高。据阿什顿记载，英国国民收入 1740—1840 年增长近 8 倍，1867 年约达81411 万英镑（Ashton，2005）。随着工业革命的起步，生产力的提升降低了普通人的日常用品成本，如衣服等必需品，这使工人能够在生活之余拥有私人财富。根据需求—供给内在联系，这一时期有些产品，如面

---

① 资料来源于麦肯锡 "Jobs Lost, Jobs Gained: Workforce Transitions in a Time of Automation"。

包等，具有向后倾斜的需求曲线——收入增加使人们减少对面包的消费，转向其他的生活必需品，如肉类。工业的发展刺激社会对劳动力等产生了新需求，这必然改进经济和社会的基础结构，如运输、商业服务、动力供应等。在供给方面，工业的发展降低了生产成本，提高了生产率。这不仅有助于增加产出，也提高了整个生产环节的质量。

人口结构呈现工人数量迅速扩大的特征。工业革命通常与"工作的转变"相关。1700 年以前，英国主要依靠农业的就业人口比例有所下降。到 1801 年第一次人口普查（这是第一次官方测量）时，农业人口还不到总人口的 1/3。到 1851 年，这一数字还不到 1/5。工业革命开始以后，由于采用工厂制生产，社会关系和各阶级力量的对比发生急剧的变化。许多人投资兴建工厂，逐步转变为新兴的工业资产阶级，工业城市迅速发展。据英国资产阶级史家汤因比在《十八世纪英国工业革命讲义》中所引用的统计数字，可以看出工业城市的惊人发展速度。1760—1781 年，英国的著名城市利物浦从 3 万人增加到 552425 人，曼彻斯特从 3 万人增加到 393676 人，伯明翰从 3 万人左右增加到 400757 人。尽管此时的商人与政府公共部门人员仍然是少数的资产阶级统治者，但英国已经确立了举世无双的工商业地位。1840 年，英国贸易占世界贸易总额的 21%，同年，法国占 11%，美国占 10%。

工人阶级迅速壮大，这时候商人和公共部门占整个社会阶级比例很小。

（二）1850—1950 年：典型城市人口从数十万发展到数百万

欧洲、北美主要国家人口大规模增长。1850—1950 年，工业化浪潮扩及欧洲大陆地区和北美地区，在此期间，欧洲和北美的许多国家完成了从蒸汽到电气时代的过渡。尤其是美国，从 1800 年的 530 万人增加到 1900 年的 7620 万人。同期，美国的土地面积从 1791 年的 891000 平方英里（2307690 平方公里）增加到 1990 年的 3021295 平方英里（7825120 平方公里）。人口和土地面积的双重增长为美国提供了较大的产品内部市场以及原材料供应市场。这种扩张鼓励了移民和西迁，人口激增对产品需求的增加，加速了美国工业革命的发展。1870—1930 年，美国许多重要工业城市人口增长几十倍，个别城市如洛杉矶则扩大了一百多倍，1990 年，洛杉矶人口达 177.8 万人。芝加哥在 19 世纪初还是人迹罕至之地，1837 年正式组建城市，1890 年就已跨过人口 100 万大关，1910 年一跃成为仅次于纽约的第二大城市。从以下几个重要的工业革命城市可以看出，西方国家的主要城市人口均实现了成倍增长（见表 2－3）。

表 2－3　　　　第二次工业革命期间重要城市人口变化情况　　（单位：千人）

	1850 年	1880 年	1900 年
纽约	696	1912	3437
伦敦	2681	4767	6581
东京		1050	1600
莫斯科	365	612	1000

资料来源：［美］斯塔夫里阿诺斯：《全球通史》，吴象婴等译，北京大学出版社 2012 年版。

同时，人口的收入与规模效用有所变化。借鉴其他国家人口增长情况，第二次工业革命期间，许多国家的人口实现了稳步增长，国民收入也随之提升（见表 2－4）。19 世纪，工业化国家出现了人民生活条件改善、商品价格大幅下跌的景象。19 世纪煤气和电的发展，以及自行车等耐用品的发展，提供了有效需求。同样，供给通过技术发展对变化的需求状况产生反应。19 世纪，城市发展对环境保护产生了需求，新需求刺激了廉价的无渗透管道（在 1846 年以前，这种管道在英国还未通用）、排泄弯管、檐槽和水力器件的发展。19 世纪后期，郊区的扩大又使得对供应品和服务的需求不断增加。

表 2－4　　　第二次工业革命期间主要国家的人口与收入增长百分比　　（单位:%）

	时期	每年增长百分比		
		人口	国民收入	人均收入
法国	1845—1950 年	0.1	1.5	1.4
德国	1865—1952 年	1	2.7	1.5
意大利	1865—1952 年	0.7	1.8	1
英国	1865—1950 年	0.8	2.2	1.3
俄国	1870—1954 年	1.3	3.1	1.5
瑞士	1865—1952 年	0.7	3.6	2.8

续表

	时期	每年增长百分比		
		人口	国民收入	人均收入
美国	1875—1952 年	1.7	4.1	2
加拿大	1875—1952 年	1.8	4.1	1.9
日本	1885—1952 年	1.3	4.2	2.6

资料来源：笔者根据互联网资料整理。

　　1790 年美国第一次人口普查时，美国 8000 人以上的城市只有 6 个，1870—1920 年，美国城市人口从 990 万增至 5430 万。1920 年，美国城市人口占全国总人口的 51.4%，1930 年增至 56%，基本实现了城市化。

　　劳资矛盾激发公共部门的扩大。19 世纪和 20 世纪之交，工业化的迅速展开扩大了工人阶级。1914 年，全世界工人约 4000 万，其中绝大部分集中在西欧和北美，仅英国、美国、德国、法国的工人数约占世界工人总数的 3/4。这一时期，各国资产阶级基本上仍然采用工业化初期有的甚至是最原始的方式对待工人。直至 19 世纪末，各国工人每个工作日的工作时间大多不少于 12 小时。工人的实际工资，在一些国家略有上升，但增速远低于生产率的提高。经济萎靡时，工人的实际工资还会停滞甚至下降，恶劣的劳动环境使工伤事故频发。此外，工人还面临着失业、半失业的威胁。在这种情况下，部分工人为维护其权益而展开斗争，劳资矛盾扩大。

　　20 世纪经济中的显著特点就是政府及其机构的扩大。此类政府机构的扩大，可用"福利国家"概括，这个名词最初出现是为了缓解劳资矛盾。比如，20 世纪初的美国改革运动要求政府对童工、食品加工和包装以及劳工阶层的工作和生活条件进行规范。在罗斯福执政的 12 年中，联邦雇员总数从 1933 年的 50 多万人增至 1945 年的 350 万人以上，达历史最高水平。据估计，1911 年"每一万居民中，比利时有 200 名政府官员，法国 176 名，德国 126 名，美国 113 名，英国 73 名"。各国官僚机构大小不同以及随后获得的经济增长率，引发发达国家的政府辩论。

　　机器提高了社会生产力，劳资矛盾严重引发一些社会稳定问题，使得公共部门迅速增长。

（三）1950—2050 年：城市人口从数百万发展到千万

世界范围城市人口规模爆发式增长。当新通信技术与新能源系统融合时，历史上的巨大经济革命就会出现。1950 年后可称为世界范围的工业化，世界范围内的经济、就业以及产业结构发生了巨大的变化，科学技术的广泛应用提高了社会产品供给。政治、经济的变化最能反映的是人口的增长及城市规模的扩大。1900 年，世界总人口约 16 亿（见表 2—5），2018 年世界总人口达 76.33 亿，世界人口在 118 年间增长了近 3.8 倍。城市人口的增长速度远超总人口的增长速度，在 118 年间增长了近 17.8 倍。产业结构的变迁使第一产业的人口迅速转移到第二、第三产业，城市人口比例也从 1900 年的 13.6% 增长到 2018 年的 55.3%，预计到 2050 年，城市人口比例将达到 68.4%。在此期间新兴经济体国家典型城市人口飙升，如中国的上海，1950 年人口为 428.8 万人，2015 年上升至 2348.2 万人。深圳是中国第一批改革开放先行区，得益于政策与地理优势，人口增长在 1950—2015 年实现翻倍大增长。预计到 2050 年，中国的上海市与深圳市人口分别将突破 3584.1 万人和 1882.7 万人。

表 2－5　　　　　　　　世界人口情况　　　　　　（单位：亿人，%）

	总人口	城市人口	城市人口占总人口的比例
1900 年	16.08	2.24	13.6
1950 年	25.36	7.51	28.1
1960 年	30.33	10.24	32.9
1970 年	37.01	13.54	37.3
1980 年	44.58	17.54	42.2
1990 年	53.31	22.90	43.0
2000 年	61.45	28.68	46.7
2010 年	69.58	35.95	51.7
2020 年	77.95	43.79	56.2
2030 年	85.51	51.67	60.4
2040 年	92.10	59.38	64.5
2050 年	97.72	66.80	68.4

资料来源：笔者根据互联网资料整理。

经济革命的发生使得世界人口及城市化水平提高的同时，世界范围内的人均收入与生产总值也得到空前提高。世界人均生产总值在 1960 年为 451.06 美元，1980 年为 2530.23 美元（见表 2－6），仅 20 年间，世界人均生产总值增长了 4.6 倍。按地区看，北美地区在此期间人均产值高于其他地区，东亚与太平洋地区人均生产总值增长较快，2018 年已达到世界平均水平。人口规模效用相比前两次工业革命也有了一定程度的变化。不同于以往，第一次工业革命普遍提升了生活质量，第二次工业革命建立工厂制度，真正实现发达国家的城市化，这两次工业革命大大刺激了人们对各类产品的需求，生活质量得到了满足，然而这两次工业革命的形式仍是垂直化结构，管理体制自上而下，甚至出现垄断组织。而第三次工业革命采用扁平化结构，互联网的出现将各国、各大洲乃至全世界各个企业组织连接成一个网络。人们对生活最直观的感受就是通过数字设备浏览全国各地的信息，电子购物平台使世界各地的产品触手可及。新技术能源更加依赖技术的发展，而信息技术与 3D 打印技术的结合，将掀起新一轮技术革命。如今的世界，需要的是有想法和创意的人才。总之，第三次工业革命推动人口规模效用上升。

表 2－6　　　**1960—2018 年世界按地区、按收入人均生产总值**　（单位：美元）

	1960 年	1980 年	2000 年	2010 年	2018 年
世界	451.06	2530.23	5491.57	9538.84	11296.78
按地区					
东亚与太平洋地区	147.23	1162.52	4044.32	7673.74	11132.23
南亚	82.28	262.14	447.45	1257.67	1905.77
北美	2942.63	12437.78	35147.88	48373.70	60968.0
欧洲和中亚	651.64	5780.59	11627.68	23572.56	25069.77
拉丁美洲和加勒比海	370.91	2161.97	4389.80	9058.33	9023.50
中东和北非		2173.95	3066.47	7172.83	8056.95
南非	443.00	2905.93	3032.44	7328.62	6339.57
按收入					
高收入	1390.80	9545.32	25593.38	39169.91	44705.87
中上收入	192.86	970.34	1967.25	6344.15	9200.45

续表

	1960 年	1980 年	2000 年	2010 年	2018 年
中等收入	149.93	714.32	1272.37	3916.59	5483.97
中低收入		412.57	566.62	1659.71	2218.90
低收入			314.44	638.23	811.18

资料来源：笔者根据互联网资料整理。

　　服务业工人大量增加，从商群体更为广泛。20 世纪末期，工人数量的变化呈现出与前两次工业革命的不同。首先，工业工人数量减少，服务业工人大量增加。以英国为例，1971—1996 年，在英国的就业结构中，制造业的从业人员所占的比重从 30.6% 下降到 18.2%，而矿产、能源和供水业的从业人员比重从 9.5% 下降到 1.1%。英国工业中心城市曼彻斯特的制造业在全部销售额中的比重从 20 世纪 60 年代初的 70% 下降到 20 世纪末期的 20%。与此同时，服务业迅速发展，1971—1996 年，英国服务业人员占全部就业人员的比重从 52.6% 上升到 75.8%。某种程度上，服务业占 GDP 的比重也可以反映服务业从业人员的比重情况，从图 2-7 可以看出，英国服务业与工业占 GDP 比重的趋势呈相反的方向，工业从业人员逐渐转向服务业。

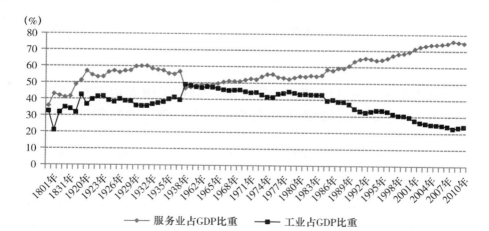

图 2-7　英国 1801—2011 年服务业与工业占 GDP 比重

资料来源：笔者整理。

20 世纪中期以后政府的发展被扩展为宏观经济安排，以求更大的效益和更快的增长。工业革命以后，政府的传统职责也扩大了。因此，根据世界各国工业化进程的规律，20 世纪中期以后世界其他国家工业化与城市化的进行，将使世界各国的公共部门就业人数的增长逐渐稳定且趋于一致。目前，欧洲大多数国家公共部门人数占总就业人数比例仍高于其他地区国家公共部门人数比例（见图 2 - 8）。

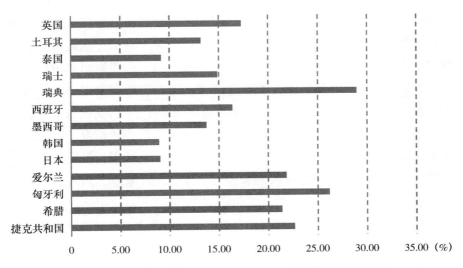

图 2 - 8　2016 年部分国家公共部门人数占总就业人数比例

资料来源：笔者整理。

21 世纪以后，尽管相对整个社会群体商人仅占小部分，然而，相比前两次工业革命期间以少数资产阶级为主的商人群体范围扩大了。一方面相对于整个商业经营制的改变，21 世纪的商人除了个体经营，还有公司制经营形式；另一方面通过自身努力脱颖而出的企业家身份从受过大学教育的中年男性拓展为由移民、妇女构成的新时代群体。商人群体涵盖的范围越来越广泛，根据考夫曼基金会（Kauffman Foundation）的一项调查显示，美国创业活跃度最高的人群年龄集中在 55—64 岁，开办企业的比例达到 28%。越来越多的员工寻求商业的创业之路，根据人口普查局的数据，在美国 2700 万家公司中，小商业企业占 70% 以上，年销售额为 8870 亿美元。小商业企业办公地点也较为灵活，可以在低成本的位置

（如家庭办公室）运营。

三　领先城市的空间由单一中心城市向多元中心都市圈、连绵城市群以及一体的城市带蔓延

空间是城市的载体。从历史上看，以领先城市为引领，城市空间经历了单中心到多中心的演变过程。在城市化进程日益加深的今天，世界上各个国家以都市连绵带取代单中心和多中心空间结构促进区域分工和合作来强化区域整体实力。在人口密集的工业化城市，较高生产力的发展往往使得城市相较于农村具有更为先进的公共设施和交通运输网，道路密度也远远优于乡村。在第一次工业革命期间，这些资源和设施主要分布在城市中心。在第二次工业革命期间，随着发达国家中小型城市空间资源和设施的不断完善，人口向中小型城市集中。自 20 世纪以来，全球化不断加深，世界各地的发展中国家相继进行工业化革命。目前，以发展中国家为基础的资源和设施仍主要集中在大中城市，但随着网络的普及，世界各城市之间的联系越来越趋于扁平化，城市之间通过网络可以实现技术资源共享。

（一）1750—1850 年：领先城市是空间数十平方公里的单中心

工业革命加速了人口向城市的集中，城市状态随之改变。1750—1850 年，蒸汽革命导致生产力迅速提高，大量劳动人口向城市快速集中，于是城市空间规模像滚雪球式不断扩大。欧洲主要城市伦敦和巴黎等，形成空间数十平方公里（英里）的单中心区域城市。以伦敦市为例，其自西向东的城市范围在 1750 年仅为 8 公里（5 英里），到 1850 年则扩大为 24 公里（15 英里），城市面积则在 1841 年达到 62 平方公里（24 平方英里），到 1851 年进一步扩展为 316 平方公里（122 平方英里）；而巴黎的城市面积也从 1700 年的 13.4 平方公里（5.2 平方英里）发展为 1850 年的 34.5 平方公里（13.3 平方英里）。随着城市面积的扩展，城市公共资源设施也在市中心林立，可以说，此时欧洲形成以单中心为主的城市空间结构特征。

城市公共资源设施随之增设。在城市快速发展的同时，一些最必要的社会公共设施也随之在英国工业城市增设。一是城市建筑，主要是厂房和住宅。为了适应工业的发展，工厂周围还覆盖了工人的住宅和街道。

二是各种生活和文化设施。19 世纪上半叶，英格兰的几个工业城市，例如彭尼勒斯、罗森代尔和诺丁翰的特伦特，都建立了水厂。利物浦还在城市南部建造了公共浴室和洗衣设施。约克郡联邦的 79 所职工学校设有附属图书馆。三是城市交通。在工业革命之前，英国城市之间的交通仍然处于原始落后状态，工业革命后，公路的发展远远不能适应工业原料货物运输的需要，于是兴起了开凿运河的热潮。1814 年斯蒂芬森机车的发明使陆路交通进入了铁路时代。斯托克顿和达林顿之间的铁路于 1825 年建成，曼彻斯特和利物浦之间的铁路于 1830 年开放。然后，在伦敦市中心，修建了一些干线和支线。到工业革命完成时，大多数主要铁路线已经完成。

此时主要形成高密度、集中式、单中心城市结构。此时出现的工业城市的理论也体现城市功能要素集中于城市中心的特点。如 19 世纪末法国青年建筑师把工业城市各功能要素都进行了明确的功能区分。中央为市中心，有集会厅、博物馆、展览馆、图书馆、剧院等。城市生活居住区是长条形的，疗养及医疗中心位于北边上坡向阳面，工业区位于居住区的东南方向。火车站设于工业区附近，铁路干线通过一段地下铁道深入城市内部。城市交通是先进的，设快速干道和供飞机发动的试验场地。

（二）1850—1950 年：领先城市为空间规模数百平方公里的多中心

1850—1950 年，西方国家处于工业化时代与后工业时代交替时期，城市化的发展不再盲目追求城市规模的增长，而是关注城市质量的提高以及住宅条件、公共设施的改善。此外，方便快捷的交通工具使得城市中心与周围郊区的联系更加紧密，城市公共设施在更广的空间范围内分布，由此城市由高密度集中转向低密度蔓延式发展。领先城市如伦敦、纽约逐渐形成数百平方公里（英里）的多中心，以伦敦市为例，其自西向东的城市范围从 1850 年的 24 公里（15 英里）进一步发展扩张为 1950 年的 50 公里（30 英里），城市面积在 1951 年也达到了 1186 平方公里（458 平方英里）；而纽约市的城市面积则从 1850 年的 23.6 平方公里（9.1 平方英里）跃升为 1950 年的 3245 平方公里（1253 平方英里）。在这种发展趋势下，城市的公共设施向更广范围分布，教育与运输也在此期间出现深刻的发展。大城市的不经济性在此期间仍在发生，多中心城市结构规划在此期间提出。

城市公共设施向更广范围分布。这个时期出现了著名的水晶宫建筑，如豪华巴黎歌剧院、埃菲尔铁塔和波士顿宏伟的三一教堂，此外还有英国利兹货币交易所、伦敦老火车站、米兰埃曼尔美术馆等。在新结构技术的条件下，建筑在层数和高度上都出现了巨大的突破，第一座建造起来的高层建筑是芝加哥家庭保险公司大厦，共十层。这个时期炼铁过程的改进使大型室内开放空间如工厂、博物馆和火车站的建造成为可能。生活和文化方面，中央和地方市政服务也在不断扩大。如污水和垃圾的处理设施，安排城市运输，兴建公共卫生间、住宅、市场，以及诸如图书馆、博览馆、艺术陈列馆之类的文化场所。首创于 1851 年的伦敦海德公园水晶宫主要用于巨大的工业产品国际博览会。各地批发市场、零售商店也稳固地建立起来，例如，在普鲁士，每一千人中零售商的人数 1900 年比 1850 年多两倍。除此之外，国际组织也在欧洲建立起来（见表 2 - 7）。

表 2 - 7 　　　　　　　　　19 世纪 50 年代至 1910 年国际组织的数量

1857 年以前	1870 年	1880 年	1890 年	1900 年	1910 年
7	17	20	31	61	108

资料来源：笔者根据《现代欧洲经济制度史》整理。

教育与运输也在此期间出现深刻的发展。首先在英国有了某些发展，其次是法国，再其次是德国、美国。美国南北战争后，仅 1865 年就建立 100 所大学和中等技术学校，其中包括麻省理工学院，大学和专科技术学校发展到 450 所。交通方面，这个时期火车和飞机开始广泛应用。19 世纪末，美国建成横贯东西的五条铁路干线，1913 年增加到 30 多万英里，约为当时世界铁路总长度的一半。20 世纪初，1903 年莱特兄弟发明了用内燃机作动力的飞机。飞机的出现、汽车的应用和铁路的飞速发展，标志着交通运输新世界的到来。以铁路为主体的交通运输业把全国各地联结成一个庞大的统一市场，极大地加快了工农业产品和其他商品的流通速度，进一步加强了城市间、城乡间和地区间的物资交流和人员往来，巩固了城市体系。

这个时期的领先城市——伦敦的城市规划的提出也体现出城市多中心空间结构特点。19 世纪末英国政府授权英国社会活动家霍华德进行城市调查和提出整治方案，霍华德认为建设理想的城市应使城市生活与乡村生活像磁体那样相互吸引、共同结合，这个城乡结合称为田园城市。霍华德主张任何城市达到一定规模时，应该停止增长，其过量的部分应由邻近的另一城市来接纳。因而居民点就像细胞增殖那样，呈现出多中心的复杂的城镇集聚区。20 世纪 30 年代伦敦市区的规划吸取了田园城市的精髓，提出了组合城市概念。1939 年阿伯克龙比主持编制大伦敦规划，规划方案在距伦敦中心半径约为 48 公里的范围内，由内向外划分四层地域圈，即内圈、近郊圈、绿带圈与外圈，绿带圈以外的外圈主要用以疏散伦敦郡过剩人口与工业企业。大伦敦规划提出的组合城市概念对当时控制伦敦市区的自发性蔓延，以及改善混乱的城市环境起了一定的作用。

（三）1950—2050 年领先城市为数万平方公里的城市群

在人口密集的工业化发达国家，形成了以都市圈为竞争单位的城市区域。同时信息化革命在此期间爆发，发展中国家迅速壮大起来，大量人口涌入城市，城市第二、第三产业发展迅速，工矿、商业、居住、交通、市政、绿化等用地均有所增长，其占用城市边缘的耕地向外蔓延和扩张。世界多个领先城市群形成数万平方公里的城市群区域，如日本太平洋沿岸城市群总面积约为 3.5 万平方公里，以纽约为中心的美国东北部大西洋沿岸城市群总面积为 13.8 万平方公里。这个时期发展中国家的城市迅速壮大起来，刺激世界范围内城市空间规模迅速扩张，城市内公共设施进一步丰富，城市空间大大拓展，总体呈现出都市圈与城市群结构特征。

城市内公共设施进一步丰富。城市建筑方面，20 世纪 50 年代，发达国家针对旧城城市功能复杂、压力过大、交通堵塞和环境污染等大城市病问题，相继采取了建设新城、设立城市副中心等措施，如英国的坎伯诺尔德、瑞典的魏林比、日本的千里新城、苏联的泽列诺格勒等。20 世纪 60 年代以来，发达地区又相继设立了筑波科学城、欧美科学园区以及关西科学城。除此之外，这个时期对市中心、商业街区和住宅区的建设都有了新的探索，如意大利的罗马古城。商业购物环境从单一平面发展到地上、地下空间综合利用的立体式巨型商业综合体，从地面型步行区发展到第二层平面系统的步行天桥商业区和地下商业街等。生活设施方面，人们通过使用机器人、电子计算机、微处理机、数控自动机床、电传机、数据通信等先进设备逐步替代体力劳动。交通方式方面，20 世纪 80 年代后科学技术迅猛发展，技术进步从运输需求与运输供给两个方面极大地促进了运输结构的升级，使旅客运输走向高速化和舒适化，货物运输走向专业化和重载化。高速公路、豪华客车、高速铁路、重载列车、大型船舶专用码头和宽体客机等各种运输方式内部结构档次明显提高并走向成熟。同时，在更高层次上，合理配置运输资源、提高综合运输能力，综合运输体系整体结构的调整步伐也明显加快。

此时的城市空间总体特征呈现出都市圈与城市群结构。在人口密集的工业国家，大城市人口的点状集聚形态逐步被散状形态的城市区域代替，这是城市人口发展到当今的一种特别重要的现象，也是一种世界性趋势。法国地理学家戈特曼（Jean Gottmann）所引证的主要领先城市群事例：美国东北海岸的城市地带，从南部的新罕布什尔州延伸到弗吉尼亚州，包括了纽约、巴尔的摩、费城、波士顿、华盛顿以及其他一些重要城市，整个区域范围长 960 多公里，宽 48—161 公里，面积达 138565 平方公里，城市人口的比例高达 90%。德国的莱茵—鲁尔区，在 4953 平方公里的面积中，有 19 个大中城市，该地区不仅是德国经济的心脏，而且是世界上著名的煤炭钢铁基地。荷兰以四个最大的港口城市鹿特丹、阿姆斯特丹、海牙和乌德勒支为中心的港口城市群体，其城市圈东西长约 70 公里，南北宽约 60 公里，面积为 3800 平方公里，人口约占荷兰总人口的 35%，平均人口密度相当于荷兰其余地区人口密度的三倍。类似的巨型城市带（群、圈）在美国还有洛杉矶—旧金山大城市区，在日本有东京、大阪、名古屋三大城市圈。

此后全球信息革命的发生，进一步大大地拓展了城市的功能范围。经济全球化、信息化将实现全球多个相互独立但功能互补的城市在通信网络和高速交通的支撑下，争取更多的经济合作和社会合作。城市的网络空间改变了城市物理空间的时空概念，城市的资金流、信息流快速地从一个城市转到另一个城市。虚拟城市空间相对于传统的城市结构形态，拥有较大的多样性和创造力，以及更好的城市环境和更多的区位自由。预计到 2050 年，城市空间规模和结构会进一步呈现出智能城市特征。未来的智能城市系统将能够防患于未然，以主动及有针对性的工作方式预防和解决问题，政府工作会以数据为支撑的绩效考核作为推动力，不断改进工作效果。建立数据驱动的智能城市，打造城市快速响应、数据共享、高效服务的核心竞争力，这种城市适应性强，反应灵敏，并且始终与所有生活和工作在该城市的人们息息相关。智慧城市整合了技术，加速促进和改变这个生态系统。

第二节　从宏观结构看,全球城市体系演化决定了世界体系的变革

在一定的人类历史发展进程中，城市是世界的骨架和血脉，城市体系和格局决定世界的体系和格局。在 1750—2050 年的 300 年里，全球城市体系的形成和演化决定了全球体系和格局的演化。率先崛起的城市带动所在国家和区域崛起，全球城市的普遍繁荣带动全球城市时代到来。

一　城市经济体系：从全球二元走向全球一体，从商品贸易体系到要素贸易体系，再从产业链体系到创新链体系

1750 年至今，全球城市经济体系由初级商品的全球城市体系向以资本密集型商品为主导、跨国公司为主体的体系转变，再转向以资金流动为主导的全球化体系，如今，以技术产品、论文合作等为载体的全球城市知识、信息和思想的交流为主导的全球城市创新体系正在形成。本报告运用 OECD 全球贸易数据，研究发现全球贸易产品中工业制成品的比重由 1962 年的 48% 上升到 2016 年的 63%，而初级商品的比重由 44% 下降到 18%，这也充分表明了工业品对初级商品的替代。同时，工业制成品内部结构也发生了重大改变，资本密集型产品的比重相对稳定，约占工业制成品的一半；而技术密集型产品的比例逐步上升，由 1962 年的 6% 上升到 2016 年的 23%（见图 2 - 9）。

人类生产已经由供给短缺转为生产过剩，人们的消费逐步由商品主导向服务主导转变，但是全球城市之间存在较大的差距。发达国家在全球贸易中已经转变为服务占主导地位，美国服务业比例已经达到 41%，而欠发达国家仍处于以商品为主导的阶段。

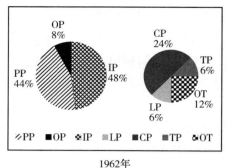 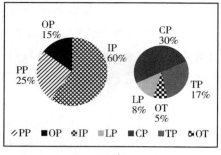

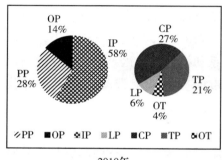 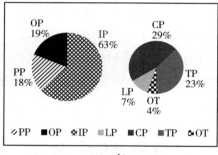

图 2 – 9　20 世纪 60 年代以来全球贸易商品变化

注：PP、IP、OP 分别表示初级商品、工业制成品、其他商品，LP、CP、TP、OT 分别表示工业制成品中劳动密集型产品、资本密集型产品、技术密集型产品和其他未分类产品。本书分类主要按照 SITC 大类分类。

资料来源：根据 OECD 数据整理绘制。

（一）1750—1850 年，全球城市体系主要以西欧城市如伦敦、巴黎等为中心，北美城市开始崛起，亚非拉城市相对落后，形成以西欧工业国城市为主导的全球贸易体系

工业革命促使全球市场初步形成、全球城市联系得到扩展，工业革命的完成使先进的资本主义国家生产的商品流向全球各地，全球各地的资金、原料又集聚到工业发达国家，从而形成了以西方发达工业国家为主导的全球市场。

在世界的大部分地区，行政服务、贸易、原材料出口等因素是全球城市增长的重要因素。在 1825 年英国解除了机器输出的禁令后，机器大量出口，对法国、德国、美国等国家的工业化产生了显著的影响，法国、

美国、德国和日本完成工业革命分别仅用了约 60 年、50 年、40 年和 30 年，确立了欧美国家工业发达、全球其他地区工业落后的世界格局。随着发达工业国家机器设备、产品输出，全球城市联系获得扩展，全球城市东西两极格局形成。直至 20 世纪 60 年代，全球贸易仍以初级商品为主，服务贸易处于较低的位置。且全球贸易水平处于较低水平，1850 年全球贸易量为 145 亿马克，增长缓慢。同时，全球城市贸易格局也因工业革命被固化，全球城市间产业转移较少，尤其是发达国家和落后的亚非拉国家的产业转移。

英国、法国等西方发达工业国家为了输出商品、抢夺原料和海外市场，纷纷走上了殖民侵略的道路，分别对东南亚、非洲等落后地区进行经济掠夺。这些落后地区由于仍然依靠传统手工生产，所以被迫打开对外开放的大门，嵌入全球城市商品市场中。这主要是因为在亚洲和非洲大陆的大部分地区，过低的劳动力成本和缺少一个大的消费基础妨碍了机器的使用，所以这些地区多倾向于发展分散的原始乡村工业。面对发达国家工业输出的冲击，亚非拉等落后地区的产业体系也遭到了挑战。总之，全球城市经济联系主要以初级商品的输出、原材料的交易为主，资金在部分发达工业国家城市间流动，全球城市工业、农业生产两极格局较为明显，尚未形成全球化城市体系。

（二）1850—1950 年，全球城市体系转向以欧美城市为主导、北美城市快速发展、亚非拉城市开始崛起的新阶段，欧美城市在全球贸易中仍占据了制造业的优势，亚非拉城市处于低端初级产品输出地位

以内燃机、电力广泛应用为标志的第二次工业革命推动了工业生产的空前发展，促使更多的产品销往世界各地，使得世界贸易的范围和规模迅速扩大，世界市场得到进一步发展，至 1950 年，全球贸易量增加到 600 多亿美元。同时，国际分工日益明显，国家间人口、资金的流动和贸易逐渐扩大。

电报、电话、飞机、远洋轮船等通信技术与工具、运输设备的发明，进一步降低了全球城市间的空间成本，促进了全球市场的形成。在此阶段，一些拥有优越区位、天然海港等优势的城市开始崛起，如美国五大湖城市带的崛起。发达国家工业城市通过产业结构转型，城市得以更新，如伦敦城市更新，产业结构向服务业转变。第二次工业革命促进了本国

城市之间的竞争与联系。新技术的应用、新产业的兴起促使先进工业国家自身经济发展产生重大变化，资本主义生产社会化的趋势加强，推动企业间竞争的加剧，促进生产和资本的集中，少数采用新技术的企业挤垮大量技术落后的企业，城市间企业流入和流出增强；同时，运输网络、通信技术的改进缩短了城市之间的距离，增强了城市间的经济联系。

此外，第二次工业革命使得全球贸易规模、范围都得到扩展，资本主义世界体系最终确立，世界逐渐成为一个整体。还加剧了全球经济发展的不平衡，西方发达工业国家与东方落后国家之间的差距进一步被拉大，亚非拉等落后国家和地区的工业发展水平被发达工业国家锁定在初级商品阶段，主要以农矿业为主。全球城市仍然以商品输出占主导地位，同时，这一阶段出现了资本的国际化，跨国公司开始寻求通过海外投资追求利润最大化，全球城市之间初步形成以商品贸易为主导、资金为辅的世界市场。

（三）1950—2050 年全球城市体系由东西分割向一体化转变，1950—1990 年全球城市体系以西方发达国家和苏联为主导，1990 年全球城市体系逐步走向一体化，全球产业体系全球产业分工与全球价值链构建，至 2050 年全球城市创新体系将成为主导

20 世纪 50 年代以来，由于国际政治原因，全球形成了以美国和苏联为中心的东西方两大阵营，全球城市两极格局形成。但是，随着 1991 年苏联解体，全球城市一体化进程逐步加快，全球城市多极化发展成为新的趋势。全球城市分工网络形成，以发达国家城市为主导的全球城市分工价值链形成，发达国家城市"去工业化"和服务化趋势增强，后发国家城市接受全球城市产业转移获得了快速发展，尤其以中国、东南亚国家等为代表的发展中国家城市快速崛起，全球城市分工网络体系形成。

发达国家城市通过全球产业转移实现了产业转型升级，比如伦敦、巴黎、纽约、洛杉矶等国际性大都市都跟随技术进步的步伐顺利实现了产业的适时转型和比较优势的转换，成为全球金融、科技、经济中心。以计算机信息技术为代表的新一代信息通信技术正深刻改变着人类的生产和生活方式，以高新技术和服务经济的发展，改变全球城市交易内容与联系方式。全球贸易中初级商品的比例由 44% 下降到 18%，与之相反技术密集型产品由 6% 上升到 23%（见图 2-9），表明全球城市交易品种

升级，以及全球城市产业结构同样获得升级。此外，全球贸易中服务的比例上升，部分国家城市的贸易比重已经超过 30% 甚至 50% 以上。尤其是当前信息经济时代，全球城市网络中知识、信息的作用更加重要，中国东部沿海的杭州、上海、深圳以及贵阳等城市抓住新一代信息技术的机遇，迅速成为新一代智能技术领先城市。

　　全球三次大规模的产业转移，全球制造业中心从美国等发达经济体逐步转向日本和德国、再从日本和德国转向亚洲"四小龙"地区、再转向中国东部沿海地区，推动中国成为"世界工厂"。其中，跨国公司是推动全球城市联系加强的重要主体。从图 2－10 中可以看出，全球城市跨国公司联系度呈现一定的空间分异，欧美和日本等地区和国家的城市是跨国公司密集分布地，与全球城市之间的联系度较高；亚洲一些国家城市跨国联系在逐步提升，如中国的北京、上海、深圳、香港，印度的孟买、班加罗尔，巴西的巴西利亚，南非的约翰内斯堡等全球城市联系已经挤进全球先进行列，全球城市网络体系内部层级随着新一代信息技术革命的发展进一步加强。

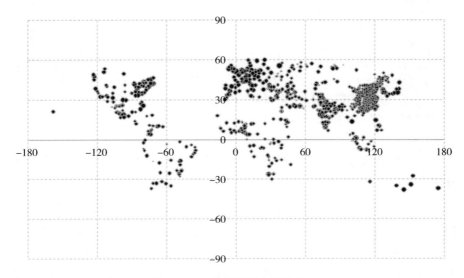

图 2－10　全球跨国公司联系度

资料来源：中国社会科学院全球城市竞争力中心数据库。

2000—2050 年，以大数据、智能化技术为代表的全球城市创新体系将取代传统的以商品、资金流为主导的全球城市经济体系，科技尤其是智能技术服务将引领全球城市发展，并促使全球城市形成新的智能化分工格局。至 2050 年全球城市将形成以全球主要科技城市如伦敦、纽约、北京、东京等（如图 2－11）为主导的全球创新体系，智能化是创新体系的重要发展方向。以大数据、人工智能等为代表的信息通信技术的发展打破了传统的"空间界限的限制"，全球城市网络形成，人类进入以互联、互通、智能化的智慧城市为生产和生活空间载体的新时代。

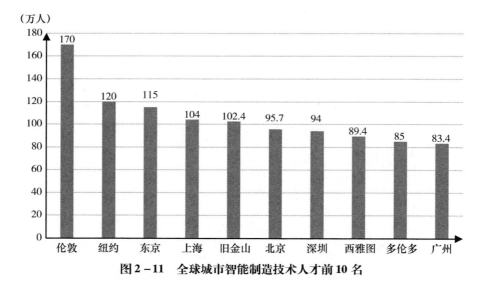

图 2－11　全球城市智能制造技术人才前 10 名

资料来源：《世界智能制造中心发展趋势报告（2019）》。

二　城市规模体系：从欧美小城市主导的体系到全球大城市主导的体系

经济资源的流动逐渐打破了国与国的界限，使得城市在促进全球经济发展中的作用越来越突出，随之涌现出在空间权力上超越国家范围、在世界经济发展中发挥着重要作用的全球大城市。尤其是 20 世纪以来，城市间多种要素的流动加速使得全球各城市间的联系更加紧密，以全球大城市引领的多层级的世界城市规模体系替代以欧美小城市主导的城市逐渐形成。城市人口规模结构是城市发展水平和福利水平的重要表现，城市规模与人类发展水平和福利水平直接相关，城市规模更大意味着人类发展水平和人类福利水平更高，因为规模报酬递增和多样性，世界城市规模体系的大型化，决定人类活动更加集聚，决定人类发展水平和福利水平持续不断提升。

工业革命主要涉及数量空前的劳动力从乡村转移到城市，形成数量与规模庞大的城市。耶鲁大学有关全球城市 6000 年的发展和城市人口规模的研究，展示了公元前 3700 年至公元 2000 年全球城市数量和规模的变化规律。

分不同时期看，公元前的 3700 年里，全球城市数量很少，主要集中在欧洲部分地区，人口规模增长缓慢；公元元年至 1750 年，作为前现代时期，城市规模缓慢扩大，城市开始从欧洲向亚洲扩散，但大规模城市仍主要集聚在欧洲。1750 年进入现代时期以来，城市人口规模有了飞速发展。1750—1850 年，第一次工业革命使得兴起国——英国的城市规模迅速扩大；1850—1950 年，第二次工业革命主要在北美洲、欧洲大陆进行，使美国、欧洲城市规模有了较大增长，美国实现与英国并肩；1950年以来，新兴经济体崛起，人口主要向大中城市集中，发达经济体人口主要向中小城市集中，世界城市规模体系再更新。

（一）1750—1850 年：以英国等欧洲城市为中心的小城市主导世界城市规模体系

英国城市规模迅速扩大，发展一枝独秀。18 世纪初新兴工业城市主要分布在自然资源丰富、交通运输便捷、适合发展现代工业的西欧地区。这些新城市和工业集聚点兴起的场所一般是半城市地区或是没有在传统的主导城市体系中占据重要地位的小城镇，它们由于工业的发展吸引大量的人口，最终发展成超越传统城市的工业重镇或区域经济中心城市。18 世纪初，英格兰南部七个郡的人口占全英格兰人口的 1/3。工业革命开始后，1801—1870 年，英国总人口增长了 1.54 倍，其中西北部工业集中地区和南部的伦敦及郊区人口分别增长了 2.58 倍和 2.1 倍。据估计，1801—1851 年，英国纺织业城市人口增长率居第一，为 229%；港口城市增长了 214%；制造业城市增长了 186%。个别城市的发展速度更为惊人，如从 1811—1861 年，利物浦和普雷斯顿人口增长了 5 倍，布莱顿增长了 7 倍，毛纺织中心布莱福德增长了 8 倍。

其他发达资本主义国家工业化进程起步相对较晚，因此在此期间城市规模发展缓慢。如 1810—1840 年间，法国农业产值大约占全国总产值的 66.5%，仍在法国经济中发挥主要作用。1806 年法国农村人口为 2369 万人，至 1846 年增至 2675 万人，占法国人口总数的 75.6%。法国在此期间小农经济思想根深蒂固，制约了农村人口向城市流动。

（二）1850—1950 年：以欧美城市为中心的中小城市主导的世界城市规模体系

欧洲、北美洲城市规模迅猛扩展。本书主要以德国、美国为例。德国工业革命在此期间起步，1871—1910 年德国通过引进吸收了英、法等国的先进科学技术，赶上了英国，超过了法国，实现了由落后的农业国向先进的工业国的转变。这一时期德国的城市数量和城市人口迅速增加，城市规模不断扩大。从 19 世纪 40 年代开始，德国出现了一批以工矿业城市为主的新兴城市，例如鲁尔区的塞尔多夫、埃森等。这些城市依靠当地的资源优势以及水陆交通运输的便利吸引大量的投资和劳动力，这些城市沿交通路线扩展，人口也快速增加。如表 2 - 8 所示，1871—1910 年，10 万人以上城市的人口增长最快，其占全国总人口的比重从 4.8% 提高到了 21.3%，规模人数较少的城市降幅较大，从 1871 年的 63.9% 降至 1910 年的 39.6%。

表 2 - 8　　　　　德国 1871—1910 年城市人口占全国人口比重　　　　（单位：%）

城市规模	1871 年	1910 年
10 万人以上	4.8	21.3
1 万—10 万人	7.7	13.4
2 千—1 万人	23.6	25.4
2 千人以下	63.9	39.6

资料来源：笔者整理。

在工业化进程的带动下，美国人口规模体系也得以形成。美国主要由于工业革命的进行和垄断组织的形成促成一系列大中城市规模迅猛扩展。芝加哥在 19 世纪初还是人迹罕至之处，1837 年正式组建城市，1880 年该城市人口达 50 万人，1910 年又跨过 200 万人大关，一跃成为美国的第二大城市，与纽约相匹敌。底特律是汽车城，汽车工业发展导致对南加利福尼亚的油田开发，使西部城市洛杉矶成为美国最大炼油中心。伯明翰和休斯敦等城市的发展同钢铁、石油和汽车发展有关。服务行业和零售业的发展使亚特兰大、明尼阿波利斯和西雅图等城市迅速扩大。在城市数目猛增、规模扩大、功能发展和相互联系密切的基础上，形成了全国性的现代城市体系，主要表现在：全国城市网络密度提高了几倍；城市地区分布日趋改善，过去城市稀少的西部和南部已拥有一定数量的各级城市，逐渐形成了结合性城市，城市与专业性城市相结合，大中小城市相结合的现代化城市体系；城市的功能也不断发展扩大（见表 2 - 9）。

表 2 - 9　　　　　　1790—1950 年美国城市数量和美国城市人口

年份	全国总人口（十万人）	城市数目（个）	城市人口（十万人）	城市人口占总人口比重（%）
1790	3.9	24	0.2	5.1
1810	7.2	46	0.5	7.3
1830	12.9		1.1	8.8
1850	23.3		3.5	15.3
1870	39.8	663	9.9	25
1900	76.1	1737	30.2	39.6
1910	92.4		42	45.7
1930	123.1		69	56.2
1950	151.7	4741	96.5	63.6

资料来源：笔者整理。

（三）1950—2050 年：走向世界全面发展的超大及大中小城市共同主导的城市规模体系

全球人口规模不断扩大。1950 年，70.4% 的人居住在农村地区，17.8% 的人居住在人口少于 30 万的城市居民区，其余 11.8% 居住在其他较大的城市。在接下来的三十年中，城市人口增加了近 9.2 亿人，从 1950 年的 7.5 亿人增加到 1980 年的 17.5 亿人。至 2018 年，全球城市人口超过农村人口。全球城市人口从 1980 年的 17.5 亿人已经增长至 2018 年的 42.2 亿人，城市人口占比从 1980 年的 39.3% 增长至 2018 年的

55.3%。各类规模城市人口持续增长。其中中等规模城市人口增长率较快。特大规模城市的总人口虽然增长相对较少，却从 1980 年的 0.86 亿人增加到 2018 年的 5.29 亿人，增长了近 5 倍。但是，随着城市化进程的加快，预计到 2050 年，农村人口的比例将下降 13.1%。

表 2－10 　　　　　世界各个规模城市人口规模及百分比 　（单位：百万人，%）

	1950 年	1970 年	1980 年	2000 年	2010 年	2018 年	2050 年
总人口	2536	3701	4458	6145	6958	7633	9772
城市总人口	751	1354	1754	2868	3595	4220	6680
特大城市（1000 万人以上）	24	55	86	245	387	529	825
大城市（500 万—1000 万人）	32	107	140	214	269	325	504
中等城市（100 万—500 万人）	127	244	336	626	760	926	1370
小城市（50 万—100 万人）	67	131	170	269	355	415	578
较小城市（30 万—50 万人）	50	87	114	200	246	275	384
少于 30 万人	450	730	908	1315	1578	1750	2357
农村人口	1785	2346	2704	3277	3363	3413	3092
城市人口百分比	29.6	36.6	39.3	46.7	51.7	55.3	68.4
特大城市（1000 万人以上）百分比	0.9	1.5	1.9	4.0	5.6	6.9	8.5
大城市（500 万—1000 万人）百分比	1.3	2.9	3.1	3.5	3.9	4.3	5.7
中等城市（100 万—500 万人）百分比	5.0	6.6	7.5	10.2	10.9	12.1	14.3
小城市（50 万—100 万人）百分比	2.7	3.5	3.8	4.4	5.1	5.4	6.1
较小城市（30 万—50 万人）百分比	2.0	2.3	2.6	3.2	3.5	3.6	5.1
少于 30 万人百分比	17.8	19.7	20.4	21.4	22.7	22.9	28.6
农村人口百分比	70.4	63.4	60.7	53.3	48.3	44.7	31.6

资料来源：笔者整理。

新兴经济体大中城市的城市体系规模不断扩大。从世界城市人口规模体系来看，主要发达国家城市经过第一次工业革命和第二次工业革命洗礼后实现高度城市化，人口规模并未出现大幅增长。如表 2 – 11 所示，东京、大阪、纽约、洛杉矶、巴黎在足足 65 年内城市人口仅出现 0.5—2.5 倍的增长。而其他城市多为发展中国家的城市，人口规模在此期间均大幅增长。新德里、北京、卡拉奇、伊斯坦布尔、拉合尔、班加罗尔这些城市人口增长均达到 10 倍以上。而达卡、拉各斯城市人口增长突破 30 倍以上。反映了这一阶段主要是新兴经济体人口向大中城市集中的趋势。预计 2035 年以后，新德里将超越东京成为全球人口规模最大的城市。而少数发达国家城市如巴黎、首尔 2050 年将退出全球人口规模前 30。

表 2 – 11 　　　　　　1950—2050 年世界主要城市人口规模增长趋势 （单位：万人，%）

	1950 年	1970 年	1990 年	2010 年	2015 年	2035 年	2050 年（预测）	1950—2015 年 65 年间增长率
东京	1127.5	2329.8	3253.0	3686.0	3725.6	3601.4	3954.6	2.3
新德里	136.9	353.1	938.4	2198.8	2586.6	4334.5	4944.5	17.9
上海	428.8	605.2	860.6	2031.4	2348.2	3434.1	3584.1	4.5
墨西哥城	336.5	883.1	1564.2	2013.7	2134.0	2541.5	3020.7	5.3
圣保罗	233.4	762.0	1477.6	1966.0	2088.4	2449.0	3017.6	7.9
孟买	308.9	641.3	1235.5	1825.7	1931.6	2734.3	2962.0	5.3
大阪	700.5	1527.2	1838.9	1931.3	1930.5	1834.6	2331.8	1.8
开罗	249.4	558.5	989.2	1689.9	1882.0	2850.4	2962.8	6.5
纽约	1233.8	1619.1	1608.6	1836.5	1864.8	2081.7	2163.9	0.5
北京	167.1	442.6	678.8	1644.1	1842.1	2536.6	3070.0	10.0
达卡	33.6	137.4	662.1	1473.1	1759.7	3123.4	3840.5	51.4
布宜诺斯艾利斯	516.6	841.6	1114.8	1424.6	1470.6	1712.7	1942.6	1.8
加尔各答	460.4	732.9	1097.4	1400.3	1442.3	1956.4	2059.4	2.1
卡拉奇	105.5	311.9	714.7	1261.5	1428.9	2312.8	2590.0	12.5
伊斯坦布尔	96.7	277.2	655.2	1258.5	1412.7	1798.6	2263.8	13.6
重庆	156.7	223.7	401.3	1124.8	1337.2	2053.1	2745.5	7.5
里约热内卢	302.6	679.1	969.7	1237.4	1294.1	1481.0	1767.3	3.3
马尼拉	154.4	353.4	797.3	1188.7	1286.0	1864.9	2082.5	7.3
天津	246.7	331.8	455.8	1015.0	1251.6	1644.6	2104.6	4.1
洛杉矶	404.6	837.8	1088.3	1216.0	1234.5	1377.8	1606.6	2.1
拉各斯	32.5	141.4	476.4	1044.1	1223.9	2441.9	2725.0	36.6

续表

	1950 年	1970 年	1990 年	2010 年	2015 年	2035 年	2050 年（预测）	1950—2015 年 65 年间增长率
莫斯科	535.6	710.6	898.7	1146.1	1204.9	1376.8	1527.5	1.2
广州	104.9	154.2	324.6	1027.8	1169.5	1674.1	2108.0	10.1
金沙萨	20.2	107.0	368.3	938.2	1159.8	2668.2	3594.0	56.4
深圳	0.3	2.2	87.5	1022.3	1127.5	1518.5	1882.7	3580.8
巴黎	628.3	820.8	933.0	1046.0	1073.4	1199.2	12.935	0.7
拉合尔	83.6	196.4	397.0	843.2	1036.9	1911.6	25.535	11.4
雅加达	145.2	391.5	817.5	962.6	1017.3	1368.8	1557.5	6.0
班加罗尔	74.6	161.5	404.3	829.6	1014.1	1806.6	2414.0	12.6
首尔	102.1	531.2	1051.8	979.6	989.7	1363.6	1532.4	8.7

资料来源：笔者整理。

21 世纪以后东亚新兴城市群已成为世界的核心力量。世界前六大城市群东亚地区约占两席。主要包括日本的东海道太平洋沿岸城市群与中国的长江三角洲城市群。东海道太平洋沿岸城市群由东京、名古屋、大阪三大都市圈组成，大、中、小城市总数达 310 个，包括东京、横滨、川崎、名古屋、大阪、神户、京都等大城市，全日本 11 座人口在 100 万以上的大城市中有 10 座分布在该城市群区域内。三大都市圈土地面积约 10 万平方公里，占全国总面积的 31.7%；人口近 7000 万人，占全国总人口的 63.3%。它集中了日本工业企业和工业就业人数的 2/3、工业产值的 3/4 和国民收入的 2/3。而以上海为中心的长江三角洲城市群主要由上海，江苏省的南京、苏州，浙江省的杭州、宁波，安徽省的合肥等 26 座地级市组成，土地面积 21.17 万平方公里，总人口 1.5 亿人，分别约占全国的 2.2%、18.5%。如今已跻身于世界第六大城市群，是中国经济最具活力、城市层级结构最合理的城市群。

三 城市空间体系：从孤立的城市到城市群再到都市连绵区的世界体系

世界城市空间体系的变化反应是人类活动空间尺度变化和人类发展

水平的重要表现。城市空间单元的由小变大，由孤立到联系到连绵一体，反映人类活动空间范围的扩展，人类交互作用领域的扩大，也反映人类共享机会的增加，决定世界由空间分割的世界变成空间集聚而连绵的世界。随着全球化的加速，资本流动空间的障碍逐渐消除，城市也随之脱离相对于全球的地方空间。原有的世界城市空间体系也逐渐被打破，正在由"城市—国家"的二维空间体系转变成为"全球—国家—城市群"之间更为复杂的三维空间体系。因此，从孤立城市到城市群再到都市连绵区这一世界体系转变是城市发展到一定阶段的结果。

随着人口的进一步扩张，大城市人口以点状分布的状态逐渐由伞状形态的区域城市所取代，区域城市中囊括中小城市中的城市带，各个经济职能相辅相成，对整个国家的经济发展乃至影响其在整个世界的经济地位有着不可忽视的作用，这主要体现在城市发展后期。第一次工业革命期间，以伦敦为单中心的城市群使得英国确立了工业强大起来的世界强国地位。19 世纪五六十年代后，美国内部确立起来的多个中心城市群使得美国首次超过英国确立了世界上工业实力最为强大的经济地位。1950 年以后，尽管英国、美国等西方发达国家仍然是世界上的工商业强国，然而，在此期间全球范围内已经出现多个城市经济发展带，尤其是21 世纪以来，亚洲、南美洲地带建立起来的新兴经济强带，如日本太平洋沿岸城市群、长江三角洲城市群。

（一）1750—1850 年：英国领先的孤立城市的世界城市空间体系

第一次工业革命期间，英国率先形成以大伦敦市为中心的单中心核心区，在其发展过程中纳入了郊区中集结该集聚区的一系列小镇。1801年，大伦敦地区约有 120 万居民，伦敦外围地区（居住在伦敦城市边界以外的人口）的份额为 15%。1901 年，伦敦市的人口增长到 620 万。与此同时，其不仅仅作为欧洲的单中心核心区域，也成为世界城市的核心区域。英镑成为国际货币，伦敦不仅是英国的首都、政治中心、金融中心，也是世界金融的中心，被称为"世界首都"。主要表现在以下几个方面：一是优先于世界各国的水陆交通的发展，18 世纪末，英国掀起兴建运河的热潮，很快形成连接内地与沿海的水路运输网。之后英国又把重点转到铁路建设上。1850 年增至 1 万公里以上，这时，英国的主要铁路干线已经建成。二是优先于世界各国的煤铁产量。1850 年生铁产量增至

229 万吨，超过法国、德国、美国三国总和。1850 年英国煤产量增至
5000 万吨，远超于法国、德国、美国煤产量总和（1900 万吨）。三是它
无可匹敌的工商业的发展。英国工业在世界工业中所占的比重，在 1840
年达到 47%。同年，法国占 12%，美国占 9%。1840 年，其贸易额在世
界贸易总额中占 21%。同年，法国占 11%，美国占 10%。英国把它一半
以上的工业产品推向世界市场，成为名副其实的"世界工厂"。英国也是
世界上最富有的国家，1850 年，它在海外拥有的资产达 22500 万英镑。
它的黄金储备达 1660 万英镑。如表 2 - 12 所示，1850 年，伦敦居民达
236 万余人，大大超过同期巴黎的人口。

表 2 - 12　　　　　　　工业时期形成的区域中心城市人口　　　　（单位：万人）

城市	年代		
	1800	1850	1900
伦敦	86.5	236.3	453.6
巴黎	54.7	105.3	271.4
柏林	17.2	41.9	188.9
纽约	7.9	69.6	343.7

资料来源：笔者整理。

　　工业革命促使以英国为代表的发达国家走向海外输出商品、争夺原
材料的道路，亚非拉等地区的国家成为其海外市场输出地和原材料来源
地，产业发展被锁定在初级商品生产阶段。然而，亚非拉等地区的国家
仍处于落后的农业生产，国家自身经济尚未进行工业革命，产业主要以
农业、矿业等初级商品加工为主，生产相对分散在劳动力较为廉价的农
村地区。

　　（二）1850—1950 年：美国引领的大都市区城市群的世界城市空间
体系

　　19 世纪五六十年代后，第二次工业革命爆发，欧洲、北美地区呈现
跨越式的发展，产业结构不断地优化，地区的城镇化速度较快，城市的
面貌焕然一新。最引人注目的是美国的成就，在此期间，美国首次超过
英国确立了自身的城市空间体系，同时也成为世界上工业实力最为强大

的国家。

美国城市内部也确立了城市体系，19 世纪 40 年代后，美国开始了第一次工业革命。蒸汽机的广泛应用，使交通运输技术发生了新的飞跃，既有利于城市工业和工业城市的发展，也有利于城市化进程。城市的经济作用加强了，其社会性质改变了，由原来的商业、文化中心变成了近代工业基地，同时不断产生新兴工业城市。在 20 世纪最初的 20 年里，有轨电车和高架铁路出现，使城市的半径扩展到 10 英里以上，中央商务区、工薪阶层区、贫民区以及繁荣的郊区纷纷出现，美国城市化进程突飞猛进。城市数量剧增，规模扩大，功能发展，基本形成了全国性的现代城市化体系。处于城市化体系金字塔顶端的是纽约、芝加哥等综合性全国中心城市，它们在全国城市化体系中起着主导作用，是全国的政治、经济与文化中心。位于塔基的是几千个以某种产业为主的专业化的地方中心城市，如巴尔的摩、费城、辛辛那提等，它们是地方的经济与政治中心，起到了联系综合城市及其周围小乡镇和乡村腹地的中介作用。城市大规模兴起，创造了大量就业机会，吸引大批移民和农村人口向城市流动。1851—1919 年，平均每年有 39 万外国移民涌入美国；1910 年时，全国 4200 万城市人口中约有 1100 万是由农村流入城市的。1920 年是美国历史上划时代的年份，这一年美国总人口达到 1.067 亿人，城市人口达到 5416 万人，超过全国总人口的一半，美国基本实现了城市化。如表 2 – 13 所示，这些城市作为美国地方经济的骨干力量，在组织地方经济运行过程中起着不可低估的作用。

表 2 – 13　　　　　　　　　　美国主要城市功能定位

城市	主要功能定位
纽约	世界性的超级经济城市、美国经济中心城市
芝加哥	全国性经济城市
洛杉矶	全国性经济城市
旧金山	美国西部太平洋沿岸地区经济实力和辐射范围仅次于洛杉矶的重要城市
波士顿	新英格兰地区经济中心城市
费城	大西洋中部地区的经济中心城市
休斯敦	得克萨斯州乃至墨西哥湾地区的经济中心城市

城市	主要功能定位
新奥尔良	美国南部最大的商业金融中心
西雅图	美国西北部最大的工业、商业和交通中心

资料来源：笔者整理。

美国在此期间确立起来的世界工业强国具体体现在三个方面：其一，重工业的超前发展。1870—1913 年，美国工业增长达 8.1 倍，年平均增长速度为 4.3%。1877—1892 年是这一时期工业发展最快的 15 年，工业产量翻了两番，年均增长速度达 7.1%。其二，电力工业的超前发展。1882 年，纽约建立了世界上最早的火力发电站。1914 年美国电力已达到 900 万马力，这时电力已占全部工业动力的 30%，成为当时占世界首位的电力强国。其三，美国也是世界上最大的汽车王国，1913 年有汽车 100 万辆，占世界汽车总数的 1/2；1914 年的汽车年产量达 57.3 万辆。美国在世界工业中的地位不断上升。1870 年，它在世界工业中所占比重为 23.3%；1881—1885 年平均占 29%；1890 年占 31%，超过了英国（22%）；1913 年占 35.8%，接近英、德、法三国总和。在南北战争后的 30—40 年时间里，美国成功地完成了工业化的历史任务，与此同时还赶上并超过了英国而成为世界上实力最强大的工业国。美国的成就是巨大的，这几十年也因而被称为美国的"工业世纪"和"镀金年代"。

（三）1950—2050 年：走向全球大都市连绵区及网络化发展空间体系

1950 年以后，尽管英国、美国等西方发达国家仍然是世界上的工商业强国，然而，在此期间全球范围内已经出现多个城市经济发展带。尤其是 21 世纪以来，亚洲、南美洲地带建立起来的经济强带其发展速度与规模不亚于先前在西方建立起来的大都市带，如日本太平洋沿岸城市群、长江三角洲城市群。首先从全球体系角度了解这个时期各个城市的等级布局，再以日本东京城市带为例对这个时期国家内部的城市体系进行分析。

1. 全球城市规模等级体系

20 世纪后期，弗里德曼认为，世界城市呈东西带状分布，从东京到纽约，再到伦敦，形成线形全球世界城市圈。这个全球世界城市圈又可分为三个子系统：一是以东京—新加坡为轴线的亚洲子系统，其中东京是世界城市，新加坡是东南亚地区的区域性国际城市；二是美洲子系统，以纽约、芝加哥和洛杉矶为主要中心城市，北连多伦多，南接加拉加斯和墨西哥城，将加拿大、中美洲及加勒比地区的许多小国融入美洲城市圈；三是西欧子系统，以伦敦、巴黎及莱茵河谷轴线为核心。南半球组成约翰内斯堡和圣保罗为中心的子系统，目前，国际上公认的全球性城市有纽约、东京和伦敦。这 3 个城市集中了大部分的银行和金融机构，特别是外国银行，以及其他从事金融交易的公司；它们还是世界各个大公司总部的最大集中之地。此外，还有大约 20 个次全球性的或者说地区性的中心城市，其中位置排列较前的有巴黎、旧金山、洛杉矶以及墨西哥城等。① 2016 年，世界城市体系再次更新，世界超一线城市为 2 个，一线强城市为 7 个，一线中城市为 19 个，一线弱城市为 21 个。

2. 国家内部城市带体系：以日本东京城市带为例

东京的都心（市中心）是指位于东京市区中央的千代田区、中央区、港区的中央商务地区，集聚了国会、国家各部、许多大使馆和主要大企业的总部。20 世纪 50 年代，随着日本经济的高速增长，都心的商务功能得到快速发展，很快形成了高度集中的中央商务区。与此同时，都心地价高涨，居住区开始向郊外转移，出现了城市功能的单中心高度集聚、通勤长时间化等大城市问题。到了 20 世纪 60 年代初期，都心内商务办公用房出现短缺，政府开始意识到必须抑制商务功能继续向都心的集聚，要向外分散，实现工作和居住就地平衡的城市构造。因此东京提出了建设副都心，引导城市由单中心结构向多中心结构转移的构想和规划。目前东京已形成了包括七个副都心和多摩地区五个核都市的多心型城市结构。如表 2 - 14 所示，它们基本上位于山手线（环线）与各个铁路放射线的交会处，充分利用了交通枢纽对于商务及人流的集聚效应。其中最具成效的是新宿和池袋两个具有强大商务中心区功能的副都心，它们分别位于西部地区进入东京市区的交通枢纽处。东京的副中心是具有多功能、高度复合的区域，在满足商务活动的同时，还具有商业、文化、娱乐、居住等其他功能。如新宿副都，形成了以新宿车站大楼和车站以东地区为商业娱乐中心、车站以西为行政办公及商务办公中心的集商务、

---

① 笔者根据《全球性城市》整理。

2

74   ◇   第一部分   总体报告

购物、文化娱乐为一体的完整布局。面向 21 世纪，强调新都市的信息化和智能化，把建设东京通信港作为发展新都心的重要目标。

表 2-14   东京中心、副中心的主要功能定位

名称	主要功能定位
东京	政治经济中心、国际金融中心
新宿	第一大副中心，带动东京发展的商务办公、娱乐中心
池袋	第二大副中心，商业购物、娱乐中心
涩谷	交通枢纽、信息中心、商务办公、文化娱乐中心
上野—浅草	传统文化旅游中心
大崎	高新技术研发中心
锦系町—龟户	商务、文化娱乐中心
滨海副中心	面向未来的国际文化、技术、信息交流中心

资料来源：笔者整理。

预计到 2050 年，城市空间规模和结构会在"线形全球世界城市圈＋国家内部城市带"体系的基础上，将以往的以区域均衡发展为目标的围绕各大都市圈核心城市进行的规划设计转换为城市区域集聚的超大型都市圈联合，以此缓解特大城市单极集中、中小城市对中心大都市的依赖加强等区域发展不平衡问题，并形成更大的地区国际竞争力。在区域共识基础上促进大都市发展，以面对共同的问题提出规划方案；同时根据大都市和地方都市的不同情况提出不同的发展方案，根据各地实际发展状态进行对接。

第三节　从宏观总量看，全球城市发展完成了人类文明划时代的转型

全球城市的整体规模决定人类社会的城市化程度，在 1750—2050 年的 300 年里，人类将从乡村社会转变为城乡一体的城市社会。

一　城市产业发展对世界经济及格局的影响
（一）1750—1850 年，城市引导世界，英国成为世界工业国
工业革命之前，人类大部分是在乡村居住，并且以耕种和畜牧维生，

生产工具也仅仅是一些简单手工制品，无论乡间还是城市的生产动力都
以人力、兽力、风力和水力等为主，所以产量有限，生产效率低下，人
们为了生活不得不大量进行农业生产和劳动。从图2－12和图2－13可以
看出，在工业革命之前，世界上主要国家，如英国、美国、法国、墨西
哥、中国、印度、日本等国家的农业占比均处在较高水平，大部分国家
的人民都从事农业活动。但工业革命以后，工厂制代替了手工工场，机
器代替了手工劳动，生产力取得巨大飞跃，大量劳动人口向工厂和城市
集聚，城市化、工业化生产逐步占据主导地位，此时农业就业占比和农
业产值占比开始逐步下降。工业革命改变着各国的产业结构，工业革命
后英国的农业就业占比从30%逐渐降低到20%左右，英国的农业产值在
国民经济中的比重下降到21%，成为"世界工业国"。英国的城市逐步作
为世界的主体，引导世界。

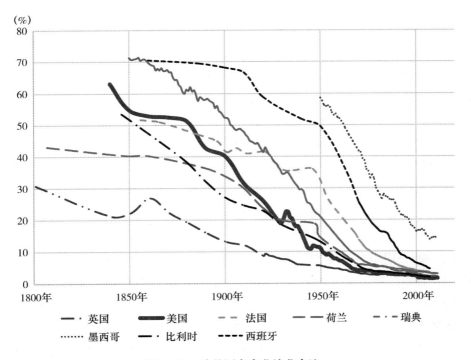

图2－12 欧美国家农业就业占比

资料来源：笔者根据 our world in data 数据库数据整理。

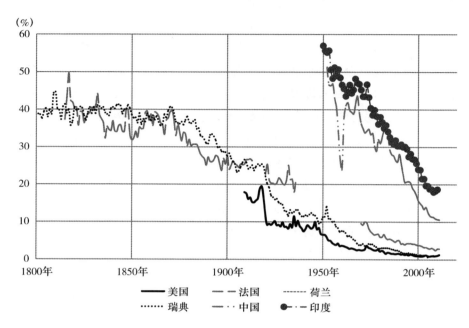

图 2 - 13 主要国家农业产值占 GDP 比重

资料来源：笔者根据 our world in data 数据库数据整理。

（二）1850—1950 年，城市支撑世界，先进国家完成工业化

第二次工业革命期间，全球城市产业呈现发达国家以轻工业为主、亚非拉等地区的落后国家以农业、矿业等初级商品为主的局面。具体来看，第二次工业革命相比于第一次工业革命，生产效率又得到了质的提升，最直接的结果就是农业产值的降低和工业产值的迅速上升（见图 2 - 13、图 2 - 14），先进国家的工业城市开始支撑世界。从图 2 - 13 可以看出 1800—1950 年，美国、法国、荷兰、瑞典的农业产值占比逐步下降，特别是第二次工业革命期间（1850—1950 年），农业产值占比迅速降低。图 2 - 14 表示主要国家的工业产值占 GDP 比重，表明发达国家在 1800—1950 年处于工业阶段，特别是第二次工业革命期间，工业产值迅速提升，从 20% 上升到 50% 左右。此时大部分国家均完成工业化，而作为国家主体的城市，支撑着世界发展。

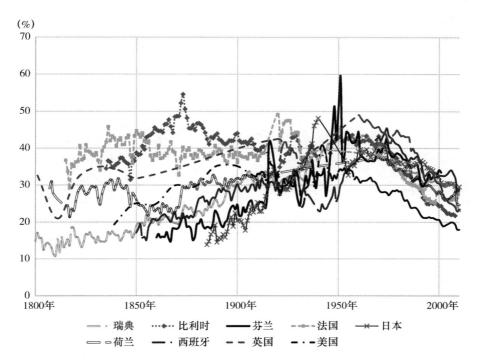

图 2 - 14 主要国家工业产值占 GDP 比重

资料来源：笔者根据 our world in data 数据库数据整理。

（三）1950—2050 年，城市就是世界，服务化、智能化主导世界

第三次工业革命的到来，直接改变全球城市格局。在第三次工业革命开始时，英国、美国、法国、荷兰、瑞典、墨西哥、比利时、西班牙等国家由于率先开始工业革命，其农业就业占比从 1800 年开始到 1950 年迅速降低，直到 2010 年接近为零。亚洲、非洲的中国、印度、埃及、南非、尼日利亚等国家在 1950 年以后才开始工业革命，农业就业人口从此时才开始逐步降低。亚非国家的农业就业人员占比基本都在 50% 以上，甚至在 80% 以上（见图 2 - 15）；而此时欧美主要国家的农业就业人员占比已经下降到 30% 以下，甚至在 20% 以下，全球就业呈现欧美引领亚非格局。此外，由于到第三次工业革命，信息化、网络化主导世界，此时发达国家开始产业转移，服务业产值占比上升，所以 1950—2016 年，工业产值占比逐步降低（见图 2 - 14），全球城市格局由欧美的高端服务化主导亚非的工业化。

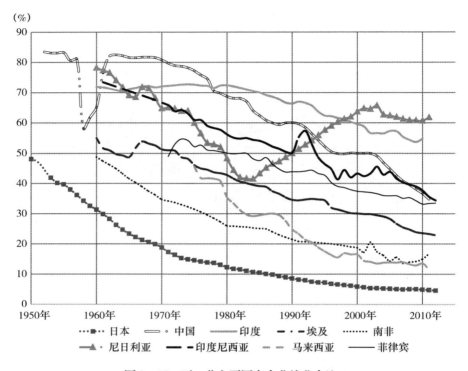

图 2 - 15 亚、非主要国家农业就业占比

资料来源：笔者根据 our world in data 数据库数据整理。

    此外，工业革命还带来了收入的大幅提升。图 2 - 16 表示各大洲 1870—2016 年人均 GDP 的变化。从图 2 - 16 可以看出，1870—1950 年各大洲人均 GDP 缓慢增加，1950—2016 年经济发展迅速提升。从各个洲的差异来看，欧洲国家和美国等发达国家的经济发展显著领先其他大洲。

    此时，城市就是世界，城市的经济社会发展就是世界的经济社会发展。从城市化率和 GDP 的关系来看，城市化率越高的国家其经济发展水平越高。

    未来，城市的智能制造将主导世界，在自动化发展迅速的情况下，将来城市的很多重复性的劳动力工作将会被机器、数据和自动化等新科技取代。麦肯锡全球研究院（McKinsey Global Institute）在《失业与就业：自动化时代的劳动力转型》报告中预测，到 2030 年，全球 8 亿人口的工作岗位将被机器取代；到 2030 年，大约 70% 的公司将至少采用一种

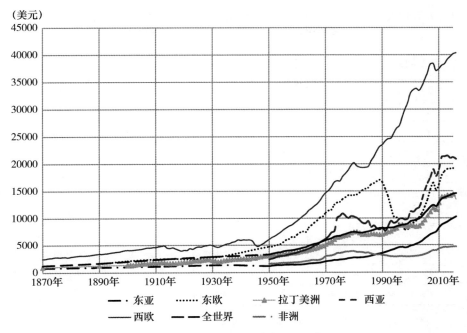

图 2-16 世界各洲实际人均 GDP 变化

资料来源：笔者根据 our world in data 数据库数据整理。

形式的人工智能，而相当一部分大型公司将使用全系列技术。人工智能
将为全球经济活动带来 13 万亿美元的额外增长，它的贡献率可以与历史
上的蒸汽机等变革技术的引入相媲美。包括人工智能和机器人技术在内
的自动化技术将为用户、企业和经济带来明显好处，提高生产率并促进
经济增长。未来产业既有通过传统产业"互联网+""大数据+""人工
智能"等方式实现发展，如家电智能化、汽车网联化、制造数据化等；
也有通过技术突破实现一个全新产业的发展，如云计算、物联网、新能
源等。这些产业的突破发展往往通过开发或依赖特定的集成应用场景，
如网联汽车道路、智能楼宇、智能家居系统、智能工厂等。未来，在信
息科技的高度发达下，城市将紧紧联系在一起，快速响应、数据共享、
高效服务的智能城市将主导世界。从 2019 年全球城市潜力排名来看（见
表 2-15），智慧城市、科技城市引领全球城市发展。而根据国际会计和
咨询公司普华永道预测，在人工智能的推动下，2030 年全球生产总值
（GDP）将增长 14%，这意味着至 2030 年人工智能将为世界经济贡献

15.7 万亿美元，超过中国与印度这两国目前的经济总量之和。

表 2 – 15 全球城市长期发展前 30 名

排名	城市	排名	城市	排名	城市
1	伦敦	11	多伦多	21	休斯敦
2	新加坡	12	日内瓦	22	莫斯科
3	旧金山	13	悉尼	23	蒙特利尔
4	阿姆斯特丹	14	墨尔本	24	纽约
5	巴黎	15	苏黎世	25	台北
6	东京	16	柏林	26	杜塞尔多夫
7	波士顿	17	哥本哈根	27	布鲁塞尔
8	慕尼黑	18	维也纳	28	布拉格
9	都柏林	19	温哥华	29	华盛顿特区
10	斯德哥尔摩	20	阿布扎比	30	法兰克福

资料来源：笔者根据《2019 全球城市指数报告》整理。

二 城市人口发展对世界城市化发展的影响

从过去到未来世界发展的 300 年，全球的城市化进程是由慢到快的过程。在 1750 年到 1950 年这 200 年间，全球城市化率从 1750 年的 5.5% 上升到 1950 年的 30% 左右，200 年间只增长了 25% 左右；但从 1950 年到 2050 年的 100 年间，全球城市化率将从 1950 年的 30% 左右上升到 2050 年的 70% 左右，在 100 年间全球城市化率增长 40%，城市化进程显著加快（见图 2 – 17）。此外，全球城市化进程还是从局部到扩散的过程。首先英国的城市化带领欧洲城市化发展，其次是美国的城市化带领欧美的城市化发展，再次是中国的城市化进程带领全球的城市化发展，最后是印度的城市化带领全球城市化进程。

（一）1750—1850 年，英国成为城市国家

第一次工业革命带来人口的迅速增长，因为工业革命带来的生产力提升，会显著改善人们的生活水平，从而带来人口的增加，为城市发展提供基础。在第一次工业革命之前，全球人口呈现先上升后下降状态，全球人口处于起伏波动状态；而在第一次工业革命后，全球人口从 1750

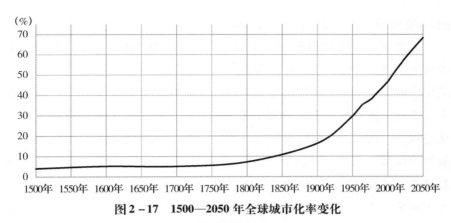

图 2 - 17　1500—2050 年全球城市化率变化

资料来源：笔者根据 our world in data 数据库数据整理。

年的 4.28 亿人，上升到 1850 年的 6.55 亿人。工业化进程的推进和人口的大幅增加，为城市化提供坚实的基础，城市化进程开始起步。在第一次工业革命以前，世界上的城市非常有限，城市化进程停滞不前。此时，部落、农村是一个国家的基础和财产的重心，农业生产决定着国家或世界的未来，这一乡村主导世界的格局直到 18 世纪 60 年代工业革命以后才被打破。工业革命导致重心开始向城市转移，城市逐步主导世界。工业革命带来的工业化、机械化盛行，使得农村人口大量涌向城市，转变为工业劳动力，使城市人口与城市数目迅猛增长，并且工业革命带来的轮动效应，使得农业生产率大幅提升，彻底解放了农业劳动力。1760—1840 年，欧洲地区农业就业率减少了 12%，与此同时工业就业率增加了 23%；在人的自利性行为动机下，促使这些解放出来的生产力又会涌入城市，又进一步带动城市化进程。因此工业化带来的城市人口集聚，使得城市的重要性逐步提升并主导世界。从图 2 - 17 可以看出，在第一次工业革命之前，1500—1750 年的 250 年间，全球城市化率仅从 4% 上升到 5.5%，全球城市化进程基本没有推进；而在第一次工业革命以后，1750—1850 年的 100 年间，全球城市化率从 5.5% 上升到 11%，城市化率进程相比之前迅速加快，全球城市化进程开始起步。而亚洲和非洲的城市化率在第一次工业革命期间均没有变化，基本分别维持在 10% 和 4% 左右，城市化进程还未开始，仍然处于农耕社会；而欧洲由于是工业革命的发祥地，在第一次工业革命期间，城市化进程迅速起步，城市化率由 1800 年的 10%上升到 1850 年 16.7%。

更为重要的是 1750—1850 年间,英国有一半的人口生活在城市,英国率先实现城市化,成为城市国家。18 世纪五六十年代,蒸汽机的广泛应用使机器大工业逐渐代替了工厂手工业,集中化的大规模生产逐渐成为生产的主流方式。生产的集中带来了人口集聚,工业城镇诞生。城市化进程随之兴起。以英国为例(见表 2 - 16),英国是第一个走向城市化的西方国家。英国的城市化水平在 1750 年为 17%;在 1801 年达到 33.8%,进入快速城市化阶段;1851 年达到 54.0%,成为世界上首个基本实现城市化的国家。1772 年,英国的曼彻斯特仅有 25000 人;到 1851 年,这个城市已经增长到 455000 人。伯明翰的人口从 1801 年的 86000 人增加到 1851 年的 233000 人。随着产业革命的扩散,城市化逐渐在整个欧洲、美洲大陆国家兴起。如法国教授菲利普潘什梅尔的分析,法国城市化开始于 19 世纪 30 年代,美国的城市化水平则在 1840 年达到 10.8%,德国、加拿大等其他一些国家则在更晚的时期开始启动城市化进程。

表 2 - 16　　　　　　　　英国人口城市分布情况　　　　　（单位:万人,%)

年份	总人口	城市人口	城市人口比重
1750	766.5	130.3	17.00
1801	1050.1	354.9	33.80
1811	1197	438.1	36.60
1831	1626.1	720.3	44.30
1851	2081.7	1124.1	54.00

资料来源:笔者收集整理。

(二) 1850—1950 年,西欧、北美成为城市地区,城市成为世界的主体

第二次工业革命带来的科学技术水平提升,导致全球人口又一次得到质的提升(见图 2 - 18),全球人口从 6.55 亿人增加到 1920 年的 15.9 亿人,为全球城市化进程的加速提供基础。美国、德国和英国的人口均迅速上升,特别是第二次工业革命中的美国,人口从 1850 年的 2413 万人飞速上升到 1920 年的 1.2 亿人,人口增加了 4 倍,为城市发展提供了更为坚实的基础;而此时亚洲的中国和印度,仍然还处于农业社会,人口

仍旧缓慢波动。在第二次工业革命带动下，世界各国机器大工业蓬勃发展，极大地促进了劳动的专业化分工，形成产业链，吸引越来越多的原本生活在农村以农业维生的农民进入城市，促使产业和人口向城市集聚，导致城市规模不断扩大、数量不断增加，也使社会总人口中农民的数量和所占比重不断下降，城市人口的数量和比重不断上升，并最终形成城市主导的城乡分割世界。

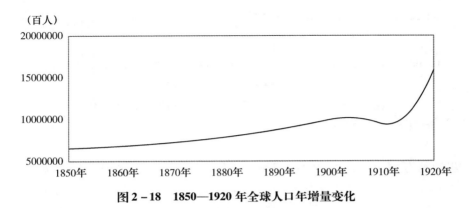

图2-18　1850—1920年全球人口年增量变化

资料来源：笔者根据 our world in data 数据库数据整理。

此外，世界城市化率达到30%，西欧、北美成为城市地区。全球人口的迅速提升和工业化进程的加快，促使全球城市化进程加快。全球城市化率从1850年的11%上升到1950年的29.6%（见图2-17），全球城市化进程加快。从区域角度来看，西欧、北美成为城市地区，全球城市化进程主要是由欧美引领（见图2-19）。欧洲的城市化进程从1850年的16.7%迅速上升到1950年的51.7%，城市人口超过农村人口。而此时，亚洲、非洲刚刚开始进行工业革命，城市化水平进程缓慢开始，其中亚洲的城市化率从1850年的10%上升到1950年的17.5%，非洲的城市化率从1850年的4%上升到1950年的14.3%，城市化进程刚刚起步。

第二次产业革命使先进国家陆续进入城市化，先进国家的城市化水平从1850年的11.4%上升至1950年的52.1%，城市人口已经超过了农村人口。此时，主要的西方先进国家都已经不同程度地实现了城市化（见表2-17）。1950年，英国依然保持领先位置，其城市化水平为79%，实现了高度城市化。其他一些发达国家的城市化水平，如德国为64.7%，

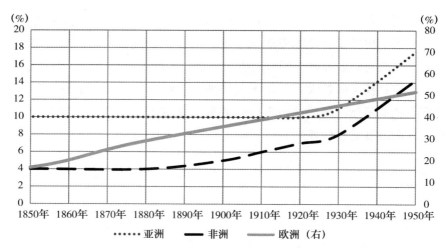

图 2 - 19　1850—1950 年亚洲、非洲、欧洲城市化率变化

资料来源：笔者根据 our world in data 数据库数据整理。

奥地利为 64.6%，美国为 64.2%，加拿大为 60.9%，法国为 55.2%，意大利为 54.1%，西班牙为 51.9%。在此期间先进国家现代城市显著改善，其主要标志是城市的基础设施的大规模建设。

表 2 - 17　　　　　第二次工业革命期间世界发达国家和
欠发达国家城市化水平比较　　（单位：亿人，%）

年份	发达国家			欠发达国家		
	总人口	城镇人口	城市化水平	总人口	城镇人口	城市化水平
1850	3.52	0.4	11.4	9.1	0.4	4.4
1875	4.35	0.75	17.2	9.85	0.5	5
1900	5.75	1.5	26.1	10.75	0.7	6.5
1925	7.15	2.85	39.9	12.35	1.15	9.3
1950	8.13	4.23	52.1	17.07	3.09	18.1

资料来源：笔者收集整理。

（三）1950—2050 年，城市化从加速到完成，由城市主导世界到城市就是世界的蜕变

第三次工业革命期间，以信息化为核心的高新技术产业逐渐取代重工业成为主导产业。工业经济时代向知识经济时代或信息经济时代迈进，

对世界城市产生很大影响，全球城市化率将由 1950 年的 30% 左右上升到 2050 年的 70% 左右。全球城市化从加速到完成，世界由城市主导的世界到城市就是世界。1950—2050 年，全球城市发展主要体现为两个阶段：第一阶段为 1950—2008 年城市化中前期，城市主导的世界；第二阶段为 2008—2050 年城市化中后期，城市就是世界。

　　从人口角度来看，全球人口从 1950 年的 47.7 亿人增加到 2008 年的 82.75 亿人，全球人口增加了 35.05 亿人（见图 2-20）。在第一次工业革命和第二次工业革命初期，虽然人口有所提升，但提升的幅度不大。从 1750 年到 1900 年期间全球人口均处于缓慢增长阶段，全球人口仅增长了一倍，而 1900 年以后，人口出现了爆炸性的增长；特别是在第三次工业革命的爆发期，全球人口迅速上升。从国家角度来看，德国和英国的人口在缓慢提升，而作为第三次工业革命发源地的美国，其人口数量又得到质的提升，美国的人口从 1950 年的 1.6 亿人上升到 2009 年的 3.09 亿人，人口数量基本翻一翻；而此时的中国和印度，由于处于后发优势，人口迅速提升。

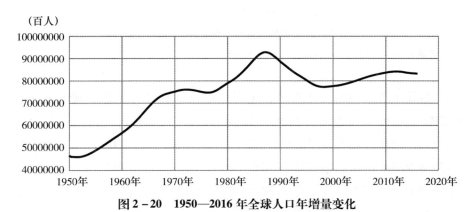

图 2-20　1950—2016 年全球人口年增量变化

资料来源：笔者根据 our world in data 数据库数据整理。

　　从城市化进程角度来看，第三次工业革命期间，全球城市化率从 1950 年的 29.6% 上升到 2008 年的 50.6%，全球城市人口首次超过农村人口，意味着进入城市时代。从区域角度来看（见图 2-21），欧洲的城市化率在超过 50% 以后，城市化进程趋于缓慢。欧洲的城市化率从 1950 年的 51.7% 上升到 2008 年的 72.5%，特别是城市化进程在 1990 年达到

70%以后，城市化进程基本停滞。但亚洲和非洲还处于城市化进程的加速期，亚洲的城市化率由1950年的17.5%上升到2008年的43.3%，非洲的城市化率由1950年的14.3%上升到2008年的38%，城市化进程还在加速期，此时的全球城市化进程由亚洲和非洲带动，信息化革命使亚洲和非洲成为推动世界城市化的引擎。

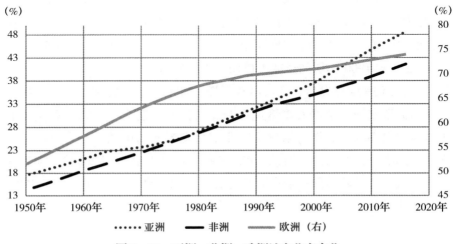

图2-21 亚洲、非洲、欧洲城市化率变化

资料来源：笔者根据our world in data数据库数据整理。

　　总体来看，1500—1750年，美国城市化基本没有变化，城市化率由0.2%增长到3.5%左右。而在工业革命以后，特别是第一次工业革命后期以后，美国城市化率出现飞速提升，从1800年的6.07%飞速增长到1950年的64.15%，直到2018年的82%，城市人口主导美国发展。而与之相对的是中国和印度，在1950年之前均没有进行工业革命，仍然处于农业社会，生产效率极其低下。他们的城市化率在1500—1950年缓慢变化，在第三次工业革命后城市化率才大幅提升，直到现在还处于城市化的进程中。而欧美等发达国家早已在20世纪50年代就完成了城市化，总体呈现发达国家引领发展中国家的局面（见表2-18）。从区域角度来看，这一现象也非常明显。欧洲从1750年就开始城市化进程，从1850—1950年城市化进程加快，总体城市化率超过50%，到2016年城市化率已经达到76%；亚洲和非洲从1750—1930年，城市化进程基本没变，直到1950

年以后才开始城市化进程，但城市化率远远低于欧洲、美洲，从而总体呈现从欧洲、美洲到亚洲、非洲依次城市化的格局。

表 2 - 18　　　　　　　　主要国家城市化率　　　　　　（单位:%）

年份	1750	1800	1850	1900	1950	2000	2016
巴西		9. 20		22. 90	36. 16	81. 19	86. 04
加拿大		7. 90		37. 50	60. 95	79. 48	81. 30
中国		6. 00		6. 60	11. 80	35. 88	56. 74
法国	9. 10	8. 80	14. 50		55. 23	75. 87	79. 92
德国	5. 60	5. 50	10. 80		67. 94	74. 97	77. 22
印度		6. 40		10. 00	17. 04	27. 67	33. 18
印度尼西亚		2. 90		7. 60	12. 40	42. 00	53. 99
爱尔兰		7. 00	10. 20		40. 09	59. 16	62. 74
意大利		14. 60	20. 30		54. 10	67. 22	69. 86
日本		5. 00			53. 40	78. 65	91. 46
墨西哥		5. 80		21. 90	42. 66	74. 72	79. 58
波兰	1. 00	2. 50	9. 30		38. 34	61. 72	60. 18
俄罗斯		1. 90		14. 40	44. 09	73. 35	74. 16
西班牙	8. 60	11. 10	17. 30		51. 92	76. 26	79. 84
瑞士	4. 60	3. 70	7. 70		67. 38	73. 38	73. 74
土耳其		6. 30		15. 70	24. 77	64. 74	74. 13
美国		6. 07	15. 41	39. 98	64. 15	79. 06	81. 86

资料来源：笔者根据 our world in data 数据库数据整理。

　　未来30年，亚洲、非洲等世界低城市化率的国家和地区，将进入加速期并完成城市化（见图2 - 22、表2 - 19）。具体来看，预计非洲的城市化水平会从2008年的38%上升到2050年的59%，总体城市化率将上升21%；亚洲的城市化水平将从2008年的43%上升到2050年的66%，总体城市化率将上升23%；而欧洲、大洋洲和美洲由于已经处于城市化后期，从而未来上升幅度不大。所以，亚洲和非洲的城市化加速和完成将会导致全球进入成熟城市社会，预计全球的城市化率将从2008年的51%上升到2050年的68%，进入城市社会。

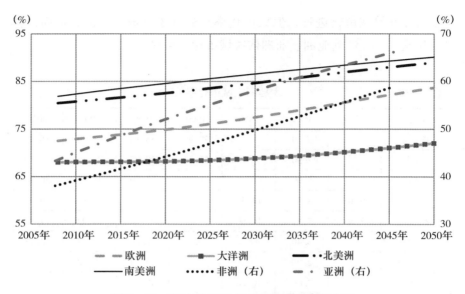

图 2 – 22　预计到 2050 年各区域城市化率水平

资料来源：笔者根据 our world in data 数据库数据整理。

　　未来，发达国家实现高度城市化，同时人口集聚出现分散特征。总体而言，自 1950 年以来，西方发达国家在基本实现城市化的基础上，继续向更高水平发展，纷纷实现了高度城市化。据联合国数据统计，至 2015 年，发达国家总体的城市化水平达到 78.1%，日本、瑞典、新西兰、澳大利亚的城市化水平超过了 85%，法国、德国、西班牙超过了 75%，英国、美国、加拿大等的城市化水平达到了 80% 以上。据预测，2050 年世界城市化水平将会继续提升至 68.4%，而发达地区的城市化水平也将达到 86.6%。

表 2 – 19　　　　　1950—2050 年主要年份发达国家或区域城市化水平　　　（单位：%）

国家或区域	2010	2015	2020	2050
世界	51.6	53.9	56.2	68.4
发达地区	77.2	78.1	79.1	86.6
欠发达地区	46.1	49.0	51.7	65.6
英国	81.3	82.6	83.9	90.2
法国	78.4	79.7	81.0	88.3

续表

国家或区域	2010	2015	2020	2050
德国	77.0	77.2	77.5	84.3
意大利	68.3	69.6	71.0	81.1
瑞典	85.1	86.6	88.0	93.2
西班牙	78.4	79.6	80.8	88.0
奥地利	57.4	57.7	58.7	70.9
加拿大	80.9	81.3	81.6	87.3
美国	80.8	81.7	82.7	89.2
澳大利亚	85.2	85.7	86.2	91.0
新西兰	86.2	86.3	86.7	91.1
日本	90.8	91.4	91.8	94.7

资料来源：笔者根据世界银行数据库数据整理。

三　城市空间扩展对世界环境与经济的影响

（一）1750—1850 年，少数发达国家城市空间加速扩展，全球城市空间开始加快发展，城市空间尤其是少数发达城市空间在引领和控制着全球发展

工业革命开始后，不仅提升了生产效率，更扩大了人们的活动空间。并且随着生产效率的提升，人们的活动空间逐步扩大，少数发达城市空间引领和控制着全球发展。工业革命之前，尽管有一定程度上城市的增长，但当时社会生产力极低，社会分工极不发达，商品极不丰富，城市发展也极为缓慢。当时主要以农业人口为主，城市对农村人口吸引力并不明显，因此还未形成较大规模的城市空间，城市化速度缓慢。1700 年之前的 1700 年间全球城市面积仅为 14104 平方公里，城市的扩张面积也仅为 9867 平方公里。而第一次工业革命后，全球城市空间加速发展。从表 2-20 可以看出，在 1700—1900 年的 200 年间城市面积扩展了 32593 平方公里，城市总面积扩展至 46697 平方公里。但此时的城市还只是小城市，其交通、服务环境还处于初始阶段，城市和工厂周边还仅仅只有交通基础设施。

表 2 - 20   城市面积扩张特征

	城市总面积 （平方公里）	各个阶段城市 扩展面积 （平方公里）	城市面积 扩张速度 （平方公里/年）	城市用地扩张 人口弹性指数
1700 年以前	14104	9867	5.80	0.98
1700—1900 年	46697	32593	162.97	1.36

注：城市用地扩张人口弹性指数指建成区面积的年均增长速度与非农业人口的年均增长速度的比值，为判断城市用地扩展合理性与否的指标。

资料来源：笔者收集整理。

从区域角度来看，工业革命之前，部分地区有一定程度上城市化率的增长，主要以欧洲为主。中东、北非地区早先有了一定的城市发展基础，然而在此期间城市面积出现倒退。总体来看各区域城市面积也没有巨大发展。这一点从各区域城市用地变化角度也可以看出，表 2 - 21 表示 1600—1850 年各区域城市用地变化情况。在第一次工业革命之前，1600—1750 年，各区域城市用地基本维持不变。

表 2 - 21   各区域城市用地变化

	1600 年	1700 年	1800 年	1900 年	1950 年	2000 年
亚洲	10	29	40	373	1499	5791
欧洲中部	2286	1419	1403	4182	6495	17088
东非	24	69	73	181	395	5853
北非	193	170	158	560	1383	13038
中美洲其他地区	41	129	200	596	1927	8383
南美洲其他地区	125	367	311	1029	3579	16232
东南亚	100	290	398	877	2309	13989
非洲南部	83	79	66	257	1288	9108
西非	362	1096	978	565	1235	13680
西欧	3070	2864	3905	11438	30307	83617

资料来源：笔者根据 our world in data 数据库数据整理。

　　第一次工业革命期间，北美洲地区的城市扩张量是最大的，在 200 年间，城市一共扩张了 10943 平方公里；其次是西欧地区，城市扩展量也高达 8574 平方公里；其他地区如欧洲中部、大洋洲在此期间城市面积也有一定的扩展，扩张速度分别为 13.815 平方公里/年和 9.93 平方公里/年（见表 2 - 22）。从城市用地来看，各区域的城市用地呈显著上升趋势。

表 2 - 22　　　　　　　城市扩张面积情况　　　　　（单位：平方公里）

地区	1700 年以前城市面积扩张量	1700—1900 年城市面积扩张量
欧洲中部	1419	2763
北美洲地区	16	10943
东南亚	290	587
亚太地区	29	344
中东	− 560	348
中美洲其他地区	129	467
南美洲其他地区	367	662
东非	69	112
北非	− 125	390
非洲南部	79	178
西欧地区	2522	8574
大洋洲	49	1986

资料来源：笔者收集整理。

　　从国家角度来看，世界上主要国家在 1500—1750 年城市用地基本没变，而在第一次工业革命期间，主要国家的城市用地迅速提升，这一点从城市面积扩张量和人均城市用地角度来看更为明显。从图 2 - 23 至图 2 - 26 可以看出，除中国外，主要国家的城市均呈现扩张状态。在第一次工业革命之前，有的国家人均城市用地还呈下降状态，而在第一次工业革命期间，人均城市面积基本都处于上升状态，城市活动空间显著扩大。

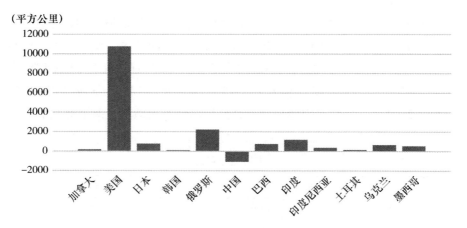

图 2 - 23 1700—1900 年城市面积扩张量

资料来源：笔者根据 our world in data 数据库数据整理。

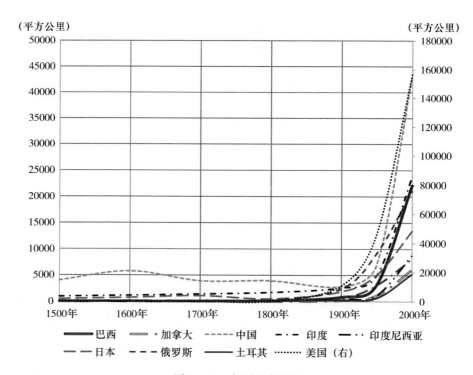

图 2 - 24 各国城市面积

资料来源：笔者根据 our world in data 数据库数据整理。

（平方公里）

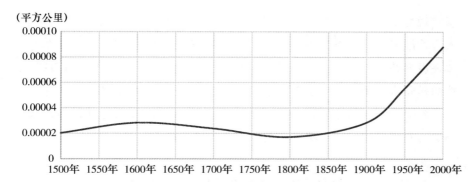

图2-25　全球人均城市面积变化

资料来源：笔者根据 our world in data 数据库数据整理。

（平方公里）

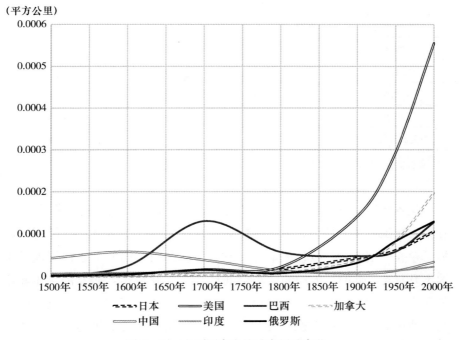

图2-26　主要国家人均城市用地变化

资料来源：笔者根据 our world in data 数据库数据整理。

（二）1850—1950年，城市空间快速扩大，欧洲、北美加速扩展，全球城乡分割加剧（欧美是城市地区，亚洲等是农村地区），欧美城市支撑世界发展

1850—1950年第二次工业革命期间，欧洲、北美洲主要发达国家陆

续实现城市化，工业化进入后续阶段，出现了普遍的郊区化现象，城市人口逐渐向中小城市集聚，城市空间迅速扩大。20 世纪初，工业革命陆续在世界的其他地方进行，世界的各个地区均有不同程度的城市扩张，然而扩张规模仍然远低于以发达国家为主的西欧地区和北美地区（见表 2–23）。此时，城市空间快速扩大，城市群成为世界的主体，城市周边的交通基础设施、医疗服务、餐饮服务等设施趋于完善。

表 2–23　　　　　　　各区域 1900—1950 年城市扩张面积情况　　(单位：平方公里)

地区	1900—1950 年 城市面积扩张量	地区	1900—1950 年 城市面积扩张量
欧洲中部	2313	南美洲其他地区	2550
北美地区	36503	东非	214
东南亚	1432	北非	823
亚太地区	1126	非洲南部	1031
中东	742	西欧地区	18869
中美洲其他地区	1331	大洋洲	2398

资料来源：笔者收集整理。

从各区域城市用地角度来看（见图 2–27），欧美城市支撑世界发展。在第二次工业革命期间，各区域的城市用地均处于上升状态，但不同区域又存在一定差异。具体来看，西欧、中欧和南美的城市总体用地呈迅速上升状态。此时，人们的活动空间已经主要在城市。而非洲、亚洲还处于农业化社会，城市用地在第二次工业革命期间基本没变，只在第二次工业革命后期和第三次工业革命前期城市用地才开始迅速上升。从国家角度来看（见图 2–28、表 2–24），总体与区域呈现相同的变化趋势。欧美发达国家的城市用地在第二次工业革命期间迅速上升，世界的各个国家均有不同程度的城市面积扩张，且扩张规模仍然以发达国家为主。从人均用地角度来看（见图 2–29），这一现象更为明显。这表明在第二次工业革命期间，发达国家人民的活动空间已经转移到城市，而亚非国家的活动空间还在农村，此时，发达国家城市直接主导世界。

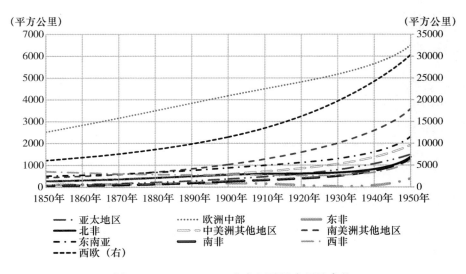

图 2 - 27　1850—1950 年各区域城市用地变化

资料来源：笔者根据 our world in data 数据库数据整理。

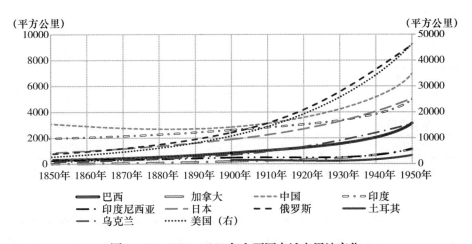

图 2 - 28　1850—1950 年主要国家城市用地变化

资料来源：笔者根据 our world in data 数据库数据整理。

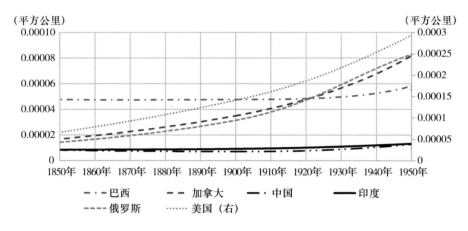

图 2 - 29　1850—1950 年主要国家人均城市用地变化

资料来源：笔者根据 our world in data 数据库数据整理。

表 2 - 24　　　　　　　1900—1950 年不同国家城市扩张面积情况　（单位：平方公里）

国家	1900—1950 年 城市面积扩张量	国家	1900—1950 年 城市面积扩张量
加拿大	933	巴西	2302
美国	35570	印度	2338
日本	3162	印度尼西亚	702
韩国	276	土耳其	371
俄罗斯	6761	乌克兰	2405
中国	4159	墨西哥	1215

资料来源：笔者根据 our world in data 数据库数据整理。

（三）1950—2050 年：第一阶段，城市主导世界，城市空间加速扩大，空间效率加速提升；第二阶段，城市就是世界，城乡空间由分割到融合，乡村空间城市化，乡村都变成城市化均值地区

第三次工业革命以来，发展中国家迅速壮大起来，大量人口涌入城市，城市用地的扩展势不可当。全球城市通过网络联系在一起，城市表现为都市连绵区，城市周边有满足人们一切需求的基础设施，交通、医

疗、生活服务、社会服务均网络化、智能化和一体化，由此城市空间加速扩大。至 2000 年，世界城市面积已扩展至 538395 平方公里，城市扩展也有空间的增长。1950—2000 年，城市扩展速度达到 7960.08 平方公里/年。并且，自 1950 年以后，大洋洲、欧洲的农业总体用地开始降低，拉丁美洲、亚洲的农业用地基本维持不变。从人均农业用地角度来看，这一转折现象更加明显。图 2 – 30 表明人均农业用地在 1950 年前后出现显著的转折效应：在 1950 年之前，人均农业用地量呈上升趋势；但是 1950 年以后，人均农业用地量迅速下降。表明人均农业的活动空间逐渐降低，人们开始转向城市活动。

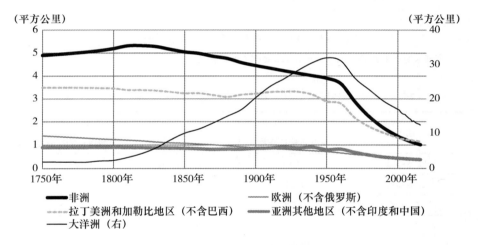

图 2 – 30　各大洲人均农业用地面积

资料来源：笔者根据 our world in data 数据库数据整理。

　　从城市面积变化来看，各大洲的城市用地面积呈现飞速提升状态。特别是 1950 年以后，各大洲城市面积提升更为显著（见图 2 – 31），并且欧洲、美洲同时期的城市面积要显著大于亚洲、非洲的城市面积。各个地区的城市均开始进行大面积扩张，其增幅均突破 3 倍以上，至 2000 年，北美地区和西欧地区城市面积扩张速度仍然是世界上最快的两大地区（见表 2 – 25）。

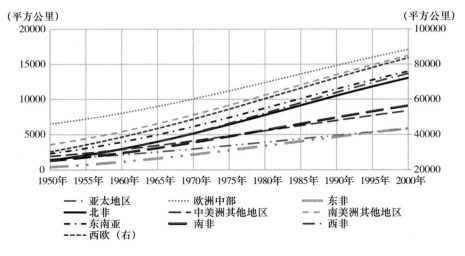

图2-31 1950—2000年各区域城市用地变化

资料来源：笔者根据 our world in data 数据库数据整理。

表2-25 各区域1950—2000年城市扩张面积情况 （单位：平方公里）

地区	1950—2000年 城市面积扩张量	地区	1950—2000年 城市面积扩张量
欧洲中部	10593	南美其他地区	12653
北美地区	115511	东非	5458
东南亚	11680	北非	11655
亚太地区	4292	非洲南部	7820
中东	13990	西欧地区	53310
中美洲其他地区	6456	大洋洲	9438

资料来源：笔者收集整理。

从主要国家的城市面积变化角度来看（见表2-26），美国的城市面积显著高于其他国家，而同期的其他国家基本上是缓慢上升状态。特别是中国和印度，由于没有进行工业革命，此时仍然处于农业社会，城市面积并没有显著变化。从人均城市面积来看（见图2-32），工业革命造成各个国家人均城市面积显著上升，人们的城市活动空间显著增加。总体来看，人类的活动范围从农业区域转到城市地区，从欧美发达地区转到亚非发展中地区，世界逐步变为城市领导的世界。

表 2-26 　　　　　　　主要国家的城市面积变化 　　　　　（单位：平方公里）

国家	1500 年	1600 年	1700 年	1800 年	1900 年	1950 年	2000 年
巴西	9	22	72	163	843	3145	22168
加拿大	0	0	1	7	193	1126	6030
中国	4013	5762	3916	3923	2846	7005	43199
印度	942	1154	1419	1729	2615	4953	23854
印度尼西亚	11	34	101	134	479	1181	8772
日本	468	747	1104	504	1887	5049	13450
美国	4	4	15	139	10766	46336	156919
俄罗斯	19	64	189	203	2416	9177	21064
土耳其	120	140	134	165	292	663	5203
乌克兰	2	6	22	33	691	3096	8126

资料来源：笔者根据 our world in data 数据库数据整理。

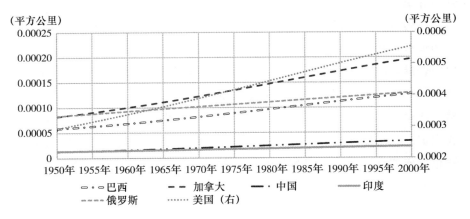

图 2-32　1950—2000 年主要国家人均城市用地变化

资料来源：笔者根据 our world in data 数据库数据整理。

　　未来，城乡空间将从分割到融合，乡村空间将城市化，乡村都变成城市化地区。2015—2050 年，按现有人均城市土地增速计算，发达国家城市扩张规模将提高 1.9 倍；按现有人均城市土地增速的一半计算，发达国家城市扩张规模将提高 1.5 倍；如果人均城市土地面积保持不变，发达国家城市扩张规模将提高 1.1 倍。2015—2050 年，按现有城市土地增速、现有城市土地增速一半以及现有人均城市土地保持不变三种情况预计，发展中国家城市扩张规模将分别提高 3.7 倍、2.5 倍和 1.8 倍。未来，随着发展中国家城市规模的逐步扩大，AI 智能、新能源、物联网、云计算使城市规划更加完善，城市就是世界。

第四节 从空间层面看，全球城市特征的变化决定了世界特征的演变

人类发展三个方面的重要特征：集聚、联系和共享，在不同阶段存在显著的差异。1750—2050 年的 300 年间，全球城市的特征及其演化决定着世界的特征及其演化。

一 全球城市集聚规模和密度：从分散的集聚到集中的集聚再到集聚的分散

1750—2050 年的 300 年间，全球城市集聚呈现"从分散的集聚到集中的集聚再到集聚的分散"三个阶段，每个阶段都呈现出不同的形式，决定着世界空间格局的演变。① 全球城市集聚三阶段大致可分为：1750—1850 年，由于要素或人口的空间分布非均质性，城市整体呈现分散式集聚；1850—1950 年，随着电力、电话、电报的发明，城市逐步走向集中式集聚，共享集聚效应；1950—2050 年，城市借助科技将现实空间景观转化为虚拟世界，全球网络分工在一定程度上促使城市向新的分散式集聚转变。

（一）1750—1850 年，领先国家城市是分散的集聚，全球的城市是分散的集聚，主要以英国、德国、法国等城市集聚为主

全球城市形成工业发达国家高度集聚、工业落后国家城市分散的极化格局。亚洲的日本城市也开始崛起，但是其集聚程度明显低于欧美国家城市。

至 1850 年，英国、德国、法国三国城市集聚了全球约 1/3 的上市公

---

① 本报告运用 Osiris 全球上市公司数据库中 97259 家上市公司 1989—2017 年的数据，从产业变迁和集聚的角度分析全球城市集聚形式、规模、密度的变化。

司（见图2-33），① 而德国、美国城市上市公司集聚相对较低，如德国
上市公司企业主要分散在法兰克福、柏林、埃森、汉诺威等城市，这也
说明在发达工业国家内部存在集聚的差异性，呈现出"大集聚、小分散"
的空间分布格局。同时，日本的大阪、东京、名古屋等城市，新加坡，
巴西的巴西利亚等亚非拉地区国家的城市也获得相应的发展，但是与欧
美地区国家的城市存在较大的差距。因此，19世纪50年代前，全球城市
集聚呈现两极分化、"大集聚、小分散"的全球空间分布格局。

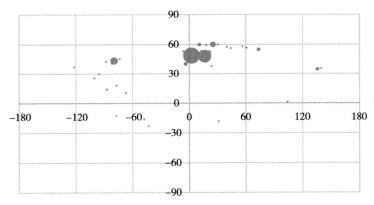

图2-33　1850年前全球上市公司在全球城市集聚分布

资料来源：根据Osiris全球上市公司的数据整理绘制。

（二）1850—1950年，典型国家城市是集中集聚，全球城市是分散
集聚

全球城市产业集聚呈现出由第一次工业革命时期的以欧洲国家为主
向以欧洲、北美洲、亚洲等全球城市多极集聚的格局（见图2-34）。就
全球城市而言，全球国家间城市产业集聚呈两种形式，一种是以英国、
日本为代表的高度集聚的形态，其上市公司企业主要集中在伦敦、东京、
巴黎等大城市；一种是以美国城市为代表的集聚与分散并存的形态。

美国城市产业集聚度获得较大的提升，1950年美国城市集聚了全球
570多家企业，约占全球的9%。但是，美国城市产业集聚密度与欧洲国
家相比较低，产业集聚主要围绕纽约、休斯敦、芝加哥等核心城市，其

———————————

① 本报告此处用到的上市公司是其成立年份，而并非都是其上市年份。

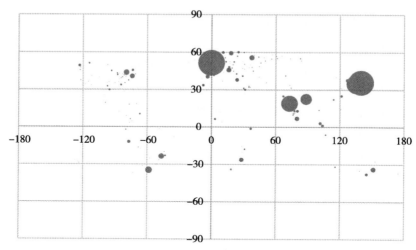

图2-34 1850—1950年全球上市公司在全球城市集聚分布

资料来源：根据Osiris全球上市公司的数据整理绘制。

余城市较为均衡分布（见图2-35）。美国这一时期以芝加哥为核心的五大湖城市经济带已经形成，经济带内城市集聚了大量的企业。同时，还可以看到印度城市、非洲的南非等国家的城市也获得了一定的发展，但是集聚程度与发达国家和地区相比仍处于较低水平。

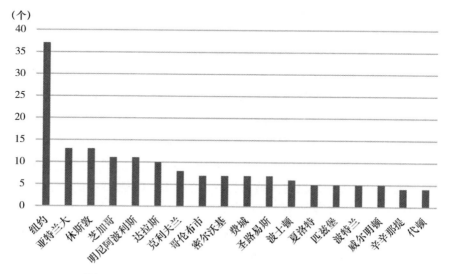

图2-35 1850—1950年美国城市上市公司分布情况

资料来源：根据Osiris全球上市公司的数据整理绘制。

（三）1950—2050年，领先国家集聚分散，全球的城市从集中集聚转向集聚分散

20世纪50年代以来，全球城市形成了欧洲、北美洲、亚洲三足鼎立的格局（见图2-36）。欧洲传统工业强国、美国、日本等发达国家城市集聚不断提升，集聚密度也在日臻提高。同时，在全球城市总体集聚趋势下，城市由中心—外围向以中心城市为核心的城市群层次发展，即城市向集聚分散转变。在此阶段，亚洲城市集聚度不断提升，尤其是中国东部沿海城市产业高速集聚。

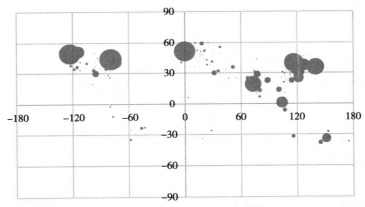

图2-36　1950年以来全球上市公司在全球城市集聚分布
资料来源：根据Osiris全球上市公司的数据整理绘制。

就全球城市层面而言，不同区域间城市产业集聚程度呈现明显的差异。欧洲作为工业革命的先发地，其城市集聚主要以英国伦敦、法国巴黎等城市高度集聚，德国城市相对分散或均衡布局为主；而美国城市发展则形成了以纽约、芝加哥、洛杉矶为核心的三大湾区经济带，湾区经济带内产业集聚度不断提升。当前城市集聚正逐步打破区域限制，世界上最具竞争力的经济核心区域，如以纽约、伦敦、巴黎、东京、新加坡、北京、中国香港、上海等为核心的大城市群。20世纪50年代以来，世界经济发展的一个突出特征就是以大城市为中心的城市群的发展正逐步成为世界经济发展的主导趋势（见表2-27）。随着中国城市化的发展，中国以京津冀城市群、长三角城市群、粤港澳大湾区为代表的城市群正在崛起，其内部集聚、联系和共享优势正逐步释放。

表 2 -27 国外五大城市群

所在国家	城市群概述
美国	以纽约为中心的美国东北部大西洋沿岸城市群,包含波士顿、纽约、费城、巴尔的摩、华盛顿等城市
美国、加拿大	以芝加哥为中心的北美五大湖城市群,包含芝加哥、底特律、克利夫兰、多伦多、渥太华、蒙特利尔、魁北克等城市
日本	以东京、名古屋和大阪为中心的日本太平洋沿岸城市群,包含东京、横滨、静冈、名古屋、京都、大阪、神户等城市
英国	以伦敦为中心的英伦城市群,包含伦敦、利物浦、曼彻斯特、利兹、伯明翰、谢菲尔德等城市
法国、比利时、荷兰、德国	以巴黎为中心的欧洲西北部城市群,包含巴黎、布鲁塞尔、安特卫普、阿姆斯特丹、鹿特丹、海牙、埃森、科隆、多特蒙德、波恩、法兰克福、斯图加特等城市

资料来源:根据网络资料整理。

二 城市联系:从区域连接到全球连接,从商品要素的"硬连接"到信息和服务要素的"软连接",从个别连接到万物互联

工业革命以来,全球城市联系大致经历由区域联系到全球互联,由以商品或原料为主的货物联系到以资金为代表的要素联系再到知识(信息)、服务等软联系的转变,全球城市联系范围、内容、方式的转变深刻地改变着世界联系。

(一)1750—1850 年,领先城市当地联系是主导,全球联系主要是商品和原料的货物联系

第一次工业革命时期德国交通领域的最大变化是蒸汽轮船和蒸汽机车的引入和使用,促使英国、德国等国铺设了稠密的交通运输网络。纺织工业、采矿工业和冶金工业的发展需要改进传统运输工具,以便运送大量的煤和矿石,这掀起了运河开凿热潮。英国到 1830 年时拥有了 4023 公里长的运河;1800 年前后,德国约有 490 公里的运河。1836—1849 年,巴伐利亚开通了多瑙河和美因河之间的路德维希运河。1850 年,东普鲁士的奥斯特洛德之间的奥伯兰运河开通。德国境内的人工水道总长度达到了 3528 公里。所以,蒸汽轮船的发明和运河的开凿加强了城市间联系。同时蒸汽机车被应用于铁路,因能够以比公路或运河更快的速度和更低

廉的成本运送旅客和货物而支配了长途运输。到 1838 年英国已经拥有 805 公里铁路，1850 年增加至 10622 公里；德国铁路建设突飞猛进，1835 年德国铁路营运里程为 6 公里，1845 年为 2300 公里，1855 年为 8290 公里，1865 年则达到了 14690 公里。[①] 总之，蒸汽机的发明与应用促进了运河和铁路网络新型运输方式的兴起，促进了国内城市间的联系。

　　蒸汽轮船的发明促进了国家间城市贸易往来、海外市场的扩大（见图 2–37）。1850 年以前，全球城市联系主要以贸易联系为主，且全球贸易主要以区域贸易为主，区域间的贸易相对较少。[②] 蒸汽轮船的发明打破了人类受水域空间的限制，1833 年"皇家威廉号"汽船从新斯科舍航行到英国，全球城市间海上联系得到扩展。这有助于先进工业国产品的输出，并从海外殖民地掠夺橡胶、黄麻、石油和各种金属等原料，一些亚非拉地区在一定程度上被开放。

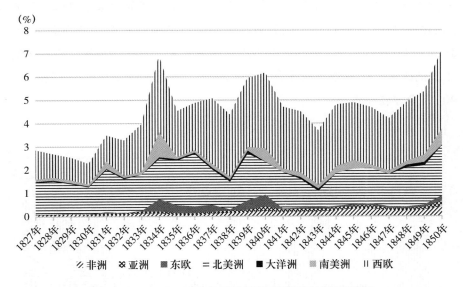

图 2–37　1827—1850 年西欧与全球其他区域间的贸易

　　资料来源：笔者根据 our world in data 数据库数据整理。

---

　　① 数据来源于《全球通史》。

　　② 以英国、德国、法国为代表的西欧国家是该时期全球制造中心和贸易中心，选择西欧国家为参照在一定程度上能够代表全球贸易联系。

（二）1850—1950 年，典型城市的国家联系是主体，全球联系主要是货物联系（制成品和原料的货物联系）主导，全球软联系（电报、电话通信）开始兴起

1850—1950 年，全球经济联系主要是以美国为代表的北美洲和以英国、德国为代表的西欧发达国家之间的贸易往来为主，与其他大陆国家的联系相对较小（见图 2 - 38 和图 2 - 39）。但是，随着全球经济联系的深化，亚洲和南美洲国家逐步发展起来，尤其是第二次世界大战后构建了以美国为主导的布雷顿森林体系，全球经济一体化加快、全球经济体系形成。内燃机的发明使得汽车进入普及阶段，城市的地域范围得以不断扩大。汽车的普及促使部分城市居民开始选择向郊区迁移，促使城市郊区化出现，改变了城市空间结构。

19 世纪 40 年代，美国人成功地把电报技术用于实践以后，就迅速在全世界推广开来。19 世纪 50 年代，西方国家就已能敷设深达 3600—5500 米的海底电线。1866 年，英美两国之间架设了横跨大西洋的海底电线。19 世纪 60 年代后期，沙俄把陆线架过西伯利亚，直达海参崴。交通运输工具的改善、信息通信技术的提高，降低了运输和交流成本（如图 2 - 40），全球软联系兴起。

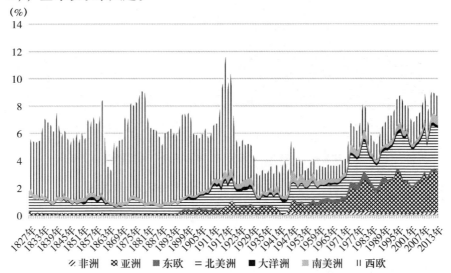

图 2 -38　按照输出地划分的美国与全球贸易联系

资料来源：笔者根据 our world in data 数据库数据整理。

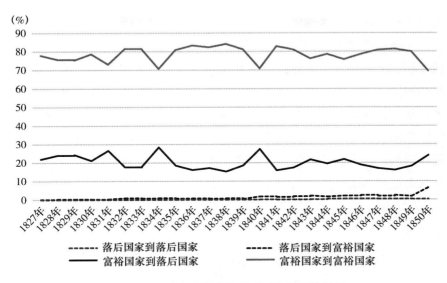

图 2-39 全球富裕国家和落后国家之间的贸易

资料来源：笔者根据 our world in data 数据库数据整理。

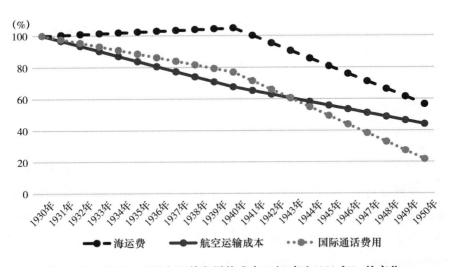

图 2-40 1930—1950 年运输和通信成本（相对于 1930 年）的变化

资料来源：OECD Economic Outlook，2007。

（三）1950—2050 年，全球联系主导，货物联系继续，服务联系、信息（知识）联系越来越主导，个别联系变成万物万城互联

交通通信技术迅速发展，特别是 20 世纪 90 年代以来的信息技术的迅猛发展，把世界各国各地区更加紧密地联系在一起，加速了资本和原材料的国际流动。跨国公司和各种国际组织成为经济全球化的强有力推动者。新一代通信技术发展打破了传统的时空距离的限制，全球城市进入网络空间，形成全球城市网络空间联系。20 世纪 50 年代以来，全球城市进入信息、知识经济时代，城市间联系方式在硬联系不断增强的基础上，软联系也在不断增强（见图 2 – 41）。

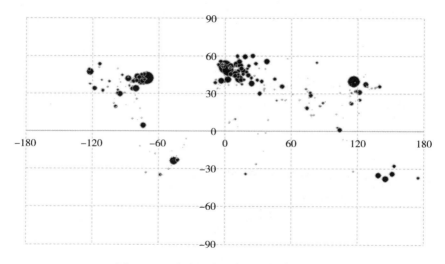

图 2 – 41　全球城市间合作论文发表情况

资料来源：中国社会科学院城市与竞争力研究中心数据库。

全球城市间联系范围较为广泛，呈现主要以欧洲、北美洲、亚洲的中国和日本等国家城市为中心的全球城市联系格局。其中，伦敦、波士顿、北京、巴黎、纽约、圣保罗成为全球城市联系较高的城市，这表明这些城市是全球城市信息集聚度比较高的地区。对比这些城市的全球经济、金融、科技中心的地位，也可以证明其处于全球城市联系的核心地位。同时，还可以看出全球城市联系存在明显的区域性特征，全球城市联系呈现明显的南北差距，城市联系度较高的城市主要分布在北半球，

非洲、南美洲城市联系度相对较低。此外，一国城市内部存在明显的空间分布差异，如中国城市的全球城市联系度主要集中在北京、上海、深圳等东部沿海城市，其他城市全球联系度相对较低，差异比较明显。

三　城市共享：从基础设施共享到公共服务共享，从硬件产品共享到软件产品共享，从公共产品共享到私人产品共享

自工业革命以来，城市共享从基本基础设施到公共服务、从硬件设施到信息知识共享转变，至 2050 年全球城市共享将主要是以智能化城市具有多样化、规范化、规模化的共享经济体系，以共享城市公共空间为主的共享服务设施体系，以较高层次的社会共享机制等为特征的共享。

（一）1750—1850 年，领先城市共享基础设施，公共服务共享水平逐步提升

工业革命促进了交通运输工具的改善，英国、德国、法国等城市的铁路运输里程均获得较大幅度增加，同时，城市内部公路基础设施也获得较大幅度的提升。但是，此时全球城市之间主要以蒸汽轮船为主，且主要以本国运输为主，辅助以国外市场产品输出和原材料进口。如德国早期蒸汽轮船主要应用于国内城市间的运输，1824 年，一艘荷兰蒸汽船一直上溯到巴哈拉赫，3 年后科隆和美因茨之间的定期蒸汽轮船航班开通。1830 年，莱茵河上已经有 12 艘蒸汽船。19 世纪 40 年代，莱茵河上的蒸汽船数量以每 2—3 年翻一番的速度递增：1843 年有 339 艘，1845 年有 1073 艘，1848 年有 2438 艘，1850 年有 3989 艘。与此同时，汉堡的汉堡—美洲邮船公司、不莱梅"北德意志劳伊德"航运股份公司先后使用蒸汽轮船进行海上货物运输，这在一定程度上延伸了全球城市共享范围，扩大全球城市共享规模。在此期间，全球城市共享范围主要集聚在工业革命较为发达的英国、法国、德国等国家，且主要以轻工业制品的共享为主，共享规模相对较小。

1750—1850 年，全球城市公共服务水平逐步提升，其中主要以西欧城市公共服务水平较高，如德国、英国、法国等拥有公共服务相关上市公司。如图 2 - 42，这些上市公司也主要集中于伦敦、巴黎、柏林等城市，此外北美洲的加拿大多伦多、巴西里约热内卢等城市公共服务水平也在不断提升。

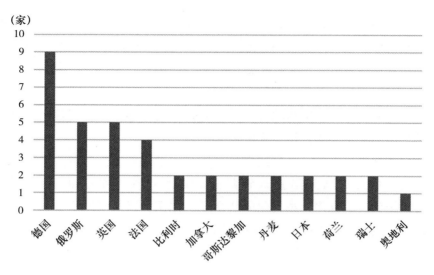

图 2 - 42　1750—1850 年全球公共服务上市公司分布

资料来源：根据 Osiris 全球上市公司的数据整理绘制。

（二）1850—1950 年，城市基础设施共享水平提升，信息共享开始提高

随着城镇化水平的提升，全球国家或城市基础设施规模和水平在不断提升（见表 2 - 28）。从表中可知，自 19 世纪 50 年代以来，全球铁路基础设施获得了快速发展，尤其是工业革命发达的英国、美国、德国等国家，这表明工业化和城市化的快速发展也在不断延伸城市共享的范围，也扩大了城市共享规模。美国五大湖地区城镇化速度从 1860 年的 14.1% 飙升到 1920 年的 60.8%，其比例上升了三倍以上。这主要在于 19 世纪 50 年代联通东北部及中大西洋地区与五大湖之间的铁路及水运网基本铺设完善，引起了移民西迁、资本西移，加之五大湖区域重工业和农业资源富饶，移民和资本在五大湖地区集聚，形成以芝加哥为中心的经济圈，即所谓的美国制造业带。

表 2 - 28　　　　　　　19 世纪欧美铁路铺设里程数对比　　　　　（单位：英里）

	1840 年	1850 年	1860 年	1870 年	1880 年	1890 年
英国	838	6620	10430	15540	17930	19870

续表

	1840 年	1850 年	1860 年	1870 年	1880 年	1890 年
法国	360	1890	5880	9770	14500	10900
德国	341	3640	6980	11730	20690	24270
俄国	16	310	990	7100	14020	17700
其他欧洲国家	324	2005	7605	19160	34580	47320
欧洲国家合计	1879	14465	31885	63300	101720	120060
美国	2820	9020	30630	53400	93670	156080

资料来源：《世界经济史：历史和展望》。

　　电话、电报的发明促进了城市之间、企业之间的信息联系，通信技术的改善降低了企业、居民之间信息沟通的成本，城市信息共享开始逐步提高。以全球上市公司分布为例，全球城市信息服务水平较高的仍然是一些欧美发达城市。从图 2 - 43 中可以看出，伦敦、纽约、东京的全球城市信息服务处于较高的水平，非洲、南美洲一些城市信息服务能力也在不断增强。

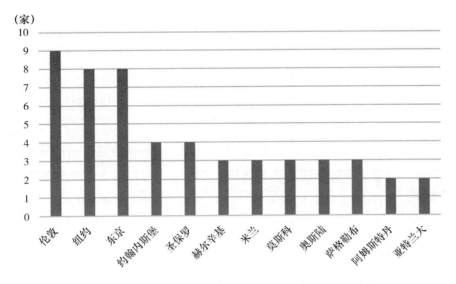

图 2 - 43　1850—1950 年信息服务上市公司在全球主要城市分布

资料来源：根据 Osiris 全球上市公司的数据整理绘制。

（三）1950—2050 年，城市基本公共服务共享、知识、信息等软共享将成为主导，多样化的共享经济体系、城市空间共享成为主要趋势

随着经济全球化和全球网络化的形成与发展，新一代信息通信技术的发展打破了传统的地理空间的限制，城市共享范围实现了全球化，且随着全球城市联系的加深，全球城市共享规模不断提高。城市共享从传统的铁路、公路、商场等基础设施向基于联网的交通工具共享、服务共享、信息共享转变（见表 2 - 29），城市空间网络化共享成为城市共享的趋势。

表 2 - 29 国内外共享领域与公司

共享领域	共享网络公司（国内）	共享网络公司（国外）
交通共享	滴滴快车：滴滴顺风车、快车及"专车"	Uber：提供私家车搭乘服务
	易到用车：高端专车服务	Lyft：提供私家车拼车服务
	天天用车：一对一、点到点的上下班顺风车体验	Sidecar：更纯粹的拼车
	哈哈拼车：同区域的拼车服务	Flightcar：机场闲置汽车分享
	PP 租车：线上汽车共享平台	Zipcar：会员制共享闲置汽车
	一嗨租车：将车辆租出给有需求的租客	Wheelz：专做大学生 P2P 租车业务
		Getaround：P2P 租车平台
		Netjets：闲置私人飞机租赁
		PROP：闲置游艇租赁
房屋共享	小猪短租：中国版的 Airbnb	Airbnb：民宿短租预定
	蚂蚁短租：家庭公寓预订网站	DogVacay：狗狗版的 Airbnb
	途家网：国内旅游度假公寓预定网站	Easynest：分享在旅馆的空床
		Divvy：寻找室友、分享房间
饮食共享	爱大厨：中国版的 Feastly	Eatwith：社会的美食共享
	爱宴遇：国内的以吃会友	Plenry：以吃会友
	好厨师：提供私厨上门服务	Feastly：家庭自制版大餐共享
	私家厨师：对接私家厨师	SpoonRocket：最方便的订餐服务
服饰共享	魔法衣橱：服装领域共享	RenttbeRunway：精选品牌和新潮的礼服
	美可网：奢侈品包租赁服务（2013 年已关闭）	Poshmark：二手服装交易平台

续表

共享领域	共享网络公司（国内）	共享网络公司（国外）
其他共享	懒人家政：高端家政服务人才	TaskRabbit：劳动力雇用平台
	青年菜君：售卖半成品净菜	Skillshare：共享技能
	阿姨帮：快速找到满意钟点工	Handybook：整合家政行业
	美道家：上门美容服务	Classpass：整合健身房
	无忧停车网：帮找车位	

　　隐藏着新的共享领域、共享模式背后的关键是，20 世纪 50 年代以互联网为代表的新一代信息技术发展，增强了全球城市间信息、数据、知识等要素的供给能力。在信息时代，社会经济空间结构的重组主要体现以下主要的载体与地域单元：全球生产网络与全球经济体系，大城市群及其核心城市，产业集群有时亦为区域集群、产业综合体、产业区、新产业区与区域创新体系，智慧城市等（如表 2 - 30）。智慧城市成为当前城市共享的新载体，智能基础设施与服务成为实现城市可持续发展的关键。随着智慧城市建设，万物互联、智能共享是智慧城市的新特征。随着人工智能、大数据、物联网技术的发展，泛在联系、实时感知能够使城市智能服务化水平不断提升。据普华永道等机构预测，到 2025 年，全球共享经济市场规模有望从 2015 年的 150 亿美元增加至 3350 亿美元。同时，得益于中国庞大的网民基数、消费特征的服务化转变以及互联网巨头搭建的基础设施逐渐完善等因素，中国城市已成为全球共享经济的领军力量。截至 2017 年年底，全球 224 家独角兽企业中有中国企业 60 家，其中具有典型共享经济属性的中国企业 31 家，占总数的 51.7%。

表 2 - 30　　　　　　　　智慧城市与其他城市评价指标对比

排名	城市流动指数 2017（IESE）	全球城市指数 2016（A. T. Kearney）	全球金融中心指数 2017, GFCI（Z/Yen）	全球城市综合实力指数 2017（MMF）	全球城市生活质量排名 2017（Mercer）	全球最宜居城市排名 2017（The Economist Intelligence Unit）	世界最安全城市指数 2017（The Economist）	可持续发展城市指数 2016（Acardis）
1	纽约	纽约	伦敦	伦敦	维也纳	墨尔本	东京	苏黎世

续表

排名	城市流动指数2017（IESE）	全球城市指数2016（A. T. Kearney）	全球金融中心指数2017，GFCI（Z/Yen）	全球城市综合实力指数2017（MMF）	全球城市生活质量排名2017（Mercer）	全球最宜居城市排名2017（The Economist Intelligence Unit）	世界最安全城市指数2017（The Economist）	可持续发展城市指数2016（Acardis）
2	伦敦	伦敦	纽约	纽约	苏黎世	维也纳	新加坡	新加坡
3	巴黎	巴黎	香港	东京	奥克兰	温哥华	大阪	斯托克
4	东京	东京	新加坡	巴黎	慕尼黑	多伦多	多伦多	维也纳
5	雷克雅未克	香港	东京	新加坡	温哥华	卡尔加里	墨尔本	伦敦
6	新加坡	新加坡	上海	首尔	杜塞尔多夫	阿德莱德	阿姆斯特丹	法兰克福
7	首尔	芝加哥	多伦多	阿姆斯特丹	法兰克福	珀斯	悉尼	首尔
8	多伦多	洛杉矶	悉尼	柏林	日内瓦	奥克兰	斯德哥尔摩	汉堡
9	香港	北京	苏黎世	香港	哥本哈根	赫尔辛基	香港	布拉格
10	阿姆斯特丹	华盛顿	北京	悉尼	巴塞尔	汉堡	苏黎世	慕尼黑

资料来源：www. iese. edu，"IESE Cities in Motion Index 2018"．

第五节　从动力机制看，城市孕育的人类发展动能决定了城市世界的面貌和变化

城市300年的发展进程，决定城市发展的因素很多，需求、技术、制度、要素、知识、资源、生产交互和自利性动机等，但是核心主要是需求、技术和制度。需求是人类自利性的生存本能，其目标是追求效用的最大化，是人类发展的最本原动力，也是城市起源、发展甚至消亡的最本原动力。技术是人类为了满足自身的需求和愿望，遵循自然规律，在长期利用和改造自然的过程中，积累起来的知识、经验、技巧和手段，是人类利用自然改造自然的方法、技能和手段的总和。技术是决定人类发展的必要条件，也是城市起源、发展和消亡的必要条件。制度是一种交互规则，其是一种特殊的知识和技术，是人类后天创造的，规范人类思想和行为，解决激励和约束，以及资源的匹配和利用，具有规模报酬

和损失递增的特征，包括产权制度、交互制度和分配制度等。

1750—2050 年的 300 年间，需求、技术和制度这三种核心要素的轮动推进改变着城市经济活动的内容、城市的空间规模和城市的人口规模。首先，人类交互将产生制度，人类智能决定交互规模和制度特征，通过影响空间资源利用及流动成本进而影响交互作用的空间状态。其次，人类制度影响人类智能和交互作用的规模和深度，通过影响空间资源利用和流动成本影响交互作用的状态。再次，人类交互作用规模和深度影响人类智能发展和制度演化。最后，三者作用满足人类需求后，将产生更高的新需求，新需求将导致新一轮的三者演化（见图 2 – 44）。一方面这些要素、动力都是在城市中培育出来的，城市孕育人类的发展动能，城市是集聚和培育这些动力的容器；另一方面，这些城市培育出来的因素、动力又驱动城市的增长和变化，决定着城市模样及变迁，进而通过城市决定城市性世界的模样及变迁。

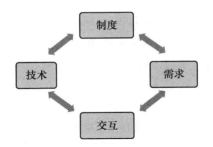

图 2 – 44　城市发展因素及机制的分析框架

资料来源：笔者自制。

（一）美好生活追求是 300 年城市世界的原始动力，城市 300 年的需求主导世界 300 年的需求并决定着世界的发展

人类的需求不仅与生俱来，追求最大化效用，而且具有不断提升的内在机制。人类永不满足的需求是人类发展不竭的动力源泉。人类对美好生活的追求是城市起源、发展甚至消亡的原动力。每个人的行为都是理性的和追求自利的，追求自利是个人一切经济活动的根本推动力。不仅自然人，由自然人组成的各类组织也追求自身利益。抛开所有制，不管是私有、自有或公有，只要承认和界定经济主体相对独立的权益，经

济主体就将产生强烈追求自我利益的动力，进而可能渗透所有社会领域、摧毁一切高墙深垒、打破各种固有秩序、改变全部利益格局。另外，人的欲望促使产品、城市功能多样性，改变城市功能。因为想要更好的生活环境，促使人类从农村转移到城市；因为想要更好的居住空间，促使城市规模逐步扩大。如纽约、芝加哥、伦敦、东京、中国香港等世界城市控制着全球金融命脉，硅谷掌握全球科技命脉。

人类的需求决定了城市 300 年的生产、消费、交换和活动的内容，需求在城市中产生并通过城市影响着世界，城市需求决定了世界的发展。

（二）技术革命是 300 年城市世界形成的核心动力

城市需求带来技术水平的提升，而每一次技术创新会带来生产率的大幅提升，这往往会导致新产业的诞生和兴旺，从而决定了城市的生产内容、消费内容、交换内容，更决定了城市空间规模和人口规模。人们也出于自利性动机追求利润，向城市集聚并在城市进行活动，并逐步形成小城镇、城市、都市圈、城市群，城市体系也逐步变为单中心、多中心、网络化。从 1750—1850 年的第一次工业革命，到 1850—1950 年的第二次工业革命，又到 1950—2008 年的第三次工业革命，直到 2008 年以后的第四次工业革命（见表 2-31），每一次技术创新无一不显著改变城市经济发展、活动内容、空间规模、人口规模和城市格局。

表 2-31　　　　　　　　　历次技术革命比较

	第一次工业革命	第二次工业革命	第三次工业革命
时间	18 世纪 50 年代—19 世纪 50 年代	19 世纪 50 年代—20 世纪初	20 世纪 50 年代—21 世纪初
主要成就	珍妮纺纱机、蒸汽机的广泛使用	电力、内燃机、化工技术发展、钢铁工业的进步	原子能、电子计算机、航天工程、生物技术
发生国家	英国向欧美国家扩展	美、法、德多个国家同时并举	美国
出现的新交通工具	火车、汽船	飞机、汽车	高铁、地铁
出现新能源	煤	电力、石油	太阳能

续表

	第一次工业革命	第二次工业革命	第三次工业革命
出现的新工业部门	棉纺织、机器制造、交通运输	电力工业、电气产品制造业、石油工业、汽车工业	新型服务业、智能制造业
生产组织形式	工厂制	垄断组织	全球产业链
科研与技术革命关系	未结合	真正结合	完全融合
时代	蒸汽时代	电气时代	信息智能时代
交通	马车时代	汽铁时代	高速时代
通信	书信邮寄时代	电报电话时代	信息互联时代
产品	物品加工时代	物品化合时代	服务时代、知识时代
主要发明标志	蒸汽机、飞梭、珍妮纺纱机、改良蒸汽机、蒸汽轮船、锅炉、铁路、矿工灯、蒸汽火车、电报机、平版印刷、牛痘、尿素、吗啡	电话、汽车、发电机、电灯、飞机、电力、石油、炼钢、蒸汽灭菌法、消毒、青霉素、抗生素、氨基酸、人工合成磺胺类药物	电脑、电视、汽车、高铁、地铁、空调技术、航天飞机、民用飞机、卫星、互联网、手机、物联网、人工智能（AI）、生物基因、克隆技术、机器人

资料来源：笔者整理。

（三）市场制度是城市世界形成的关键动力

需求和技术发展推动着制度的诞生和发展，制度作为人类交互的规则，通过影响资源配置和主体动力，影响着经济发展绩效。无论在任何制度下，由制度所决定、优于其他聚落存在的城市都在不断地发展着，但是制度差异决定城市发展的差异。此外，制度只有质没有量，制度的好坏决定规模报酬的递增或递减，其蕴含的产权制度和资源配置效应，决定着人的行为、城市兴衰和世界的发展。自 1750 年以来，市场经济作为更先进的经济制度，其形成、发展和成熟影响着全球城市化从快速到加速转变，什么地方实施市场经济制度，什么地方的城市就兴起。

一 1750—1850 年，需求、技术与制度轮动影响

1750 年以来，一方面人类不断升级的需求需要城市来提供，另一方面追求美好生活的人口越来越多地赶往城市，正是人类需求的不断扩张和提升，拉动了城市规模的扩张、结构的升级和内涵的演化。

（一）城市需求体现为粮食和加工消费品

1750—1850 年，人们为了满足最基本的生产、生活需求，城市需求主要体现为粮食和价格消费品。在自利的需求下，为了获得更多的收入和生产资料，开始进行生产工具的发明制造并以此带动劳动生产效率提高，极大地提升工业部门劳动力的收入水平，带动了新技术的诞生。此外，自利性需求又促使大量劳动力由农业生产部门转入工业生产部门，劳动力由农村流入城市，带动城市化进程。

（二）蒸汽机技术革命，机器生产首次代替手动制造，城市内容、规模、形态发生改变

首先，人们需求的变化促使了技术水平的创新，使城市经济发展的方式发生改变，机器生产代替了手工制造。1750 年以后以英国等为代表的欧洲工业国家实现了手工生产向工业生产的转变，机器替代手工第一次解放了人类的体力，工厂生产替代作坊或手工工场促进了生产活动的集聚，城市规模、功能和形态发生了较大的变化。蒸汽机、纺织机等机械生产的发明和改进，手工劳动彻底被机械生产取代，生产效率由此大幅提升，随后采煤、冶金等许多工业部门的机器生产越来越多，工厂开始由此形成，显著促进了城市经济增长。人们在自利性的驱使下，向工厂等劳动生产率高的地方集聚，人口规模开始扩大，城市规模也围绕此处开始扩大。

其次，第一次技术革命促进城市活动的内容发生改变，能源、自然资源等禀赋决定城市，功能性中心城市由此形成。第一次工业革命带来的机器生产，使能源开发成为可能，资本家为了追求更大利润，会将工厂定在生产资料的原产地，资源型城市由此形成，从而能源、自然资源等禀赋决定城市活动的内容。如英国，工业革命以前，大部分工业集中在以伦敦为中心的东南地区，其中东英格兰、英国东南部和西约克夏是毛纺织业的集聚区；冶金业和金属加工业则主要集中在伯明翰、南威

尔士、谢菲尔德和东北威尔士。工业革命过程中，随着棉纺织业的兴起，一系列以该产业为主导的中小城镇也随之拔地而起，这使得英国工业中心不断向西、向北转移，原来经济落后，人烟稀少的西北地区成为棉纺织业和煤铁工业中心。如曼彻斯特、索尔福德、博尔顿、贝里、普雷斯顿、奥尔德姆等城市都是伴随着棉纺织业发展而兴起的，煤铁资源较为丰富的斯洛普、伍斯特、南威尔士及蒙茅斯郡地区也迅速崛起。

再次，第一次技术革命促使城市活动的空间规模和人口规模因此发生改变，交通技术提升决定城市活动空间和规模的变化，大城市开始形成，医药技术的提升，为人口规模的扩大提供保障。此外，为了最大化地获得利润，更加快捷便利地运送货物、原料，人们想方设法地改造交通工具。如，蒸汽汽船、蒸汽机车、火车等，导致人类的交通运输业进入一个以蒸汽为动力的时代，城市活动空间和规模由此变化。因为在交通技术不发达的初期，一般步行、马车等基础公共交通就能满足的城市，相应的城市空间规模就会较小，如城市居民受步行、马车等交通方式的影响导致居民只能生活在狭小的城市中心区，此时的城市规模处于较低状态。但蒸汽火车诞生、运输业的迅速发展会进一步加强城市与城市，城市与乡村等的经济联系，使城市经济快速地发展起来，加速城市化进程。水路和陆路运输的便利，使货运时间和费用大大下降，加强了城市之间和城乡之间的经济联系，并使处于交通枢纽地位的城市和城镇能够迅速成长，这也大大加速了城市化进程。城市公共交通的发展，给人们带来便利的同时，公共交通方面的改善为居民的出行提供了便利，使城市人口和规模不断扩大，同样也加速了城市化进程。城市之间的交流开始增加，这导致城市的活动空间不再局限于城市内部，城市活动空间由城市内部向城市之间扩散，城市规模由此扩大，大城市开始形成。此外，工业革命开始后，随着医学和医疗卫生事业的迅速发展，疾病预防水平的提升带来城市规模的扩大。在第一次工业革命期间，吗啡、吐根素、士的宁、奎宁、咖啡因、氯仿的发明和运用，同样保障了人口规模的稳定增加，促进城市规模的扩大。

最后，城市之间的联系加强，城市体系缓慢形成。由濒临大西洋的英国开始的这场技术革新，冲破种种阻力，打破国界、洲界，越过大西洋向欧洲、美洲和亚洲扩展，强化了国际分工，促进了国家间的人口和资金流通，促进了美、俄、德、意的革命、改革，欧美国家的城市化进程萌芽开始诞生，促进了全球城市兴起，加快了全球城市化进程。到19世纪中叶，英国凭借它先进的生产技术、雄厚的经济实力、发达的交通运输和占有广大的殖民地而独占鳌头，成为"世界工厂"，这意味着以英国为中心的世界市场形成和世界各地经济联系的进一步加强。

（三）市场经济制度在少数国家初步建立，在一些领域初步尝试

在需求和技术的推动下，市场经济制度在少数国家开始建立，并在一些领域做出了初步尝试。具体来看，在工业革命之前，全球的经济结构主要是以农业为主，其能提供的生产、交换均比较有限，从而限制了市场经济的扩散；而当时的社会结构下，人们严重缺乏自由，大部分人还都是奴隶，宗教思想束缚人们的思想自由和行动自由，限制了市场经济的发展。此外，工业革命之前，世界还是个封建割据的社会，各国家之间，相互利益对立，甚至还是殖民地，严重阻碍了分工和市场的扩大。甚至在工业革命初期，市场经济也并不是完全的，英国和美国均有奴隶的存在。随着第一次工业革命的推进，大量有利于产权保护和资源配置方面的法律制度逐步建立，不利于市场经济和贸易发展的制度被废除。如：在工业革命期间，英国废除了学徒条例、居住所法、最高工资法令等；在工业革命后期，废除了所有输出品的限制；后来又进一步废除了妨碍贸易的谷物条例和航海条例，废除了妨碍公司发展的泡沫条例等，促进了贸易的发展。此外，政府也将经济活动交给市场，废除特许公司的垄断权，取消或降低进出口产品限制，取消了对价格和利率的限制，甚至进行了银行制度改革，保证市场在稳定的货币环境中运行。更为重要的是，工业革命促进了现代公司制度的形成。现代公司制度与工厂制合并以后，较为便捷易于普及，有利于市场经济下竞争的全面开展。由于其分散了风险，鼓励更多人进行投资，充分利用了一切可利用的经济资源，市场经济找到了最有效的生产经营组织形式。并颁布了一系列法律、法规来保护现代公司制度的发展，如合同法、交易所法、证券法、公司法和工厂法、禁止进行股票投机买卖等。这些产权制度和资源配置制度为城市稳定发展奠定了基础。

总体来看，第一次工业革命期间，经济上，政府采取自由放任政策，实行自由竞争的市场经济，市场进入限制逐渐消除，市场关系有一定的发展；法制上，突出私法对私有财产的确认和保护，强调法律面前人人平等，并通过人权、私法、民商法，调整平等主体之间的财产关系。通过对奴隶制度的废除，保障了人权，促进了城市人口的发展；通过对现代公司制度、产权制度和市场经济制度的保护，提高了经济运行效率，促进城市产业和空间的扩大。从而导致凡是市场经济制度、产权制度实施的区域，如英国、法国，其城市经济、社会、人口发展都比较快；凡是市场经济制度和产权制度不运行的国家，如还处于农业社会的亚洲、非洲等国家，其城市发展均比较慢。

二　1850—1950 年，需求、技术和制度轮动影响

（一）城市需求转变为重化工产品

1850—1950 年，在人们满足了生产、生活的基本需求以后，人们的需求结构逐渐向发展型、享受型升级，促使居民对重化工业产品产生了巨大需求，导致城市需求的重大改变，城市需求开始转向大规模消费（万元级和十万元级的耐用消费品），如汽车、住房等，带动了整个世界需求的变化。

（二）电力技术革命，城市成为世界的支柱

在城市需求推动下，为满足城市和世界的需要，技术水平又一次得到提升，城市的活动内容、城市空间规模、城市人口规模和城市体系又发生新的变化。首先，城市活动内容突破时间限制，电力的应用使城市随时可以进行经济活动，重化工产业成为主导城市的力量。随着电能的应用，人们的生活不再受时间的限制，人们的生产效率、活动空间均得到显著的提升；随着电力的广泛应用，人们之间的交流进入电报、电话时代，相比于第一次工业革命的书信时代，这大大地缩小了时间和空间的限制，把各个个体紧密地联系在一起。更为重要的是，电力技术带来炼钢、炼铁技术的提升，这促使城市进入工业化，进入物品化合时代，使得工业生产效率有质的提升，显著促进城市经济增长，城市成为世界的支柱。

其次，城市的空间规模和人口规模进一步得到扩大，城市群、城市带由此形成。第二次工业革命带来的杀菌、消毒、青霉素、抗生素、人

工合成磺胺类等药物为城市人口规模的扩大提供坚实的基础。电力带来冶炼技术的提升,炼钢技术的提升,促进钢质量和产量的提升,城市的建筑开始由钢铁铸成,直接改变了城市的面貌。冶炼业和电力工业的提升,推动了交通运输业的革新,铁轨完全由钢制作,导致机车的功率、速度提升,交通由此进入汽铁时代。汽铁时代相对于马车时代,又进一步扩大了城市规模,特别是帆船、轮船、汽车、铁路、飞机等技术的提升,使港口城市的空间规模得到巨大提升,如首尔、东京、大阪、香港、澳门、纽约、华盛顿、伦敦、洛杉矶等全球大城市均处于沿海区域,以及由此在港口、沿海区域形成的英国伦敦城市群、欧洲西北部城市群、日本太平洋沿岸城市群、北美五大湖城市群、美国东北部大西洋沿岸城市群,城市群、城市带由此形成。而飞机的运用又打破了这种近海城市群决定全球城市的格局,处于内陆的城市也开始参与全球城市体系,全球城市网络开始形成。图2-45表示非商业飞机的飞行距离,可以看出自飞机发明以后,总飞行距离飞速提升。汽车、轮船、飞机等交通工具的发明,彻底打破了城市固有的空间形态,使城市的空间规模逐步扩大。

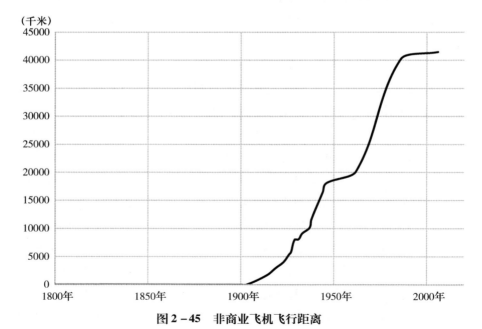

图2-45 非商业飞机飞行距离

资料来源:笔者根据 our world in data 数据库数据整理。

最后，全球单中心城市体系确定。第二次工业革命促使发达国家城市率先进入工业化社会，全球要素的生产、消费、分工、合作促使全球城市格局形成，单中心城市体系由此确定。欧美国家为了促进国内商品交流，大规模从事交通运输建设，为了扩大海外市场，又致力于远洋运输网的开拓，逐渐形成了全球性的交通网络，全球城市体系开始形成。特别是第二次工业革命后期，第一次世界大战和第二次世界大战加速了弱小国家沦为殖民地和附属国的过程，欧美列强在对亚非拉国家进行殖民掠夺时，虽然把欧美先进的工业技术带到这些地区，使这些国家缓慢地走上了工业化的道路，但亚非拉城市沦为欧美城市的附属品，东方城市完全从属于西方城市，全球单中心城市格局确定。此外，第二次工业革命中新兴资本和能源密集型的产业采取以巨型工厂和大型的纵向一体化的垄断组织为其主要的产业组织形式，这也造就了城市的发展进入大都市时代。

（三）市场经济制度在西方国家初步发展，在一些领域深化

需求和技术革命的继续深化，促使市场经济制度初步发展，在西方国家发展，在一些领域深化，这是资本主义市场经济的成熟阶段。在经济上，政府更多地干预经济，实行社会福利政策，逐步建立社会保障制度，强调"社会化"理念、维护公共福利，实行"经济民主"，规定公民享有受教育权、工作权等社会权利和维护劳动者的合法权益。在法制上，在传统的公法和私法之外，产生并加强了经济立法和社会法，通过经济法律加强国家对经济的干预，以弥补市场机制的缺陷。如资本主义国家分别颁布反垄断法，这些法律是促进市场经济、保持活力和企业创造力的关键。尤其是产业复兴法、农业调整法、紧急银行法、紧急救济法，对经济生活实行全面干预。在私有财产权的保护方面，西方国家也加强了限制，国家为了公共利益的需要，可以征收或者征用私有财产，甚至推行"国有化"，规定国家可以直接拥有企业、事业，从而使得对私有财产的绝对保护转变为相对保护，利用国家力量发展新兴产业、实现生产和资本集中，如：兴办国有企业、国有控股、运用经济手段和经济政策、保护和扶持新兴产业和特殊产业的发展等。这些法律和行为是西方市场经济保持活力、自我选择与自我淘汰、激励企业创新力的关键，它增强了资本主义市场经济持续发展的活力和内在能力，深化了市场经济。西方国家的城市因此得到飞速发展，主导全球城市格局。图 2 - 46 和图 2 - 47 分别表示 1850 年和 1900 年世界上主

要国家的城市化率水平，从各个国家的城市化率高低可以显著看出，实施
市场经济的国家城市化进程显著高于东方农业社会。

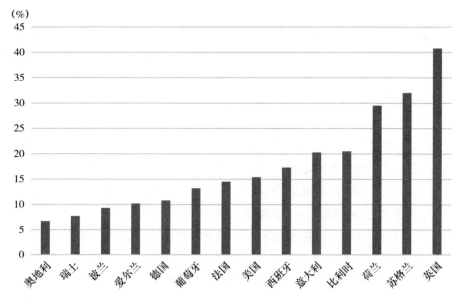

图 2-46 1850 年主要国家城市化率

资料来源：笔者根据 our world in data 数据库数据整理。

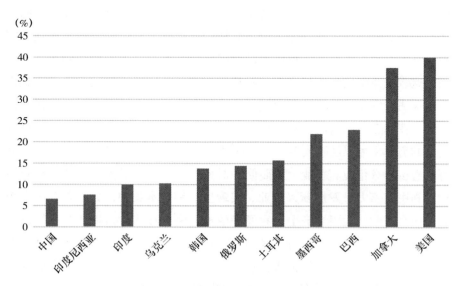

图 2-47 1900 年主要国家城市化率

资料来源：笔者根据 our world in data 数据库数据整理。

三 1950—2050年，需求、技术和制度轮动影响

（一）城市需求体现为服务产品、知识产品和精神生活产品

随着发展型、享受型等重化工产品需求得到满足，科学技术和制度又会带来新的需求，推动需求、技术和制度的轮动发展。从而在1950—2050年，人们因为想要更好的文化、娱乐、服务环境，促使城市产业多样化、城市功能多样化。未来人类在物质和劳务得到基本满足后，将进一步扩大对知识产品的需求，导致新一轮技术和制度的变化，这必定对城市的规模、结构和内涵产生新一轮影响。

（二）信息和智能技术革命，城市就是世界

首先，城市活动内容因为信息革命又一次发生了改变，城市经济方式由单极转为多极，服务业、智能制造业等多极产业引领城市发展。从人类活动的内容来看，以前人类活动的内容主要就是工作，除此之外很少有其他的经济活动。信息技术和智能技术革命的发展，促使人类活动的内容也变得丰富多彩，包含电话、短信、旅游、视频、电影、游戏、金融等方方面面。城市经济增长方式也由单极的重化工业制造，转向多极的高端制造业、服务业、人工智能制造业等，如半导体、互联网、电脑、手机、物联网、空调、人工智能等新技术产业会带动城市经济发展，如美国的硅谷、中国的深圳、印度的班加罗尔等都是科学技术带动经济发展，改变城市内涵。

其次，城市功能也发生改变，智慧城市因此诞生。数字信息与城市融合改变城市功能，当前城市融合数字媒体与娱乐、教育和培训、金融服务、制造与物流、智能交通系统、保健与生物科学、人工智能和虚拟现实等各种产业形成智慧城市，如新加坡、伦敦、纽约、旧金山、芝加哥、首尔、柏林、东京、巴塞罗那、墨尔本、迪拜、普特兰、杭州等城市的基础设施、公共服务、城市管理均处于全球前列。智能制造促进人类生产智能化，人类更加轻松地工作，虽然会增加城市就业压力，但也为新的就业空间创造了条件。此外，货物生产、交换和消费，转向知识信息生产、消费和交换，信息技术发展支持了产业的全球分工和扩散。

最后，第三次信息革命带来的科技创新加剧了人口集聚和人类活动，改变城市空间规模和人口规模，多中心网络化城市体系形成，城市就是

世界。全球城市化加速与信息技术发展等科技创新有重要关系，信息科技发展显著提升城市的产业结构，催生了电子商务、软件服务、电子娱乐等高新产业，大大地吸引了人才的集聚，促进了城市化进程和城市经济发展。第三次信息革命以来，全球的主要科技发明涵盖人类的生活、社会、医疗、交通等各个方面，对城市功能、城市空间、城市格局都产生较大的影响。从信息交通来看，地铁、高铁、飞机、卫星等信息基础设施的发展扩大了城市的空间内容和缩小了城市的时空距离，导致城市空间重塑，都市圈成为城市发展的方向。此外，生物医药提升了城市化中人类的健康和寿命，创造许多的就业机会，促进健康产业发展，维生素、青霉素、传染病防治技术、基因技术的成熟和应用大大提高了医疗水平和人类的寿命，均扩大了城市空间形态。

（三）市场经济制度在全球不断扩展，在更多领域创新

第三次工业革命以后，全球主要国家的经济制度主要包括计划经济和市场经济。由于计划经济没有很好解决激励约束和合理配置问题，削弱了大部分产品的竞争，不能合理调节经济主体之间的经济利益关系。更为重要的是，这些问题导致计划经济不具有可持续性，从而不利于国家的长远发展。在此条件下，全球大部分国家均逐步转向市场经济体制。但是，也有的国家其市场经济制度不完善，如产权制度、资源配置等均无法保障，从而也会导致一些市场经济制度国家发展缓慢和不平衡。当进入第三次工业革命的后期，1990年以后，市场经济进入全球化阶段。在经济上，全球主要大国在全球配置经济资源，出现了市场一体化、金融国际化、生产跨国化、经济网络化等现象；在法律上，西方资本主义国家主导的全球规则，其资本、技术等在全球的扩张，蔓延到世界各地，而随着发展中国家地位的凸起，其全球规则受到一定挑战。市场经济制度全球化对发展中国家市场经济的影响，主要涉及调整金融活动的金融法、证券法、票据法、担保法；规范市场主体活动的投资法、税法、公司法、破产法；调整市场竞争关系的反不正当竞争法、反垄断法、消费者权利保护法、产品责任法；保护无形资产的知识产权法、技术转让法、计算机软件登记法、专利法和著作权法等。尤其是世界贸易组织规则、世界知识产权规则、世界劳工组织的规则以及联合国环境组织的规则等，都对参加经济全球化过程的发展

中国家的法制，产生了不可低估的影响。在这个过程中，西方资本主义发达国家充分利用其法制规则和程序方面的经验以及人才优势，保护本国市场利益。

随着市场经济制度的扩散，其已经影响每一个城市，全球化成为现代城市体系的重要特征。在新科技革命，尤其是计算机网络革命推动下，跨国公司和跨国银行的巨大发展进一步促进了资本的国际化，资本国际化又直接导致了全球经济一体化，而最终作为各种要素主体的城市，决定着世界的未来。全球化进程飞速提升，各个城市参与全球城市体系中。随着航运、航空等交通技术和信息、网络等信息技术的提升，城市之间的竞争、合作、分工、贸易达到了前所未有的高度，城市之间在进行经济活动时已经不再局限于距离的远近、区位的优劣，多中心网络化城市体系由此形成。图 2-48 和图 2-49 分别是 1995 年和 2017 年经济自由度和城市化率之间的散点图，总体来看市场经济越高，城市化水平越高。

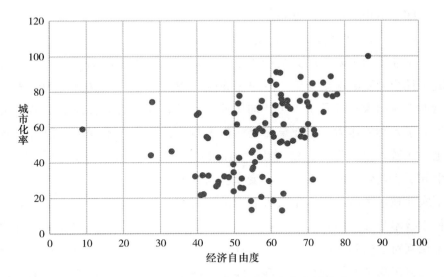

图 2-48　1995 年经济自由度与城市化率的关系

资料来源：笔者根据 our world in data 数据库数据整理。

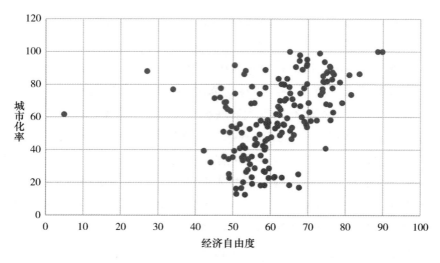

图 2 - 49 2017 年经济自由度与城市化率的关系

资料来源：笔者根据 our world in data 数据库数据整理。

四 城市发展与轮进的合力

（一）技术创新促进了制度变革和城市发展。

工业革命带来了巨大的技术进步，促进生产力发展的巨大飞跃，引起了社会制度的深刻变革。19 世纪 50 年代前，以英国、法国等为代表的欧洲工业国家实现了手工生产向工业生产的转变，机器替代手工第一次解放了人类的体力。工业革命是一次大规模的生产技术变革，使大机器生产代替了手工劳动，促进生产力的巨大飞跃。蒸汽机的发明和使用，引起了工业生产的一系列巨大变革。与此同时，工业生产的飞跃又带动了农业技术革新和资本主义大农业的兴起与发展。工业革命大大推动了科学技术与文化的发展，工业革命还引起了整个社会的深刻变革，造就了相互对立的两大阶级——工业资产阶级和无产阶级，这两大阶级的诞生直接影响全世界的社会、制度体系，促进了资本主义和社会主义的诞生。另外，技术创新还改变了城市格局，影响着现代城市体系的形成。随着工业革命的深入和扩展，资本主义生产方式在欧美先进国家确立。亚非拉的多数国家则在列强的炮舰下失去了抵御能力，沦为欧美资本主义列强的殖民地、半殖民地，成为资本主义国家的国际市场、原料产地

和劳动力的供应地，成为他们投资的场所、牟利的乐园，成为资本主义
经济的附属。资本主义列强的扩张，对亚非拉国家带来了双重影响：一
方面，列强的血腥侵略和残酷的殖民掠夺，使当地人民蒙受了深重的灾
难，造成了这些地区长期的贫穷；另一方面，列强在经济侵略的同时，
不可避免地把先进的工业生产技术、科学知识和先进的思想观念一并带
入这些国家和地区。从而形成了从 19 世纪 50 年代至今，由西方发达国家
城市主导世界和主导西方发展中国家城市的格局。

（二）制度变革促进了技术创新和城市发展

制度改革确定了产权和市场化的基本原则，为城市发展和技术创新
提供基础。其中，工厂制度确立，工厂生产替代作坊或手工工场促进了
生产活动的集聚，扩大城市规模，改变了城市的功能和形态。市场化制
度改革是城市发展的基础动力和条件，制度的变革是城市发展的基础，
不论城市发展还是农村发展，制度变革都具有决定性影响。市场化改革
主要包括两个方面：其一，承认和明晰行为主体相对独立的责任、权利
是实现自我生存和发展的前提。不管所有制如何，只要承认和界定其相
对独立和对称的责权利，经济主体就能产生强烈追求自我利益的动力。
承认并不断明晰经济主体的相对独立的责权利，激发全社会所有主体追
求自身利益的热情，让各项事业充满活力和生机。与此同时，缺乏约束
的自利性，也带来从微观到宏观，从经济到社会到环境的问题。其二，
确定了市场在资源配置中的决定性作用，让一切资源由市场这只"看不
见的手"进行有效配置，最大限度地发挥市场的作用。在制度基础和自
利性行为条件下进一步促进技术革新和城市发展。图 2 - 50 表示英国、爱
尔兰、新西兰的专利授予量，图 2 - 51 表示美国的专利授予量，从图 2 -
50 和图 2 - 51 可以看出英国和美国的专利申请量在工业革命期间飞速提
升，遥遥领先。

（三）城市发展促进了技术创新和制度变革

城市为了发展必须要吸引人才和产业分工，这就导致了产业全球化、
资源全球化。分工能提高效率，从而为城市带来更大的收益。因此，城
市主体不断通过科技创新和制度变革，扩大市场和分工的范围，导致全
球掀起了新一轮一体化和分工浪潮。信息技术革命与发达国家劳动力成
本上升，推动全球产业分工向全球产业链分工升级。跨国公司基于利润

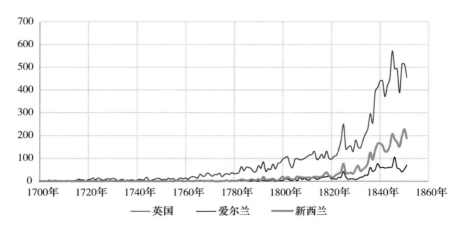

图 2 - 50 英国、爱尔兰、新西兰的专利授予量

资料来源：笔者根据 our world in data 数据库数据整理。

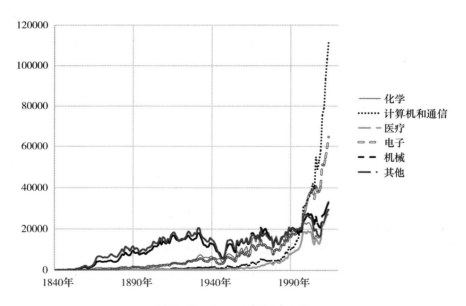

图 2 - 51 美国的专利授予量

资料来源：笔者根据 our world in data 数据库数据整理。

最大化考虑，在致力于以科技创新发展高新产业的同时，在全球范围内基于价值链来重新布局产业链，将技术和附加值较低的加工和生产环节转移至低成本的国家及国家内的地区。经济全球化、信息化使世界城市的联系日益紧密，成为相互依赖、连锁的关系，扩大了世界各国之间生产、交换、流通、消费、服务、技术与产品研发等方面的分工与协作关系，全球经济系统和经济活动把全球城市更加紧密地联系为一体。从而导致城市变为世界城市、区域中心城市、国家中心城市、专业化生产和服务中心城市，而城市为了更有效地控制其他城市和其他城市进行联系，不得不进行技术创新和革命，如第三次工业革命带来的信息化发展。从大航海时代的全球化 1.0，到英国主导的全球化 2.0，再到美国主导的全球化 3.0，全球化规则的主导者可以获得更多的全球化红利，但维持这些规则也需要相应的实力。全球化规则本身就是世界各国相对综合实力的镜像，而其中最重要的就是经济实力，其次是军事实力，因此这就要求城市必须进行制度改革，适应新的国际形势。此外，全球化作为人类自身和社会生产力发展的客观要求，反映了人类社会历史发展的必然规律，它与资本主义的产生和发展密切相关，它的基本动力来自资本的发展与扩张，由技术带动经济变革继而冲击整个社会。正如全球化对世界造成的双重冲击，全球化对城市经济社会发展所带来的影响也必然是双重的，社会的各种行为包括政治、文化、经济甚至政府行为都将深刻地受制于资本和市场的活力并将日益深入世界市场的竞争中，生产和社会机制的改革都将在市场的规约下进行。

　　世界发展的趋势可能曲折但不会改变，因为推动世界变化的是上述机制，即便发生了"热战"和"冷战"，也不会成为长期趋势，因为战争也改变不了这些机制。

第二部分　主题报告

第 三 章

全球市政融资的经验与方法[*]

莉兹·帕特森·加特纳　　马尔科·卡米亚　　倪鹏飞

城市是全球经济的引擎。城市总人口以及城市产生的 GDP 都在迅速增长。市政融资是决定政府当局管理增长能力的关键条件，因此对城市竞争力至关重要。但是，世界各地的城市在预算、挑战和机遇方面存在很大差异。本章使用联合国人类住区规划署全球市政数据库（GMD）的支出和收入数据，试图分析各区域的支出、收入、挑战以及积极趋势情况。为了提供挑战和积极趋势的概述，借鉴了四个地区（非洲、亚洲、欧洲和拉丁美洲）的市政融资专家的意见。

第一节　为什么要市政融资？

2014—2016 年，全球 300 个最大的都市区的就业人数占全球就业人数的 36%，但其 GDP 增长占全球 GDP 增长的 67%（Bouchet et al.，2018）。世界银行的数据显示，全球 GDP 的 80% 以上来自城市。在发展中地区，城市是推动经济结构转型的制造业和服务业增长的主要场所。城市的经济竞争力和吸引力正在塑造全球私人投资、增长和创新的模式（Peterson et al.，2018）。全球已经有超过一半的人口居住在城市中，据联合国经济和社会事务部（UNDESA）预测，到 2050 年，世界城市人口将

---

[*] 本章附表人员参与讨论。

增加 25 亿，其中近 90% 的增长发生在亚洲和非洲。

随着其在人口和经济活动中所占份额的增加，全球城市对金融的需求也在不断增长。据联合国贸易与发展会议（UNCTAD）估计，实施可持续发展目标（SDGs）的全球成本为 5 万亿—7 万亿美元，仅在发展中国家就有 2.5 万亿美元的缺口。城市将有助于实现有关贫困、就业、不平等、健康、教育、性别、基础设施和公共服务、消费和生产、气候变化和环境的目标。根据世界城市和地方政府联盟（UCLG）对 61 个国家或地区的 101 个地方政府进行的有关可持续发展目标本地化的调查，融资是最常被提及的首要任务。

到 2030 年，维持全球 GDP 增长所需的基础设施成本估计每年超过 3 万亿美元（Dobbs et al.，2013）。据 UCLG 的调查，一个普遍被引用的数字是总投资的 1/3 应该在城市，这意味着全球城市基础设施投资每年需要 1 万亿美元。

市政当局是管理城市最为密切的政府实体，在公共服务、教育、有利的商业环境和影响当地生活质量的治理方面，它们能够很好地满足常住人口和企业的具体需要。市政融资，被定义为"城市地区地方政府的收入和支出"（Cheeseman，Burbidge，2016），对市政当局满足这些需求的能力至关重要。

然而，资源、能力和权威的缺失往往限制了市政当局满足它管辖下城市需求的能力。这种情况在那些有着最快速城市化人口增长和最高城市投资需求的低收入国家尤为明显。此外，在发展中国家 500 个最大的城市里面，只有 4% 的城市可以从国际金融市场融资，只有 20% 的城市可以从本国金融市场融资，这明显抑制了这些城市实现增长驱动投资的能力。因此，改善市政融资状况将是发展的关键，并且这也是《亚的斯亚贝巴行动议程》下的当务之急。

第二节　按地区分类的市政支出

GMD 包括了样本容量为 49 个国家 94 个人口超过 10 万的城市，表示全球范围内市政层级的人均支出为 1610 美元，市政人均投资为 277 美元。各地区存在差异，北美地区的市政机构有最高 3382 美元的人均支出和

527 美元的人均投资支出；而这两项数据在东亚和太平洋地区分别是 2521 美元和 457 美元，排名第二。撒哈拉以南的非洲和南亚地区的市政机构的人均支出和人均投资最低，分别是 138 美元和 80 美元（见图 3 – 1）。

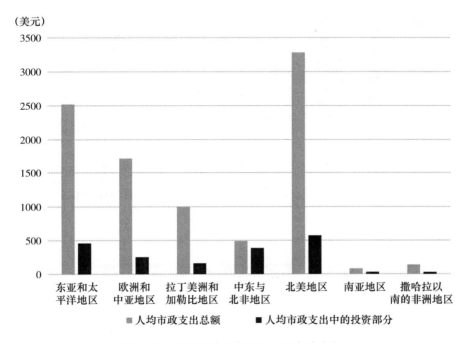

图 3 – 1　2014 年前后各地区人均市政支出

资料来源：GMD。

第三节　各地区市政收入

来自 GMD 的市政收入数据显示，北美、东亚和太平洋地区的人均市政收入最高，分别为 2755 美元和 1649 美元。撒哈拉以南的非洲和南亚地区最低，分别为 77 美元和 48 美元。在市政预算总额中，人均预算收入所占的百分比与此类似，北美、东亚和太平洋地区所占比例最高（分别为 86% 和 72%），撒哈拉以南的非洲和南亚地区所占比例最低（分别为 39% 和 49%）（见图 3 –2）。

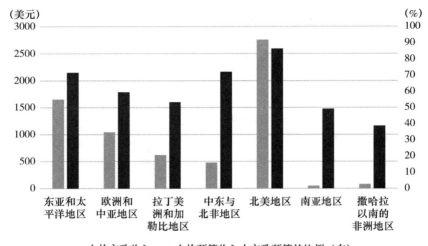

图 3 - 2 2014 年前后人均市政收入及其占市政预算的百分比

资料来源：GMD。

第四节 市政财政的区域挑战和机遇

　　城市融资的趋势、挑战和机遇因国家和地区而异。北美和东亚的市政府拥有最大的资源获取能力和创收能力，而非洲、中东和西亚以及南亚的市政府资源较少。

　　市政府的任务和职责也有所不同。据联合国人类住区规划署（UN - Habitat）的调查，在中东，市政预算往往较低，但是本地投资和服务更多的是由国家层面提供。例如，在沙特阿拉伯，国家各部委提供教育、社会服务和住房，而市政当局的作用较为有限，包括发放建筑许可证、路灯、固体废物管理和公园维护。在约旦，2007 年的《市政法》（*Municipal Law*）将职责移交给了市议会，但实际上，中央政府已将许多权限私有化，否则这些权限将由市政当局负责，而市政当局的实际职责仅限于固体废物管理、街道照明、排雨水、公共市场管理等。GMD 提供的数据证实，中东市政当局的法定预算职责远低于其他地区。

　　根据 GMD 的数据，非洲各城市的收入和支出较低，而且主要支出类别的法定职责要高于平均水平，行政分权超过了财政分权 。根据联合国非洲经济委员会（UNECA）的调查，由于创收能力低下，而且经常缺乏进入外部债务市场的机会，非洲城市的任务授权资金不足，无法弥补服务提供方面的差距。

显示城市地区服务质量的数据是衡量市政融资状况以及资金是否足以满足市政需求的指标。撒哈拉以南的非洲地区的城市赤字最大，其次是南亚地区。中东和北非地区的城市虽然预算比东亚和拉丁美洲的城市小，但由于提供服务的任务较少，因此不一定存在较大的服务缺口（见图3-3）。

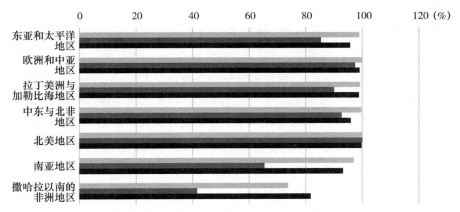

图3-3 2015年按地区划分的享有电力、卫生服务和饮用水的城市人口比例

注：由浅及深分别代表可以使用电力的城市人口比例、享有基本卫生服务的城市人口比例和享有饮用水的城市人口比例。

资料来源：世界发展指标数据库。

区域之间进入债务市场的途径也有所不同。在非洲，只有尼日利亚和南非的市政当局发行债券。在其他地区，市政债券更为普遍。加拿大、德国和美国三个国家在500—1000个未偿还的市政债券中脱颖而出。仅韩国和中国拥有1000多个未偿还的市政债券，分别为1331个和3789个。绝大多数市政债券是以本国货币发行的，但是国际市政债券也存在于18个国家（主要为高收入国家）中，加拿大和瑞典有最杰出的国际市政债券。

为了更好地了解全球市政融资的主要挑战和积极趋势，我们要求来自非洲、亚洲、欧洲和拉丁美洲四个主要地区的一组专家[1]提供意见。在

_____

[1] 提供意见的独立专家的姓名和所在机构可在本章末的附表中找到。

本书中，我们按地区总结了他们对关键挑战和积极趋势的看法。

第五节　非洲[*]

一　挑战

非洲的权力下放仍在进行中，许多国家面临着障碍。责任下放并没有完全伴随着财政下放。最根本的是，"非洲的市政融资问题是财政资源与市政支出需求之间的差距，再加上金融体系存在不足"（与 Aloyisus C. Mosha 交流）。与之相关的挑战可分为四大类：自主性低、有限的借贷渠道、能力低和透明度低。

自主性低限制了市政当局可获取的收入来源及其设计。通常，这些来源产量低、缺乏弹性或难以管理。尽管几乎所有非洲城市都具有合法的征收税的权力，但许多城市缺乏按预算或需要进行征收的能力。结果是严重依赖中央转移支付，这可能是不可预测的，并且通常不足以履行法定职责。非洲的市政当局通常也无法控制其支出。地区或省级通常拥有更多权限，并在地方问题上执行中央决策。

借贷机会有限限制了非洲市政当局投资基础设施的能力。很少有市政当局可以利用资本市场、私人融资及预算在人员配备方面集中。即使有借贷，项目准备工作对创造可赚钱的投资机会的持续挑战也是一个障碍。

市政府的能力低下加剧了预算问题，导致运营和财务管理不善。在较小和更多的农村自治市中，情况往往更糟。缺乏对可用收入工具的理解，缺乏对经常重叠的地方政府职责的了解。"分配给各级政府的权限在地区/省级宪法中有很好的定义，但在市级级别中并不总是有很好的定义"（与 Jennifer Van Geesbergen 交流）。人员不足等导致财务管理不善。

低透明度给非洲的市政融资带来了问题，因为它限制了公民追究地

---

[*]　与非洲有关的趋势是根据2019年7月与三位市级金融专家：丽莎·罗斯·西罗里亚（Liza Rose Cirolia）、阿洛伊苏斯·C. 莫沙（Aloyisus C. Mosha）和詹妮弗·范·盖斯伯格（Jennifer Van Geesbergen）交流总结而成的。

方政府责任的能力。分权治理的理论利益取决于纳税人和那些被选出来满足其需求的人之间的社会契约。当前，有关非洲城市市政财政的数据基本上无法向公众提供。"获得可靠的数据不仅支持良好的治理并提高公众的信任度，而且还可以通过改善公民参与度并提供以数据为依据的基础来增强政府的问责制和效率，从而更好地提供公共服务。"（与 Jennifer Van Geesbergen 交流）

二　积极趋势

尽管有挫折，但财政分权正在缓慢向前发展，人们日益认识到非洲市政治理的重要性。通常在实验阶段首先要进行权力下放，以识别和纠正问题。在城市管理其他积极趋势的背景下，包括国家城市政策的数量增加和广泛的民主地方选举，财政分权有望实现。

非洲市政当局可利用的收入和资金来源正在得到加强和扩大。中央转移支付的设计有所改进，以使其更加直接，增加了国家税收的共享，并建立了地方发展基金和支持低收入社区基础设施的基金。

虽然大多数非洲城市信誉较差，但许多城市已经开始改善财务管理和透明度，以便最终获得借款。资本市场发展迅速，社会影响投资呈上升趋势。一些城市（开普敦、杜阿拉）已经发行了中央政府支持的债券，一些国家（包括埃及、卢旺达、南非和乌干达）的大城市可以从银行借款为基础设施融资。其他城市在获得资金方面很有创意，包括通过私人投资等获得资金，一些城市正在努力吸引外国直接投资进入主要交通项目。

正在进行的有关财务管理的改革，包括记录和流程的数字化，这对提高效率和透明度都有好处。例如，在尼日利亚，一家创业公司 Budget 正在通过向公众提供预算信息和为数据素养低的公民设计数据的可视化表格来提高预算透明度。关于社区参与的法律规定越来越多。公民参与正在增加，妇女在政府中的代表性在加强。

第六节 亚洲[*]

一 挑战

亚洲和非洲一样，正面临着快速的城市化，这需要对城市进行重大投资。因此，调动必要资金和财政缺口的能力是亚洲市政当局的首要任务。尽管权力下放自 1990 年以来一直在进行，但许多城市仍然严重依赖转移支付，而转移支付往往不足以满足需要，从而导致任务没有资金。这一问题是由于权力下放过程不平衡造成的，在这种过程中，责任比创收权力更快地移交给地方政府。除了基本的预算问题外，不平衡的权力下放问题也影响到信誉和风险。

在市政府中，仍有提高政府能力的空间。此外，虽然地方税收制度需要改进，但在政治上往往没有得到优先考虑，紧迫的问题各不相同。收入方面的一个共同问题是适应工业化进程的变化，工业化进程受到全球技术和贸易趋势的影响。市政当局必须在新的以互联网为基础的经济活动和日益数字化的经济背景下创造收入。支出方面的一个共同问题是，需要对适应、减缓和恢复气候变化给予新的优先考虑。

二 积极趋势

尽管存在挑战，但权力下放对城市产生了积极影响，将现有公共资金转移给城市政府的合理化方面最近有所改善。权力下放伴随着一些改革和创新，这些改革通常包括通过使政府间资金流动合理化（菲律宾等）、加强自身收入（印度尼西亚、斯里兰卡）和利用专门的金融中介为中小城市融资（菲律宾、泰国等）赋予地方政府权力的政策。此外，认识到中小型城市的需求规模太小（交易成本高），无法直接进入市场，这些新兴经济体已广泛通过有效的中介汇集这些需求和降低风险。

其他积极趋势包括越来越多地利用购买力平价和信贷融资促进地方

---

[*] 与亚洲相关的趋势综合了 2019 年 8 月与四位市政金融专家的个人交流意见：尼诺·B. 阿尔维纳（Nio B. Alvina）、K. K. 潘迪（K. K. Pandey）、倪鹏飞和奥马尔·西迪克（Omar Siddique）交流意见。

发展，以及在土地融资方面的创新。一个例子是杭州市，它将现有的原始价值较低的湿地转化为生态绿地，并能够获得对周围土地的转移所产生的溢价。

数字和以信息和通信技术为基础的系统也对许多亚洲城市的市政融资产生了积极影响，并朝着电子系统支付和许可、许可证和其他政府职能的在线程序方向发展。除了精简业务流程和改善商业环境外，还利用在线信息提高了市政融资的透明度。例如，在菲律宾，"关于公共支出跟踪的倡议在财政管理报告方面正在取得进展，从而跟踪资金从原始来源到目的地或受益人，并确保更大的透明度和问责制"（与 Nio B. Alvina 交流）。

第七节　欧洲[*]

一　挑战

欧洲的情况与发展中国家大不相同，但市政当局仍面临挑战和创新。各地区的城市因经济、税收制度和责任分配不同而有所不同，但与大多数非洲和亚洲城市不同，欧洲城市不一定增长迅速，有些城市甚至在萎缩。尽管如此，城市振兴工作和数字化带来的基础设施需求的变化需要投资。这给面临当地信贷限制造成的金融瓶颈的市政当局带来了挑战（例如德国）。即使在有资金的情况下，也往往缺乏生产可供银行贷款的项目的能力。

即使在欧洲，许多城市也面临着资金短缺，与社会和福利开支以及竞争所需投资相关的支出需求不断增加。欧洲城市在使其支出和投资分配与全球可持续性目标相一致的能力方面也面临挑战，例如执行可持续发展目标和遵守减缓气候变化政策。

二　积极趋势

欧洲市政财政的积极趋势包括，人们越来越认识到城市在国家基础

---

[*]　2019 年 7 月，通过与路易斯·唐宁（Louis Downing）、巴勃罗·努内斯（Pablo Nunez）和张焕南（Chang Woon Nam）三位市政金融专家的个人交流，综合了与欧洲相关的趋势。

设施中发挥的重要和巨大作用，在控制支出方面取得的成功，以及税制改革。例如，由于估值未能跟上市场价格，德国与其他经济合作与发展组织国家相比，房地产税收入较低，但德国目前正在引入新的房地产税估值体系来纠正这一问题。欧洲市政当局也在利用私营部门，包括通过购买力平价和志愿者参与市政项目。

在绿色金融和环保投资方面也有重大的积极趋势。市政当局和机构投资者"开始将减缓和适应气候变化视为其受托责任的一部分，一些趋势，如绿色债券和改进的报告，正显示出这种朝着提高 ESG（环境、社会和治理标准）意识的缓慢进行"（与 Louis Downing 交流）。能够带来环境和社会共同利益的基于自然的解决方案越来越受到重视，市政当局正在利用 Sure ®标准等工具改善基础设施投资对环境可持续性和恢复力的影响。UCLG 也在帮助市政投资走向可持续发展。例如，城市气候金融领导联盟（CCFLA）是一个促进知识共享和伙伴关系的平台，它影响到欧洲内外的城市。

第八节　拉丁美洲

一　挑战

拉丁美洲在市政融资方面与其他区域并无不同，尽管市政当局和城市比非洲具有更多的能力，但缺乏技术专长和适当的法律框架，仍然限制了土地价值融资和公共私营伙伴关系为地方基础设施融资的潜力。

二　积极趋势

如支出和收入以及国家以下各级指标所示，该区域已经实施了权力下放，这些指标显示了城市和国家之间的差异。① 加强支持当地基础设施的区域或国家开发银行的作用也很显著，哥伦比亚的 Findeter，墨西哥的 Banobras 和巴西的 Caixa 都有这样的经验，但是需要更多的努力来增加可用于当地基础设施的资源的供应。

---

① 资料来源于 GMD。

第九节 结论

由该领域专家综合而成的市政融资概览揭示了一些共同的挑战，并在各区域分享了积极的趋势。所有地区的市政府面临着为所需投资寻找资源和资金来源的挑战。发展可融资项目也是市政领导面临的共同挑战。适应、缓解和恢复气候变化既是一项挑战，也是一个新兴的机会领域。气候融资和绿色基础设施创新是跨区域的积极发展。数字化正变得越来越普遍，并改善了获取信息的渠道和商业环境。重要的是，全球越来越认识到城市在国家经济和投资环境中的作用，这有助于增加对改善其财政状况的支持。

在市政融资趋势方面，各地区之间也存在重大差异。非洲的市政当局最为捉襟见肘，人均预算较低，公共收入和支出所占份额较低，同时承担的责任份额也在不断增加，而且没有增加用于解决这些问题的转移支付。非洲城市最严重地依赖国家转移，财政自主权和改变其状况的能力都很低。然而，权力下放是在承认城市的重要作用的基础上进行的，整个非洲大陆都在努力提高信誉、土地价值、预算透明度和基本财务管理。

在亚洲，权力下放也在进行，在没有足够的权力为其提供资金的情况下，在移交责任方面遇到了一些挑战，但在创收、改进移交制度和为较小城市提供集资方面出现了许多积极的发展。灵活适应新的经济和环境趋势是亚洲城市面临的挑战，也是潜在创新的源泉。

在拉丁美洲和加勒比地区，权力下放的进展正在改善且不平衡，需要作出更多努力，在土地资产和土地价值获取的基础上扩大自己的来源收入，这可以通过财产税和更好地管理公共资产来推动收入。

欧洲市政当局并非没有挑战，但它们的挑战是不同的。它们面临的人口增长率往往较低，甚至萎缩，必须从战略上调整公共支出，以应对不断变化的技术，保持竞争力。欧洲市政当局正在寻找创新的方法，通过绿色标准和促进智能投资的合作机制，解决环境和社会双重目标。

在一个城市化的世界里，市政财政的紧迫问题越来越重要。战略性地应对挑战，并在积极趋势的基础上再接再厉，将是城市全球竞争力的核心。

附表　　　　　　　　　　　**对本章节有贡献的人员**

	人员	所在机构
非洲	Liza Rose Cirolia	开普敦大学
	Aloyisus C. Mosha	博茨瓦纳大学
	Jennifer van Geesbergen	非洲城市中心
亚洲	Nio B. Alvina	菲律宾财政部地方政府财政局
	K. K. Pandey	联合国亚洲及太平洋经济社会委员会
	倪鹏飞	中国社会科学院城市与竞争力研究中心
	Omar Siddique	联合国亚洲及太平洋经济社会委员会
欧洲	Louis Downing	巴塞尔全球基础设施基金会
	Pablo Nunez	巴塞尔全球基础设施基金会
	Chang Woon Nam	慕尼黑 IFO 研究所
拉丁美洲	Martim O. Smolka	林肯土地政策研究所

第三部分　竞争力报告

第 四 章

2019 年度全球城市经济
竞争力表现

受中美欧城市竞争力均值下滑影响，全球城市竞争力均值略微下降。这也预示如果主要国家贸易战持续，不仅削弱各国自身的城市竞争力，也会削弱全球城市竞争力和福利。

第一节 全球 20 强城市：竞争激烈，位次变化显著，全球综合中心与科技中心总体提升，专业性城市和制造中心总体下降

总体来看，全球 20 强城市竞争激烈，14 个城市发生名次变化，最大变化 4 个名次。全球综合中心和科技中心总体提升，专业性、制造性城市总体下降。纽约、伦敦、新加坡、深圳、圣何塞、东京、旧金山、慕尼黑、洛杉矶、上海、达拉斯、休斯敦、香港、都柏林、首尔、波士顿、北京、广州、迈阿密和芝加哥位列全球前 20 名。表 4－1 给出了全球前 20 名城市空间分布。

表 4－1　　　　全球经济竞争力前 20 名城市空间分布

排名	城市	国家	与 2018 年排名差	排名	城市	国家	与 2018 年排名差
1	纽约	美国	0	11	达拉斯	美国	1
2	伦敦	英国	1	12	休斯敦	美国	－2
3	新加坡	新加坡	－1	13	香港	中国	－2

续表

排名	城市	国家	与 2018 年排名差	排名	城市	国家	与 2018 年排名差
4	深圳	中国	0	14	都柏林	爱尔兰	2
5	圣何塞	美国	0	15	首尔	韩国	0
6	东京	日本	2	16	波士顿	美国	2
7	旧金山	美国	0	17	北京	中国	2
8	慕尼黑	德国	−2	18	广州	中国	−4
9	洛杉矶	美国	0	19	迈阿密	美国	−2
10	上海	中国	3	20	芝加哥	美国	1

资料来源：中国社会科学院城市与竞争力研究中心数据库。

同时，全球经济竞争力前 20 名城市排名变化较大，8 个城市排名上升，6 个城市排名下降。表 4 - 2 给出了城市经济竞争力排名位次变化。

表 4 - 2　　　　　　全球经济竞争力前 20 名城市位次变化

位次不变	上升 1 位	上升 2 位	上升 3 位
纽约、深圳、圣何塞、	伦敦、达拉斯、芝加哥	东京、都柏林、波士顿、北京	上海
旧金山、洛杉矶、	下降 1 位	下降 2 位	下降 4 位
首尔	新加坡	慕尼黑、休斯敦、香港、迈阿密	广州

资料来源：中国社会科学院城市与竞争力研究中心数据库。

从分项指标排名看，旧金山、上海、达拉斯、休斯敦、广州和芝加哥的经济增量略有下降，纽约、新加坡和迈阿密的排名没有变化；深圳、圣何塞、旧金山、洛杉矶、上海、休斯敦、香港、广州和迈阿密的经济密度略有下降，新加坡和慕尼黑的排名没有变化。表 4 - 3 给出了全球前 20 名城市经济竞争力产出的描述性统计。

表 4 - 3　　　　　全球前 20 名城市经济竞争力产出的描述性统计

	2019 年经济增量	2018 年经济增量	2019 年经济密度	2018 年经济密度	2019 年经济竞争力	2018 年经济竞争力
均值	0.757	0.888	0.775	0.739	0.807	0.878
中位数	0.78	0.92	0.78	0.738	0.793	0.884

续表

	2019 年经济增量	2018 年经济增量	2019 年经济密度	2018 年经济密度	2019 年经济竞争力	2018 年经济竞争力
方差	0.116	0.091	0.115	0.115	0.061	0.064
变异系数	0.153	0.103	0.148	0.156	0.076	0.072
最小值	0.523	0.697	0.557	0.542	0.721	0.796
最大值	1	1	1	1	1	1

资料来源：中国社会科学院城市与竞争力研究中心数据库。

全球前 20 名城市经济竞争力表现分化加剧。相对于 2018 年，2019 年全球前 20 名城市的经济增量和经济竞争力的标准化指数略有下降，显示整体领先放缓。经济增量的方差和变异系数分别由 2018 年的 0.091 和 0.103 扩大至 2019 年的 0.116 和 0.153，经济竞争力产出的变异系数由 2018 年的 0.072 扩大至 0.076，显示内部分化加剧。

第二节　全球 200 强城市：欧洲降多升少，亚洲升多降少

相对于 2018 年，2019 年前 200 名城市中北美领衔，欧亚部分城市有所下降。表 4 - 4 给出了全球前 200 名城市竞争力升降对比结果。

表 4 - 4　　　　　**2019 年前 200 名城市经济竞争力升降对比**　　　（单位：个,%)

变化	数量总数	经济增量（与 2018 年相比）				经济密度（与 2018 年相比）				经济竞争力（与 2018 年相比）			
		上升	不变	下降	下降占比	上升	不变	下降	下降占比	上升	不变	下降	下降占比
亚洲	71	40	3	28	39.4	41	3	27	38.0	46	3	22	31.0
北美	71	47	4	20	28.2	45	3	26	32.4	39	7	25	35.2
南美	4	3	0	1	25.0	3	0	1	25.0	3	0	1	25.0
欧洲	48	29	1	18	37.5	24	6	18	37.5	21	1	26	54.2
大洋洲	6	3	0	3	50.0	3	0	3	0.50	3	0	3	50.0
全样本	200	122	8	70	35.0	116	12	75	36.0	112	11	77	38.5

资料来源：中国社会科学院城市与竞争力研究中心数据库。

　　结果表明，欧洲城市经济竞争力产出下降占比最大为54.2%；南美城市经济竞争力产出占比下降最小为25%；亚洲城市下降占比为31%，小于北美的35.2%，小于前200名城市下降占比的均值38.5%。

　　图4-1给出了前200名城市2018年和2019年竞争力排名空间分布对比情况。由图4-1可知，相对于2018年，全球前200名城市的经济竞争力水平中欧洲城市下降数量多于上升数量，而亚洲城市经济竞争力水平上升数量多于下降数量，北美城市经济竞争力水平上升与下降数量相当。

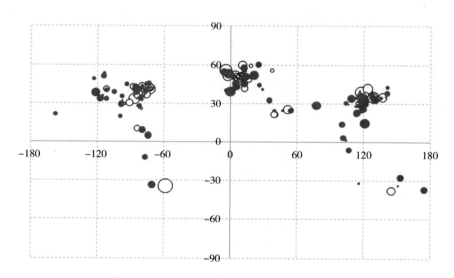

图4-1　全球前200名城市竞争力表现变化

注：圆圈表示下降，实心点表示上升。大圈或大点表示变化幅度较大，小圈或小点表示变化幅度较小。下同。

　　表4-5给出了全球前200名城市经济竞争力产出的描述性统计。不难发现，全球前200名、150名、100名和50名的整体竞争力水平均值分别由0.620、0.657、0.707和0.782下降至0.560、0.593、0.639和0.715，变异系数分别由0.186、0.167、0.143和0.117扩大至0.190、0.176、0.156和0.123，城市之间竞争与分化加剧。

表 4 - 5　　　　　　　全球前 200 名城市经济竞争力产出的描述性统计

		2019 年经济竞争力	2018 年经济竞争力		2019 年经济竞争力	2018 年经济竞争力
均值	前 200 名概况	0.560	0.620	前 150 名概况	0.593	0.657
中位数		0.527	0.594		0.560	0.636
方差		0.107	0.115		0.104	0.110
变异系数		0.190	0.186		0.176	0.167
最小值		0.443	0.471		0.481	0.512
最大值		1	1		1	1
均值	前 100 名概况	0.639	0.707	前 50 名概况	0.715	0.782
中位数		0.606	0.684		0.685	0.745
方差		0.099	0.101		0.088	0.092
变异系数		0.156	0.143		0.123	0.117
最小值		0.528	0.573		0.610	0.669
最大值		1	1		1	1

资料来源：中国社会科学院城市与竞争力研究中心数据库。

第三节　全球十大城市群:北加利福尼亚平均水平最高,莱茵—鲁尔内部差异最小

　　全球十大城市群具体包括首尔都市圈、美国东北地区、美国西部地区、北加利福尼亚、孟买、伦敦—利物浦、长三角、珠三角、荷兰—比利时和莱茵—鲁尔,图 4 - 2 给出了全球十大城市群的城市经济竞争力表现的年度对比情况。从图 4 - 2 可知,全球十大城市群经济竞争力呈现出分化加剧的趋势,东亚、西欧和北美城市群表现出明显分化。

　　表 4 - 6 给出了首尔都市圈、美国东北地区、美国中西部地区、北加利福尼亚、孟买、伦敦—利物浦、长三角、珠三角、荷兰—比利时和莱茵—鲁尔共 10 个城市群的描述性统计。由表 4 - 6 可知,北加利福尼亚城市群经济竞争力水平均值最高为 0.707,孟买都市圈城市竞争力水平均值最低为 0.241;莱茵—鲁尔城市群方差和变异系数最小分别为 0.051 和 0.085,首尔都市圈方差最大为 0.197。

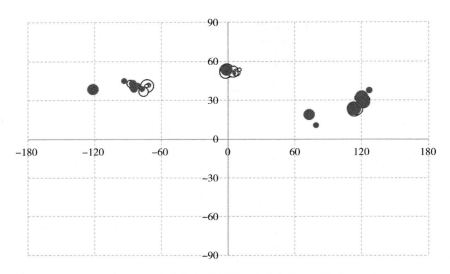

图 4 - 2 全球十大城市群经济竞争力表现变化

表 4 - 6   全球 10 个典型城市群经济竞争力产出描述性统计

		经济竞争力 2019	经济竞争力 2018		经济竞争力 2019	经济竞争力 2018
均值	首尔都市圈	0.636	0.676	美国东北部城市群	0.622	0.682
中位数		0.636	0.676		0.583	0.656
方差		0.197	0.186		0.159	0.138
变异系数		0.310	0.276		0.256	0.203
均值	美国中西部城市群	0.561	0.623	北加利福亚城市群	0.707	0.780
中位数		0.556	0.630		0.828	0.929
方差		0.077	0.086		0.216	0.259
变异系数		0.137	0.138		0.306	0.333
均值	孟买城市群	0.241	0.260	伦敦—利物浦城市群	0.532	0.599
中位数		0.199	0.220		0.479	0.557
方差		0.132	0.137		0.150	0.148
变异系数		0.549	0.529		0.281	0.247
均值	长三角城市群	0.495	0.544	珠三角城市群	0.495	0.544
中位数		0.471	0.515		0.471	0.515
方差		0.121	0.127		0.121	0.127
变异系数		0.245	0.233		0.245	0.233

续表

		经济竞争力 2019	经济竞争力 2018		经济竞争力 2019	经济竞争力 2018
均值	荷兰—比利时城市群	0.495	0.544	莱茵—鲁尔城市群	0.598	0.679
中位数		0.471	0.515		0.604	0.688
方差		0.121	0.127		0.051	0.046
变异系数		0.245	0.233		0.085	0.068

资料来源：中国社会科学院城市与竞争力研究中心数据库。

同时，北加利福尼亚城市群排名上升且幅度较大，首尔都市圈、长三角和珠三角排名上升但幅度较小，而美国东北部城市群、美国中西部城市群、伦敦—利物浦城市群、荷兰—比利时城市群和莱茵—鲁尔城市群排名下降但幅度较小，孟买城市群整体水平较差但排名稳定。

第四节　中美欧三大经济体：中国城市下降数量较多，欧盟城市下降幅度较大

中国、美国和欧盟作为世界经济发展的三大引擎，城市经济竞争力水平变化备受世界瞩目。表 4-7 给出了中国、美国和欧盟三大经济体城市竞争力升降变化对比结果。

表 4-7　　　　　三大经济体城市经济竞争力升降变化对比结果　（单位：个，%）

变化	经济增量（与 2018 年相比）				经济密度（与 2018 年相比）				经济竞争力（与 2018 年相比）			
	上升	不变	下降	下降占比	上升	不变	下降	下降占比	上升	不变	下降	下降占比
中国	48	2	241	82.8	206	6	79	27.1	103	6	182	62.5
美国	49	4	22	29.3	44	3	28	37.3	41	7	27	36.0
欧盟	25	0	15	37.5	21	4	15	37.5	20	1	19	47.5
合计	122	6	278	68.5	271	13	122	30.0	164	14	228	56.2

资料来源：中国社会科学院城市与竞争力研究中心数据库。

从城市经济竞争力的变化看，中美欧三大经济体城市竞争力整体水平均有下降，美国城市下降数量较小，中国城市下降数量较多。相对于

2018 年，2019 年中国城市经济增量、经济密度和经济竞争力下降占比分别为 82.8%、27.1% 和 62.5%，美国城市经济增量、经济密度和经济竞争力下降占比分别为 29.3%、37.3% 和 36%，欧盟城市经济增量、经济密度和经济竞争力下降占比分别为 37.5%、37.5% 和 47.5%。因此，中国城市经济增量和经济竞争力水平下降的城市数量占比多于美国和欧盟。为了更加直观地看出三大经济体经济增量和经济密度升降变化，图4-3 给出了中国、美国和欧盟经济增量与经济密度排名升降对比情况。由图 4-3可知，美国城市下降数量较小，中国城市下降数量较多。

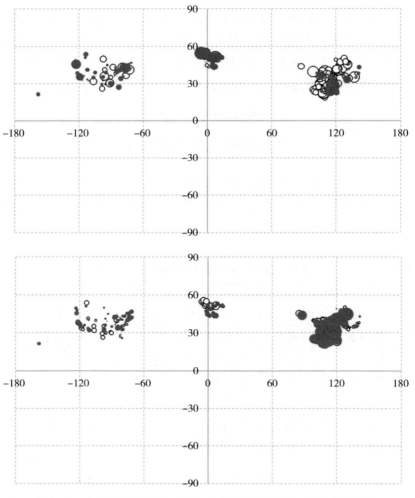

图4-3 中美欧经济增量（上）与经济密度（下）排名升降对比

中国、美国和欧盟三大经济中心的城市竞争力水平变化差异较大。表4-8给出了中国、美国和欧盟城市经济竞争力水平统计特征对比情况。

表4-8　　　　　　　中国、美国和欧盟城市经济竞争力对比

		2019 年经济竞争力	2018 年经济竞争力		2019 年经济竞争力	2018 年经济竞争力
均值	中国概况	0.291	0.328	美国概况	0.545	0.603
中位数		0.254	0.294		0.515	0.573
方差		0.134	0.148		0.135	0.144
变异系数		0.460	0.451		0.248	0.239
最小值		0.085	0.089		0.295	0.326
最大值		0.840	0.932		1	1
均值	欧盟概况	0.479	0.526			
中位数		0.460	0.497			
方差		0.121	0.142			
变异系数		0.252	0.271			
最小值		0.275	0.145			
最大值		0.876	0.933			

资料来源：中国社会科学院城市与竞争力研究中心数据库。

中国、美国经济竞争力水平整体下降幅度较小，欧盟城市下降幅度较大，且中美分化、欧盟收敛。表4-8表明，2019 年中国、美国和欧盟经济竞争力水平均值分别由 2018 年的 0.328、0.603 和 0.526 下降至 2019 年的 0.291、0.545 和 0.479，且欧盟下降幅度较大。同时，中国和美国城市竞争力分化加剧，变异系数分别由 0.451、0.239 微升至 0.460 和 0.248；但是欧盟城市竞争力水平整体分化减缓，变异系数由 0.271 下降至 0.252。

第五节　全球空间整体格局：整体水平下降，分化有所缩小

表4-9给出了全球 1006 个城市经济竞争力水平升降对比情况。相对于 2018 年，2019 年全球城市经济竞争力水平均值由 0.325 下降至 0.293，

方差和变异系数分别由 0.186 和 0.571 下降为 0.166 和 0.568。同时，城市之间经济增量的总体水平有所下降，但是经济密度小幅上升，城市之间经济增量和经济密度的分化加剧。

表 4 – 9 全球 1006 个城市经济竞争力水平升降对比

	2019 年经济增量	2018 年经济增量	2019 年经济密度	2018 年经济密度	2019 年经济竞争力	2018 年经济竞争力
均值	0.337	0.537	0.380	0.363	0.293	0.325
中位数	0.304	0.504	0.330	0.318	0.249	0.286
方差	0.103	0.092	0.201	0.191	0.166	0.186
变异系数	0.307	0.172	0.529	0.527	0.568	0.571
最小值	0	0	0	0	0	0
最大值	1	1	1	1	1	1

资料来源：中国社会科学院城市与竞争力研究中心数据库。

图 4 – 4 给出了全球 1006 个城市经济竞争力产出的空间分布情况。图 4 – 4 表明全球经济竞争力产出较大的城市依然主要集中在西欧和北美，东亚经济竞争力较强，城市数量和规模小于西欧和北美。

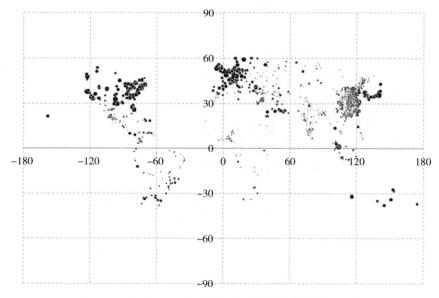

图 4 – 4 全球 1006 个城市经济竞争力产出的空间分布

表 4 - 10 给出了 2019 年全球城市经济竞争力水平升降对比结果。从全球城市竞争力水平升降对比结果来看，欧洲和非洲城市升多降少，而亚洲和北美城市降多升少。

表 4 - 10　　　　2019 年全球城市经济竞争力水平升降对比结果　　　（单位：个,%）

变化	经济增量（与 2018 年相比）				经济密度（与 2018 年相比）				经济竞争力（与 2018 年相比）			
	排名上升城市数量	排名不变城市数量	排名下降城市数量	排名下降城市数量占比	排名上升城市数量	排名不变城市数量	排名下降城市数量	排名下降城市数量占比	排名上升城市数量	排名不变城市数量	排名下降城市数量	排名下降城市数量占比
全球	448	9	548	54.5	559	31	416	41.4	455	26	525	41.4
亚洲	213	2	349	61.9	330	13	222	39.3	230	14	321	39.3
北美洲	78	4	49	37.4	63	5	63	48.1	62	8	61	48.1
南美洲	26	1	48	64.0	31	1	43	57.3	31	0	44	57.3
非洲	66	0	36	35.3	42	4	56	54.9	56	2	44	54.9
欧洲	62	2	62	49.2	90	8	28	22.2	73	2	51	22.2
大洋洲	3	0	4	57.1	3	0	4	57.1	3	0	4	57.1

资料来源：中国社会科学院城市与竞争力研究中心数据库。

表 4 - 10 结果表明，南美洲、亚洲和大洋洲城市经济增量下降占比分别为 64%、61.9% 和 57.1%，均高于全球平均水平 54.5%；北美洲、非洲和大洋洲城市经济密度下降占比分别为 48.1%、54.9% 和 57.1%，均高于全球平均水平 41.4%；而北美洲、南美洲和大洋洲城市竞争力下降占比分别为 48.1%、57.3% 和 57.1%，均高于全球平均水平 41.1%。

第六节　全球次区域空间格局：中国北部、欧洲东部下降多，中国南部、印度总体上升多

从空间看，西经 100 度、东经 20 度和东经 110 度成为城市经济竞争力分布的分水岭，以及北纬 25—55 度的城市经济竞争力显著较高且处于收敛状态，其他区域分化明显。图 4 - 5 给出了次区域层面三条经线划分

的全球城市经济竞争力空间分布情况。由图 4-5 可知，西经 110 度和东
经 110 度东部城市明显优于西部城市，而东经 20 度西部城市明显优于东
部地区城市，以及北纬 25—55 度的矩形区域共同形成了城市经济竞争力
优劣的分水岭。

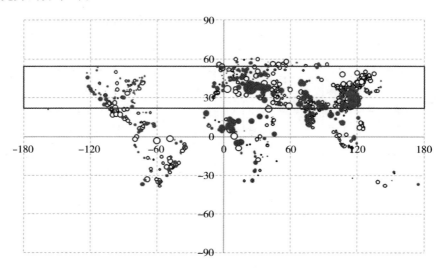

图 4-5　全球城市竞争力升降对比的空间分布

不仅如此，西经 100 度、东经 20 度和东经 110 度经线两侧城市变化
明显，南美洲北部、东欧和西亚城市竞争力排名收敛于下降。表 4-11 给
出了全球次区域城市竞争力对比结果。

表 4-11　　　　　　　　　全球次区域城市竞争力升降对比结果

	高经济增量区域	低经济增量区域	高经济密度区域	低经济密度区域	高经济竞争力区域	低经济竞争力区域
均值	0.437	0.307	0.502	0.322	0.369	0.257
中位数	0.404	0.225	0.495	0.288	0.348	0.227
方差	0.168	0.101	0.218	0.164	0.179	0.147
变异系数	0.320	0.301	0.434	0.508	0.486	0.571
最小值	0.185	0	0.067	0	0.052	0
最大值	1	0.801	1	0.860	1	0.861

资料来源：中国社会科学院城市与竞争力研究中心数据库。

　　由图 4 – 5 和表 4 – 11 可知，全球城市竞争力上升的城市主要有西经 100 度西侧的美国西海岸城市、东经 20 度的西欧城市以及东经 110—140 度的中日韩城市，且纬度集中在北纬 25—55 度。事实上，全球城市经济竞争力前 200 名城市和前 500 名城市均分布在图 4 – 5 的矩形方框内。此外，北纬 25—55 度城市、西经 100 度西部城市、东经 20 度西部城市以及东经 110 度东部的沿海地区为高竞争力水平城市集聚区，且高经济增量、高经济密度和高经济竞争力区域的整体均值分别为低经济增量、低经济密度和低经济竞争力区域的整体均值的 1.423、1.559 和 1.436 倍，变异系数整体上也偏小，主导全球城市竞争力空间格局。

第 五 章

2019 年度全球城市经济竞争力解析

第一节 当地要素

一 当地要素总体格局

（一）头部城市概况

美国、中国、日本引导当地要素竞争力格局。当地要素竞争力全球前三强分别为深圳、纽约和孟买，并且指数也处于第一梯队，均在 0.9 以上，引领当地要素竞争力。20 强中（见表 5－1），美国占据 5 个城市，中国占据 2 个城市，日本占据 2 个城市，其他如印度、马来西亚、英国、新加坡、墨西哥、南非、土耳其、俄罗斯、澳大利亚、加拿大各占据 1 个城市；亚洲占据 9 个城市，北美洲占据 7 个城市，欧洲占据 2 个城市，大洋洲占据 1 个城市，非洲占据 1 个城市，总体表现为亚洲和北美洲主导。

表 5－1　　　　　　　　当地要素指标全球 20 强城市

区域	国家	城市	指数	世界排名
亚洲	中国	深圳	1.000	1
北美洲	美国	纽约	0.971	2
亚洲	印度	孟买	0.913	3
北美洲	美国	芝加哥	0.894	4
亚洲	中国	上海	0.883	5
亚洲	马来西亚	吉隆坡	0.857	6

续表

区域	国家	城市	指数	世界排名
欧洲	英国	伦敦	0.851	7
亚洲	新加坡	新加坡	0.842	8
亚洲	韩国	首尔	0.828	9
北美洲	美国	华盛顿特区	0.825	10
北美洲	美国	费城	0.821	11
亚洲	日本	北九州—福冈大都市圈	0.818	12
北美洲	墨西哥	墨西哥城	0.815	13
非洲	南非	约翰内斯堡	0.813	14
北美洲	美国	波士顿	0.810	15
亚洲	土耳其	伊斯坦布尔	0.804	16
亚洲	日本	东京	0.802	17
欧洲	俄罗斯	莫斯科	0.795	18
大洋洲	澳大利亚	悉尼	0.791	19
北美洲	加拿大	多伦多	0.790	20

资料来源：本报告研究整理。

从当地要素 100 强角度来看（见表 5 - 2），亚洲的 100 强数量最多，占据 45 个城市，其次为北美洲和欧洲，再次为南美洲、非洲、大洋洲；从指数来看，100 强内北美洲的竞争力均值最强，其次为亚洲，而非洲的 100 强当地要素竞争力最弱。

表 5 - 2　　　　　当地要素指标全球 100 强城市的洲际分布情况

区域	样本量	均值	变异系数	最优城市	最优城市指数	世界排名
亚洲	45	0.724	0.120	深圳	1.000	1
北美洲	20	0.733	0.137	纽约	0.971	2
南美洲	7	0.714	0.075	圣保罗	0.776	25
大洋洲	3	0.690	0.135	悉尼	0.791	19
欧洲	20	0.697	0.099	伦敦	0.851	7
非洲	5	0.686	0.109	约翰内斯堡	0.813	14

资料来源：本报告研究整理。

（二）整体空间格局

欧洲和北美洲主导百强格局。从区域角度来看（见表5-3），大洋洲的7个样本城市有3个城市入围前100强；其次为欧洲，126个样本城市中有15.87%的城市入围前100强；接着为北美洲，有15.27%的样本城市入围前100强；再次为南美洲和亚洲，分别有9.33%和7.96%的样本城市入围前100强；最低为非洲，仅4.90%的样本城市入围前100强。从均值角度来看，最高的为大洋洲；其次为北美洲、欧洲和南美洲，均高于全球均值；最后为亚洲和非洲，均低于全球均值。从分化角度来看，大洋洲和北美洲的分化最低，亚洲和非洲的分化最严重。从各区域的分布类型来看，非洲、南美洲、亚洲、欧洲的总体分布比较接近，北美洲的总体分布相对较优（见图5-1至图5-3）。

表5-3　　　　　　　　全球城市当地要素指标的洲际分布　　　　　　（单位:%）

区域	样本	百强城市比重	均值	变异系数
亚洲	565	7.96	0.402	0.345
北美洲	131	15.27	0.519	0.237
南美洲	75	9.33	0.418	0.307
大洋洲	7	42.86	0.584	0.209
欧洲	126	15.87	0.429	0.347
非洲	102	4.90	0.347	0.398
全球	1006	—	0.417	0.346

资料来源：本报告研究整理。

交易所指数总体偏低、分化严重。从分项指标来看（见表5-4），融资便利度指数和论文指数的总体水平较高，分别为0.618和0.547；其次为劳动力指数、青年人口指数、专利指数；最低为交易所指数，仅为0.075。从分化角度来看，交易所指数的分化最为严重，变异系数为2.783；其次为专利指数、青年人口指数；论文指数的分化最低，变异系数为0.318。此外，各指标的最优城市也显著不同，分别为圣何塞、纽约、北京、东京、布卡武、雅加达。

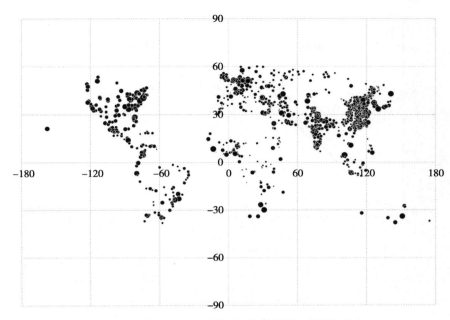

图 5 – 1　全球 1006 个城市当地要素指标的空间分布

资料来源：中国社会科学院城市与竞争力中心数据库。

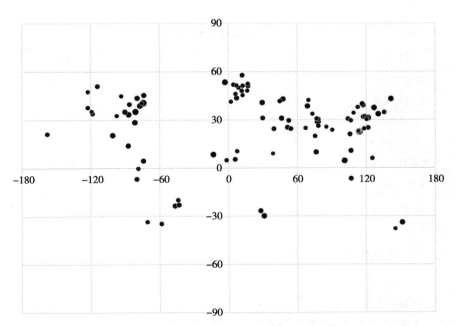

图 5 – 2　全球前 100 名城市当地要素指标的空间分布

资料来源：中国社会科学院城市与竞争力中心数据库。

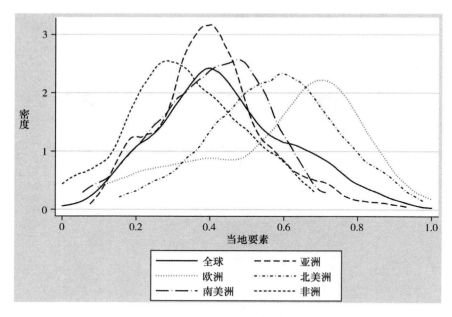

图 5 - 3　全球城市当地要素指标的核密度图

资料来源：中国社会科学院城市与竞争力中心数据库。

表 5 - 4　　　　　　　　全球城市当地要素分项指标统计描述

当地要素	均值	变异系数	最优城市
融资便利度指数	0.618	0.319	圣何塞
交易所指数	0.075	2.783	纽约
论文指数	0.547	0.318	北京
专利指数	0.276	0.829	东京
青年人口指数	0.349	0.407	布卡武
劳动力指数	0.451	0.331	雅加达

资料来源：本报告研究整理。

二　当地要素国家格局

（一）G20 国家概况

中国和美国在各个层级的总体占比均较高，主导着当地要素格局。对 G20 国家的前 50 强占比分布来看，中国有 9 个城市入围前 50，美国、欧盟有 6 个城市入围前 50，其次为加拿大和印度；从前 100 强占比来看，中国最多，有 19 个城市；其次为美国，有 15 个城市；再次为欧盟，有 12 个城市；从前 101—200 强来看，格局与前 100 强相一致；而 201—500 强，最多也为中国，其次为印度，再次为美国和墨西哥；从前 500 强占比来看，中国最多，占比达到 27.8%，其次为美国和印度。总体来看，中国和美国在各个层级的总体占比均较高，主导着当地要素格局，欧盟主要分布在 200 名之前，印度主要分布在 200 名以后，其他城市则在各个层级均有分布（见表 5-5）。

表 5-5　　　　　　　G20 国家样本城市当地要素指标排名分布　　　（单位：%）

国家	前 50 占比	前 100 占比	101—200 占比	201—500 占比	前 500 占比
法国	2.0	1.0	0.0	0.3	0.4
美国	12.0	15.0	28.0	9.3	14.2
英国	2.0	1.0	0.0	3.7	2.4
中国	18.0	19.0	31.0	29.7	27.8
土耳其	2.0	1.0	2.0	1.7	1.6
意大利	0.0	0.0	0.0	0.0	0.2
俄罗斯	2.0	1.0	1.0	1.0	1.0
日本	4.0	3.0	2.0	0.0	1.0
加拿大	6.0	3.0	2.0	1.3	1.8
澳大利亚	2.0	2.0	2.0	0.7	1.2
德国	0.0	5.0	2.0	0.3	1.6
韩国	4.0	2.0	0.0	2.0	1.6
印度	6.0	7.0	5.0	15.7	11.8
印度尼西亚	2.0	1.0	0.0	1.0	0.8
阿根廷	0.0	1.0	0.0	0.3	0.4
墨西哥	2.0	1.0	4.0	8.3	6.0
巴西	4.0	3.0	0.0	3.0	2.4
沙特阿拉伯	2.0	1.0	0.0	0.3	0.4
南非	2.0	1.0	3.0	0.3	1.0
欧盟	12.0	12.0	6.0	2.3	5.0
G20	80.0	78.0	89.0	80.3	81.6
非 G20	20.0	22.0	11.0	19.7	18.4

资料来源：本报告研究整理。

G20 国家的当地要素竞争力要显著优于非 G20 国家。对 G20 国家当地要素指数和变异系数分析来看，加拿大、澳大利亚、美国、南非等国家的当地要素竞争力最强，印度尼西亚、俄罗斯、沙特阿拉伯、意大利等国家的当地要素竞争力最弱，而 G20 国家的当地要素竞争力基本均高于非 G20 国家的当地要素竞争力，仅俄罗斯、沙特阿拉伯、意大利的当地要素竞争力低于非 G20 国家的当地要素竞争力。从变异系数角度来看，墨西哥、美国、加拿大、澳大利亚等国家的分化程度最低，总体当地要素竞争力比较均匀；中国、法国、日本、沙特阿拉伯等国家的分化程度最高，总体差距较大。此外非 G20 国家的当地要素竞争力分化也较为严重，仅低于法国、日本和沙特阿拉伯，总体表明 G20 国家要显著优于非 G20 国家（见表 5 - 6）。

表 5 - 6 　　　　　　　　　G20 国家样本城市当地要素指标统计描述

国家	样本量	指数	变异系数	最优城市	全球排名
法国	9	0.391	0.372	巴黎	31
美国	75	0.553	0.212	纽约	2
英国	12	0.489	0.240	伦敦	7
中国	291	0.398	0.337	深圳	1
土耳其	16	0.428	0.294	伊斯坦布尔	16
意大利	13	0.304	0.319	米兰	131
俄罗斯	33	0.368	0.269	莫斯科	18
日本	10	0.501	0.417	北九州—福冈大都市圈	12
加拿大	9	0.589	0.216	多伦多	20
澳大利亚	6	0.569	0.223	悉尼	19
德国	13	0.517	0.254	柏林	57
韩国	8	0.546	0.276	首尔	9
印度	100	0.435	0.240	孟买	3
印度尼西亚	20	0.378	0.281	雅加达	36
阿根廷	9	0.384	0.327	布宜诺斯艾利斯	61
墨西哥	35	0.467	0.189	墨西哥城	13
巴西	32	0.405	0.306	圣保罗	25
沙特阿拉伯	9	0.341	0.446	利雅得	44

国家	样本量	指数	变异系数	最优城市	全球排名
南非	6	0.552	0.296	约翰内斯堡	14
欧盟	40	0.499	0.322	巴塞罗那	22
G20	746	0.434	0.322	深圳	1
非 G20	267	0.371	0.399	吉隆坡	6

资料来源：本报告研究整理。

(二) 代表性国家概况

根据洲际划分，这里重点选择亚洲的中国、日本和印度，欧洲的英国，北美洲的美国，南美洲的巴西，非洲的南非，大洋洲的澳大利亚进行比较研究。总的来看，融资便利度指数、青年人口指数和劳动力指数较为接近，论文指数和专利指数呈现指数越高、分布越均衡的格局。

从融资便利度指数角度来看，美国和澳大利亚的指数最高，分别为0.929 和 0.888，日本和巴西的指数最低，仅为 0.544 和 0.442；从变异系数角度来看，各个国家的融资便利度分化程度均较低，在 0.1 以下，相对比较均衡。

从交易所指数角度来看，日本最高，总体均值为 0.393，其次为澳大利亚，此外其他各个国家的总体均值均较低；从分化角度来看，中国的分化最为严重，变异系数高达 8.501，其次为印度，高达 7.114，最后为英国、美国、巴西等国家。

从论文指数角度来看，澳大利亚、英国和日本的指数最高，中国和印度的指数最低；中国和印度的分化也较为严重，各城市分布不均衡，而英国、日本的变异系数最低，总体分布也较为均衡。这表明，均值越高的国家分布也越均衡。

从专利指数角度来看，日本的水平最高，其次为美国、英国和澳大利亚，最低为印度和巴西，分化也基本如此。专利指数表现总体与论文指数相一致，指数越高，分布越均衡。

从青年人口指数和劳动力指数角度来看，除了日本的青年人口指数相对较低和分化较为严重以外，其他各个国家指数均比较接近，相对差距不大。

表 5 - 7 代表性国家当地要素分项指标的统计分析

指数		中国	美国	印度	日本	英国	南非	巴西	澳大利亚
融资便利度指数	均值	0.589	0.929	0.733	0.544	0.741	0.592	0.442	0.888
	变异系数	0.064	0.029	0.046	0.017	0.021	0.040	0.040	0.016
交易所指数	均值	0.013	0.077	0.015	0.393	0.074	0.129	0.071	0.137
	变异系数	8.501	3.196	7.114	1.070	3.464	2.449	3.164	2.449
论文指数	均值	0.509	0.685	0.509	0.742	0.754	0.588	0.611	0.771
	变异系数	0.318	0.206	0.313	0.103	0.089	0.360	0.166	0.112
专利指数	均值	0.296	0.589	0.143	0.702	0.575	0.404	0.220	0.546
	变异系数	0.598	0.264	1.203	0.218	0.156	0.314	0.737	0.225
青年人口指数	均值	0.362	0.255	0.452	0.051	0.184	0.499	0.387	0.246
	变异系数	0.409	0.018	0.015	2.935	0.001	0.068	0.000	0.000
劳动力指数	均值	0.446	0.484	0.439	0.556	0.474	0.559	0.490	0.511
	变异系数	0.344	0.293	0.330	0.443	0.283	0.261	0.336	0.246
当地要素指数	均值	0.398	0.553	0.435	0.501	0.489	0.552	0.405	0.569
	变异系数	0.337	0.212	0.240	0.417	0.240	0.296	0.306	0.223

资料来源：本报告研究整理。

第二节 生活环境

一 生活环境总体格局

（一）头部城市概况

亚洲城市在前 20 名中占近半数。从全球生活环境 20 强城市在各大洲的分布情况看，亚洲占据 9 席，几近半数，欧洲 5 席，北美洲 4 席，大洋洲和南美洲各 1 席。国家维度方面，日本一国独占 6 席，随后是美国，占据 4 席。

表 5 - 8 生活环境指标全球 20 强城市

区域	国家	城市	指数	世界排名
亚洲	日本	东京	1.000	1
亚洲	日本	广岛	0.976	2
亚洲	日本	大阪	0.965	3
亚洲	新加坡	新加坡	0.930	4

区域	国家	城市	指数	世界排名
亚洲	日本	北九州—福冈大都市圈	0.920	5
南美洲	阿根廷	布宜诺斯艾利斯	0.917	6
欧洲	意大利	罗马	0.905	7
欧洲	德国	慕尼黑	0.904	8
北美洲	美国	芝加哥	0.888	9
北美洲	美国	休斯敦	0.883	10
欧洲	德国	柏林	0.876	11
亚洲	日本	札幌	0.874	12
亚洲	日本	静冈—滨松大都市圈	0.860	13
北美洲	美国	费城	0.857	14
大洋洲	新西兰	奥克兰	0.857	15
亚洲	印度	班加罗尔	0.853	16
亚洲	中国	台北	0.851	17
欧洲	爱尔兰	都柏林	0.851	18
欧洲	英国	伦敦	0.850	19
北美洲	美国	纽约	0.850	20

资料来源：本报告研究整理。

　　全球生活环境前 100 名的城市，超 9 成集中于北美洲、欧洲和亚洲，绝对水平接近，波动幅度极小。比较前 100 名城市和全体样本的均值和变异系数可以发现，前 100 名城市的均值水平显著高于全球平均水平而变异系数显著低于全球平均水平。从前 100 名城市的洲际分布看（见表 5 - 9），北美洲占据了近 40%，北美洲、欧洲和亚洲一起，占据了超过 90%，集中度明显。从各大洲生活环境的最优城市看，欧洲、北美洲、亚洲、大洋洲和南美洲的领先城市均进入全球前 20 名，而非洲的最优城市开普敦仅位列全球第 61 名。

表 5 - 9　　　　生活环境指标全球 100 强城市的洲际分布情况

区域	样本	均值	变异系数	最优城市	指数	世界排名
北美洲	39	0.808	0.040	芝加哥	0.888	9

区域	样本	均值	变异系数	最优城市	指数	世界排名
欧洲	30	0.805	0.049	罗马	0.905	7
亚洲	24	0.836	0.088	东京	1.000	1
南美洲	4	0.833	0.076	布宜诺斯艾利斯	0.917	6
大洋洲	2	0.825	0.054	奥克兰	0.857	15
非洲	1	0.792	—	开普敦	0.792	61
全球	1006	0.569	0.259	东京	1.000	1

资料来源：本报告研究整理。

（二）整体空间格局

大洋洲、欧洲和北美洲领跑全球。从全球城市生活环境洲际分布的均值特征看，大洋洲、欧洲和北美洲的城市生活环境相对发达，非洲的城市生活环境相对落后，亚洲和南美洲的城市生活环境程度居中。从变异系数看，大洋洲、欧洲和北美洲城市的生活环境波动幅度较小，非洲城市的生活环境波动幅度较大。从各洲全球城市百强比重看，北美洲和大洋洲占比均接近30%，领跑全球，南美洲和亚洲仅有4%—5%，非洲仅有不到1%（见表5-10）。

表5-10　　　全球城市生活环境指标的洲际分布　　（单位：%）

区域	样本	百强城市比重	均值	变异系数
北美洲	131	29.77	0.689	0.151
大洋洲	7	28.57	0.712	0.135
非洲	102	0.98	0.401	0.355
南美洲	75	5.33	0.564	0.222
欧洲	126	23.81	0.679	0.140
亚洲	565	4.25	0.546	0.235
总计	1006	9.94	0.569	0.259

资料来源：本报告研究整理。

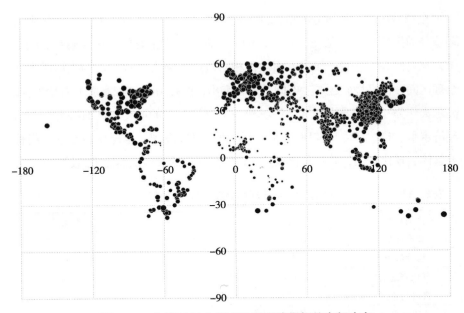

图 5 - 4　全球 1006 个城市生活环境指标的空间分布

资料来源：中国社会科学院城市与竞争力中心数据库。

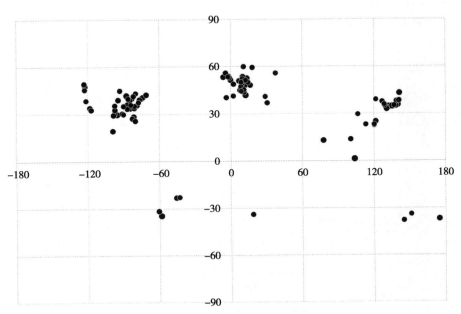

图 5 - 5　全球前 100 名城市生活环境指标的空间分布

资料来源：中国社会科学院城市与竞争力中心数据库。

全球城市生活环境分项指标的均值和波动幅度存在较大的差别。从生活环境分项指标来看（见表5－11），1006个样本城市主要集中在气候宜居的地带，在自然和人文遗产保护方面做得相对较好，绝大多数城市的生活成本在合理区间。而环境问题、生态问题比较突出，医疗方面的资源能力有待加强。高尔夫作为一项需要优良自然环境和一定经济基础的运动，从而有助于衡量经济水平、自然环境与健康生活。然而我们可以发现，全球城市在这一指标上整体表现比较弱，并且分化极大。说明高质量的发展依然任重道远。

表5－11　　　　　　　全球城市生活环境分项指标统计描述

生活环境	均值	变异系数	最优城市
遗产保护	0.622	0.295	东京
医疗健康	0.530	0.286	海得拉巴
气候舒适度	0.654	0.271	佩雷拉
环境污染度	0.317	0.265	新加坡
生态优良度	0.481	0.412	芝加哥
生活成本	0.910	0.194	温尼伯格等（不唯一）
高尔夫球场	0.202	1.075	东京

资料来源：本报告研究整理。

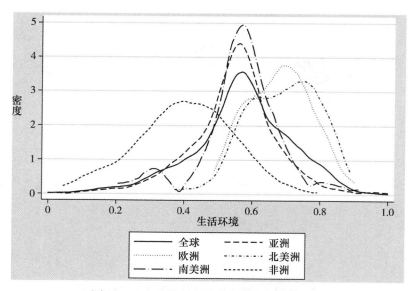

图5－6　全球城市生活环境指标的核密度图

资料来源：中国社会科学院城市与竞争力中心数据库。

二　生活环境国家格局

（一）G20 国家概况

日本、美国、欧盟城市领跑全球，中国城市蓄势待发。对 G20 国家城市生活环境的排名情况进行比较发现（见表 5 - 12），在全球城市生活环境前 20 名中的数量占比中，日本以 30% 的比例领先，其次是美国占据 20%，欧盟整体占据 20%。在全球城市生活环境前 100 名中的数量占比中，美国城市数量占比最高，高达 36%，欧盟整体占据 22%，第三是日本占比达到 10%。在全球城市生活环境前 101—200 名的数量占比中，美国、欧盟和中国分别占据 21%、20% 和 19%。在全球城市生活环境前 201—500 名的数量占比中，中国城市数量占比最高，达到 38%，其次是欧盟，占比达到 8%，随后是墨西哥占 7%。在全球城市生活环境前 500 名中，中国城市的占比最高，达到 28%，其次是美国和欧盟，分别占 14% 和 13%，沙特阿拉伯没有城市进入前 500。从排名分布可以看出，日本、美国和欧盟等发达经济体的城市依然处于领先位置，但中国的头部城市已经跻身世界前列，且在中上水平阶段有大量储备，蓄势待发。

表 5 - 12　　　　　G20 国家样本城市生活环境指标排名分布　　　　（单位:%）

国家	前 20 占比	前 100 占比	101—200 占比	201—500 占比	前 500 占比
中国	5.0	6.0	19.0	38.0	28.0
美国	20.0	36.0	21.0	5.0	14.0
欧盟	20.0	22.0	20.0	8.0	13.0
墨西哥	0.0	1.0	3.0	7.0	5.0
印度	5.0	1.0	5.0	6.0	5.0
俄罗斯	0.0	1.0	1.0	6.0	4.0
巴西	0.0	2.0	1.0	4.0	3.0
德国	10.0	8.0	3.0	1.0	3.0
意大利	5.0	7.0	4.0	1.0	3.0
印度尼西亚	0.0	0.0	4.0	3.0	2.0
土耳其	0.0	2.0	0.0	3.0	2.0
英国	5.0	5.0	6.0	0.0	2.0

国家	前 20 占比	前 100 占比	101—200 占比	201—500 占比	前 500 占比
日本	30. 0	10. 0	0. 0	0. 0	2. 0
加拿大	0. 0	2. 0	4. 0	1. 0	2. 0
韩国	0. 0	3. 0	1. 0	1. 0	2. 0
法国	0. 0	1. 0	2. 0	2. 0	2. 0
阿根廷	5. 0	2. 0	1. 0	1. 0	1. 0
澳大利亚	0. 0	1. 0	2. 0	1. 0	1. 0
南非	0. 0	1. 0	0. 0	1. 0	1. 0
沙特阿拉伯	0. 0	0. 0	0. 0	0. 0	0. 0
G20 国家	90. 0	95. 0	88. 0	85. 0	88. 0
非 G20 国家	10. 0	5. 0	12. 0	15. 0	12. 0
全球	100. 0	100. 0	100. 0	100. 0	100. 0

资料来源：本报告研究整理。

总体来看，非 G20 国家城市生活环境的均值仍然低于 G20 国家城市，且内部分化程度更高。对 G20 国家城市生活环境的情况进行比较发现（见表 5 - 13），在生活环境的均值方面，日本、德国、意大利、英国和美国的城市具有明显的优势，印度、巴西、中国、沙特阿拉伯和俄罗斯的城市表现相对较差。从生活环境的变异系数看，英国、俄罗斯、日本、意大利的城市波动幅度较小，沙特阿拉伯、阿根廷和法国的城市波动幅度较大。从最优城市看，G20 国家的城市中有 8 个进入全球排名前 20，有 18 个城市进入世界生活环境排名前 100 名。

表 5 -13   G20 国家样本城市生活环境指标统计描述

国家	均值	变异系数	最优城市	世界排名
日本	0. 8877	0. 0825	东京	1
德国	0. 7751	0. 0951	慕尼黑	8
意大利	0. 7563	0. 0840	罗马	7
英国	0. 7538	0. 0736	伦敦	19
美国	0. 7507	0. 0954	芝加哥	9
欧盟	0. 7266	0. 0974	都柏林	18

续表

国家	均值	变异系数	最优城市	世界排名
阿根廷	0.7266	0.1467	布宜诺斯艾利斯	6
韩国	0.7020	0.1089	首尔	49
加拿大	0.6966	0.0963	温哥华	53
澳大利亚	0.6884	0.1142	墨尔本	60
南非	0.6691	0.1101	开普敦	61
印度尼西亚	0.6600	0.0866	万隆	106
法国	0.6529	0.1220	巴黎	55
土耳其	0.6488	0.1166	安塔利亚	69
印度	0.6464	0.0990	班加罗尔	16
墨西哥	0.6413	0.0976	墨西哥城	29
巴西	0.6404	0.1150	圣若泽杜斯坎普斯	28
中国	0.6370	0.0874	广州	87
俄罗斯	0.6293	0.0779	莫斯科	88
沙特阿拉伯	0.4156	0.1658	吉达	636
G20 国家	0.6098	0.1947	东京	1
非 G20 国家	0.4559	0.3503	新加坡	4
全球	0.5690	0.2591	东京	1

资料来源：本报告研究整理。

（二）代表性国家概况

根据洲际划分，这里重点选择亚洲的中国、日本和印度，欧洲的英国，北美洲的美国，南美洲的巴西，非洲的南非，大洋洲的澳大利亚进行比较研究。总的来看，日本城市在生活环境的各个分项指标中基本都比较有优势，英国、美国各有长板和短板，而新兴经济体整体水平依然偏低，且各分项指标均存在较大的内部分化（见表 5 - 14）。

从遗产保护指数看，各国水平都不错，日本的表现特别突出且波动很小，美国的波动幅度稍大。

从医疗健康指数看，日本领先，中国仍有较大进步空间。

从气候舒适度看，日本和澳大利亚的城市气候舒适度较高，印度和英国的舒适度较低。从变异系数看，日本、英国、澳大利亚的城市波动幅度较小。

从环境污染度看，日本和英国的城市优势明显，但日本的城市间差异大于英国。印度、中国的环境污染问题比较严重且城市间波动幅度较大。

从生态优良度看，美国、英国和日本城市的生态较好，巴西、南非和印度的生态优良度有待提高。

从生活成本看，巴西的问题比较明显，印度和中国的城市间分化比较大。

从高尔夫球场看，日本和英国比较领先，巴西、印度和中国较为落后，且城市间差距比较大。

表 5 – 14　　　　代表性国家生活环境分项指标的统计分析

		澳大利亚	巴西	美国	南非	日本	印度	英国	中国
遗产保护	均值	0.638	0.745	0.681	0.669	0.825	0.703	0.683	0.729
	变异系数	0.137	0.126	0.165	0.151	0.102	0.135	0.149	0.135
医疗健康	均值	0.495	0.391	0.580	0.521	0.843	0.472	0.646	0.346
	变异系数	0.266	0.305	0.227	0.324	0.104	0.291	0.140	0.372
气候舒适度	均值	0.792	0.754	0.755	0.743	0.799	0.651	0.690	0.756
	变异系数	0.073	0.139	0.112	0.068	0.048	0.173	0.032	0.112
环境污染度	均值	0.382	0.360	0.373	0.333	0.447	0.277	0.416	0.279
	变异系数	0.061	0.087	0.102	0.104	0.216	0.216	0.153	0.257
生态优良度	均值	0.598	0.488	0.714	0.443	0.652	0.422	0.647	0.572
	变异系数	0.404	0.254	0.260	0.115	0.265	0.235	0.186	0.135
生活成本	均值	0.977	0.894	0.979	0.979	0.964	0.928	0.962	0.926
	变异系数	0.022	0.044	0.010	0.006	0.026	0.102	0.053	0.157
高尔夫球场	均值	0.391	0.148	0.499	0.481	0.736	0.265	0.626	0.246
	变异系数	0.313	1.284	0.294	0.273	0.178	0.681	0.140	0.747
生活环境整体	均值	0.688	0.640	0.751	0.669	0.888	0.646	0.754	0.637
	变异系数	0.114	0.115	0.095	0.110	0.083	0.099	0.074	0.087

资料来源：本报告研究整理。

第三节 软件环境

一 软件环境总体格局

(一) 头部城市概况

全球软件环境的头部城市洲际分布不均衡。从全球软件环境 20 强城市在各大洲的分布情况看，北美洲占 10 席，亚洲占 7 席，欧洲占 2 席，大洋洲占 1 席。其中，美国一国独占 8 席，随后是加拿大、日本和中国，分别各占 2 席（见表 5 - 15）。

表 5 - 15   **软件环境指标全球 20 强城市**

区域	国家	城市	指数	世界排名
亚洲	日本	东京	1.000	1
亚洲	新加坡	新加坡	0.998	2
亚洲	中国	香港	0.991	3
北美洲	美国	纽约	0.981	4
欧洲	英国	伦敦	0.954	5
亚洲	中国	台北	0.939	6
北美洲	美国	洛杉矶	0.932	7
亚洲	韩国	首尔	0.919	8
亚洲	日本	大阪	0.910	9
北美洲	加拿大	多伦多	0.901	10
大洋洲	新西兰	奥克兰	0.898	11
北美洲	美国	波士顿	0.890	12
北美洲	美国	西雅图	0.889	13
北美洲	美国	圣迭戈	0.875	14
北美洲	加拿大	卡尔卡里	0.868	15
北美洲	美国	芝加哥	0.866	16
亚洲	阿拉伯联合酋长国	迪拜	0.865	17
欧洲	德国	慕尼黑	0.864	18
北美洲	美国	波特兰	0.861	19
北美洲	美国	旧金山	0.861	20

资料来源：本报告研究整理。

在全球软件环境前 100 名城市中,超 9 成集中于北美洲、欧洲和亚洲,均值接近,波动幅度较小。比较前 100 名城市与全体样本的均值和变异系数可以发现(见表 5 – 16),前 100 名城市的均值水平显著高于全球平均水平而变异系数显著低于全球平均水平。从前 100 名城市的洲际分布看,北美洲占据了近 40%,北美洲、欧洲和亚洲共占据了超过 95%,集中度明显。从各大洲软件环境的最优城市看,北美洲、欧洲、亚洲、大洋洲的领先城市分别是纽约、伦敦、东京、奥克兰,全球排名依次为第4、第 5、第 1、第 11 名。

表 5 – 16　　　　　软件环境指标全球 100 强城市的洲际分布情况

区域	样本	均值	变异系数	最优城市	指数	世界排名
北美洲	39	0.827	0.058	纽约	0.981	4
欧洲	26	0.805	0.049	伦敦	0.954	5
亚洲	33	0.841	0.076	东京	1.000	1
大洋洲	2	0.845	0.090	奥克兰	0.898	11
全球	1006	0.529	0.318	东京	1.000	1

资料来源:本报告研究整理。

(二) 整体空间格局

全球软件环境优越的城市主要集中在北美洲、大洋洲和欧洲地区。从全球城市软件环境洲际分布的均值特征看(见表 5 – 17),北美洲、大洋洲和欧洲城市的软件环境相对较强,非洲城市的软件环境相对较弱,亚洲的城市软件环境程度居中。从变异系数看,大洋洲、欧洲城市的软件环境波动幅度较小,非洲城市的软件环境波动幅度较大。从各洲全球城市百强比重看,北美洲和大洋洲占比均接近 30%,领跑全球,其次是欧洲的 20.63%,亚洲仅有 6% 左右,非洲、南美洲均为 0%。

表 5 – 17　　　　　全球城市软件环境指标的洲际分布　　　　　(单位:%)

区域	样本	百强城市比重	均值	变异系数
北美洲	131	29.77	0.677	0.217

续表

区域	样本	百强城市比重	均值	变异系数
大洋洲	7	28.57	0.762	0.098
非洲	102	0.00	0.320	0.390
南美洲	75	0.00	0.408	0.380
欧洲	126	20.63	0.655	0.172
亚洲	565	5.84	0.517	0.253
总计	1006	9.94	0.529	0.318

资料来源：本报告研究整理。

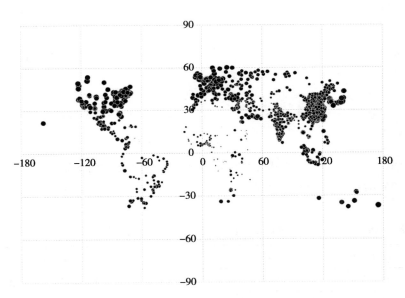

图 5 - 7 全球 1006 个城市软件环境指标的空间分布

资料来源：中国社会科学院城市与竞争力中心数据库。

全球城市软件环境分项指标的均值和波动幅度存在较大的差别。从软件环境分项指标来看（见表 5 - 18），1006 个样本城市在经商便利度方面做得相对较好，其次是在社会安全、经济自由度以及产权保护度方面。而文化包容度问题、知识密度问题比较突出。文化包容度体现一个城市承载新兴事物的能力，优良的文化包容度给城市的发展带来新的契机。

知识密度蕴含着城市的积淀与历史韵味。然而我们可以发现，全球城市
在这两个指标上整体表现比较弱，并且分化极大。

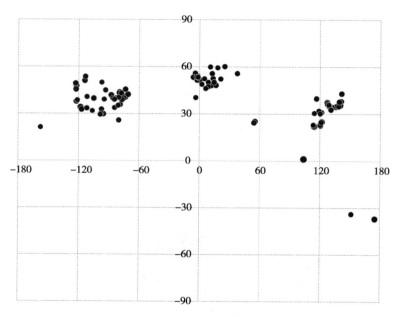

图5-8 全球前100名城市软件环境指标的空间分布

资料来源：中国社会科学院城市与竞争力中心数据库。

表5-18   **全球城市软件环境分项指标统计描述**

软件环境	均值	变异系数	最优城市
社会安全	0.554	0.298	静冈—滨松大都市圈
经济自由度	0.551	0.251	中国香港
文化包容度	0.301	0.817	马尼拉
产权保护度	0.519	0.396	圣何塞
知识密度	0.347	0.637	莫斯科
经商便利度	0.631	0.235	新加坡

资料来源：本报告研究整理。

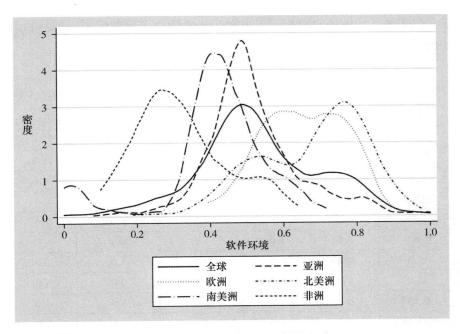

图 5 - 9　全球城市软件环境指标的核密度图

资料来源：中国社会科学院城市与竞争力中心数据库。

二　软件环境国家格局

（一）G20 国家概况

美国、中国、日本、加拿大城市领跑全球，美国、中国、欧盟在 G20 国家软件环境排名靠前城市数量中占据绝对优势。对 G20 国家城市软件环境的排名情况进行比较发现（见表 5 - 19），在全球城市软件环境前 20 名中的城市数量占比中，美国以 40% 的比例领先，其次是中国、日本、加拿大分别各占据 10%，欧盟整体占据 5%。在全球城市软件环境前 100 名中的城市数量占比中，美国城市数量占比最高，高达 32%，中国占据 14%，第三是欧盟，整体占据 13%。在全球城市软件环境前 101—200 名中的城市数量占比中，美国、欧盟和中国分别占据 37%、23% 和 15%。在全球城市软件环境前 201—500 名中的数量占比中，中国城市数量占比最高，达到 37%，其次是欧盟，占比达到 11%，随后是俄罗斯占 10%。在全球城市软件环境前 500 名中，中国城市的占比最高，达到 28%，其次是美国和欧盟，分别占 15% 和 14%，阿根廷城市进入前 500 的数量最少，仅2名。从排名分布我们可以看出，美国、中国和欧盟等的城市处于绝对优势。

表5-19　　　　　G20国家样本城市软件环境指标排名分布　　　　（单位:%）

国家	前20占比	前100占比	101—200占比	201—500占比	前500占比
中国	10	14	15.0	37.0	28.0
美国	40	32.0	37.0	2.0	15.0
欧盟	5.0	13.0	23.0	11.0	14.0
墨西哥	0.0	0.0	1.0	7.0	4.0
印度	0.0	0.0	0.0	5.0	3.0
俄罗斯	0.0	1.0	1.0	10.0	6.0
巴西	0.0	0.0	0.0	1.0	1.0
德国	5.0	3.0	10.0	0.0	3.0
意大利	0.0	0.0	3.0	3.0	3.0
印度尼西亚	0.0	0.0	1.0	5.0	3.0
土耳其	0.0	0.0	3.0	4.0	3.0
英国	5.0	8.0	3.0	0.0	2.0
日本	10.0	10.0	0.0	0.0	2.0
加拿大	10.0	7.0	2.0	0.0	2.0
韩国	5.0	6.0	2.0	0.0	2.0
法国	0.0	1.0	0.0	3.0	2.0
阿根廷	0.0	0.0	0.0	1.0	0.0
澳大利亚	0.0	1.0	4.0	0.0	1.0
南非	0.0	1.0	0.0	1.0	1.0
沙特阿拉伯	0.0	0.0	2.0	2.0	2.0
G20国家	85.0	93.0	94.0	86.0	89.0
非G20国家	15.0	7.0	6.0	14.0	11.0
全球	100.0	100.0	100.0	100.0	100.0

资料来源：本报告研究整理。

总体来看，非G20国家城市软件环境的均值仍然低于G20国家城市，且内部分化程度严重。对G20国家城市软件环境的情况进行比较发现（见表5-20），在软件环境的均值方面，日本、德国、英国、美国、韩国、加拿大以及澳大利亚的城市具有明显的优势，阿根廷、印度、巴西的城市表现相对较差。从软件环境的变异系数看，日本、德国、意大利、英国、美国、韩国、加拿大、澳大利亚的城市波动幅度较小，阿根廷、南非、中国的城市波动幅度较大。从最优城市看，G20 国家的城市中有17 个进入全球排名前 20，有 93 个城市进入世界软件环境排名前 100。

表 5 - 20　　　　　　　G20 国家样本城市软件环境指标统计描述

国家	均值	变异系数	最优城市	世界排名
日本	0.8523	0.0708	东京	1
德国	0.7532	0.0667	慕尼黑	18
意大利	0.6561	0.0814	米兰	133
英国	0.7999	0.0681	伦敦	5
美国	0.7645	0.0905	纽约	4
欧盟	0.6906	0.1168	慕尼黑	18
阿根廷	0.4476	0.1691	布宜诺斯艾利斯	286
韩国	0.7968	0.0774	首尔	8
加拿大	0.8160	0.0631	多伦多	10
澳大利亚	0.7387	0.0653	悉尼	73
南非	0.5359	0.1647	开普敦	251
印度尼西亚	0.5670	0.1089	雅加达	186
法国	0.6344	0.1229	巴黎	72
土耳其	0.6078	0.1198	伊斯坦布尔	130
印度	0.4565	0.1496	德里	236
墨西哥	0.5347	0.1158	墨西哥城	188
巴西	0.4254	0.1149	圣若泽杜斯坎普斯	248
中国	0.5380	0.1798	香港	3
俄罗斯	0.5760	0.1074	莫斯科	62
沙特阿拉伯	0.6312	0.1098	利雅得	109
G20 国家	0.5793	0.2341	东京	1
非 G20 国家	0.3886	0.4353	新加坡	2
全球	0.5287	0.3175	东京	1

资料来源：本报告研究整理。

（二）代表性国家概况

根据洲际划分，这里重点选择亚洲的中国、日本和印度，欧洲的英国，北美洲的美国，南美洲的巴西，非洲的南非，大洋洲的澳大利亚进行比较研究。总的来看，日本城市在软件环境的各个分项指标中基本均比较有优势，新兴经济体城市整体水平偏低，且各分项指标均存在较大的内部分化（见表5－21）。

从社会安全的均值看，日本的社会安全度高且波动很小，巴西的社会安全问题明显。

从经济自由度的均值看，澳大利亚和英国遥遥领先，美国稍弱。中国处于中等的水平，仍有较大进步空间。

从文化包容度的均值看，日本的文化包容度较高，印度和中国的文化包容度较低。从文化包容度的变异系数看，日本的城市波动幅度较小，中国的城市波动较高。

从产权保护度的均值看，澳大利亚、日本和英国的城市优势明显。印度处于中等偏低水平且城市间波动幅度较大。

从知识密度的均值看，英国的城市较好，印度和中国的知识密度亟待提高。

从经商便利度的均值看，美国的城市领先，巴西、南非和印度的城市较为落后。

表5－21　　　　代表性国家软件环境分项指标的统计分析

		澳大利亚	巴西	美国	南非	日本	印度	英国	中国
社会安全	均值	0.607	0.308	0.506	0.206	0.856	0.578	0.539	0.644
	变异系数	0.992	0.338	0.262	0.205	0.116	0.214	0.116	0.148
经济自由度	均值	0.864	0.412	0.775	0.591	0.735	0.455	0.822	0.517
	变异系数	0.022	0.076	0.042	0.064	0.026	0.083	0.030	0.133
文化包容度	均值	0.437	0.422	0.557	0.527	0.672	0.137	0.554	0.248
	变异系数	0.274	0.394	0.264	0.314	0.186	1.225	0.219	0.907
产权保护度	均值	0.943	0.505	0.897	0.610	0.929	0.482	0.914	0.538
	变异系数	0.023	0.076	0.043	0.069	0.026	0.090	0.031	0.125

续表

		澳大利亚	巴西	美国	南非	日本	印度	英国	中国
知识密度	均值	0.301	0.347	0.515	0.496	0.642	0.250	0.629	0.224
	变异系数	0.423	0.511	0.329	0.514	0.263	0.733	0.200	0.768
经商便利度	均值	0.781	0.481	0.804	0.573	0.758	0.614	0.799	0.708
	变异系数	0.041	0.034	0.047	0.017	0.054	0.009	0.050	0.028
软件环境 整体	均值	0.739	0.425	0.765	0.536	0.852	0.457	0.800	0.538
	变异系数	0.065	0.115	0.091	0.165	0.071	0.150	0.068	0.180

资料来源：本报告研究整理。

第四节　硬件环境

一　硬件环境总体格局

（一）头部城市概况

西欧、北美占据压倒性优势，城市间差距较小。根据 2019 年全球城市经济竞争力报告，全球城市硬件环境前 10 席依次为阿姆斯特丹、里斯本、杜塞尔多夫、温哥华、巴黎、维也纳、布鲁塞尔、法兰克福、悉尼和堪萨斯城，第 11—20 名依次为费城、达拉斯、墨尔本、亚特兰大、伦敦、新加坡、多伦多、巴尔的摩、汉堡和辛辛那提。表 5 - 22 给出了全球硬件环境前 20 名城市的硬件环境指数及其排名。

表 5 - 22　　　　　　全球城市硬件环境前 20 名城市

城市	国家	大洲	指数	全球排名
阿姆斯特丹	荷兰	欧洲	1.000	1
里斯本	葡萄牙	欧洲	0.985	2
杜塞尔多夫	德国	欧洲	0.974	3
温哥华	加拿大	北美洲	0.969	4
巴黎	法国	欧洲	0.968	5
维也纳	奥地利	欧洲	0.961	6
布鲁塞尔	比利时	欧洲	0.960	7
法兰克福	德国	欧洲	0.959	8

续表

城市	国家	大洲	指数	全球排名
悉尼	澳大利亚	大洋洲	0.956	9
堪萨斯城	美国	北美洲	0.951	10
费城	美国	北美洲	0.948	11
达拉斯	美国	北美洲	0.945	12
墨尔本	澳大利亚	大洋洲	0.941	13
亚特兰大	美国	北美洲	0.940	14
伦敦	英国	欧洲	0.936	15
新加坡	新加坡	亚洲	0.931	16
多伦多	加拿大	北美洲	0.926	17
巴尔的摩	美国	北美洲	0.925	18
汉堡	德国	欧洲	0.921	19
辛辛那提	美国	北美洲	0.920	20

资料来源：本报告研究整理。

由表 5 - 22 可知，从空间上看，西欧和北美分别占据 9 席和 8 席，占比高达 85%，因此西欧和北美占据硬件环境竞争力的压倒性优势。同时，全球城市硬件环境前 20 名标准化指数由 1 下降为 0.920，仅下降了近 8%，下降幅度较小，城市间硬件环境差异相对较弱。

（二）总体空间格局

亚洲奋力追赶，南美洲和非洲落后较多。全球城市硬件环境前 100 名城市中，欧洲城市数量最多占据 45 席，北美洲和亚洲分别占据 37 席和 15 席，约占前 100 名城市中的半数，大洋洲占有 3 席且主要集中在澳大利亚，而非洲和南美洲均为 0 席，与其他地区差距较大，表 5 - 23 给出了全球硬件环境前 100 名城市的描述性统计。

表 5 -23　　　　　　全球城市硬件环境前 100 名城市

区域	样本	均值	变异系数	最优城市	指数	世界排名
北美洲	37	0.869	0.061	温哥华	0.969	4
大洋洲	3	0.901	0.091	悉尼	0.956	9

续表

区域	样本	均值	变异系数	最优城市	指数	世界排名
欧洲	45	0.881	0.061	阿姆斯特丹	1	1
亚洲	15	0.833	0.041	新加坡	0.931	16
非洲	0	0	0	—	—	—
南美洲	0	0	0	—	—	—
全球	100	0.871	0.062	阿姆斯特丹	1	1

资料来源：本报告研究整理。

由表5-23可知，欧洲阿姆斯特丹硬件环境竞争力最强，且标准化指数为1，北美洲的温哥华、大洋洲的悉尼和亚洲的新加坡分别为0.969、0.956和0.931，竞争力相对较强。

全球城市硬件环境中，欧洲和北美洲双寡头格局持续。前100强城市中，欧洲和北美分别占据45席和37席，分别占前100强城市总数的45%和35%。就区域内部而言，欧洲和北美洲百强城市在样本城市中所占的比重分别为35.71%和28.24%，且百强城市的均值分别为0.881和0.869，均超过0.85，而变异系数仅为0.061。表5-24给出了全球城市硬件环境的洲际分布。

表5-24　　　　　　　　全球城市硬件环境指标的洲际分布

区域	样本	百强城市比重	均值	变异系数
北美洲	131	28.24%	0.869	0.061
大洋洲	7	42.86%	0.901	0.091
欧洲	126	35.71%	0.881	0.061
亚洲	565	2.65%	0.84	0.049
非洲	102	0%	0	0
南美洲	75	0%	0	0
总计	1006	9.94%	0.540	0.334

资料来源：本报告研究整理。

不同的是，南美洲和非洲城市均未进全球百强。图5-10给出了全球1006个城市硬件环境指数的空间分布情况。

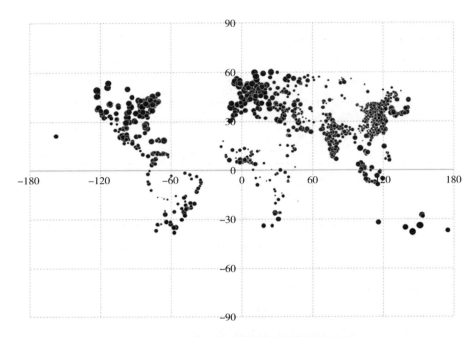

图5-10 全球城市硬件环境指数空间分布

资料来源：本报告研究整理。

图5-10表明，全球城市硬件环境竞争力较强的城市主要集中在西欧和北美，而亚洲东部沿海地区竞争力相对较强，但是南美洲和非洲的城市硬件环境明显较弱。

图5-11给出了全球前100名城市硬件环境竞争力水平的空间分布情况。由图5-11可以更加清楚地看出，全球城市硬件环境前100名城市主要集中在北美和西欧地区，且西欧地区城市硬件环境竞争力水平较高地区的城市分布密度明显大于北美地区，东亚和大洋洲地区仅有零星的城市分布，而南非和南美洲地区则完全空白。

信息获取便利度决定未来。全球城市硬件环境竞争力水平由交通拥挤程度、电力充沛度、信息获取便利度、航运便利度、机场指数和自然灾害指数共6个分项指标构成。表5-25给出了全球1006个城市硬件环境分项指标的描述性统计。

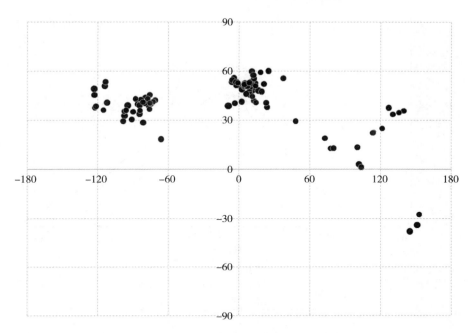

图 5 - 11　全球前 100 名城市硬件环境指数空间分布

资料来源：本报告研究整理。

表 5 - 25　　　全球 1006 个城市硬件环境分项指标的描述性统计

分项指标	均值	变异系数	最优城市
交通拥挤程度	0.584	0.220	马斯喀特
电力充沛度	0.640	0.374	伦敦等（不唯一）
信息获取便利度	0.408	0.543	博洛尼亚
航运便利度	0.838	0.186	悉尼等（不唯一）
机场指数	0.450	0.440	亚特兰大
自然灾害指数	0.793	0.211	北京等（不唯一）

资料来源：本报告研究整理。

　　由表 5 - 25 可知，全球 1006 个城市硬件环境分项指标之间均值差异相对较小，其中航运便利度的均值最大为 0.838，表明航运仍是全球城市之间主要运输途径。同时，城市之间信息获取便利度变异系数最大为 0.543，即城市之间信息获取能力是影响城市硬件环境竞争力大小的重要因素，也是决定城市未来竞争力水平的重要因素。

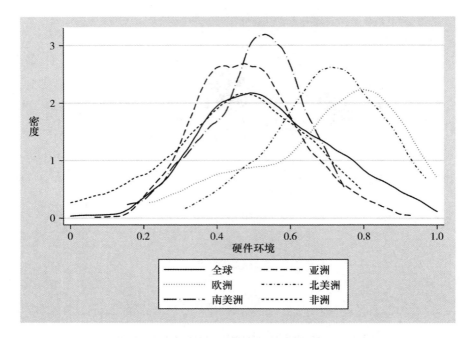

图5-12 全球城市硬件环境分项指标核密度图

资料来源：本报告研究整理。

图5-12给出了全球各大洲城市硬件环境的核密度，由图5-12可知，全球城市中非洲城市硬件环境的核密度图最接近于正态分布，南美城市的峰度相对较大，硬件环境竞争力水平差异相对较小。不同的是，北美洲和欧洲的核密度图均为负偏态，城市硬件环境之间存在较大差异，且欧洲和北美虽然整体上硬件环境竞争力水平较高，但是具有一定数量的硬件环境较差城市，使得城市之间差距较大。

二 硬件环境国家格局

（一）G20国家概况

美国、德国、加拿大、澳大利亚优势极大。国家层面上，全球城市硬件环境竞争力较强的城市空间分布显著。就全球硬件环境最强的前20名城市而言，美国、德国、法国、英国和加拿大分别占据总数的30%、15%、5%、5%和10%，美国优势愈加明显。表5-26给出了不同国家硬件环境竞争力水平的段位分布。

表 5－26 　　　　　不同国家城市硬件环境竞争力水平的段位分布 　　　（单位:%）

国家	前 20 占比	21—100 占比	101—200 占比	201—500 占比	前 500 占比
法国	5.00	0	7.00	0.33	1.80
美国	30.00	31.25	20.00	7.67	14.80
英国	5.00	8.75	4.00	0	2.40
中国	0	3.75	6.00	26.33	17.60
土耳其	0	0	1.00	0.33	0.40
意大利	0	5.00	5.00	1.33	2.60
俄罗斯	0	1.25	2.00	3.00	2.40
日本	0	3.75	0	2.00	1.80
加拿大	10.00	3.75	4.00	0	1.80
澳大利亚	10.00	1.25	2.00	0.33	1.20
德国	15.00	8.75	3.00	0	2.60
韩国	0	1.25	5.00	0.67	1.60
印度	0	3.75	1.00	13.00	8.60
印度尼西亚	0	0	4.00	2.67	2.40
阿根廷	0	0	0	1.67	1.00
墨西哥	0	0	5.00	6.00	4.60
巴西	0	0	1.00	5.33	3.40
沙特阿拉伯	0	0	0	1.67	1.00
南非	0	0	1.00	1.00	0.80
欧盟（其他）	20.00	17.50	7.00	2.33	6.40
G20 国家	95.00	90.00	78.00	75.67	79.20
非 G20 国家	5.00	10.00	22.00	24.33	20.80
全球	100.00	100.00	100.00	100.00	100.00

资料来源：本报告研究整理。

由表 5－26 可知，全球前 21—100 名城市中，美国占据 31.25%，英国、德国所占比重均超过 5%，而中国、韩国、日本、印度、俄罗斯、澳大利亚和加拿大占比均超过 1%。在 101—200 名城市中，美国占 20%，中国、法国占比超过 5%。在 201—500 名城市中，中国占比超过 26%，印度占比为 13%，而美国、墨西哥和巴西占比超过 5%。在前 500 名城市中，中国占比最高为 17.6%，其次是美国为 14.8%，印度城市占比超过 5%。

就 G20 国家与非 G20 国家而言，前 20 名城市中 G20 国家占比为 95%，21—100 名、101—200 名、201—500 名中 G20 国家城市占比分别为 90%、78% 和 75.67%，远高于非 G20 国家城市所占比重。

（二）代表性国家概况

德国最均衡，俄罗斯差异最大。全球主要国家之间的城市硬件环境竞争力水平之间同样存在较大差异。表 5-27 给出了全球主要国家城市硬件环境竞争力水平的描述性统计及最优城市排名。

表 5-27　　　　主要国家城市硬件环境竞争力水平的描述性统计

国家	均值	变异系数	最优城市	世界排名
中国	0.455	0.265	台北	81
韩国	0.748	0.100	首尔	37
日本	0.671	0.194	东京	55
印度	0.512	0.213	钦奈	67
印度尼西亚	0.568	0.248	雅加达	126
沙特阿拉伯	0.542	0.082	利雅得	354
土耳其	0.486	0.187	伊斯坦布尔	183
俄罗斯	0.460	0.359	莫斯科	48
英国	0.780	0.217	伦敦	15
法国	0.777	0.117	巴黎	5
德国	0.859	0.095	杜塞尔多夫	3
意大利	0.742	0.118	米兰	28
欧盟	0.706	0.255	阿姆斯特丹	1
南非	0.600	0.192	约翰内斯堡	105
澳大利亚	0.803	0.164	悉尼	9
美国	0.763	0.143	堪萨斯城	10
加拿大	0.817	0.104	多伦多	17
墨西哥	0.581	0.214	蒙特雷	101
巴西	0.515	0.174	库里奇巴	200
阿根廷	0.505	0.301	拉普拉塔	252
G20 国家	0.546	0.320	阿姆斯特丹	1

续表

国家	均值	变异系数	最优城市	世界排名
非 G20 国家	0.521	0.378	新加坡	16
全球	0.539	0.336	阿姆斯特丹	1

资料来源：本报告研究整理。

　　全球主要国家中，以杜塞尔多夫为代表的德国城市硬件环境的均值水平最高为 0.859，且变异系数最小为 0.095，是在所有国家城市之间差异最小的，其次是加拿大、澳大利亚、英国和法国等，国家内部的城市之间硬件环境差异相对较小。不同的是，以莫斯科为代表的俄罗斯城市硬件环境竞争力水平均值为 0.460，在主要国家中不仅排名靠后，而且变异系数为 0.359，是主要国家中最大的，因此俄罗斯国家城市硬件环境总体较差，而且城市之间的硬件环境差距较大。

　　发达国家收敛，发展中国家分散。交通拥挤程度、电力充沛度、信息获取便利度、航运便利度、机场指数和自然灾害指数共同决定了城市硬件环境的竞争力水平。表 5 - 28 给出了主要国家城市硬件环境 6 个分项指标的描述性统计。美国和英国等发达国家硬件环境的分项指标优势正在收敛，发展中国家硬件环境的分项指标依然在分化。

表 5 - 28　　　　主要国家城市硬件环境分项指标的描述性统计

		澳大利亚	巴西	美国	南非共和国	日本	印度	中国	英国
交通拥挤程度	均值	0.623	0.520	0.628	0.481	0.606*	0.555	0.538	0.641
	变异系数	0.165	0.171	0.181	0.221	0.027	0.191	0.167	0.198
电力充沛度	均值	0.947	0.778	0.795	0.826	0.825	0.629	0.520	0.973
	变异系数	0.095	0.234	0.216	0.109	0.165	0.232	0.368	0.052
信息获取便利度	均值	0.622	0.385	0.770	0.343	0.543	0.330	0.324	0.702
	变异系数	0.264	0.197	0.099	0.254	0.214	0.499	0.602	0.088
航运便利度	均值	0.806	0.473	0.865	0.860	0.946	0.858	0.882	0.937
	变异系数	0.302	0.358	0.157	0.116	0.064	0.095	0.116	0.042

续表

		澳大利亚	巴西	美国	南非共和国	日本	印度	中国	英国
机场指数	均值	0.757	0.364	0.619	0.568	0.609	0.384	0.385	0.573
	变异系数	0.314	0.396	0.454	0.408	0.394	0.392	0.479	0.399
自然灾害指数	均值	0.790	0.897	0.843	0.744	0.581	0.838	0.808	0.821
	变异系数	0.092	0.094	0.140	0.206	0.376	0.157	0.132	0.068

资料来源：本报告研究整理。

澳大利亚、美国、日本和英国城市交通拥挤较为严重。英国城市交通拥挤程度均值最大为 0.641，且变异系数为 0.198，仅低于南非。与英国交通拥挤指数较为严重不同的是，英国城市电力充沛度均值最大为 0.973，且变异系数最小为 0.052。同时，英国航运便利度均值最高为 0.937，且变异系数最小为 0.042。因此英国城市的电力充沛度和航运便利度的相对优势明显，助力英国城市硬件环境的竞争力水平整体较高。美国城市信息获取便利度较为优越，均值在主要国家中最高为 0.770，但是变异系数为 0.099，略高于英国的 0.088。澳大利亚的机场指数在主要国家中最高为 0.757，且变异系数最小为 0.314。巴西城市的自然灾害指数均值最高为 0.897，但是变异系数略大于主要国家中的英国（0.068）。南非和印度等发展中国家的分项指标分化较为严重，劣势明显。

第五节　全球联系

一　全球联系总体格局

（一）头部城市概况

北美洲、欧洲和亚洲在全球联系的头部城市中三足鼎立。从全球联系 20 强城市在各大洲的分布情况看，全部集中在北美洲、欧洲和亚洲，其中，北美洲、欧洲、亚洲入围城市分别有 7 个、6 个、7 个。

表5-29　　　　　　　　　　全球联系指标全球20强城市

区域	国家	城市	指数	世界排名
北美洲	美国	纽约	1.000	1
亚洲	中国	北京	0.986	2
欧洲	法国	巴黎	0.976	3
欧洲	英国	伦敦	0.974	4
亚洲	中国	上海	0.961	5
北美洲	美国	芝加哥	0.952	6
亚洲	土耳其	伊斯坦布尔	0.948	7
欧洲	西班牙	马德里	0.936	8
欧洲	荷兰	阿姆斯特丹	0.923	9
亚洲	新加坡	新加坡	0.907	10
亚洲	中国	香港	0.901	11
欧洲	意大利	米兰	0.897	12
北美洲	加拿大	多伦多	0.894	13
北美洲	美国	达拉斯—佛尔沃斯堡	0.891	14
欧洲	俄罗斯	莫斯科	0.888	15
北美洲	美国	亚特兰大	0.886	16
北美洲	美国	华盛顿特区	0.885	17
亚洲	阿拉伯联合酋长国	迪拜	0.877	18
北美洲	美国	洛杉矶	0.864	19
亚洲	日本	东京	0.859	20

资料来源：本报告研究整理。

在全球联系前100名城市中，各洲在均值和差异方面差距较小（见表5-30）。其中，北美洲和南美洲的城市全球联系均值最高，北美洲的城市变异系数最低。从各大洲全球联系的最优城市看，欧洲、北美洲、亚洲、大洋洲和南美洲分别是巴黎、纽约、北京、悉尼、圣保罗，对应的排名分别是：第3、第1、第2、第21和第88。

表5-30　　　　全球联系指标全球100强城市的洲际分布情况

区域	样本	均值	变异系数	最优城市	指数	世界排名
亚洲	37	0.787	0.099	北京	0.986	2

续表

区域	样本	均值	变异系数	最优城市	指数	世界排名
欧洲	30	0.806	0.103	巴黎	0.976	3
北美洲	24	0.811	0.097	纽约	1.000	1
南美洲	4	0.812		圣保罗	0.778	88
大洋洲	4	0.777		悉尼	0.846	21
全球	1006	0.348	0.644	纽约	1.000	1

资料来源：本报告研究整理。

（二）整体空间格局

欧洲、北美洲和亚洲全球联系程度发达城市占据优势。全球城市全球联系洲际分布的均值特征方面，大洋洲、欧洲和北美洲的城市全球联系相对发达，非洲和亚洲的城市全球联系相对较弱。全球城市全球联系洲际分布的变异系数方面，大洋洲的城市全球联系波动幅度较小，亚洲的城市全球联系波动幅度较大。各洲全球城市百强比重方面，大洋洲和欧洲全球联系百强城市比重较高，南美洲、亚洲全球联系百强城市比重较低（见表 5 - 31）。

表 5 - 31　　　　全球城市全球联系指标的洲际分布　　　（单位：%）

区域	样本	百强城市比重	均值	变异系数
亚洲	565	6.55	0.317	0.614
欧洲	126	23.81	0.461	0.573
北美洲	131	18.32	0.571	0.492
南美洲	75	5.33	0.406	0.695
大洋洲	7	57.14	0.680	0.314
非洲	102	0	0.331	0.241
全球	1006	9.94	0.348	0.644

资料来源：本报告研究整理。

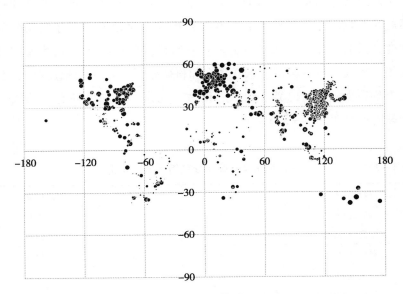

图 5 – 13　全球 1006 个城市全球联系指标的空间分布

资料来源：中国社会科学院城市与竞争力中心数据库。

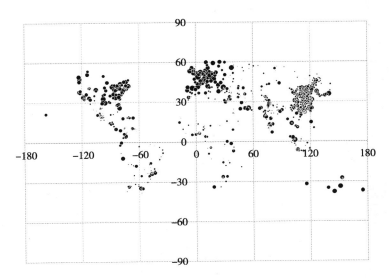

图 5 – 14　全球前 100 名城市全球联系指标的空间分布

资料来源：中国社会科学院城市与竞争力中心数据库。

　　全球联系分项指标的均值方面，全球城市的金融企业联系度和科研联系度相对较高，全球城市的航空线数指标相对较低。全球联系分项指标的变异系数方面，全球城市金融企业联系度和科技企业联系度的波动幅度相对较大，全球城市信息联系度和科研联系度的波动幅度相对较小。在五个分项指标中，巴黎、纽约、伦敦、北京、新加坡各有一项指标位居全球前列（见表5-32）。

表5-32　　　　　　　全球城市全球联系分项指标统计描述

全球联系	均值	变异系数	最优城市
航空线数	0.130	1.248	巴黎
信息联系度	0.347	0.635	纽约
科研联系度	0.428	0.626	伦敦
金融企业联系度	0.429	1.610	北京
科技企业联系度	0.293	1.331	新加坡

资料来源：本报告研究整理。

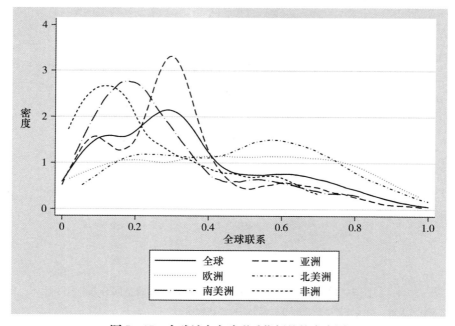

图5-15　全球城市全球联系指标的核密度图

资料来源：中国社会科学院城市与竞争力中心数据库。

二　全球联系国家格局

（一）G20 国家概况

新兴经济体和发达经济体头部城市的数量差距较大。其中，中国、美国和欧盟在全球联系排名靠前城市数量中占据绝对优势。从全球城市全球联系前 20 名和前 100 名中的数量占比来看，中国、美国和欧盟相对较多。其中，中国在 201—500 名城市中的占比最高，远高于其他国家。从前 20 名城市来看，意大利、英国、土耳其、加拿大、俄罗斯各有一个城市入围。G20 国家城市在前 20、前 100、101—200、201—500 名当中的占比均远高于非 G20 国家城市（见表 5 – 33）。

表 5 – 33　　　　　　G20 国家样本城市全球联系指标排名分布　　　　（单位：%）

国家	前 20 占比	前 100 占比	101—200 占比	201—500 占比	前 500 占比
中国	15.0	23.0	21.0	45.6	35.8
美国	30.0	19.0	25.0	7.3	13.0
欧盟	10.0	24.0	13.0	6.0	12.6
墨西哥	0	1.0	0.0	2.3	1.4
印度	0	4.0	1.0	3.7	3.4
德国	0	4.0	3.0	2.0	2.4
意大利	5.0	2.0	1.0	2.7	2.2
英国	5.0	3.0	2.0	2.0	2.2
巴西	0	1.0	1.0	2.3	2.0
日本	5.0	1.0	1.0	1.7	1.4
法国	5.0	2.0	4.0	1.0	1.8
加拿大	5.0	4.0	1.0	1.3	1.8
俄罗斯	5.0	1.0	0.0	2.0	1.0
韩国	0	1.0	0.0	1.3	1.0
印度尼西亚	0	1.0	0.0	2.3	1.8
土耳其	5.0	2.0	0.0	0.7	0.6
澳大利亚	0	3.0	2.0	0.7	1.0
阿根廷	0	1.0	0.0	0.0	0.2

国家	前 20 占比	前 100 占比	101—200 占比	201—500 占比	前 500 占比
南非	0	0.0	2.0	0.3	0.6
沙特	0	1.0	1.0	1.0	0.2
G20 国家	90.0	86.0	69.0	84.0	81.4
非 G20 国家	10.0	14.0	31.0	16.0	18.6
全球	100.0	100.0	100.0	100.0	100.0

资料来源：本报告研究整理。

　　对 G20 国家城市全球联系的均值和波动性进一步进行分析。在全球联系的均值方面，法国、德国、意大利和英国的城市具有明显的优势，印度、沙特阿拉伯、巴西和俄罗斯的城市表现有待提升。从全球联系的变异系数看，德国、法国和加拿大的城市波动幅度较小，沙特阿拉伯、土耳其和印度的城市波动幅度较大（见表 5 - 34）。

表 5 - 34　　　　　　G20 国家样本城市全球联系指标统计描述

国家	均值	变异系数	最优城市	世界排名
法国	0.6069	0.3020	巴黎	3
美国	0.5755	0.3526	纽约	1
欧盟	0.5881	0.3341	巴黎	3
英国	0.5643	0.3656	伦敦	4
中国	0.2739	0.4019	北京	2
土耳其	0.4495	0.8952	伊斯坦布尔	7
意大利	0.4810	0.4285	米兰	12
俄罗斯	0.2105	0.8630	莫斯科	15
日本	0.4031	0.5735	东京	20
加拿大	0.6299	0.2829	多伦多	13
澳大利亚	0.6492	0.3458	悉尼	24
德国	0.5846	0.0996	柏林	27
韩国	0.3699	0.5844	首尔	38
印度	0.1988	0.9166	孟买	40
印度尼西亚	0.3848	0.2964	雅加达	59

续表

国家	均值	变异系数	最优城市	世界排名
阿根廷	0.4522	0.3294	布宜诺斯艾利斯	91
墨西哥	0.2373	0.6119	墨西哥城	87
巴西	0.2586	0.6788	圣保罗	33
沙特阿拉伯	0.1980	0.9383	利雅得	121
南非	0.4008	0.5429	约翰内斯堡	107
G20国家	0.3748	0.5874	纽约	1
非G20国家	0.2741	0.7963	新加坡	10
全球	0.3481	0.6436	纽约	1

资料来源：本报告研究整理。

(二) 代表性国家概况

根据洲际划分，这里重点选择亚洲的中国、日本和印度，欧洲的英国，北美洲的美国，南美洲的巴西，非洲的南非，大洋洲的澳大利亚进行比较研究。总的来看，美国、英国、印度、澳大利亚在全球联系的分项指标中相对领先，巴西、南非等发展中国家各分项指标的水平相对较低，且分化程度较高。

从航空线数的均值看，英国占据优势，巴西的城市有待提升。从航空线数的变异系数看，英国和澳大利亚的城市波动幅度较小。

从信息联系度的均值看，信息联系度较低的是印度和日本，信息联系度较高的是澳大利亚、美国、英国的城市。从信息联系度的变异系数看，波动幅度较小的是中国与澳大利亚的城市，波动幅度较大的是印度与日本的城市。

从科研联系度的均值看，英国和澳大利亚相对占优势。从科研联系度的变异系数看，日本和澳大利亚的城市波动幅度较小。

从金融企业联系度的均值看，中国和澳大利亚相对占优势。从金融企业联系度的变异系数看，中国和美国的城市波动幅度较小。

从科技企业联系度的均值看，美国、澳大利亚相对占优势；从科技企业联系度的变异系数看，日本和澳大利亚的城市波动幅度较小。

从全球联系整体情况的均值看，美国和英国相对占优势。从全球联系整体情况的变异系数看，美国和英国的城市波动幅度较小。

表 5 – 35　　　　　　代表性国家全球联系分项指标的统计分析

		中国	美国	印度	日本	英国	南非	巴西	澳大利亚
航空线数	均值	0.140	0.206	0.053	0.135	0.318	0.154	0.073	0.188
	变异系数	1.070	1.059	1.423	1.197	0.496	0.760	1.054	0.537
信息联系度	均值	0.448	0.554	0.249	0.152	0.547	0.315	0.356	0.661
	变异系数	0.313	0.356	0.743	1.427	0.471	0.523	0.476	0.230
科研联系度	均值	0.272	0.680	0.319	0.650	0.752	0.629	0.502	0.815
	变异系数	0.771	0.300	0.720	0.202	0.337	0.254	0.444	0.166
金融企业联系度	均值	0.760	0.633	0.578	0.352	0.484	0.493	0.102	0.692
	变异系数	0.007	0.328	1.514	1.115	0.671	0.808	2.469	0.508
科技企业联系度	均值	0.152	0.612	0.338	0.594	0.531	0.280	0.178	0.671
	变异系数	2.065	0.575	0.704	0.555	0.748	1.549	1.806	0.513
全球联系整体	均值	0.379	0.576	0.199	0.403	0.564	0.401	0.259	0.320
	变异系数	0.408	0.353	0.916	0.574	0.366	0.543	0.679	0.722

资料来源：本报告研究整理。

第六节　产业素质

一　产业素质总体格局

（一）头部城市概况

全球产业素质的头部城市洲际分布不均衡。从全球产业素质前 20 强城市在各大洲的分布情况看，全部集中在北美洲、欧洲和亚洲。其中，北美洲产业素质前 20 强城市数量为 6 个，欧洲入围城市有 7 个，亚洲入围城市也有 7 个（见表 5 – 36）。

表 5 – 36　　　　　　产业素质指标全球前 20 强城市

大洲	国家	城市	指数	排名
亚洲	日本	东京	1.000	1
北美洲	美国	纽约	0.889	2

续表

大洲	国家	城市	指数	排名
欧洲	英国	伦敦	0.829	3
亚洲	中国	北京	0.814	4
欧洲	法国	巴黎	0.775	5
北美洲	美国	旧金山	0.772	6
亚洲	中国	台北	0.760	7
北美洲	美国	波士顿	0.730	8
欧洲	瑞士	苏黎世	0.714	9
亚洲	韩国	首尔	0.711	10
北美洲	美国	芝加哥	0.695	11
亚洲	中国	香港	0.681	12
北美洲	美国	洛杉矶	0.680	13
欧洲	荷兰	阿姆斯特丹	0.676	14
欧洲	俄罗斯	莫斯科	0.673	15
欧洲	瑞典	斯德哥尔摩	0.673	16
欧洲	德国	法兰克福	0.673	17
亚洲	新加坡	新加坡	0.666	18
北美洲	加拿大	多伦多	0.665	19
亚洲	中国	上海	0.657	20

资料来源：本报告研究整理。

在全球产业素质排名前 100 的城市中，各洲城市均值比较接近。其中，欧洲和亚洲的城市产业素质均值最高，南美洲的城市产业素质均值最低，北美洲和大洋洲的城市产业素质均值居中。从各大洲产业素质最优城市看，欧洲、北美洲、亚洲、大洋洲和南美洲分别是伦敦、纽约、东京、悉尼、圣保罗，全球排名依次是第 3、第 2、第 1、第 25 和第 38（见表 5 - 37）。

表 5 - 37　　　　产业素质指标全球 100 强城市的洲际分布情况

区域	样本	均值	变异系数	最优城市	指数	世界排名
亚洲	29	0.605	0.183	东京	1.000	1
欧洲	28	0.618	0.130	伦敦	0.829	3
北美洲	34	0.573	0.164	纽约	0.889	2
南美洲	5	0.568	0.062	圣保罗	0.609	38
大洋洲	4	0.578	0.124	悉尼	0.648	25
全球	100	0.595	0.158	东京	1.000	1

资料来源：本报告研究整理。

（二）整体空间格局

全球产业素质较高的城市主要集聚在欧洲、北美洲和亚洲地区。从洲际分布来看，北美洲、大洋洲和欧洲的城市产业素质相对较高，百强城市比重也较高，非洲城市产业素质普遍较弱，无一城市进入百强名单，亚洲和南美洲城市产业素质居中，仅有少量城市进入百强榜单（见表 5 - 38）。

表 5 - 38　　　　全球城市产业素质指标的洲际分布　　　　（单位:%）

区域	样本	百强城市比重	均值	变异系数
亚洲	565	5.13	0.224	0.576
欧洲	126	22.22	0.378	0.430
北美洲	131	25.95	0.383	0.400
南美洲	75	6.67	0.262	0.452
大洋洲	7	57.14	0.505	0.220
非洲	102	0	0.174	0.578
全球	1006	9.94	0.264	0.580

资料来源：本报告研究整理。

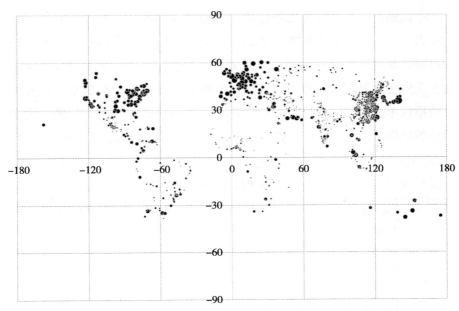

图 5 - 16   全球 1006 个城市产业素质指标的空间分布

资料来源：中国社会科学院城市与竞争力中心数据库。

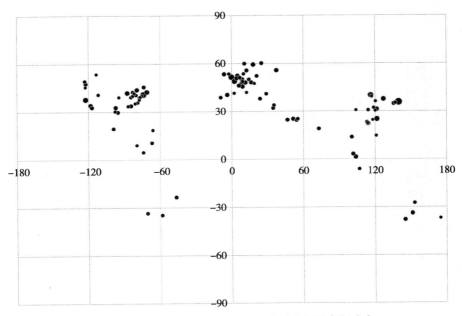

图 5 - 17   全球前 100 名城市产业素质指标的空间分布

资料来源：中国社会科学院城市与竞争力中心数据库。

全球城市产业素质分项指标的均值和波动幅度存在较大的差别。从产业素质分项指标的均值看，全球城市的劳动生产率均值相对较高，跨国科技企业均值相对较低。从产业素质分项指标的变异系数看，跨国科技企业的波动幅度相对较大，劳动生产率的波动幅度相对较小。在五大分项指标中，跨国银行、跨国科技企业、跨国公司、劳动生产率、大学指数的最优城市分别是台北、东京、纽约、圣何塞、纽约（见表5-39）。

表5-39　　　　　　　　全球城市产业素质分项指标统计描述

产业素质	均值	变异系数	最优城市
跨国银行	0.080	2.070	台北
跨国科技企业	0.008	6.186	东京
跨国公司	0.331	0.763	纽约
劳动生产率	0.545	0.339	圣何塞
大学指数	0.190	1.155	纽约

资料来源：本报告研究整理。

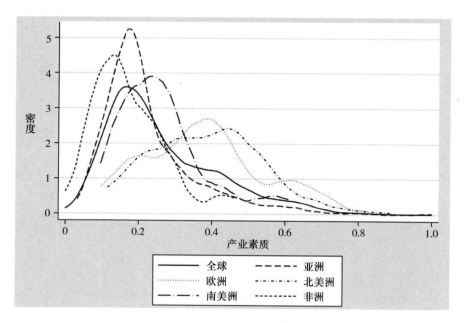

图5-18　全球城市产业素质指标的核密度图

资料来源：中国社会科学院城市与竞争力中心数据库。

二　产业素质国家格局

（一）G20 国家概况

新兴经济体在全球产业素质头部城市的数量仍然低于发达经济体，中美两国在 G20 国家产业素质排名靠前城市数量中占据绝对优势。在全球城市产业素质前 20 名中，中国和美国分别占 20% 和 25%，德国、意大利、英国、日本、法国、加拿大、俄罗斯、韩国各有一个城市入围。在全球城市产业素质前 100 名中，美国城市的占比高达 27%，其次是中国，占比达到 12%。在全球城市产业素质前 101—200 名中，美国城市数量占比最高，高达 22%，其次是中国，占比达到 14%。在全球城市产业素质前 500 名中，中国城市的占比最高，达到 24.4%，其次是美国，占比达到 14.8%（见表 5－40）。

表 5－40　　　　　G20 国家样本城市产业素质指标排名分布　　　（单位：%）

国家	前 20 占比	前 100 占比	101—200 占比	201—500 占比	前 500 占比
中国	20.0	12.0	14.0	32.0	24.4
美国	25.0	27.0	22.0	8.3	14.8
墨西哥	0	1.0	0	6.0	3.8
印度	0	1.0	2.0	2.3	2.0
德国	5.0	5.0	4.0	1.3	2.6
意大利	0	2.0	6.0	1.7	2.6
英国	5.0	2.0	5.0	1.7	2.4
巴西	0	1.0	3.0	5.0	3.8
日本	5.0	3.0	4.0	1.0	2.0
法国	5.0	2.0	0	2.7	1.8
加拿大	5.0	4.0	3.0	0.7	1.8
俄罗斯	5.0	1.0	1.0	4.3	3.0
韩国	5.0	1.0	0	2.3	1.6
印度尼西亚	0	1.0	0	1.0	0.8
土耳其	0	1.0	0	1.3	1.0
澳大利亚	0	3.0	2.0	0.3	1.2
阿根廷	0	1.0	0	1.0	0.8

续表

国家	前20占比	前100占比	101—200占比	201—500占比	前500占比
南非	0	0.0	1.0	1.3	1.0
沙特阿拉伯	0	1.0	1.0	0.7	0.8
总计	80.0	68.0	68.0	75.0	72.2

资料来源：本报告研究整理。

　　总体来看，新兴经济体城市产业素质的均值仍然低于发达经济体，内部分化程度高于发达经济体。在产业素质的均值方面，澳大利亚、加拿大、日本的城市具有明显的优势，印度、印度尼西亚的城市表现相对较差。从产业素质的变异系数看，德国、澳大利亚、意大利和加拿大的城市波动幅度较小，沙特阿拉伯、俄罗斯、印度尼西亚、阿根廷和印度的城市波动幅度较大。从 G20 国家中产业素质的最优城市看，有 5 个城市进入世界产业联系排名前 20 名，有 18 个城市进入世界产业素质排名前 100 名，有 19 个城市进入全球产业素质排名前 200 名（见表 5 - 41）。

表 5 - 41　　　　　G20 国家样本城市产业素质指标统计描述

国家	均值	变异系数	最优城市	世界排名
法国	0.4050	0.3488	巴黎	5
美国	0.4500	0.2839	纽约	2
英国	0.4334	0.3190	伦敦	3
中国	0.2409	0.4388	北京	4
欧盟	0.4567	0.2580	伦敦	3
土耳其	0.2258	0.4807	伊斯坦布尔	55
意大利	0.4112	0.2136	米兰	26
俄罗斯	0.2283	0.4514	莫斯科	15
日本	0.4918	0.4039	东京	1
加拿大	0.4855	0.2020	多伦多	19
澳大利亚	0.5084	0.2392	悉尼	25
德国	0.4757	0.2338	法兰克福	17
韩国	0.3650	0.3976	首尔	10
印度	0.1413	0.5982	孟买	48

续表

国家	均值	变异系数	最优城市	世界排名
印度尼西亚	0.1959	0.4655	雅加达	66
阿根廷	0.2462	0.5222	布宜诺斯艾利斯	56
墨西哥	0.2266	0.3950	墨西哥城	54
巴西	0.2501	0.4165	圣保罗	38
沙特阿拉伯	0.2662	0.5706	利雅得	34
南非	0.3028	0.3887	约翰内斯堡	117
G20 国家	0.2706	0.5449	东京	1
非 G20 国家	0.2191	0.6636	苏黎世	9
全球	0.2640	0.5800	东京	1

资料来源：本报告研究整理。

（二）代表性国家概况

根据洲际划分，这里重点选择亚洲的中国、日本和印度，欧洲的英国，北美洲的美国，南美洲的巴西，非洲的南非，大洋洲的澳大利亚进行比较研究。总的来看，发达经济体城市在产业素质的分项指标中优势更为明显，新兴经济体城市各分项指标均存在较大的内部分化。从跨国银行指数看，日本、澳大利亚的城市产业素质均值较高，中国、印度和巴西的城市产业素质变异系数相对较高。从跨国科技企业指数看，日本城市均值较高，中国、印度、巴西的变异系数较高。从跨国公司指数看，美国、英国的城市均值较高，巴西、中国、南非的变异系数较高。从劳动生产率指数看，美国、日本、澳大利亚城市均值较高，中国、印度的变异系数较高。从大学指数看，英国、澳大利亚城市均值较高，印度、巴西的变异系数较高（见表 5 - 42）。

表 5 - 42　　　　代表性国家产业素质分项指标的统计分析

		中国	美国	印度	日本	英国	南非	巴西	澳大利亚
跨国银行	均值	0.062	0.140	0.036	0.334	0.102	0.055	0.050	0.194
	变异系数	2.188	1.147	3.282	0.637	2.090	2.449	2.549	0.107

续表

		中国	美国	印度	日本	英国	南非	巴西	澳大利亚
跨国科技企业	均值	0.005	0.032	0.001	0.139	0.027	0.000	0.001	0.008
	变异系数	5.487	2.711	6.701	2.257	3.144	—	3.935	1.595
跨国公司	均值	0.298	0.544	0.128	0.487	0.502	0.490	0.305	0.651
	变异系数	0.535	0.354	1.534	0.405	0.447	0.587	0.748	0.350
劳动生产率	均值	0.542	0.861	0.360	0.804	0.788	0.519	0.533	0.846
	变异系数	0.172	0.056	0.179	0.047	0.047	0.107	0.118	0.035
大学指数	均值	0.121	0.455	0.089	0.416	0.638	0.303	0.232	0.680
	变异系数	1.340	0.663	0.904	0.523	0.236	0.642	0.799	0.158
产业素质	均值	0.241	0.450	0.141	0.492	0.433	0.303	0.250	0.508
	变异系数	0.439	0.284	0.598	0.404	0.319	0.389	0.417	0.239

资料来源：本报告研究整理。

第七节　全球城市经济竞争力解释性指标排名汇总

城市	国家	经济竞争力排名	当地要素排名	生活环境排名	软件环境排名	硬件环境排名	全球联系排名	产业素质排名
纽约	美国	1	2	20	4	27	1	2
伦敦	英国	2	7	19	5	15	4	3
新加坡	新加坡	3	8	4	2	16	10	18
深圳	中国	4	1	162	59	86	37	76
圣何塞	美国	5	114	73	41	173	122	69
东京	日本	6	17	1	1	55	20	1
旧金山	美国	7	70	130	20	59	39	6
慕尼黑	德国	8	76	8	18	56	34	21
洛杉矶	美国	9	58	36	7	132	19	13
上海	中国	10	5	197	47	182	5	20
达拉斯—佛尔沃斯堡	美国	11	83	57	50	12	14	31
休斯敦	美国	12	56	10	34	131	23	44
香港	中国	13	28	108	3	300	11	12
都柏林	爱尔兰	14	27	18	44	21	22	24

续表

城市	国家	经济竞争力排名	当地要素排名	生活环境排名	软件环境排名	硬件环境排名	全球联系排名	产业素质排名
首尔	韩国	15	9	49	8	37	38	10
波士顿	美国	16	15	23	12	46	26	8
北京	中国	17	39	192	38	138	2	4
广州	中国	18	45	87	88	209	29	60
迈阿密	美国	19	32	47	49	134	32	111
芝加哥	美国	20	4	9	16	228	6	11
巴黎	法国	21	31	55	72	5	3	5
法兰克福	德国	22	90	93	100	8	168	17
特拉维夫—雅法	以色列	23	277	440	185	236	99	39
西雅图	美国	24	86	46	13	144	44	40
苏州	中国	25	63	201	92	482	100	250
斯德哥尔摩	瑞典	26	49	63	94	66	35	16
费城	美国	27	11	14	39	11	62	79
斯图加特	德国	28	71	41	119	41	96	63
大阪	日本	29	59	3	9	79	120	42
多伦多	加拿大	30	20	161	10	17	13	19
巴尔的摩	美国	31	97	40	127	18	63	96
布里奇波特—斯坦福德	美国	32	243	144	159	116	303	127
杜塞尔多夫	德国	33	179	138	141	3	141	57
圣迭戈	美国	34	161	50	14	258	150	35
日内瓦	瑞士	35	435	194	99	44	103	32
亚特兰大	美国	36	80	26	75	14	16	37
克利夫兰	美国	37	115	84	121	99	124	82
珀斯	澳大利亚	38	175	473	172	168	118	114
丹佛	美国	39	106	199	24	152	43	177
底特律	美国	40	122	211	150	25	77	73
伊斯坦布尔	土耳其	41	16	75	130	183	7	55
南京	中国	42	54	257	65	279	41	77
武汉	中国	43	120	419	86	443	51	64
台北	中国	44	48	17	6	81	64	7

续表

城市	国家	经济竞争力排名	当地要素排名	生活环境排名	软件环境排名	硬件环境排名	全球联系排名	产业素质排名
夏洛特	美国	45	150	59	71	157	49	94
纳什维尔—戴维森	美国	46	149	24	180	249	115	133
明尼阿波利斯	美国	47	82	71	69	214	104	103
柏林	德国	48	57	11	43	23	27	102
奥斯丁	美国	49	110	32	37	198	76	88
汉堡	德国	50	72	21	101	19	52	70
维也纳	奥地利	51	99	27	35	6	42	27
阿布扎比	阿拉伯联合酋长国	52	102	773	27	275	113	45
罗利	美国	53	178	34	63	305	193	80
成都	中国	54	52	119	165	391	28	101
科隆	德国	55	581	44	105	108	291	149
拉斯维加斯	美国	56	221	157	125	90	140	165
苏黎世	瑞士	57	84	80	54	39	48	9
盐湖城	美国	58	154	149	70	26	159	74
里士满	美国	59	155	99	129	142	176	93
哥本哈根	丹麦	60	101	124	51	32	65	29
奥兰多	美国	61	158	42	113	34	79	151
莫斯科	俄罗斯	62	18	88	62	48	15	15
悉尼	澳大利亚	63	19	101	73	9	24	25
杭州	中国	64	95	160	90	472	47	87
无锡	中国	65	182	251	139	286	170	302
巴塞罗那	西班牙	66	22	79	143	40	21	78
伯明翰	英国	67	287	143	96	36	80	161
长沙	中国	68	128	112	157	637	72	164
米尔沃基	美国	69	174	202	131	68	272	156
温哥华	加拿大	70	157	53	25	4	61	67
布鲁塞尔	比利时	71	137	203	231	7	31	23
迪拜	阿拉伯联合酋长国	72	46	570	17	197	18	59

续表

城市	国家	经济竞争力排名	当地要素排名	生活环境排名	软件环境排名	硬件环境排名	全球联系排名	产业素质排名
卡尔卡里	加拿大	73	43	367	15	33	91	104
多哈	卡塔尔	74	509	804	168	156	93	28
汉诺威	德国	75	113	66	154	35	256	132
青岛	中国	76	143	191	151	423	81	95
俄亥俄州哥伦布	美国	77	130	39	67	250	129	72
仙台	日本	78	626	38	40	322	557	113
路易斯维尔	美国	79	199	102	115	117	184	121
埃森	德国	80	543	179	190	118	334	292
重庆	中国	81	73	94	179	855	46	119
天津	中国	82	29	270	134	261	60	83
吉隆坡	马来西亚	83	6	175	138	22	70	30
佛山	中国	84	98	189	229	364	364	342
华盛顿特区	美国	85	10	129	22	193	17	41
蔚山	韩国	86	340	222	91	164	608	303
俄克拉荷马城	美国	87	256	68	120	72	236	116
曼彻斯特	英国	88	209	98	66	24	58	71
利雅得	沙特阿拉伯	89	44	759	109	354	121	34
宁波	中国	90	171	245	187	410	146	128
凤凰城	美国	91	119	353	64	297	83	209
安特卫普	比利时	92	786	151	225	65	342	120
阿姆斯特丹	荷兰	93	109	172	95	1	9	14
郑州	中国	94	177	289	181	368	95	146
坦帕	美国	95	140	187	196	113	131	214
巴吞鲁日	美国	96	248	65	170	88	217	220
辛辛那提	美国	97	105	54	60	20	155	68
多特蒙德	德国	98	606	171	200	94	264	238
常州	中国	99	306	326	259	383	313	347
海法	以色列	100	341	404	216	104	318	187
蒙特利尔	加拿大	101	30	163	31	154	50	47
雅加达	印度尼西亚	102	36	210	186	126	59	66

续表

城市	国家	经济竞争力排名	当地要素排名	生活环境排名	软件环境排名	硬件环境排名	全球联系排名	产业素质排名
名古屋	日本	103	142	67	21	206	229	65
东莞	中国	104	33	264	204	233	130	245
圣安东尼亚	美国	105	147	35	82	64	136	175
广岛	日本	106	648	2	46	398	399	229
奥斯陆	挪威	107	41	70	81	29	73	51
德累斯顿	德国	108	450	206	135	97	299	201
海牙	荷兰	109	586	312	116	85	404	152
印第安纳波利斯	美国	110	132	58	98	45	156	109
奥勒姆	美国	111	625	693	274	284	466	326
汉密尔顿	加拿大	112	232	78	87	135	439	203
澳门	中国	113	576	531	314	75	185	256
黄金海岸	澳大利亚	114	476	181	230	336	695	275
堪萨斯城	美国	115	53	25	85	10	163	85
莱比锡	德国	116	588	81	175	165	198	197
弗吉尼亚比奇	美国	117	387	141	146	84	538	291
吉达	沙特阿拉伯	118	841	636	197	384	528	166
曼谷	泰国	119	21	48	128	122	30	36
布里斯班	澳大利亚	120	153	294	111	93	85	58
南通	中国	121	133	338	280	390	349	343
匹兹堡	美国	122	112	105	53	31	112	75
墨尔本	澳大利亚	123	96	60	122	13	36	33
赫尔辛基	芬兰	124	100	176	55	43	75	43
马德里	西班牙	125	81	56	78	58	8	22
高雄	中国	126	413	82	30	438	223	269
查尔斯顿县北查尔斯顿市	美国	127	245	293	195	295	202	208
墨西哥城	墨西哥	128	13	29	188	171	87	54
哈特福德	美国	129	207	122	160	129	246	221
渥太华	加拿大	130	196	254	117	54	138	147
仁川	韩国	131	251	253	76	221	333	366
札幌	日本	132	197	12	29	217	435	179

续表

城市	国家	经济竞争力排名	当地要素排名	生活环境排名	软件环境排名	硬件环境排名	全球联系排名	产业素质排名
河畔	美国	133	391	514	164	696	586	397
布里斯托尔	英国	134	328	183	61	52	101	150
哥德堡	瑞典	135	726	120	167	51	251	145
艾伦镇	美国	136	372	153	279	87	646	380
罗马	意大利	137	600	7	142	71	25	92
科泉市	美国	138	358	111	110	269	254	239
大急流城	美国	139	285	136	118	174	247	230
里尔	法国	140	682	428	284	110	183	252
济南	中国	141	272	395	213	471	117	106
北九州—福冈大都市圈	日本	142	12	5	68	82	301	148
米兰	意大利	143	131	52	133	28	12	26
普罗维登斯	美国	144	176	125	145	190	204	105
合肥	中国	145	50	413	183	427	89	142
里昂	法国	146	488	195	209	106	94	202
沙没巴干	泰国	147	871	213	291	63	711	709
泉州	中国	148	180	168	318	339	344	261
厦门	中国	149	91	560	137	186	84	99
西安	中国	150	94	208	126	405	55	110
埃德蒙顿	加拿大	151	238	190	42	61	237	91
鹿特丹	荷兰	152	507	298	148	42	279	160
福州	中国	153	172	276	214	688	149	274
伯明翰	美国	154	430	64	147	196	252	86
火奴鲁鲁	美国	155	260	121	83	285	224	122
圣地亚哥	智利	156	79	243	166	853	160	49
哥伦比亚	美国	157	126	30	124	278	111	108
西约克郡	英国	158	299	31	26	141	615	365
伍斯特	美国	159	217	337	189	223	704	318
戴顿	美国	160	263	142	210	92	277	260
德里	印度	161	40	145	236	420	54	290
圣何塞	哥斯达黎加	162	506	127	263	461	169	125

续表

城市	国家	经济竞争力排名	当地要素排名	生活环境排名	软件环境排名	硬件环境排名	全球联系排名	产业素质排名
扬州	中国	163	324	306	250	342	312	323
奥克兰	新西兰	164	62	15	11	188	74	97
开普科勒尔	美国	165	777	342	256	119	947	574
巴伦西亚	西班牙	166	383	249	212	203	119	224
利马	秘鲁	167	38	184	294	737	68	124
亚克朗市	美国	168	253	261	178	73	562	259
波哥大	哥伦比亚	169	26	348	226	394	45	81
利物浦	英国	170	360	188	84	89	240	225
麦地那	沙特阿拉伯	171	461	897	222	477	796	478
诺克斯维尔	美国	172	258	90	112	80	225	180
珠海	中国	173	127	350	272	304	327	241
镇江	中国	174	195	384	307	309	331	340
烟台	中国	175	189	150	292	392	206	248
马赛	法国	176	528	427	473	195	109	212
谢菲尔德	英国	177	364	169	93	133	335	253
耶路撒冷	以色列	178	375	423	239	147	295	191
贝尔法斯特	英国	179	442	123	123	70	276	195
泰州	中国	180	164	451	300	428	350	450
巴拿马城	巴拿马	181	266	164	317	338	157	90
布加勒斯特	罗马尼亚	182	144	209	182	130	106	178
威尼斯	意大利	183	952	133	207	109	620	315
萨克拉门托	美国	184	191	96	79	62	180	204
大连	中国	185	311	95	153	370	88	112
格拉斯哥	英国	186	283	45	52	53	108	155
布法罗	美国	187	203	320	114	401	266	205
马尼拉	菲律宾	188	64	117	217	176	110	89
麦加	沙特阿拉伯	189	608	879	227	599	829	607
纽黑文	美国	190	185	214	215	100	362	184
徐州	中国	191	169	357	321	478	296	367
釜山	韩国	192	37	85	33	107	245	206

续表

城市	国家	经济竞争力排名	当地要素排名	生活环境排名	软件环境排名	硬件环境排名	全球联系排名	产业素质排名
华沙	波兰	193	66	140	77	50	71	53
奥格登—莱顿	美国	194	458	272	199	212	692	350
昌原	韩国	195	471	495	162	180	924	379
布宜诺斯艾利斯	阿根廷	196	61	6	286	734	66	56
南昌	中国	197	104	235	260	588	137	198
光州	韩国	198	355	156	136	115	644	336
大田	韩国	199	225	292	58	264	464	282
沈阳	中国	200	293	115	191	421	97	182
萨拉戈萨	西班牙	201	814	230	220	292	678	186
阿德莱德	澳大利亚	202	210	265	103	114	147	153
东营	中国	203	720	493	367	728	614	273
蒙特雷	墨西哥	204	103	378	238	101	323	228
盖布泽	土耳其	205	492	782	520	571	767	601
中山	中国	206	75	232	198	317	191	431
布拉格	捷克	207	193	72	48	128	57	61
蒙得维的亚	乌拉圭	208	525	167	412	143	189	123
阿斯塔纳	哈萨克斯坦	209	598	361	359	661	521	349
绍兴	中国	210	428	170	328	530	294	255
图卢兹	法国	211	560	147	245	161	153	257
里斯本	葡萄牙	212	51	137	155	2	90	50
台中	中国	213	425	103	23	457	443	219
奥马哈	美国	214	262	104	107	112	187	129
嘉兴	中国	215	363	224	206	189	338	296
博洛尼亚	意大利	216	805	62	232	95	222	118
孟菲斯	美国	217	186	77	163	57	192	139
南特	法国	218	732	341	246	159	171	235
大邱	韩国	219	282	86	74	170	387	262
孟买	印度	220	3	438	247	83	40	48
安卡拉	土耳其	221	135	260	177	399	215	215
那不勒斯	意大利	222	744	227	266	96	244	240

续表

城市	国家	经济竞争力排名	当地要素排名	生活环境排名	软件环境排名	硬件环境排名	全球联系排名	产业素质排名
尼斯—戛纳	法国	223	791	248	254	194	243	251
列日	比利时	224	838	280	313	201	721	263
维罗那	意大利	225	911	89	201	103	305	157
莱斯特	英国	226	447	177	102	111	269	246
波兹南	波兰	227	519	242	192	191	346	265
萨拉索塔—布雷登顿	美国	228	374	43	132	202	472	414
诺丁汉	英国	229	373	76	80	78	233	207
伊兹密尔	土耳其	230	145	215	176	591	517	338
波尔多	法国	231	596	237	235	145	265	243
长春	中国	232	376	502	173	548	133	168
布达佩斯	匈牙利	233	24	132	158	47	56	100
土伦	法国	234	935	674	396	259	487	327
威海	中国	235	384	155	346	356	420	330
布莱梅	德国	236	526	226	184	49	310	210
静冈—滨松大都市圈	日本	237	694	13	36	486	371	154
罗萨里奥	阿根廷	238	309	217	744	313	591	389
芜湖	中国	239	159	469	306	466	339	433
淄博	中国	240	200	305	277	226	253	288
罗切斯特	美国	241	138	113	57	98	282	268
新竹	中国	242	345	196	56	289	197	211
马拉加	西班牙	243	874	174	242	185	258	217
佛罗伦萨	意大利	244	846	74	218	172	320	231
贵阳	中国	245	139	304	342	519	134	258
魁北克	加拿大	246	226	414	106	192	267	216
新奥尔良	美国	247	229	100	161	239	293	196
热那亚	意大利	248	942	91	281	247	598	163
台南	中国	249	535	83	28	473	283	188
塔尔萨	美国	250	304	131	140	69	227	144
潍坊	中国	251	371	332	336	495	410	454
布尔萨	土耳其	252	350	297	221	538	710	461

续表

城市	国家	经济竞争力排名	当地要素排名	生活环境排名	软件环境排名	硬件环境排名	全球联系排名	产业素质排名
奥尔巴尼	美国	253	211	333	152	439	199	236
熊本	日本	254	872	33	45	550	844	333
盐城	中国	255	290	425	339	413	379	496
温尼伯格	加拿大	256	349	166	89	121	208	192
唐山	中国	257	117	394	275	604	211	393
圣保罗	巴西	258	25	776	724	414	33	38
达曼	沙特阿拉伯	259	913	922	271	589	840	443
石家庄	中国	260	136	347	249	260	142	249
圣菲	阿根廷	261	610	37	486	605	669	508
温州	中国	262	643	228	324	467	175	247
宜昌	中国	263	334	302	303	743	357	373
台州	中国	264	423	256	312	481	289	390
都灵	意大利	265	745	51	194	343	231	199
比勒陀利亚	南非	266	123	236	285	524	611	317
昆明	中国	267	173	118	202	590	78	223
新潟	日本	268	845	22	32	293	841	222
马拉开波	委内瑞拉	269	667	958	1001	184	968	328
里约热内卢	巴西	270	35	92	364	453	102	190
惠州	中国	271	116	134	287	796	377	401
瓜达拉哈拉	墨西哥	272	118	319	400	139	216	316
苏腊巴亚	印度尼西亚	273	218	266	223	178	284	392
沙加	阿拉伯联合酋长国	274	239	853	156	210	834	189
马拉凯	委内瑞拉	275	843	937	1000	487	838	493
贝克尔斯菲市	美国	276	522	374	149	323	679	346
克拉科夫	波兰	277	416	231	171	277	145	264
容迪亚伊	巴西	278	803	422	738	446	675	670
包头	中国	279	449	717	362	835	268	293
圣多明各	多米尼加共和国	280	782	200	762	330	273	143

续表

城市	国家	经济竞争力排名	当地要素排名	生活环境排名	软件环境排名	硬件环境排名	全球联系排名	产业素质排名
秋明	俄罗斯	281	573	263	289	905	716	416
铜陵	中国	282	190	526	419	424	498	482
襄阳	中国	283	230	500	363	904	416	453
科威特城	科威特	284	534	970	374	74	132	244
约翰内斯堡	南非	285	14	285	357	105	107	117
圣彼得堡	俄罗斯	286	124	139	174	617	205	137
班加罗尔	印度	287	60	16	241	91	69	183
太原	中国	288	69	352	282	429	148	297
卡拉杰	伊朗	289	393	822	839	838	751	759
波尔图	葡萄牙	290	749	275	330	102	82	138
淮安	中国	291	331	406	351	357	356	616
罗兹	波兰	292	599	239	203	388	270	314
南宁	中国	293	357	274	219	778	116	300
呼和浩特	中国	294	327	328	332	607	181	308
巴塞罗那—拉克鲁斯港	委内瑞拉	295	213	986	1006	595	589	360
弗雷斯诺	美国	296	405	246	144	266	691	299
巴伦西亚	委内瑞拉	297	237	942	1004	479	783	281
济宁	中国	298	649	354	366	425	250	301
鄂尔多斯	中国	299	884	628	424	670	328	403
阿什哈巴德	土库曼斯坦	300	958	930	902	315	630	372
圣胡安	波多黎各	301	148	299	704	38	165	84
哈尔滨	中国	302	181	518	234	760	86	173
阿瓦士	伊朗	303	630	929	802	791	860	686
开罗	埃及	304	55	490	478	213	98	136
卡塔尼亚	意大利	305	943	193	377	244	462	287
阿拉木图	哈萨克斯坦	306	183	705	467	984	257	115
舟山	中国	307	386	499	460	299	409	437
达卡	孟加拉国	308	85	205	884	745	161	266
索菲亚	保加利亚	309	337	216	295	549	67	141
埃尔帕索	美国	310	444	449	97	241	393	329

续表

城市	国家	经济竞争力排名	当地要素排名	生活环境排名	软件环境排名	硬件环境排名	全球联系排名	产业素质排名
波特兰	美国	311	219	97	19	30	105	98
瓦赫兰	阿尔及利亚	312	891	839	943	329	360	423
新山市	马来西亚	313	635	273	228	77	663	294
帕多瓦市	意大利	314	905	109	257	166	154	170
金华	中国	315	284	148	373	534	401	442
加拉加斯	委内瑞拉	316	268	829	993	207	196	52
纽卡斯尔	英国	317	397	571	104	120	454	171
洛阳	中国	318	524	268	331	516	186	305
阿达纳	土耳其	319	440	408	310	520	596	732
湖州	中国	320	216	258	401	418	427	457
阿雷格里港	巴西	321	265	351	674	419	571	193
泰安	中国	322	468	533	446	646	500	545
廊坊	中国	323	233	458	402	125	281	447
安塔利亚	土耳其	324	569	69	244	582	581	533
乌鲁木齐	中国	325	567	439	464	815	162	321
巴库	阿塞拜疆	326	336	609	262	306	200	280
株洲	中国	327	517	362	378	782	214	395
危地马拉城	危地马拉	328	779	331	509	692	255	167
莆田	中国	329	446	523	514	575	421	452
莱昂	墨西哥	330	108	554	358	328	304	272
阿尔伯克基	美国	331	223	240	169	227	311	289
湘潭	中国	332	584	534	355	320	314	374
巴里	意大利	333	705	165	340	175	418	176
许昌	中国	334	339	627	589	298	503	512
布赖代	沙特阿拉伯	335	867	906	305	451	933	695
的黎波里	利比亚	336	894	359	946	246	489	377
马斯喀特	阿曼	337	609	712	273	187	372	135
提华那	墨西哥	338	273	477	372	240	577	364
萨格勒布	克罗地亚	339	170	135	265	137	125	174
门多萨	阿根廷	340	692	365	711	914	697	474

城市	国家	经济竞争力排名	当地要素排名	生活环境排名	软件环境排名	硬件环境排名	全球联系排名	产业素质排名
贝尔谢巴	以色列	341	515	882	311	585	724	337
内罗毕	肯尼亚	342	87	496	517	660	143	130
麦卡伦	美国	343	758	740	268	149	771	492
明斯克	白俄罗斯	344	286	314	255	542	280	169
安曼	约旦	345	776	673	205	523	194	134
汕头	中国	346	107	381	456	341	358	514
马德普拉塔	阿根廷	347	784	269	836	358	755	736
焦作	中国	348	467	512	476	573	460	528
哈瓦那	古巴	349	558	657	755	335	660	735
怡保市	马来西亚	350	332	234	333	282	900	412
连云港	中国	351	134	528	441	554	413	613
德州	中国	352	774	561	436	656	483	582
三马林达	印度尼西亚	353	743	442	380	387	788	565
维多利亚	巴西	354	669	601	903	326	846	768
圣路易斯波托西	墨西哥	355	214	300	389	314	352	335
岳阳	中国	356	674	456	399	767	473	541
宿迁	中国	357	321	626	472	369	456	665
科尔多瓦	阿根廷	358	510	212	618	272	554	345
聊城	中国	359	496	685	602	503	388	548
麦德林	哥伦比亚	360	129	262	267	245	212	232
鄂州	中国	361	382	703	531	435	508	521
塞萨洛尼基	希腊	362	921	510	499	60	374	242
贝洛奥里藏特	巴西	363	68	471	617	347	391	304
日照	中国	364	559	479	565	652	457	376
钦奈	印度	365	74	182	276	67	92	162
临沂	中国	366	583	392	457	433	367	344
巴格达	伊拉克	367	390	914	876	215	230	309
滨州	中国	368	787	516	511	465	499	547
海口	中国	369	351	221	405	506	190	352
库里奇巴	巴西	370	278	373	553	200	228	363

续表

城市	国家	经济竞争力排名	当地要素排名	生活环境排名	软件环境排名	硬件环境排名	全球联系排名	产业素质排名
兰州	中国	371	151	503	334	800	123	213
沧州	中国	372	563	563	452	626	468	310
马鞍山	中国	373	487	731	404	235	378	404
胡富夫	沙特阿拉伯	374	875	940	361	409	795	641
德黑兰	伊朗	375	42	356	561	770	178	227
枣庄	中国	376	725	567	494	274	592	662
卡利	哥伦比亚	377	187	313	296	287	359	313
罗安达	安哥拉	378	904	863	975	426	319	194
里加	拉脱维亚	379	249	152	233	352	195	200
江门	中国	380	369	291	371	291	492	369
圣若泽杜斯坎普斯	巴西	381	767	28	248	611	787	385
贝鲁特	黎巴嫩	382	254	802	746	124	164	62
巴勒莫	意大利	383	893	233	323	265	481	276
北干巴鲁	印度尼西亚	384	686	798	414	267	491	517
银川	中国	385	396	511	482	540	203	331
柳州	中国	386	438	225	413	843	484	334
新余	中国	387	612	639	513	581	580	572
美利达	墨西哥	388	322	400	264	211	361	418
比亚埃尔莫萨	墨西哥	389	462	409	408	430	879	520
坎昆	墨西哥	390	592	399	415	349	681	426
常德	中国	391	702	322	417	783	568	519
圣米格尔—德图库曼	阿根廷	392	869	664	881	253	808	811
亚松森	巴拉圭	393	571	303	695	469	287	306
里贝朗普雷图	巴西	394	729	525	899	476	715	405
拉各斯	尼日利亚	395	77	316	845	431	151	126
咸阳	中国	396	406	459	409	663	306	536
茂名	中国	397	319	321	411	733	510	650
巴厘巴板	印度尼西亚	398	715	786	376	373	386	486
图森	美国	399	194	154	108	416	158	181
德阳	中国	400	495	481	537	818	560	438

城市	国家	经济竞争力排名	当地要素排名	生活环境排名	软件环境排名	硬件环境排名	全球联系排名	产业素质排名
龙岩	中国	401	849	296	552	930	649	413
坎皮纳斯	巴西	402	241	255	668	334	302	283
圣地亚哥—德洛斯卡瓦耶罗斯	多米尼加共和国	403	621	527	797	593	572	394
基多	厄瓜多尔	404	326	295	799	879	179	172
瓦尔帕莱索	智利	405	192	727	390	492	337	455
克雷塔罗	墨西哥	406	270	252	290	155	343	370
若茵维莱	巴西	407	520	488	785	400	870	356
黄石	中国	408	165	589	670	655	429	456
塞维利亚	西班牙	409	854	282	240	366	336	254
漳州	中国	410	448	283	391	584	396	440
弗罗茨瓦夫	波兰	411	530	207	193	158	219	267
遵义	中国	412	464	330	504	754	490	458
贝宁	尼日利亚	413	589	650	944	934	894	818
托雷翁	墨西哥	414	480	452	422	361	954	510
巴丹岛	印度尼西亚	415	728	370	459	327	777	829
衡阳	中国	416	469	433	426	893	382	470
三明	中国	417	898	318	590	915	512	469
加尔各答	印度	418	23	180	326	302	144	226
乌海	中国	419	873	907	661	470	685	543
北海	中国	420	759	431	672	441	417	507
盘锦	中国	421	908	501	481	296	556	587
胡志明市	越南	422	34	126	448	163	166	140
揭阳	中国	423	201	375	598	600	394	690
代尼兹利	土耳其	424	691	623	261	747	891	739
肇庆	中国	425	298	259	384	346	585	578
乌法	俄罗斯	426	537	336	388	332	758	422
榆林	中国	427	400	398	492	717	430	480
开普敦	南非	428	125	61	251	307	126	233
哈科特港	尼日利亚	429	470	719	922	386	903	424
马塔莫罗斯	墨西哥	430	565	646	700	541	883	788

续表

城市	国家	经济竞争力排名	当地要素排名	生活环境排名	软件环境排名	硬件环境排名	全球联系排名	产业素质排名
攀枝花	中国	431	856	475	527	895	637	531
九江	中国	432	721	307	387	674	526	312
德班	南非	433	163	301	512	216	368	307
巴西利亚	巴西	434	313	159	463	645	241	158
卡拉奇	巴基斯坦	435	89	390	573	365	127	185
胡亚雷斯	墨西哥	436	227	556	502	564	570	362
古晋	马来西亚	437	367	247	211	224	640	419
菏泽	中国	438	607	676	634	738	525	703
安阳	中国	439	224	743	568	459	432	550
雅典	希腊	440	67	325	429	76	53	46
湛江	中国	441	280	401	352	475	369	368
宁德	中国	442	645	388	469	579	447	500
宝鸡	中国	443	308	315	505	941	509	473
濮阳	中国	444	820	749	506	615	624	648
郴州	中国	445	418	587	485	809	434	483
河内	越南	446	47	114	410	251	167	107
蚌埠	中国	447	531	659	526	792	398	506
科钦	印度	448	162	271	299	218	463	319
西宁	中国	449	404	492	567	876	220	286
新乡	中国	450	257	715	407	281	307	487
开封	中国	451	401	682	455	700	326	586
索罗卡巴	巴西	452	660	603	745	372	821	503
托卢卡	墨西哥	453	240	486	468	169	622	530
哥印拜陀	印度	454	156	410	471	319	408	599
鹰潭	中国	455	859	630	475	602	597	552
邯郸	中国	456	359	520	427	771	370	499
奥韦里	尼日利亚	457	650	903	918	689	927	742
阳江	中国	458	637	355	534	375	461	657
自贡	中国	459	538	694	591	823	524	513
阿瓜斯卡连特斯	墨西哥	460	378	173	298	324	794	408

续表

城市	国家	经济竞争力排名	当地要素排名	生活环境排名	软件环境排名	硬件环境排名	全球联系排名	产业素质排名
萨尔蒂约	墨西哥	461	300	564	392	633	702	476
萨马拉	俄罗斯	462	561	466	243	533	587	515
马拉普兰	印度	463	453	823	852	586	845	888
万隆	印度尼西亚	464	281	106	258	669	238	358
三亚	中国	465	457	281	491	609	363	532
卡塔赫纳	哥伦比亚	466	269	640	421	255	633	658
六盘水	中国	467	796	803	685	846	535	619
营口	中国	468	890	349	493	150	330	375
累西腓	巴西	469	365	286	759	766	389	353
金边	柬埔寨	470	231	836	732	243	249	270
埃尔比勒	伊拉克	471	956	861	901	787	419	381
比亚维森西奥	哥伦比亚	472	684	548	863	511	970	676
萍乡	中国	473	481	565	563	911	655	556
上饶	中国	474	795	311	639	922	480	678
漯河	中国	475	739	681	727	331	446	664
鹤壁	中国	476	835	763	675	397	467	646
荆门	中国	477	762	386	490	817	634	575
乌约	尼日利亚	478	634	913	926	583	912	760
阿巴	尼日利亚	479	601	921	931	464	804	827
玉溪	中国	480	620	323	440	804	325	505
圣萨尔瓦多	萨尔瓦多	481	320	450	720	643	271	295
梅尔辛	土耳其	482	539	482	344	706	735	715
拉普拉塔	阿根廷	483	627	538	821	252	593	712
南阳	中国	484	215	453	462	650	285	542
康塞普西翁	智利	485	619	524	315	436	740	322
萨姆松	土耳其	486	690	267	316	521	743	655
桂林	中国	487	329	223	375	878	286	341
科伦坡	斯里兰卡	488	708	447	516	242	177	131
潮州	中国	489	379	445	620	355	519	679
保定	中国	490	330	417	369	857	365	465

续表

城市	国家	经济竞争力排名	当地要素排名	生活环境排名	软件环境排名	硬件环境排名	全球联系排名	产业素质排名
彼尔姆	俄罗斯	491	549	339	385	708	545	449
三宝垄	印度尼西亚	492	518	178	283	625	422	680
宜春	中国	493	741	448	549	498	561	790
赣州	中国	494	459	309	562	885	405	635
克拉玛依	中国	495	689	890	536	746	661	383
伊科罗杜	尼日利亚	496	863	894	935	374	762	906
瓜亚基尔	厄瓜多尔	497	482	380	867	450	274	234
第比利斯	格鲁吉亚	498	264	710	208	263	292	298
吉林	中国	499	160	436	224	902	347	388
周口	中国	500	798	656	544	449	553	713
望加锡	印度尼西亚	501	622	317	301	208	324	526
拉合尔	巴基斯坦	502	88	420	489	536	182	284
平顶山	中国	503	623	654	397	407	565	563
衢州	中国	504	663	484	447	546	594	537
雅罗斯拉夫尔	俄罗斯	505	753	416	350	148	737	551
内江	中国	506	499	696	593	719	574	704
辽源	中国	507	969	658	659	751	375	569
商丘	中国	508	831	671	616	807	575	787
海得拉巴	印度	509	65	219	270	140	135	279
资阳	中国	510	918	736	665	722	395	659
浦那	印度	511	93	128	345	345	114	285
三门峡	中国	512	924	530	657	627	600	624
娄底	中国	513	653	649	529	710	542	561
绵阳	中国	514	385	480	383	757	366	484
贝尔格莱德	塞尔维亚	515	111	241	341	222	152	218
孝感	中国	516	751	837	691	667	431	733
阿布贾	尼日利亚	517	236	539	914	707	376	428
艾哈迈达巴德	印度	518	242	198	319	681	297	398
淮北	中国	519	547	746	501	570	479	602
隆德里纳	巴西	520	646	557	749	474	785	459

城市	国家	经济竞争力排名	当地要素排名	生活环境排名	软件环境排名	硬件环境排名	全球联系排名	产业素质排名
景德镇	中国	521	780	489	577	622	425	573
秦皇岛	中国	522	184	329	356	772	348	475
本溪	中国	523	940	602	423	613	506	640
宜宾	中国	524	491	576	677	950	609	524
南平	中国	525	936	284	640	761	616	501
伊丽莎白港	南非	526	312	415	539	532	641	402
库利亚坎	墨西哥	527	434	288	525	509	807	462
泸州	中国	528	456	637	496	958	414	638
驻马店	中国	529	548	644	626	603	566	725
塔伊夫	沙特阿拉伯	530	949	805	309	508	803	637
防城港	中国	531	931	529	627	824	384	555
埃莫西约	墨西哥	532	274	432	302	712	617	382
益阳	中国	533	381	418	610	897	610	549
辽阳	中国	534	888	569	566	395	477	466
亚历山大	埃及	535	78	692	528	123	232	420
特鲁希略	秘鲁	536	541	783	603	535	738	660
鞍山	中国	537	651	324	445	732	444	320
信阳	中国	538	424	600	453	765	507	663
阿雷基帕	秘鲁	539	121	819	638	992	753	647
淮南	中国	540	275	733	532	273	450	702
荆州	中国	541	572	594	474	721	452	511
巨港	印度尼西亚	542	574	568	647	199	690	682
陶里亚蒂	俄罗斯	543	808	454	360	308	907	595
奇瓦瓦	墨西哥	544	344	204	395	821	810	396
咸宁	中国	545	347	808	622	801	451	651
滁州	中国	546	735	651	543	596	424	594
塞得	埃及	547	832	948	868	483	887	869
松原	中国	548	865	672	559	868	552	654
雷诺萨	墨西哥	549	484	728	768	537	756	471
奇姆肯特	哈萨克斯坦	550	806	917	854	504	862	916

续表

城市	国家	经济竞争力排名	当地要素排名	生活环境排名	软件环境排名	硬件环境排名	全球联系排名	产业素质排名
十堰	中国	551	314	455	570	896	436	497
加沙	巴勒斯坦	552	837	933	819	412	982	562
喀土穆	苏丹	553	927	789	750	841	403	609
福塔莱萨	巴西	554	366	599	741	528	668	325
乌贝兰迪亚	巴西	555	740	472	826	867	790	460
马图林	委内瑞拉	556	966	953	1003	502	827	754
乐山	中国	557	656	470	601	858	564	468
锦州	中国	558	746	605	500	444	412	491
巴尔瑙尔	俄罗斯	559	800	508	477	497	809	628
吉大港	孟加拉国	560	317	497	948	686	892	652
卡诺	尼日利亚	561	318	832	936	949	781	808
梧州	中国	562	881	491	515	929	623	566
戈亚尼亚	巴西	563	557	340	766	403	699	435
遂宁	中国	564	836	579	541	744	629	734
科泽科德	印度	565	514	434	480	484	729	700
圣路易斯	巴西	566	824	541	832	555	815	837
萨拉托夫	俄罗斯	567	640	385	381	762	882	747
大庆	中国	568	166	784	322	742	465	444
抚顺	中国	569	408	521	416	864	397	400
贝伦	巴西	570	685	371	842	577	754	415
突尼斯	突尼斯	571	202	238	394	238	174	311
眉山	中国	572	810	595	676	830	354	671
晋城	中国	573	785	616	600	679	573	529
衡水	中国	574	862	730	678	385	548	553
棉兰	印度尼西亚	575	338	366	386	219	248	697
渭南	中国	576	880	588	632	608	341	620
广安	中国	577	821	620	624	716	555	722
黄冈	中国	578	678	474	535	822	433	558
伊巴丹	尼日利亚	579	394	647	913	321	757	546
圣佩德罗苏拉	洪都拉斯	580	552	468	917	460	426	407

城市	国家	经济竞争力排名	当地要素排名	生活环境排名	软件环境排名	硬件环境排名	全球联系排名	产业素质排名
德古西加巴	洪都拉斯	581	346	343	873	768	321	324
普埃布拉	墨西哥	582	152	110	348	448	298	361
南充	中国	583	362	464	439	779	476	627
科恰班巴	玻利维亚	584	853	429	951	989	671	589
德拉敦	印度	585	454	308	582	616	964	683
设拉子	伊朗	586	443	725	811	892	761	810
宣城	中国	587	770	396	625	698	440	744
韶关	中国	588	748	397	465	720	423	516
圣克鲁斯	玻利维亚	589	267	684	843	919	173	278
巴东	印度尼西亚	590	585	327	337	507	725	729
丽水	中国	591	521	412	487	630	511	540
石嘴山	中国	592	593	895	628	730	493	603
邢台	中国	593	761	662	479	614	546	634
克拉斯诺达尔	俄罗斯	594	658	290	253	808	531	411
加济安泰普	土耳其	595	498	426	354	597	718	617
通辽	中国	596	638	549	608	683	618	661
马瑙斯	巴西	597	474	666	786	908	453	432
维拉克斯	墨西哥	598	276	604	533	500	776	509
科尼亚	土耳其	599	472	542	293	671	406	481
托木斯克	俄罗斯	600	504	613	442	977	812	583
埃努古	尼日利亚	601	677	905	929	709	909	924
芹苴	越南	602	516	698	829	406	858	868
梁赞	俄罗斯	603	775	461	393	648	1002	805
阳泉	中国	604	417	814	498	621	407	527
奎隆	印度	605	411	779	571	514	956	876
玉林	中国	606	719	611	619	777	530	681
开塞利	土耳其	607	580	606	278	517	782	581
巴基西梅托	委内瑞拉	608	823	968	1005	553	958	472
牡丹江	中国	609	879	435	522	724	639	728
迪亚巴克尔	土耳其	610	755	457	488	774	985	701

续表

城市	国家	经济竞争力排名	当地要素排名	生活环境排名	软件环境排名	硬件环境排名	全球联系排名	产业素质排名
库埃纳瓦卡	墨西哥	611	279	391	650	237	595	789
通化	中国	612	950	562	692	903	635	692
埃斯基谢希尔	土耳其	613	590	476	347	910	822	708
随州	中国	614	855	619	613	695	544	633
弗里尼欣	南非	615	773	825	835	380	750	890
安庆	中国	616	953	487	458	691	534	621
塞拉亚	墨西哥	617	432	721	716	205	747	821
坎帕拉	乌干达	618	234	799	780	411	201	387
宿州	中国	619	703	753	693	452	290	568
若昂佩索阿	巴西	620	734	737	871	496	855	858
克麦罗沃	俄罗斯	621	768	760	418	790	886	778
坎努尔	印度	622	542	634	801	789	684	737
朔州	中国	623	252	675	644	526	543	612
吉安	中国	624	673	424	578	971	602	710
四平	中国	625	848	622	715	714	448	791
玛琅	印度尼西亚	626	659	186	252	845	709	688
赤峰	中国	627	714	597	555	756	625	523
阿尔及尔	阿尔及利亚	628	707	780	953	181	210	357
帕丘卡—德索托	墨西哥	629	388	498	503	276	739	782
佩雷拉	哥伦比亚	630	335	368	540	494	801	850
乔斯	尼日利亚	631	555	795	942	750	688	889
大不里士	伊朗	632	412	716	773	788	819	828
哈拉巴	墨西哥	633	348	277	484	377	943	801
特雷西纳	巴西	634	737	621	896	704	904	885
茹伊斯迪福拉	巴西	635	764	555	848	649	385	597
云浮	中国	636	826	519	497	847	674	761
池州	中国	637	783	632	579	942	442	577
奥绍博	尼日利亚	638	858	865	941	606	889	898
汉中	中国	639	716	478	609	840	536	672
达州	中国	640	701	699	530	850	515	785

城市	国家	经济竞争力排名	当地要素排名	生活环境排名	软件环境排名	硬件环境排名	全球联系排名	产业素质排名
清远	中国	641	466	278	370	440	329	666
永州	中国	642	727	678	633	739	664	711
曲靖	中国	643	441	446	521	854	402	495
钦州	中国	644	370	551	435	658	659	707
嘉峪关	中国	645	980	904	636	505	567	588
皮文迪	印度	646	829	884	889	417	752	926
安顺	中国	647	724	652	742	798	676	693
苏莱曼尼亚	伊拉克	648	978	624	880	882	478	554
怀化	中国	649	939	546	664	997	522	689
墨西卡利	墨西哥	650	478	875	545	776	726	436
奥伦堡	俄罗斯	651	817	402	349	678	979	757
特里凡得琅	印度	652	288	250	432	254	828	848
张家口	中国	653	445	465	425	906	471	391
承德	中国	654	485	575	449	887	262	386
宿雾	菲律宾	655	591	185	406	713	309	448
巴特那	印度	656	398	522	524	515	537	809
瓦里	尼日利亚	657	760	874	961	560	949	813
布卡拉曼加	哥伦比亚	658	255	517	507	256	734	467
基辅	乌克兰	659	244	116	444	376	139	237
费拉迪圣安娜	巴西	660	861	617	897	759	816	835
延安	中国	661	352	504	596	703	470	504
伊尔库茨克	俄罗斯	662	655	591	547	946	708	525
本地治里	印度	663	429	430	683	220	775	796
巴兰基利亚	哥伦比亚	664	247	631	569	480	590	479
百色	中国	665	882	421	751	945	603	614
卡萨布兰卡	摩洛哥	666	146	653	320	167	128	159
大同	中国	667	368	663	645	653	518	488
阜阳	中国	668	665	704	629	718	582	764
丹东	中国	669	778	344	510	780	437	494
长治	中国	670	294	515	508	598	626	534

续表

城市	国家	经济竞争力排名	当地要素排名	生活环境排名	软件环境排名	硬件环境排名	全球联系排名	产业素质排名
特里苏尔	印度	671	426	633	451	393	714	771
登巴萨	印度尼西亚	672	731	364	368	257	843	908
喀山	俄罗斯	673	439	668	269	447	631	271
库亚巴	巴西	674	822	513	864	861	937	502
弗洛里亚诺波利斯	巴西	675	605	334	743	303	706	339
晋中	中国	676	323	403	630	638	605	623
汕尾	中国	677	420	545	721	362	648	716
抚州	中国	678	899	537	576	899	583	706
海防	越南	679	582	377	824	288	723	749
运城	中国	680	463	661	615	711	547	629
格兰德营	巴西	681	629	687	833	693	764	592
岘港	越南	682	513	287	655	344	496	610
达沃市	菲律宾	683	756	411	466	884	955	649
邵阳	中国	684	711	724	554	957	656	604
莫雷利亚	墨西哥	685	307	229	420	312	730	498
卡加延德奥罗市	菲律宾	686	901	578	649	592	1001	694
阿比让	科特迪瓦	687	316	806	877	434	235	399
铜川	中国	688	718	695	841	731	308	724
安康	中国	689	937	544	612	829	638	752
扎里亚	尼日利亚	690	664	872	937	795	513	645
卡耶姆库拉姆镇	印度	691	794	911	803	651	1000	823
黑角	刚果	692	968	960	977	901	766	631
亳州	中国	693	811	775	643	612	619	786
绥化	中国	694	974	881	731	802	551	784
伊瓦格	哥伦比亚	695	628	584	599	632	973	871
拉杰沙希	孟加拉国	696	813	788	932	828	917	911
阿斯特拉罕	俄罗斯	697	917	580	353	947	850	774
崇左	中国	698	919	593	764	820	505	596
白山	中国	699	959	754	518	944	373	639
马那瓜	尼加拉瓜	700	827	701	823	832	485	351

续表

城市	国家	经济竞争力排名	当地要素排名	生活环境排名	软件环境排名	硬件环境排名	全球联系排名	产业素质排名
蒙巴萨岛	肯尼亚	701	460	697	813	666	670	564
黄山	中国	702	699	310	594	769	316	622
马什哈德	伊朗	703	380	774	816	886	749	838
太子港	海地	704	995	797	978	490	455	840
贵港	中国	705	915	769	726	856	654	783
苏拉特	印度	706	167	638	398	363	459	726
桑托斯将军城	菲律宾	707	930	794	666	415	997	800
卢迪亚纳	印度	708	305	566	772	437	773	887
科塔	印度	709	271	880	614	580	651	943
纳曼干	乌兹别克斯坦	710	977	956	879	965	853	982
巴哈瓦尔布尔	巴基斯坦	711	657	967	795	701	962	806
乌兰巴托	蒙古国	712	644	669	778	562	658	429
芒格洛尔	印度	713	377	372	546	268	820	518
蒂鲁巴	印度	714	668	793	810	445	824	910
那格浦尔	印度	715	228	742	523	513	707	874
海得拉巴	巴基斯坦	716	479	923	870	631	278	844
阿克拉	加纳	717	220	850	763	146	234	332
马拉喀什	摩洛哥	718	604	494	431	389	607	741
河源	中国	719	704	610	719	913	650	605
伊洛林	尼日利亚	720	671	828	933	825	888	945
阿卡普尔科	墨西哥	721	562	389	592	578	719	861
维萨卡帕特南	印度	722	302	363	557	699	876	891
梅州	中国	723	527	369	581	563	621	677
金斯敦	牙买加	724	92	505	560	127	172	277
奥利沙	尼日利亚	725	866	941	967	569	893	976
阿斯马拉	厄立特里亚	726	1006	971	996	725	910	972
临汾	中国	727	876	581	621	918	541	606
圭亚那城	委内瑞拉	728	964	982	1002	925	851	600
葫芦岛	中国	729	922	689	642	642	540	570
比莱纳格尔	印度	730	414	928	849	566	802	966

续表

城市	国家	经济竞争力排名	当地要素排名	生活环境排名	软件环境排名	硬件环境排名	全球联系排名	产业素质排名
万博	安哥拉	731	997	871	991	1006	793	748
努瓦克肖特	毛里塔尼亚	732	907	954	924	959	779	836
阿库雷	尼日利亚	733	687	870	927	677	885	862
佳木斯	中国	734	923	854	588	851	520	632
克里沃罗格	乌克兰	735	957	547	831	764	875	779
白城	中国	736	700	844	635	972	604	750
哈马丹	伊朗	737	654	867	860	883	861	904
马杜赖	印度	738	292	467	790	456	848	929
波萨里卡	墨西哥	739	742	908	808	318	769	882
阿散索尔	印度	740	602	848	723	379	941	953
丹吉尔	摩洛哥	741	799	750	438	340	899	905
库库塔	哥伦比亚	742	632	820	775	933	806	941
布拉柴维尔	刚果	743	883	952	969	952	823	667
张家界	中国	744	896	441	651	920	380	814
新库兹涅茨克	俄罗斯	745	825	752	483	294	934	489
塔什干	乌兹别克斯坦	746	486	558	783	890	300	354
呼伦贝尔	中国	747	801	862	597	927	428	538
基特韦	赞比亚	748	419	997	820	793	854	535
哈巴罗夫斯克	俄罗斯	749	830	707	450	980	902	522
梅克内斯	摩洛哥	750	733	756	709	556	921	897
库马西	加纳	751	788	855	800	231	800	933
坦皮科	墨西哥	752	422	535	605	248	789	816
商洛	中国	753	886	796	662	806	488	776
来宾	中国	754	815	706	687	888	677	765
杜阿拉	喀麦隆	755	536	801	982	587	242	425
新西伯利亚	俄罗斯	756	343	577	297	983	263	384
雅安	中国	757	723	643	712	870	381	625
卡杜纳	尼日利亚	758	675	766	945	969	871	922
拉巴特	摩洛哥	759	353	596	403	136	340	409
顿河畔罗斯托夫	俄罗斯	760	763	220	327	310	486	421

续表

城市	国家	经济竞争力排名	当地要素排名	生活环境排名	软件环境排名	硬件环境排名	全球联系排名	产业素质排名
万象	老挝	761	614	509	892	991	549	406
印多尔	印度	762	303	720	667	350	411	851
六安	中国	763	972	582	550	644	475	762
拉巴斯	玻利维亚	764	212	437	886	998	693	410
高哈蒂	印度	765	296	586	753	797	523	719
拉瓦尔品第	巴基斯坦	766	523	834	857	690	712	969
西爪哇斗望市	印度尼西亚	767	864	635	604	812	532	842
奇克拉约	秘鲁	768	765	830	789	635	992	723
利伯维尔	加蓬	769	998	648	956	875	627	355
仰光	缅甸	770	954	483	855	729	221	464
楠榜省	印度尼西亚	771	781	641	329	283	736	745
克拉斯诺亚尔斯克	俄罗斯	772	501	387	325	987	728	430
伊热夫斯克	俄罗斯	773	766	382	443	665	987	758
特拉斯卡拉	墨西哥	774	494	218	461	567	963	865
哈拉雷	津巴布韦	775	208	540	919	572	578	434
乌兰察布	中国	776	985	821	548	894	613	630
基希讷乌	摩尔多瓦	777	465	443	542	179	288	417
阜新	中国	778	932	691	656	862	686	803
广元	中国	779	594	618	694	810	643	717
贾朗达尔	印度	780	399	690	777	639	923	920
瓦哈卡	墨西哥	781	455	146	288	917	703	812
马塞约	巴西	782	802	550	894	849	830	591
焦特布尔	印度	783	421	840	595	664	864	845
埃罗德	印度	784	554	800	718	629	981	893
齐齐哈尔	中国	785	661	835	580	758	569	642
加德满都	尼泊尔	786	897	552	564	619	727	714
巴彦淖尔	中国	787	944	847	702	940	559	626
蒂鲁伯蒂	印度	788	540	625	669	527	733	772
车里雅宾斯克	俄罗斯	789	564	506	382	799	898	584
古杰兰瓦拉	巴基斯坦	790	676	985	846	837	826	983

续表

城市	国家	经济竞争力排名	当地要素排名	生活环境排名	软件环境排名	硬件环境排名	全球联系排名	产业素质排名
阿拉卡茹	巴西	791	790	758	834	485	720	884
吕梁	中国	792	698	660	586	673	606	674
鄂木斯克	俄罗斯	793	613	598	379	928	951	775
加拉特	印度	794	310	573	673	512	383	675
达累斯萨拉姆	坦桑尼亚	795	512	583	890	740	188	451
茂物	印度尼西亚	796	545	107	308	907	400	615
朝阳	中国	797	976	607	735	682	652	767
贺州	中国	798	877	765	734	939	665	770
阿姆利则	印度	799	402	670	701	510	877	925
巴科洛德	菲律宾	800	934	585	699	936	940	656
泰布克	沙特阿拉伯	801	868	887	437	672	890	684
保山	中国	802	553	444	722	924	494	804
索科托	尼日利亚	803	747	973	959	976	931	947
卡尔巴拉	伊拉克	804	987	972	905	735	837	878
忻州	中国	805	356	645	733	881	642	718
庆阳	中国	806	315	777	681	926	579	668
塞伦	印度	807	141	748	752	230	218	539
锡尔赫特	孟加拉国	808	860	677	930	852	977	777
萨尔瓦多	巴西	809	333	463	728	316	495	359
伏尔加格勒	俄罗斯	810	683	383	304	811	884	571
图斯特拉古铁雷斯	墨西哥	811	579	553	623	280	852	863
维查亚瓦达	印度	812	289	680	660	301	935	727
尚勒乌尔法	土耳其	813	839	807	575	576	1005	781
蒂鲁吉拉伯利	印度	814	431	614	654	488	814	880
基尔库克	伊拉克	815	988	969	895	668	759	849
下诺夫哥罗德	俄罗斯	816	490	279	237	153	797	446
迈杜古里	尼日利亚	817	752	927	939	675	920	915
喀布尔	阿富汗	818	261	955	976	848	501	636
塞康第一塔科拉迪	加纳	819	887	886	887	311	857	902
吴忠	中国	820	941	924	698	736	458	721

续表

城市	国家	经济竞争力排名	当地要素排名	生活环境排名	软件环境排名	硬件环境排名	全球联系排名	产业素质排名
斋蒲尔	印度	821	250	346	343	351	213	576
沃罗涅日	俄罗斯	822	618	393	338	628	315	427
金昌	中国	823	982	866	725	898	558	644
天水	中国	824	395	667	679	943	645	763
贾姆讷格尔	印度	825	695	686	703	493	911	914
非斯	摩洛哥	826	670	767	556	408	748	919
迈索尔	印度	827	297	244	584	501	732	901
乌尔米耶	伊朗	828	633	761	875	559	916	870
达喀尔	塞内加尔	829	575	961	878	723	239	490
占碑	印度尼西亚	830	840	574	519	860	584	740
鲁而克拉	印度	831	857	910	862	813	999	957
卡努尔	印度	832	681	912	714	865	938	949
詹谢普尔	印度	833	295	778	866	727	969	798
西里古里	印度	834	577	787	747	547	993	959
三宝颜市	菲律宾	835	920	536	688	785	984	960
戈尔哈布尔	印度	836	570	507	641	499	680	687
纳塔尔	巴西	837	452	590	847	657	563	753
密鲁特	印度	838	508	888	806	773	527	841
巴士拉	伊拉克	839	975	976	921	623	988	590
纳西克	印度	840	354	772	574	333	700	795
布巴内斯瓦尔	印度	841	301	360	558	684	666	923
摩苏尔	伊拉克	842	945	944	949	544	975	847
圣玛尔塔	哥伦比亚	843	497	732	572	702	839	921
叶卡捷琳堡	俄罗斯	844	679	708	335	803	441	445
拉什特	伊朗	845	616	711	865	866	976	839
符拉迪沃斯托克	俄罗斯	846	647	335	430	270	673	371
临沧	中国	847	789	747	765	986	516	766
昭通	中国	848	834	770	706	953	482	773
胡布利—塔尔瓦尔	印度	849	409	532	652	359	930	951
铁岭	中国	850	955	723	663	522	502	769

续表

城市	国家	经济竞争力排名	当地要素排名	生活环境排名	软件环境排名	硬件环境排名	全球联系排名	产业素质排名
勒克瑙	印度	851	205	745	648	404	322	817
巴中	中国	852	909	755	710	966	438	855
中卫	中国	853	769	915	680	827	317	567
库尔纳	孟加拉国	854	816	729	954	962	948	930
鸡西	中国	855	928	679	717	844	657	834
洛美	多哥	856	914	891	859	271	390	463
尼亚拉	苏丹	857	910	918	971	1001	744	899
白银	中国	858	902	812	646	938	415	685
费萨拉巴德	巴基斯坦	859	433	833	779	574	632	794
阿加迪尔	摩洛哥	860	550	762	433	177	873	867
瓦朗加尔	印度	861	436	785	585	694	942	879
博卡罗钢铁城	印度	862	842	902	817	565	998	955
乌里扬诺夫斯克	俄罗斯	863	809	608	495	232	897	822
瓜廖尔	印度	864	493	726	807	748	952	977
拉塔基亚	叙利亚	865	989	947	923	568	895	989
丽江	中国	866	709	407	671	834	345	669
米苏拉塔	利比亚	867	1002	925	970	755	881	944
金沙萨	刚果	868	713	957	984	974	275	544
纳西里耶	伊拉克	869	992	979	958	680	1005	866
斯法克斯	突尼斯	870	578	856	793	378	818	931
昌迪加尔	印度	871	198	379	587	262	207	441
河池	中国	872	990	592	705	990	504	720
张掖	中国	873	828	810	730	988	332	730
斯利纳加	印度	874	325	900	774	463	778	559
马哈奇卡拉	俄罗斯	875	878	771	583	371	957	903
奥兰加巴德	印度	876	235	846	653	654	878	940
七台河	中国	877	999	792	770	396	696	738
兰契	印度	878	477	665	754	676	717	824
卢萨卡	赞比亚	879	246	984	814	982	261	348
奢羯罗	印度	880	852	768	788	325	995	918

续表

城市	国家	经济竞争力排名	当地要素排名	生活环境排名	软件环境排名	硬件环境排名	全球联系排名	产业素质排名
双鸭山	中国	881	996	885	708	786	689	815
普洱	中国	882	926	629	739	967	449	691
伊斯法罕	伊朗	883	415	791	637	975	792	864
萨那	也门	884	819	892	986	948	653	698
伊斯兰堡	巴基斯坦	885	188	718	607	337	209	439
博格拉	孟加拉国	886	951	843	968	964	980	964
纳杰夫	伊拉克	887	971	983	947	985	922	872
武威	中国	888	642	858	696	981	662	792
基加利	卢旺达	889	603	946	365	685	636	598
萨哈兰普尔	印度	890	551	864	883	921	741	853
巴罗达	印度	891	222	345	551	402	722	643
库姆	伊朗	892	615	859	776	931	842	934
顿涅茨克	乌克兰	893	697	460	781	204	989	854
马辰港	印度尼西亚	894	812	781	470	162	731	833
贡土尔	印度	895	489	811	682	518	926	938
边和	越南	896	511	615	840	290	811	825
英帕尔	印度	897	688	709	874	601	774	877
博帕尔	印度	898	342	358	684	422	705	860
哈马	叙利亚	899	1001	993	950	961	996	991
大马士革	叙利亚	900	722	992	888	367	713	793
埃里温	亚美尼亚	901	427	876	454	151	260	378
摩加迪沙	索马里	902	983	1002	980	970	849	952
固原	中国	903	947	818	758	916	694	780
坤甸	印度尼西亚	904	844	572	631	726	701	743
穆扎法尔讷格尔	印度	905	771	934	748	814	906	965
瓦拉纳西	印度	906	389	642	729	594	780	973
包纳加尔	印度	907	568	926	434	539	936	932
蒂鲁内尔维利	印度	908	546	713	796	634	917	917
肖拉普尔	印度	909	502	816	812	640	928	927
丹巴德	印度	910	475	813	798	558	745	859

城市	国家	经济竞争力排名	当地要素排名	生活环境排名	软件环境排名	硬件环境排名	全球联系排名	产业素质排名
克尔曼	伊朗	911	556	809	736	889	768	831
切尔塔拉	印度	912	712	919	805	360	932	948
锡亚尔科特	巴基斯坦	913	757	945	885	763	533	846
拉卡	叙利亚	914	1003	1006	965	960	944	997
贝尔高姆	印度	915	544	485	792	468	990	928
韦诺尔	印度	916	361	612	767	529	742	802
苏库尔	巴基斯坦	917	818	974	910	753	994	958
卢本巴希	刚果	918	906	963	988	880	880	756
白沙瓦	巴基斯坦	919	483	790	893	636	647	819
阿格拉	印度	920	505	722	794	624	612	873
鹤岗	中国	921	925	893	686	697	550	820
马莱冈	印度	922	772	869	827	432	983	939
阿姆拉瓦提	印度	923	532	873	707	794	929	912
尼亚美	尼日尔	924	797	980	972	618	514	799
平凉	中国	925	696	751	757	877	474	807
亚丁	也门	926	961	987	990	381	836	1001
内洛儿	印度	927	617	849	782	455	915	950
克塔克	印度	928	631	714	828	715	667	856
阿尔达比勒	伊朗	929	717	702	804	955	946	881
黑河	中国	930	1004	841	606	836	683	746
阿里格尔	印度	931	503	815	822	968	791	942
桑给巴尔	坦桑尼亚	932	851	978	938	935	961	963
亚的斯亚贝巴	埃塞俄比亚	933	750	845	872	525	259	593
巴雷利	印度	934	566	860	856	909	901	975
弗里敦	塞拉利昂	935	804	826	955	749	865	618
莫拉达巴德	印度	936	624	964	844	869	825	978
杜兰戈	墨西哥	937	291	376	428	874	798	579
古尔伯加	印度	938	666	734	809	552	908	935
科曼莎	伊朗	939	595	738	815	963	817	896
坎普尔	印度	940	204	883	740	491	799	946

续表

城市	国家	经济竞争力排名	当地要素排名	生活环境排名	软件环境排名	硬件环境排名	全球联系排名	产业素质排名
亚兹德	伊朗	941	672	827	771	973	859	875
贾巴尔普尔	印度	942	533	889	769	620	765	984
乌贾因	印度	943	706	757	838	775	863	967
姆万扎	坦桑尼亚	944	792	817	858	1004	869	961
利沃夫	乌克兰	945	793	462	689	662	866	608
阿杰梅尔	印度	946	639	700	818	900	805	956
苏伊士	埃及	947	736	935	851	225	770	907
南德	印度	948	903	824	761	752	991	962
安拉阿巴德	印度	949	410	739	690	647	835	970
第聂伯罗彼得罗夫斯克	乌克兰	950	870	405	784	561	874	611
扎波里日亚	乌克兰	951	938	543	756	687	925	886
布拉瓦约	津巴布韦	952	900	916	940	705	1003	696
哈尔科夫	乌克兰	953	529	559	760	659	760	937
菲罗扎巴德	印度	954	850	965	825	489	939	985
查谟	印度	955	403	735	611	543	445	751
敖德萨	乌克兰	956	652	655	713	557	831	894
占西	印度	957	680	950	850	871	856	974
木尔坦	巴基斯坦	958	587	962	869	545	682	857
酒泉	中国	959	912	857	538	956	469	731
科托努	贝宁	960	885	898	898	160	392	560
萨尔塔	阿根廷	961	892	158	853	937	599	557
陇南	中国	962	597	831	791	994	539	843
雅温得	喀麦隆	963	437	764	957	353	353	832
定西	中国	964	392	838	697	805	601	852
伊春	中国	965	994	920	787	826	672	826
督伽坡	印度	966	500	842	737	442	945	913
奎达	巴基斯坦	967	693	868	861	951	986	909
马图拉	印度	968	407	852	891	842	698	892
比什凯克	吉尔吉斯斯坦	969	963	899	837	462	355	485
瓦加杜古	布基纳法索	970	754	990	912	610	833	883

续表

城市	国家	经济竞争力排名	当地要素排名	生活环境排名	软件环境排名	硬件环境排名	全球联系排名	产业素质排名
内维	尼日利亚	971	807	995	973	741	905	987
布瓦凯	科特迪瓦	972	929	966	904	954	966	980
布兰太尔	马拉维	973	168	896	928	641	497	653
比卡内尔	印度	974	641	851	830	912	973	968
内比都	缅甸	975	962	901	934	229	953	993
扎黑丹	伊朗	976	710	938	882	831	786	936
巴马科	马里	977	738	989	900	458	588	830
蒙罗维亚	利比里亚	978	259	949	981	234	772	900
吉布提	吉布提	979	946	994	964	781	868	981
曼德勒	缅甸	980	895	688	907	859	967	994
戈勒克布尔	印度	981	662	975	906	784	847	992
布琼布拉	布隆迪	982	967	1005	979	1005	867	995
科纳克里	几内亚	983	833	878	966	833	529	673
阿波美—卡拉维	贝宁	984	889	932	911	348	914	797
哈尔格萨	索马里	985	1005	996	983	1003	896	1004
马托拉	莫桑比克	986	993	939	963	454	813	979
赖布尔	印度	987	473	741	658	382	746	755
奇卡帕	刚果	988	1000	1000	994	993	972	999
塔那那利佛	马达加斯加	989	636	683	962	999	576	705
萨戈达	巴基斯坦	990	730	959	908	873	913	986
利隆圭	马拉维	991	451	931	916	996	784	895
马普托	莫桑比克	992	847	744	952	891	226	477
博博迪乌拉索	布基纳法索	993	916	991	920	932	965	988
姆布吉马伊	刚果	994	970	1004	995	872	971	1003
楠普拉	莫桑比克	995	981	943	974	1002	959	971
杜尚别	塔吉克斯坦	996	611	909	909	531	628	699
卡南加	刚果	997	991	999	992	1000	950	1000
布卡武	刚果	998	206	981	989	839	978	1005
塔依兹	也门	999	933	936	997	923	872	998
荷台达	也门	1000	965	988	999	819	1004	1002

续表

城市	国家	经济竞争力排名	当地要素排名	生活环境排名	软件环境排名	硬件环境排名	全球联系排名	产业素质排名
班吉	中非共和国	1001	948	951	985	816	832	954
班加西	利比亚	1002	986	877	960	551	687	585
霍姆斯	叙利亚	1003	979	1003	915	979	919	990
恩贾梅纳	乍得	1004	960	977	987	978	351	580
基桑加尼	刚果	1005	973	1001	998	995	960	1006
阿勒颇	叙利亚	1006	984	998	925	863	763	996

第 六 章

2019 年度全球城市
可持续竞争力表现

第一节　全球 20 强城市：欧洲城市
最多，亚洲均值最高

全球可持续竞争力 20 强城市基本囊括了当前世界主要城市和发达国家的中心城市，美国有 5 个城市入选，西欧国家占据 9 席，其中德国有 3 个、西班牙有 2 个，其余是东亚国家的城市，中国、日本、韩国和新加坡获得 6 个位置（见表 6－1）。不难发现，所有 20 强城市几乎代表了所在国家的特征与发展，这些顶级的世界都市，已经可以看作整个国家发展与成就的象征。

表 6－1　　　　　全球可持续竞争力指数前 20 名城市

洲际	国家	城市	指数	排名	洲际	国家	城市	指数	排名
亚洲	新加坡	新加坡	1	1	欧洲	西班牙	巴塞罗那	0.8160	11
亚洲	日本	东京	0.9984	2	欧洲	俄罗斯	莫斯科	0.8135	12
北美洲	美国	纽约	0.9570	3	欧洲	瑞典	斯德哥尔摩	0.8075	13
欧洲	英国	伦敦	0.9135	4	亚洲	韩国	首尔	0.8047	14
北美洲	美国	旧金山	0.8955	5	欧洲	德国	慕尼黑	0.8019	15
欧洲	法国	巴黎	0.8930	6	欧洲	德国	斯图加特	0.7957	16
亚洲	中国	香港	0.8894	7	北美洲	美国	波士顿	0.7934	17
亚洲	日本	大阪	0.8532	8	欧洲	西班牙	马德里	0.7918	18
北美洲	美国	洛杉矶	0.8386	9	亚洲	中国	深圳	0.7905	19

续表

洲际	国家	城市	指数	排名	洲际	国家	城市	指数	排名
北美洲	美国	芝加哥	0.8285	10	欧洲	德国	法兰克福	0.7887	20

资料来源：中国社会科学院城市与竞争力中心数据库。

　　20 强城市的空间分布全部在北半球（见图 6 - 1），分别在东西半球
120 度和本初子午线附近，地理距离上分布以东亚、西欧、北美形成三分
天下之势，其中东亚城市都以沿海外向型经济中心为主要特征，西欧城
市相对集中，为各国的首都或经济中心，北美城市分美东、美西两块集
聚，构成了美国东西海岸的经济活动中心。

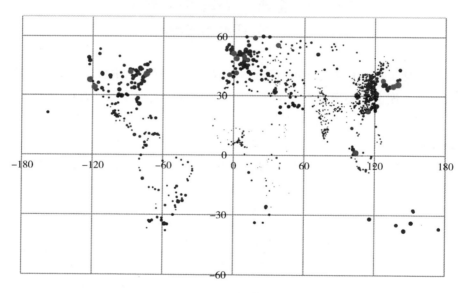

图 6 - 1　全球可持续竞争力指数前 20 名城市空间分布

资料来源：中国社会科学院城市与竞争力中心数据库。

　　20 强城市中，亚洲城市无论在平均值还是在中位数上都胜过欧美城
市，且在综合增量和综合密度两方面表现均衡。相对而言，北美城市的
综合密度稍稍落后，而欧洲城市则在综合增量方面表现不足。但整体来
看，东亚、北美和西欧城市代表了全球城市可持续竞争力的顶点和高峰。

表6-2 全球可持续竞争力指数前20名城市统计描述

大洲	指数	个数	均值	标准差	最小	中位数	最大
亚洲	可持续竞争力	6	0.889	0.008	0.791	0.871	1
	综合增量	6	0.786	0.020	0.584	0.786	0.988
	综合密度	6	0.820	0.017	0.661	0.829	1
北美	可持续竞争力	5	0.863	0.004	0.793	0.839	0.957
	综合增量	5	0.886	0.012	0.734	0.872	1
	综合密度	5	0.672	0.007	0.532	0.698	0.745
欧洲	可持续竞争力	9	0.825	0.002	0.789	0.808	0.914
	综合增量	9	0.671	0.017	0.522	0.660	0.879
	综合密度	9	0.818	0.005	0.73	0.797	0.926
整体	可持续竞争力	20	0.854	0.005	0.789	0.822	1
	综合增量	20	0.759	0.023	0.522	0.751	1
	综合密度	20	0.782	0.012	0.532	0.786	1

资料来源：中国社会科学院城市与竞争力中心数据库。

第二节 全球 200 强城市：亚洲城市最多，欧洲均值最高

2019 年全球可持续竞争力指数 200 强城市中，亚洲城市最多，有 65 个城市，均值为 0.618，变异系数为 0.183，说明亚洲作为全球发展最快的地区，具有强烈的上升趋势；但同时也应看到，亚洲进入 200 强的城市均值较低，仅超过数量上不具可比性的南美洲和非洲，说明可持续竞争力还有待进一步提升。北美洲和欧洲紧随其后，各有 60 座城市和 58 座城市进入 200 强，欧洲与北美洲的全球可持续竞争力的均值、变异系数基本一致，实力相当，欧洲相对于美国稍胜一筹。根据表 6-3 给出的全球可持续竞争力指数 200 强城市的分布情况可知，全球核心城市的发展洲际差异较小。

表 6 - 3 全球可持续竞争力指数 200 强城市分布情况

区域	样本	均值	变异系数	最优城市	指数	世界排名
亚洲	65	0.618	0.183	新加坡	1	1
欧洲	58	0.634	0.170	伦敦	0.914	4
北美洲	60	0.633	0.171	纽约	0.957	3
南美洲	8	0.578	0.116	布宜诺斯艾利斯	0.707	42
大洋洲	7	0.632	0.133	墨尔本	0.754	27
非洲	2	0.554	0.088	比勒陀利亚	0.589	106
全球	200	0.626	0.171			

资料来源：中国社会科学院城市与竞争力中心数据库。

　　无论在哪个大洲和国家，这些城市构成了所在地区的核心城市和发展中心。整体看 200 强城市分布（见图 6 - 2），亚洲、欧洲和北美洲三足鼎立，均值基本一致，且变异系数差异不大。说明无论在大洲之间，还是本大洲内部，全球重点城市的竞争力水平趋同是大趋势，这与一般城市在不同地区之间存在较大差异形成对比。

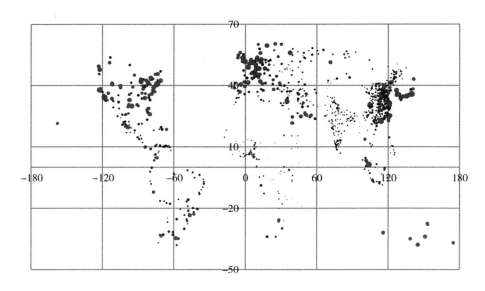

图 6 - 2 全球可持续竞争力指数 200 强城市空间分布

资料来源：中国社会科学院城市与竞争力中心数据库。

　　200 强城市中，亚洲城市在可持续竞争力方面的差距显现出来，但综合增量相对差异不大，北美洲城市和欧洲城市胜在综合密度，而在综合增量方面优势不明显（见表 6 - 4）。不难发现欧美核心城市发展已久，地位较为稳固，而亚洲城市正在呈现快速趋同与赶超的形势。

表 6 - 4　　　　　全球可持续竞争力指数 200 强城市统计描述

大洲	指数	个数	均值	标准差	最小	中位数	最大
亚洲	可持续竞争力	65	0.618	0.113	0.494	0.594	1
	综合增量	65	0.487	0.137	0.211	0.449	0.988
	综合密度	65	0.629	0.111	0.405	0.610	1
北美洲	可持续竞争力	60	0.633	0.108	0.502	0.621	0.957
	综合增量	60	0.519	0.177	0.251	0.470	1
	综合密度	60	0.625	0.092	0.450	0.614	0.832
南美洲	可持续竞争力	8	0.578	0.067	0.502	0.571	0.707
	综合增量	8	0.480	0.110	0.309	0.484	0.635
	综合密度	8	0.564	0.039	0.517	0.553	0.641
大洋洲	可持续竞争力	7	0.632	0.084	0.517	0.600	0.754
	综合增量	7	0.533	0.143	0.287	0.552	0.706
	综合密度	7	0.608	0.055	0.498	0.630	0.655
欧洲	可持续竞争力	58	0.634	0.108	0.492	0.598	0.914
	综合增量	58	0.435	0.139	0.221	0.417	0.879
	综合密度	58	0.710	0.102	0.501	0.716	0.926
非洲	可持续竞争力	2	0.554	0.049	0.520	0.554	0.589
	综合增量	2	0.425	0.022	0.409	0.425	0.441
	综合密度	2	0.575	0.065	0.529	0.575	0.622
整体	可持续竞争力	200	0.626	0.107	0.492	0.596	1
	综合增量	200	0.482	0.152	0.211	0.451	1
	综合密度	200	0.647	0.107	0.405	0.631	1

　　资料来源：中国社会科学院城市与竞争力中心数据库。

第三节　全球十大城市群：首尔均值最高，
莱茵—鲁尔均衡度最好

　　从重要城市群来看，美国和英国城市群实力明显突出，均值在全部城市群均值以上而且水平划一，实力依旧雄厚。中国、印度等发展中国家城市群虽然规模较大，但中心城市和周边城市的可持续发展指数相差过大，标准差较大。美国三大城市群内部城市发展均衡，而且均值很高。亚洲城市群可持续竞争力出现了明显的单核模式，城市群中心城市突出，排名不亚于发达国家城市群城市。其中首尔城市群由于群内城市较少，可持续竞争力指数平均值全球第一，但中国、印度城市群内，核心城市与其他城市差距非常大。欧洲的城市群中，莱茵—鲁尔城市群标准差最小，显示出老牌西欧国家城市发展的均衡。

表 6 – 5　　　　　全球十大城市群可持续竞争力指数描述性统计

城市群	指数	均值	标准差	最小	中位数	最大
首尔都市群	可持续竞争力	0.741	0.090	0.677	0.741	0.805
	综合增量	0.632	0.191	0.498	0.632	0.767
	综合密度	0.705	0.028	0.685	0.705	0.725
美国东北城市群	可持续竞争力	0.700	0.141	0.522	0.681	0.957
	综合增量	0.598	0.242	0.336	0.601	1
	综合密度	0.666	0.101	0.463	0.692	0.766
美国中西部城市群	可持续竞争力	0.585	0.122	0.467	0.538	0.828
	综合增量	0.471	0.164	0.248	0.448	0.841
	综合密度	0.586	0.127	0.463	0.595	0.832
美国北加利福尼亚城市群	可持续竞争力	0.678	0.240	0.420	0.719	0.895
	综合增量	0.646	0.210	0.456	0.611	0.872
	综合密度	0.578	0.241	0.302	0.688	0.745
孟买城市群	可持续竞争力	0.266	0.099	0.177	0.253	0.381
	综合增量	0.135	0.053	0.080	0.133	0.195
	综合密度	0.346	0.127	0.218	0.335	0.494
伦敦—利物浦城市群	可持续竞争力	0.667	0.179	0.455	0.712	0.914

续表

城市群	指数	均值	标准差	最小	中位数	最大
伦敦—利物浦城市群	综合增量	0.487	0.244	0.248	0.513	0.859
	综合密度	0.717	0.092	0.574	0.772	0.790
长三角城市群	可持续竞争力	0.446	0.130	0.242	0.446	0.733
	综合增量	0.342	0.127	0.134	0.326	0.622
	综合密度	0.463	0.114	0.276	0.475	0.701
珠三角城市群	可持续竞争力	0.531	0.146	0.328	0.543	0.791
	综合增量	0.403	0.112	0.268	0.374	0.584
	综合密度	0.555	0.162	0.323	0.595	0.843
莱茵—鲁尔城市群	可持续竞争力	0.614	0.061	0.560	0.591	0.700
	综合增量	0.335	0.100	0.239	0.290	0.474
	综合密度	0.774	0.040	0.720	0.780	0.828
荷兰—比利时城市群	可持续竞争力	0.601	0.062	0.527	0.590	0.673
	综合增量	0.385	0.100	0.234	0.381	0.496
	综合密度	0.699	0.031	0.644	0.717	0.719
整体	可持续竞争力	0.540	0.175	0.177	0.535	0.957
	综合增量	0.415	0.193	0.080	0.377	1
	综合密度	0.559	0.163	0.218	0.572	0.843

资料来源：中国社会科学院城市与竞争力中心数据库。

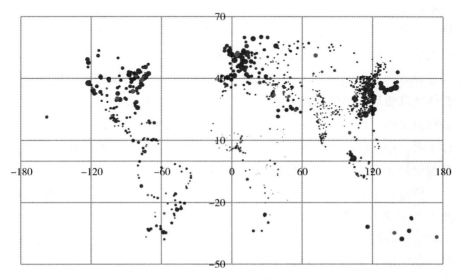

图 6 - 3　全球十大城市群空间分布

资料来源：中国社会科学院城市与竞争力中心数据库。

从地理区位上看，城市群分布与全球 20 强城市分布特征基本吻合，说明城市群的形成对于中心城市要求较高。此外，较小的国家难以形成真正意义上的城市群，如韩国、新加坡。因此，城市群同时显示了城市集聚与核心城市优先发展的双重特征。

第四节 中美欧三大经济体：美国、欧盟远超中国，美国城市潜力较大

在城市竞争力体系中，大国城市比重很高，且对全球城市的影响最大。从经济影响力来分析，我们将欧盟视作一个整体，这样中国、欧盟和美国共有 439 个城市进入城市竞争力指数关注范围，接近全部 1006 个城市数量的一半。其中欧盟的整体表现与美国不相伯仲，体现在可持续竞争力指数均值较高。中国与欧美城市之间一定程度上仍存在较大差距，中国和欧美的城市发展可以视作城市发展生命周期的成长阶段和成熟阶段。

从可持续竞争力指数均值上看（见表 6 - 6），美国最高，且变异系数最低，显示出强大的可持续竞争力。而中国均值虽然相对较低，但差距并不明显，加之我国人口较多，进入可持续竞争力指数的城市较多，小城市在竞争力方面的劣势比较明显，而美国欧盟的城市化水平和中心城市集聚程度都较高，进入城市竞争力的城市较少。欧盟无论从均值和内部差异方面与美国相当，而且欧盟城市的历史大都比较悠久，作为一个整体的欧盟显示出强大的可持续竞争力优势。美欧对比中，美国综合增量均值更高，说明相对欧洲，美国城市的发展潜力更大（见表 6 - 7）。总体上看，中国城市可持续竞争力还未能达到最佳水平，美国和欧盟城市目前仍处于全球城市可持续竞争力的高峰。

值得注意的是，部分中国城市全球可持续竞争力水平迅速提升。2019 年香港和深圳两个城市跻身全球前 20 强，北京、上海和台北等共 5 个城市跻身前 50 强，苏州、广州、南京、厦门等共 9 个城市跻身前 100 强，中国城市正在迈向较具全球可持续竞争力的队列。

表 6 - 6 　　　　　　　　　　　中美欧全球可持续竞争力指数对比

国家或地区	均值	标准差	变异系数	最高排名	最优城市
中国	0.326	0.110	0.337	7	香港
美国	0.568	0.139	0.245	3	纽约
欧盟	0.565	0.132	0.234	4	伦敦

资料来源：中国社会科学院城市与竞争力中心数据库。

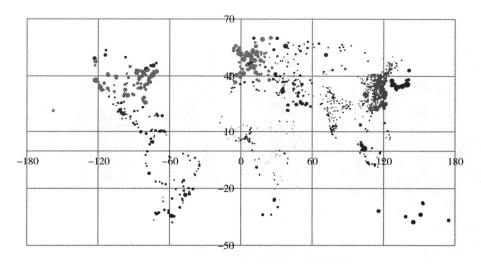

图 6 - 4　中美欧全球可持续竞争力城市空间分布对比

资料来源：中国社会科学院城市与竞争力中心数据库。

表 6 - 7 　　　　　　　　　　中美欧城市可持续竞争力指数

国家或地区	指数	个数	均值	标准差	最小	中位数	最大
中国	可持续竞争力	284	0.326	0.110	0.128	0.301	0.791
	综合增量	284	0.250	0.096	0	0.226	0.651
	综合密度	284	0.338	0.111	0.078	0.319	0.843
欧盟	可持续竞争力	80	0.565	0.132	0.319	0.543	0.914
	综合增量	80	0.378	0.141	0.154	0.349	0.879
	综合密度	80	0.641	0.131	0.373	0.629	0.926
美国	可持续竞争力	75	0.568	0.139	0.285	0.547	0.957
	综合增量	75	0.457	0.186	0.198	0.398	1
	综合密度	75	0.569	0.125	0.302	0.571	0.832

续表

国家或地区	指数	个数	均值	标准差	最小	中位数	最大
整体	可持续竞争力	439	0.411	0.166	0.128	0.375	0.957
	综合增量	439	0.309	0.149	0	0.269	1
	综合密度	439	0.433	0.175	0.078	0.388	0.926

资料来源：中国社会科学院城市与竞争力中心数据库。

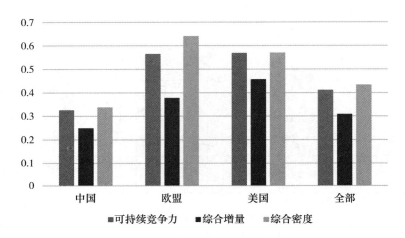

图6-5　中美欧全球可持续竞争力构成内容均值对比

资料来源：中国社会科学院城市与竞争力中心数据库。

　　进一步分析构成可持续竞争力的两个主要因子，即综合增量和综合密度的均值与标准差。从均值上看，欧美齐头并进，可持续竞争指数基本一致（美欧均值之比为1∶0.994），但在综合增量和综合密度两方面存在差异，欧盟城市胜在综合密度，而美国则在综合增量方面占据优势。如前所述，由于城市化进程尚未完全实现，相比美欧，中国城市在整体指数和两个主要因子方面都相对较低（中国三指标仅分别为美国的57%、54%、59%）。

　　从标准差方面看，尽管中国城市数量远超欧美，但中国城市内部标准差却区别不大，一定程度上显示出中国城市发展整体较为均衡。对于综合增量而言，美国城市的差异极大，说明美国城市存在较大的发展速度差异。尽管美国城市整体发展潜力巨大，但过于集中于少数核心城市，可能导致美国城市体系未来发展的变异。

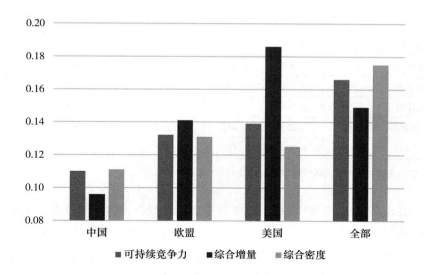

图6-6 中美欧全球可持续竞争力构成内容变异系数对比

资料来源：中国社会科学院城市与竞争力中心数据库。

第五节 全球空间整体格局：北美、西欧城市水平高差异小，亚洲城市水平低差异大

从全球可持续竞争力城市在世界的分布情况来看（见表6-8），亚洲城市数量遥遥领先于其余各大洲，但均值稍落后于世界平均水平，北美洲和欧洲均值远高于世界平均水平。北美洲均值为0.501，欧洲为0.526，处于全球可持续竞争力的顶端，且变异系数相对更低，说明欧美城市差异较小。亚洲的均值仅为0.34，变异系数为0.429，说明亚洲城市发展水平较低、差异较大，但这也说明亚洲城市中部分中心城市正在迅速崛起、大力发展，促进可持续竞争力达到较高的水平。

表6-8 全球城市可持续竞争力指数分布情况

区域	样本	均值	变异系数	最优城市	指数	世界排名
亚洲	565	0.340	0.429	新加坡	1	1
欧洲	126	0.526	0.405	伦敦	0.9135	4

区域	样本	均值	变异系数	最优城市	指数	世界排名
北美洲	131	0.501	0.307	纽约	0.9570	3
南美洲	75	0.394	0.299	布宜诺斯艾利斯	0.7068	42
大洋洲	7	0.608	0.090	墨尔本	0.7540	27
非洲	102	0.253	0.482	比勒陀利亚	0.5890	106
全球	1006	0.381	0.459			

资料来源：中国社会科学院城市与竞争力中心数据库。

　　图6-7给出全球1006个城市全球可持续竞争力的空间分布，北美和西欧经济力量依旧雄厚，仍是最强全球可持续竞争力城市的集聚区。可以清楚地看出全球可持续竞争力城市集中集聚在北美和西欧，东亚全球可持续竞争力较强的城市数量小于北美和西欧。

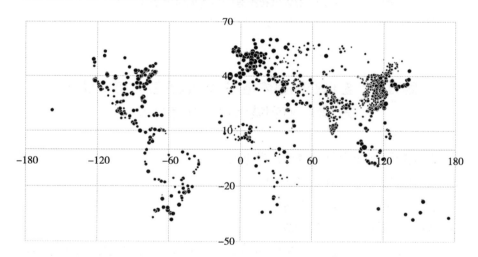

图6-7　全球1006个城市全球可持续竞争力的空间分布

资料来源：中国社会科学院城市与竞争力中心数据库。

表6-9　　　　　　　　全球可持续竞争力指数整体分布

大洲	指数	个数	均值	标准差	最小	中位数	最大
亚洲	可持续竞争力	565	0.340	0.146	0.041	0.312	1
	综合增量	565	0.219	0.138	0	0.203	0.988
	综合密度	565	0.310	0.148	0.035	0.282	1

续表

大洲	指数	个数	均值	标准差	最小	中位数	最大
北美	可持续竞争力	131	0.501	0.154	0.077	0.508	0.832
	综合增量	131	0.387	0.180	0.129	0.350	1
	综合密度	131	0.492	0.162	0.176	0.483	0.957
南美	可持续竞争力	75	0.394	0.118	0.090	0.389	0.641
	综合增量	75	0.261	0.109	0.091	0.232	0.635
	综合密度	75	0.363	0.112	0.146	0.350	0.707
大洋洲	可持续竞争力	7	0.608	0.055	0.498	0.630	0.655
	综合增量	7	0.533	0.143	0.287	0.552	0.706
	综合密度	7	0.632	0.084	0.517	0.600	0.754
欧洲	可持续竞争力	126	0.526	0.213	0.134	0.563	0.926
	综合增量	126	0.324	0.149	0.020	0.298	0.879
	综合密度	126	0.471	0.185	0.129	0.473	0.914
非洲	可持续竞争力	102	0.253	0.122	0	0.250	0.622
	综合增量	102	0.132	0.096	0	0.108	0.441
	综合密度	102	0.213	0.113	0	0.216	0.589
整体	可持续竞争力	1006	0.381	0.175	0	0.347	1
	综合增量	1006	0.251	0.159	0	0.222	1
	综合密度	1006	0.350	0.173	0	0.311	1

资料来源：中国社会科学院城市与竞争力中心数据库。

第六节　全球次区域空间格局：沿海城市领先，温带城市居前

从全球城市竞争力强弱空间分布看（见图 6 – 1、图 6 – 2 和图 6 – 7），西经 120 度—西经 70 度（美国东西海岸）、本初子午线东西 10 度（西欧各国）和东经 110—140 度两侧（中日韩）成为城市经济竞争力分布的关键领域。同时在纬度上，上述区域内的顶级城市大都在北纬 25—55 度。上述领域内的城市，整体大幅优于区域外的城市，我们以此为标准绘制了图 6 – 8。

不难发现，全球最重要的 200 强城市和大部分前 500 名城市分布于上述领域，这些领域一般具有以下特征：首先，都是大陆与海洋交会之处的沿海城市，美东、美西、西欧、东亚皆是如此，说明大陆的资源与海洋资源的融合会给城市发展带来可持续的增量；其次，纬度上的均一性说明气象条件一定程度上决定了城市的产生、发展和兴盛，如果在寒带和热带，过大的城市可能无法产生和发展，而温带气候可能更加有利于城市的可持续发展；最后，上述地区都存在强大而稳定的国家或国家间组织，中国、美国和欧盟对内部和周边国家城市的可持续发展提供了保障。

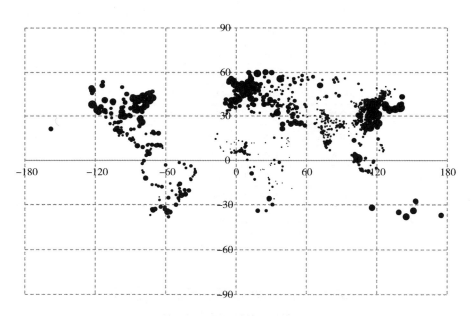

图 6 - 8 全球城市可持续竞争力的次区域分布

资料来源：中国社会科学院城市与竞争力中心数据库。

以经纬度为分布轴，画出全样本、200 强城市和 500 强城市的核密度估计图（见图 6 - 9 和图 6 - 10），容易发现上述分布的特征，同时可以注意到，随着城市排名的提高，西半球国家城市所占比重在上升，而在纬度方面，北半球国家的优势始终明显，并且逐渐强化。

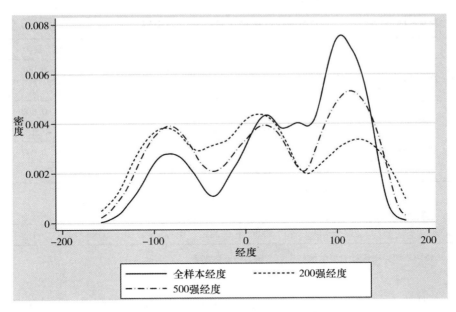

图 6 – 9　全球城市可持续竞争力的次区域（经度）分布

资料来源：中国社会科学院城市与竞争力中心数据库。

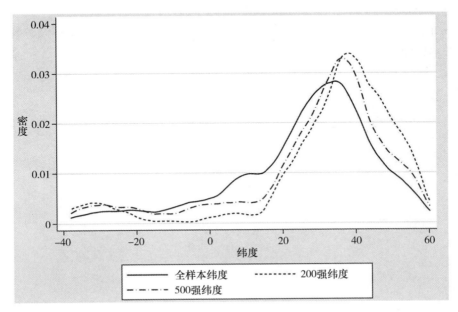

图 6 – 10　全球城市可持续竞争力的次区域（纬度）分布

资料来源：中国社会科学院城市与竞争力中心数据库。

表 6 – 10 全球城市次区域可持续竞争力指数

	指数	个数	均值	标准差	最小	中位数	最大
高可持续 竞争力区域	可持续竞争力	342	0.439	0.169	0.102	0.408	0.998
	综合增量	342	0.331	0.160	0.014	0.288	1
	综合密度	342	0.462	0.175	0.132	0.433	0.908
其他区域	可持续竞争力	664	0.304	0.156	0	0.267	1
	综合增量	664	0.209	0.142	0	0.180	0.872
	综合密度	664	0.340	0.160	0	0.312	1
整体	可持续竞争力	1006	0.350	0.173	0	0.311	1
	综合增量	1006	0.251	0.159	0	0.222	1
	综合密度	1006	0.381	0.175	0	0.347	1

资料来源：中国社会科学院城市与竞争力中心数据库。

从表6－10可以看出，在上述高可持续竞争力区域范围内，可持续竞争力为0.439，大大领先于其他区域的0.304，在平均数上增加了将近50%；尤其是综合增量，超过了50%，这意味着这一区域内的城市不但可持续竞争力较高，且综合增量影响更多。需要注意的是，在上述次区域外，各自的变异系数相对较小，说明各自区域内城市的差异不大，属于稳定状态。

第 七 章

可持续竞争力解释性指标解析

第一节　经济活力

一　经济活力总体格局

（一）经济活力分布概况

全球经济活力的头部城市洲际分布均等程度有待提升。从全球经济活力指标 20 强城市的洲际分布情况看（见表 7 - 1），全部集中于北美洲、欧洲和亚洲。其中，北美洲经济活力指标全球 20 强的城市数量较多，共有 12 个；其次为欧洲，共有 6 个；其余 2 个城市均位于亚洲，经济活力指标排名第一的城市为新加坡。总体上，全球经济活力指标较为领先的城市较为集中于经济实力较强、经济发展潜力较大的大洲。

表 7 - 1　　　　　　　　经济活力指标全球 20 强城市

区域	国家	城市	标准化指数	世界排名
亚洲	新加坡	新加坡	1.0000	1
北美洲	美国	布里奇波特—斯坦福德	0.9441	2
北美洲	美国	圣何塞	0.9432	3
欧洲	挪威	奥斯陆	0.9291	4
欧洲	瑞士	日内瓦	0.9045	5
欧洲	爱尔兰	都柏林	0.8937	6
北美洲	美国	克利夫兰	0.8891	7
北美洲	美国	旧金山	0.8888	8

区域	国家	城市	标准化指数	世界排名
北美洲	美国	哈特福德	0.8873	9
北美洲	美国	盐湖城	0.8857	10
亚洲	中国	澳门	0.8821	11
北美洲	美国	里士满	0.8816	12
北美洲	美国	巴尔的摩	0.8787	13
北美洲	美国	巴吞鲁日	0.8771	14
北美洲	美国	米尔沃基	0.8746	15
北美洲	美国	罗利	0.8743	16
欧洲	瑞典	斯德哥尔摩	0.8742	17
北美洲	美国	波士顿	0.8736	18
欧洲	德国	慕尼黑	0.8695	19
欧洲	英国	伦敦	0.8678	20

资料来源：本报告研究整理。

在全球城市经济活力指标排名前100中，除南美洲与非洲外，各大洲的城市经济活力均值较接近，而全球排名前100的各大洲城市间经济活力差异程度较大。由表7-2可以发现，北美洲有57个城市位列全球经济指标排名前100，数量最多，南美洲与非洲均无城市入列全球经济活力前100，可见其大洲内城市的经济活力与发达地区有较大差距。具体观察可知，各大洲经济活力指标排名世界前100的城市均值较为接近。其中，亚洲城市的经济活力指标均值较高，大洋洲城市经济活力指标均值较低。观察变异系数可得，各大洲城市间经济活力差异较明显，其中大洋洲、北美洲和欧洲城市间变异系数低于全球前100名的城市间变异系数，而亚洲城市间差异较大，表明亚洲的前100名城市经济活力水平均等程度有待提升。从各大洲经济活力指标较优城市看，亚洲、北美洲、欧洲和大洋洲分别是新加坡、布里奇波特—斯坦福德、奥斯陆和黄金海岸，全球排名依次是第1、第2、第4和第25。

表7-2　　　　经济活力指标全球100强城市的洲际分布情况

区域	样本	均值	变异系数	较优城市	标准化指数	世界排名
亚洲	12	0.8431	0.0676	新加坡	1.0000	1
欧洲	26	0.8327	0.0437	奥斯陆	0.9291	4
北美洲	57	0.8389	0.0398	布里奇波特—斯坦福德	0.9441	2
南美洲	0	0	0		0	0
非洲	0	0	0		0	0
大洋洲	5	0.8301	0.0348	黄金海岸	0.8587	25
全球	100	0.8374	0.0443	新加坡	1.0000	1

资料来源：本报告研究整理。

（二）整体空间格局

全球经济活力指标的城市分布主要集聚在亚洲、北美洲和欧洲。从各洲全球城市百强比重看（见表7-3），非洲和南美洲尚未有城市位列经济活力指标全球前100名，亚洲、欧洲经济活力指标百强城市比重较低，大洋洲和北美洲的经济活力指标百强城市比重较高。从全球城市经济活力指标均值特征看，大洋洲、北美洲和欧洲的城市经济活力指标较高，且均高于全球城市平均水平，非洲和南美洲的城市经济活力指标较低，且明显低于全球城市平均水平，亚洲的城市经济活力均值与全球城市均值水平较为接近。从全球城市经济活力指标变异系数看，大洋洲城市间经济活力指标差异程度较小，且明显低于全球城市间经济活力指标的差异指数，非洲城市间经济活力指标差异程度较大，欧洲、亚洲、南美洲和北美洲城市间经济活力指标差异程度居中。

表7-3　　　　全球城市经济活力指标的洲际分布

区域	样本	百强城市比重	均值	变异系数
亚洲	565	0.0212	0.5326	0.2483
欧洲	126	0.2063	0.6132	0.2712
北美洲	131	0.4351	0.7119	0.2096
南美洲	75	0.0000	0.4783	0.2360
非洲	102	0.0000	0.3649	0.3799

续表

区域	样本	百强城市比重	均值	变异系数
大洋洲	7	0.7143	0.8155	0.0422
全球	1006	0.0994	0.5470	0.3028

资料来源：本报告研究整理。

　　观察图7-1与图7-2可知，全球城市经济活力较强的城市主要集中于北美洲、欧洲西部与亚洲东部。此类地区的多数城市经济发展实力雄厚，活力充足，发展势头较好。而全球前100名的多数城市主要集中于北美洲与欧洲西部这类经济发展基础较好的发达国家与地区，表明经济发展基础较好、发展较为稳定的地区的城市未来经济发展活力同样较好，而其余地区的城市分布较少。

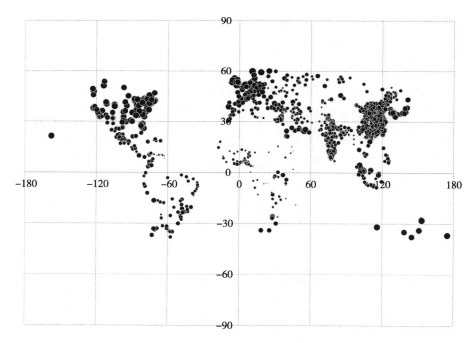

图7-1　全球1006个城市经济活力指标的空间分布

资料来源：中国社会科学院城市与竞争力中心数据库。

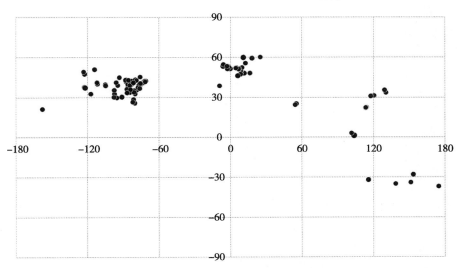

图 7 - 2　全球前 100 名城市经济活力指标的空间分布

资料来源：中国社会科学院城市与竞争力中心数据库。

全球城市经济活力分项指标均值和城市间的差异程度存在较大差别。从经济活力分项指标均值看（见表 7 - 4），全球城市的经商便利度相对较高，青年人口占比相对较低，产权保护、经济密度增长和劳动生产率表现居中，这反映出全球城市经商便利度的水平普遍较高，而青年劳动力人口缺口较大，需要引起关注。从经济活力分项指标的变异系数看，全球城市间的青年人口占比差异程度相对较大，经商便利度和经济密度增长的差异程度相对较小，而产权保护和劳动生产率差异程度居中。在五大分项指标中，圣何塞有两项指标位居世界前列，蔚山、布卡武和澳门各有一项指标位居世界前列。

表 7 - 4　　　　　　　　全球城市经济活力分项指标统计描述

经济活力	均值	变异系数	较优城市
经商便利度	0.7174	0.2348	蔚山
产权保护	0.5189	0.3963	圣何塞
青年人口占比	0.3488	0.4075	布卡武
经济密度增长	0.4985	0.2528	澳门
劳动生产率	0.5454	0.3390	圣何塞

资料来源：本报告研究整理。

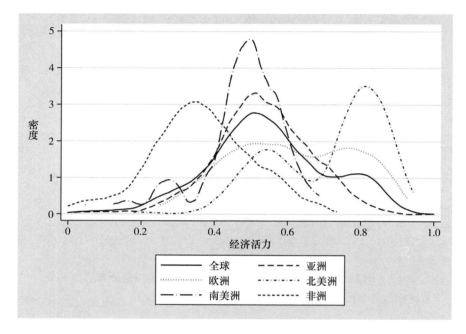

图7-3 全球城市经济活力指标的核密度图

资料来源：中国社会科学院城市与竞争力中心数据库。

二 经济活力国家格局

（一）G20国家概况

G20国家中，新兴经济体在全球城市经济活力指标头部城市的数量明显低于发达经济体，传统发达国家的城市在经济活力指标排名靠前的数量占比中占据绝对优势。对G20国家城市经济活力指标排名情况进行比较发现，美国、英国和德国的城市数量占比位列前三名，欧盟城市数量占比位列第四，中国的头部城市数量较少，其他国家无城市进入全球前20名。

在全球城市经济活力指数前100名中的数量占比中，美国城市数量占比较高，达70.67%，城市经济活力领先优势明显。其次是澳大利亚，占比达到66.70%。多数新兴经济体国家如墨西哥、印度、巴西、俄罗斯等均无城市进入全球前100名。

在全球城市经济活力指标前101—200名的占比中，日本城市数量占比较高，为80.00%；其次是韩国，占比达62.50%；墨西哥、印度、意大利、巴西、俄罗斯和阿根廷均无城市进入全球前 101—200 名。城市经济活力较为领先的城市数量占比较高的以发达经济体国家为主。

在全球城市经济活力指标前 201—500 名的数量占比中，法国城市数量占比最高，达 88.89%；其次为南非，占比达 83.33%；多数新兴经济体国家的城市经济活力排名集中于该范围内。在全球城市经济活力指标前 500 名中，美国、德国、英国、日本等多数发达经济体城市占比均达100%，城市经济活力领先优势明显。总体上讲，G20 国家城市较非 G20国家城市的经济活力排名均较为靠前，经济发展活力较为充足。

表 7-5　　　　　　G20 国家样本城市经济活力指标排名分布　　（单位:%）

国家	前 20 占比	前 100 占比	101—200 占比	201—500 占比	前 500 占比
中国	0.34	2.06	11.00	46.05	59.11
美国	16.00	70.67	28.00	1.33	100.00
欧盟	4.41	23.53	16.18	48.53	88.24
墨西哥	0	0	0	54.29	54.29
印度	0	0	0	28.00	28.00
德国	7.69	53.85	38.46	7.69	100.00
意大利	0	0	0	61.54	61.54
英国	8.33	58.33	41.67	0	100.00
巴西	0	0	0	28.13	28.13
日本	0	10.00	80.00	10.00	100.00
法国	0	0	11.11	88.89	100.00
加拿大	0	44.44	55.56	0	100.00
俄罗斯	0	0	0	9.09	9.09
韩国	0	12.50	62.50	25.00	100.00
印度尼西亚	0	0	5.00	40.00	45.00
土耳其	0	0	6.25	50.00	56.25
澳大利亚	0	66.67	33.33	0	100.00
阿根廷	0	0	0	22.22	22.22
南非	0	0	16.67	83.33	100.00
沙特阿拉伯	0	0	11.11	77.78	88.89
G20 国家	2.30	12.45	12.58	35.18	60.22

续表

国家	前20占比	前100占比	101—200占比	201—500占比	前500占比
非G20国家	1.12	3.00	2.62	15.73	21.35
全球	1.99	9.94	9.94	29.82	49.70
总计	42.19	367.43	441.98	762.60	1472.01

资料来源：本报告研究整理。

总体来看，G20中新兴经济体国家的城市经济活力指标均值普遍低于发达经济体，而内部分化程度高于发达经济体国家的城市。对G20国家的城市经济活力指标情况进行比较发现（见表7-6），均值方面，美国的城市位居首位，澳大利亚、英国等发达经济体的城市具有明显的优势。而新兴经济体如巴西、俄罗斯和阿根廷的城市经济活力表现相对较差。变异系数方面，均值位居前列的发达经济体国家如法国、英国、澳大利亚等的城市间经济活力差异程度明显小于新兴经济体如中国和阿根廷。值得关注的是欧盟各国城市间经济活力差异较大，表明欧盟内部各国城市经济发展差异较为明显，不容忽视。

经济活力指标较优城市方面，G20国家中除法国与意大利外多数发达经济体的较优城市排名位列世界前60位。新兴经济体中，中国较优城市经济活力表现良好，澳门位列世界第11名，其余国家较优城市经济活力排名均在百位之后，与发达经济体的较优城市排名差距较为明显，亟待加强。总体上，G20国家城市的经济活力均值明显高于非G20国家城市，且城市间经济活力差异相比较小，经济发展稳步推进。

表7-6　　　　　　　　G20国家样本城市经济活力指标统计描述

国家	均值	变异系数	较优城市	世界排名
美国	0.8153	0.0617	布里奇波特—斯坦福德	2
澳大利亚	0.8125	0.0452	黄金海岸	25
英国	0.8060	0.0416	伦敦	20
加拿大	0.7986	0.0442	汉密尔顿	21
德国	0.7926	0.0612	慕尼黑	19
日本	0.7300	0.0600	北九州—福冈大都市圈	52

国家	均值	变异系数	较优城市	世界排名
韩国	0.7225	0.0641	蔚山	62
法国	0.6786	0.0182	巴黎	192
欧盟	0.6767	0.1685	都柏林	6
南非	0.6360	0.0864	比勒陀利亚	159
沙特阿拉伯	0.6204	0.1172	麦地那	195
中国	0.5648	0.1915	澳门	11
土耳其	0.5481	0.1411	盖布泽	180
意大利	0.5444	0.0754	威尼斯	353
墨西哥	0.5426	0.0977	比亚埃尔莫萨	282
印度尼西亚	0.5268	0.1442	巴厘巴板	199
印度	0.5065	0.1274	德里	255
巴西	0.4965	0.1275	容迪亚伊	242
俄罗斯	0.4614	0.1497	秋明	257
阿根廷	0.4708	0.1755	罗萨里奥	467
G20 国家	0.5954	0.2274	布里奇波特—斯坦福德	2
非 G20 国家	0.4128	0.4067	新加坡	1
全球	0.5470	0.3028	新加坡	1

资料来源：本报告研究整理。

（二）代表性国家概况

根据洲际划分，这里重点选择亚洲的中国、日本和印度，欧洲的英国，北美洲的美国，南美洲的巴西，非洲的南非，大洋洲的澳大利亚进行比较研究。总的来看，代表性国家中的发达国家的城市经济活力分项指标优势更为明显，新兴经济体城市间的经济活力分项指标存在较大内部分化（见表 7 - 7）。

从经商便利度均值看，发达国家如英国、美国、澳大利亚和日本城市的经商便利度均值较高，优势明显，而巴西和南非城市的经商便利度均值较低。从经商便利度变异系数看，发达国家如澳大利亚、日本、英国和美国的城市间经商便利度差异程度较小，而中国、印度、巴西和南非的城市间经商便利度差异程度较大，其中，中国城市间的经商便利度差异最大，各城市的营商环境有待进一步提升。

从产权保护度均值看，澳大利亚、日本、英国和美国的城市产权保护度均值位居前列，表明发达国家的产权保护意识较强，而印度、巴西和中国城市的产权保护度均值较低。从产权保护度变异系数看，发达国家如日本和澳大利亚等国的城市间的产权保护度差异较小，产权保护度普遍较高，而中国和印度等新兴经济体城市间的产权保护度差异较大，其中，中国城市间的产权保护度差异程度最大，各城市在产权保护方面发展程度各有不同。

从青年人口占比均值看，南非、印度、巴西与中国城市的青年人口占比均值较高，青年劳动力数量优势突出，反之日本城市的青年人口占比均值最低，青年劳动力缺口较大。从青年人口占比变异系数看，尤其值得关注的是日本城市的青年人口占比的差异程度最大，各城市间青年人口比例分布均等程度有待提升。

从经济增长密度均值看，英国的城市经济密度增长均值位居首位，优势明显，中国的城市经济增长密度均值最低。从经济增长密度变异系数看，中国城市间的经济增长密度差异较大，各城市经济发展水平存在明显不同。南非的城市间经济增长密度差异较小，城市的整体经济发展基础较好。

从劳动生产率均值看，发达国家如美国、英国、澳大利亚和日本城市的劳动生产率均值较高，而新兴经济体如巴西和印度等城市的劳动生产率较低。从劳动生产率变异系数看，新兴经济体如中国和印度城市间劳动生产率差异程度较大，而发达国家如澳大利亚、英国、日本和美国城市间劳动生产率差异程度较小，城市普遍生产率较高。总体上看，传统发达国家在经济活力总指标方面整体均值水平较为领先，且城市间差异较小，而新兴经济体与之相反。

表7-7　　　　　代表性国家经济活力分项指标的统计分析

		中国	美国	印度	日本	英国	南非	巴西	澳大利亚
经商便利度	均值	0.8124	0.8901	0.7094	0.8184	0.8951	0.6621	0.5485	0.8612
	变异系数	0.0775	0.0373	0.0640	0.0233	0.0271	0.0560	0.0602	0.0206

续表

		中国	美国	印度	日本	英国	南非	巴西	澳大利亚
产权保护	均值	0.5381	0.8969	0.4822	0.9294	0.9138	0.6096	0.5048	0.9433
	变异系数	0.1255	0.0431	0.0900	0.0260	0.0311	0.0693	0.0764	0.0232
青年人口占比	均值	0.3616	0.2552	0.4517	0.0512	0.1837	0.4991	0.3868	0.2464
	变异系数	0.4089	0.0178	0.0151	2.9346	0.0010	0.0682	0	0
经济密度增长	均值	0.4264	0.5006	0.5088	0.5545	0.5965	0.5959	0.5105	0.4990
	变异系数	0.2208	0.2154	0.2132	0.1510	0.1220	0.0612	0.1935	0.2076
劳动生产率	均值	0.5419	0.8610	0.3601	0.8037	0.7876	0.5193	0.5327	0.8456
	变异系数	0.1720	0.0557	0.1794	0.0467	0.0468	0.1073	0.1179	0.0354
经济活力整体	均值	0.5648	0.8153	0.5065	0.7300	0.8060	0.6360	0.4965	0.8125
	变异系数	0.1915	0.0617	0.1274	0.0600	0.0416	0.0864	0.1275	0.0452

资料来源：本报告研究整理。

从全球城市经济活力指标分布的总体格局看，经济活力较为领先的城市洲际分布均等程度有待提升，主要集中于经济发达的北美洲、欧洲与经济发展势头强劲的亚洲。这些城市经济实力基础较好且经济发展势头较好，受到外部经济环境的影响较小，始终呈现稳步发展态势。但值得关注的是，在全球经济活力指标排名前100的城市中，各大洲的城市经济发展活力虽较接近，但城市间差异程度较大，发展水平不一。

从各大洲区域内部来看，传统发达区域如大洋洲、北美洲和欧洲等的国家城市经济活力发展水平较高，且城市间发展水平较为接近，经济发展较为均衡，占据世界经济活力排名前列。而非洲、南美洲等的国家城市的经济活力水平偏低且城市间经济活力差异较为明显，发展均衡度有待提升。亚洲国家的城市经济活力水平居中，但由于其大洲内国家间经济发展水平各有不同，因此其城市间的经济发展水平差异同样较为明显。未来应当在城市发展中注重经济发展均衡性，提升整体经济竞争力水平。

随着经济一体化进程的逐步推进，G20国家的城市较非G20国家的城市经济活力排名均较为靠前，经济发展活力较为充足，且成员国城市间经济活力均衡度高于非成员国城市。而 20 国集团中，新兴经济体的城市经济活力明显低于发达经济体的城市经济活力，且内部城市间分化程度大于发达经济体城市，实现城市经济的协调共同发展至关重要。

从代表性国家的城市经济活力分项指标对比来看，多数发达国家的城市除青年人口占比指标均值较低外，其余指标均值均较为领先，且城市间差异明显低于新兴经济体城市。而新兴经济体城市的青年人口占比较高，劳动力较为充足，其余分项指标均值均偏低。经济活力总体指标方面，美国城市的经济活力领先优势明显，城市发展态势良好。日本经过多年的改革，经济增长的根基和活力不断得到稳固与增强，但青年人口占比较小、青年劳动力缺口较大，应当引起关注。中国作为新兴经济体，城市的经济活力发展势头良好，但城市间经济活力发展差异较大，未来城市应当在实现均衡发展方面努力弥补短板，实现经济高质量发展。

第二节　环境韧性

一　环境韧性总体格局

（一）头部城市概况

欧洲领跑全球。从全球环境韧性 20 强城市在各大洲的分布情况看（见表 7 - 8），欧洲占据 12 席，北美洲占 6 席，亚洲占 2 席。国家维度方面，德国独占 6 席，随后是美国占据 5 席。

表 7 - 8　　　　　　　　环境韧性指标全球 20 强城市

区域	国家	城市	指数	世界排名
欧洲	德国	斯图加特	1.000	1
欧洲	奥地利	维也纳	0.965	2
欧洲	德国	汉诺威	0.959	3
欧洲	德国	慕尼黑	0.958	4

续表

区域	国家	城市	指数	世界排名
亚洲	新加坡	新加坡	0.939	5
北美洲	波多黎各	圣胡安	0.924	6
欧洲	瑞士	日内瓦	0.920	7
欧洲	德国	杜塞尔多夫	0.916	8
亚洲	中国	香港	0.910	9
欧洲	瑞典	哥德堡	0.905	10
欧洲	德国	法兰克福	0.894	11
北美洲	美国	堪萨斯城	0.892	12
欧洲	葡萄牙	里斯本	0.888	13
欧洲	瑞士	苏黎世	0.881	14
欧洲	希腊	塞萨洛尼基	0.878	15
北美洲	美国	巴吞鲁日	0.875	16
欧洲	德国	柏林	0.865	17
北美洲	美国	艾伦镇	0.862	18
北美洲	美国	巴尔的摩	0.861	19
北美洲	美国	诺克斯维尔	0.860	20

资料来源：本报告研究整理。

全球环境韧性前100名的城市，超9成集中于北美洲、欧洲和亚洲。比较前100名城市和全体样本的均值和变异系数可以发现，前100名城市的均值水平与变异系数都显著高于全球水平。从前100名城市的洲际分布看（见表7-9），欧洲占据了42%，北美洲、欧洲和亚洲共占据了超过90%，集中度明显。从各大洲环境韧性的最优城市看，欧洲、北美洲、亚洲的领先城市均进入全球前20名，而大洋洲、非洲与南美洲最优城市的全球排名都超过了30名。

表7-9 环境韧性指标全球100强城市的洲际分布情况

区域	样本	均值	变异系数	最优城市	指数	世界排名
欧洲	42	0.846	15.452	斯图加特	1.000	1

续表

区域	样本	均值	变异系数	最优城市	指数	世界排名
北美洲	40	0.819	25.285	圣胡安	0.924	6
亚洲	13	0.826	16.412	新加坡	0.939	5
大洋洲	2	0.811	20.481	墨尔本	0.839	34
非洲	2	0.806	29.209	阿尔及尔	0.825	44
南美洲	1	0.781	—	巴西利亚	0.781	98
全球	1006	0.544	3.337			

资料来源：本报告研究整理。

（二）整体空间格局

大洋洲、北美洲和欧洲领跑全球。从全球城市环境韧性洲际分布的均值特征看（见表7-10），大洋洲、北美洲和欧洲的城市环境韧性相对较好，非洲和亚洲的城市环境韧性相对较弱，南美洲的城市环境韧性程度居中。从变异系数看，非洲、欧洲和亚洲的环境韧性波动幅度较小，大洋洲城市的环境韧性波动幅度较大。从各洲全球城市百强比重看，欧洲和北美洲占比40%及以上，领跑全球，亚洲仅有13%，非洲、大洋洲和南美洲都低于3%。

表7-10　　　　全球城市环境韧性指标的洲际分布　　　（单位：%）

区域	样本	百强城市比重	均值	变异系数
亚洲	565	13	0.484	3.837
北美洲	131	40	0.683	5.332
南美洲	75	1	0.583	4.129
大洋洲	7	2	0.763	16.573
欧洲	126	42	0.680	3.799
非洲	102	2	0.490	3.140
总计	1006	9.94	0.544	3.337

资料来源：本报告研究整理。

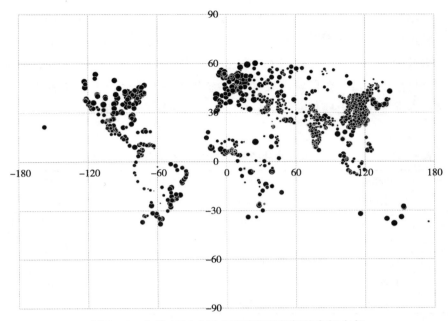

图 7 - 4 全球 1006 个城市环境韧性指标的空间分布

资料来源：中国社会科学院城市与竞争力中心数据库。

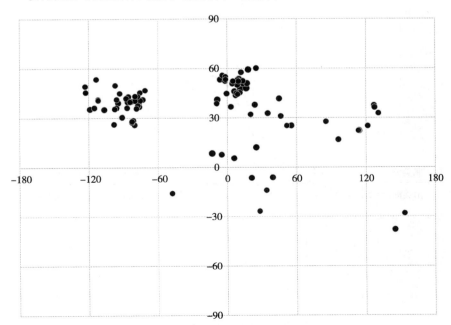

图 7 - 5 全球前 100 名城市环境韧性指标的空间分布

资料来源：中国社会科学院城市与竞争力中心数据库。

　　全球城市环境韧性分项指标的均值和波动幅度存在较大的差别。从环境韧性分项指标来看（见表 7－11），1006 个样本城市主要集中在自然灾害较少的区域，所有城市的气候舒适度与电力充沛度都处于较高的水平。目前全球城市在环境污染度和生态多样性上得分较低，这表明全球城市在环境污染治理和维护生态多样性上仍面临着较大的挑战。

表 7－11　　　　　　　　全球城市环境韧性分项指标统计描述

环境韧性	均值	变异系数	最优城市
交通拥挤程度	0.584	4.539	马斯喀特
电力充沛度	0.640	2.676	墨尔本等（不唯一）
生态多样性	0.482	2.429	芝加哥
气候舒适度	0.654	3.685	佩雷拉
环境污染度	0.317	3.768	新加坡
自然灾害	0.793	4.731	深圳等（不唯一）

资料来源：本报告研究整理。

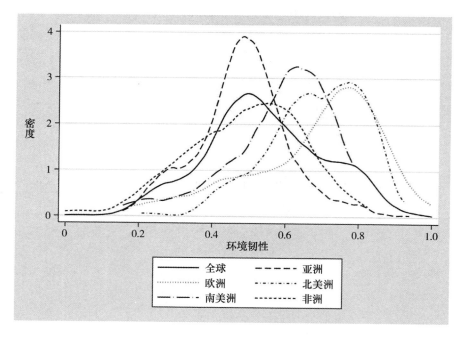

图 7－6　全球城市环境韧性指标的核密度图

资料来源：中国社会科学院城市与竞争力中心数据库。

二 环境韧性国家格局

(一) G20 国家概况

欧盟和美国城市领跑全球，中国城市崭露头角。对 G20 国家城市环境韧性的排名情况进行比较发现（见表 7-12），在全球城市环境韧性前 20 名中的数量占比中，欧盟以 50.0% 的比例领先，其次是德国占据 30.0%，美国占据 25.0%。在全球城市环境韧性前 100 名中的数量占比中，欧盟城市数量占比最高，高达 35.0%，美国占据 33.0%。在全球城市环境韧性前 101—200 名中的数量占比中，欧盟和美国分别占据 23.0% 和 17.0%。在全球城市环境韧性前 201—500 名中的数量占比中，中国城市数量占比最高，达到 29%。在全球城市环境韧性前 500 名中，中国城市的占比最高，达到 18.2%，其次是美国和欧盟，分别占 14.4% 和 13.8%。从排名分布可以看出，欧盟和美国等发达经济体的城市依然处于领先位置，但中国的少数头部城市已经跻身世界前列。

表 7-12　　　　　G20 国家样本城市环境韧性指标排名分布　　　　（单位:%）

国家	前 20 占比	前 100 占比	101—200 占比	201—500 占比	前 500 占比
中国	5.0	4.0	0	29.0	18.2
美国	25.0	33.0	17.0	7.3	14.4
欧盟	50.0	35.0	23.0	3.7	13.8
墨西哥	0	0	6.0	5.3	4.4
印度	0	0	1.0	7.7	4.8
俄罗斯	0	0	1.0	3.0	2.0
巴西	0	1.0	6.0	7.0	5.6
德国	30.0	13.0	0	0	2.6
意大利	0	3.0	8.0	0.7	2.6
印度尼西亚	0	0	0	3.0	1.8
土耳其	0	0	0	1.7	1.0
英国	0	5.0	6.0	0.3	2.4
日本	0	2.0	5.0	1.0	2.0
加拿大	0	6.0	2.0	0.3	1.8

续表

国家	前 20 占比	前 100 占比	101—200 占比	201—500 占比	前 500 占比
韩国	0	3.0	1.0	1.3	1.6
法国	0	3.0	4.0	0.7	1.8
阿根廷	0	0	4.0	1.0	1.4
澳大利亚	0	2.0	4.0	0	1.2
南非	0	0	1.0	1.3	1.0
沙特阿拉伯	0	0	0	0.3	0.2
G20 国家	80.0	91.0	77.0	73.3	77.6
非 G20 国家	20.0	9.0	23.0	26.7	22.4
全球	100.0	100.0	100.0	100.0	100.0

资料来源：本报告研究整理。

总体来看，非 G20 国家城市环境韧性的均值仍然低于 G20 国家城市，但内部分化程度更低。对 G20 国家城市环境韧性的情况进行比较发现（见表 7 - 13），在环境韧性的均值方面，德国、欧盟、澳大利亚、英国和法国城市具有明显的优势，中国、土耳其、俄罗斯、印度和沙特阿拉伯的城市表现相对较差。从环境韧性的变异系数看，墨西哥、阿根廷、印度、俄罗斯和沙特阿拉伯的城市波动幅度较小，澳大利亚、意大利、德国、英国、加拿大和法国等的城市波动幅度较大。从最优城市看，G20 国家的城市中有 3 个进入全球排名前 20，有 11 个城市进入世界环境韧性排名前 100。

表 7 - 13　　　　　　　G20 国家样本城市环境韧性指标统计描述

国家	均值	变异系数	最优城市	世界排名
中国	0.497	5.436	香港	9
美国	0.732	6.878	堪萨斯城	12
欧盟	0.781	8.938	斯图加特	1
墨西哥	0.576	4.840	图斯特拉古铁雷斯	163
印度	0.442	3.654	芒格洛尔	164
俄罗斯	0.458	3.100	雅罗斯拉夫尔	173

续表

国家	均值	变异系数	最优城市	世界排名
巴西	0.631	6.138	巴西利亚	98
德国	0.877	13.777	斯图加特	1
意大利	0.741	15.721	帕多瓦市	53
印度尼西亚	0.514	6.351	三马林达	290
土耳其	0.460	5.207	布尔萨	431
英国	0.766	13.124	贝尔法斯特	26
日本	0.721	9.319	札幌	76
加拿大	0.753	13.120	温哥华	73
韩国	0.731	8.661	蔚山	31
法国	0.759	11.699	里尔	28
阿根廷	0.627	4.593	罗萨里奥	130
澳大利亚	0.776	23.901	墨尔本	34
南非	0.593	7.259	德班	172
沙特阿拉伯	0.322	2.857	吉达	500
G20 国家	0.562	3.563	斯图加特	1
非 G20 国家	0.494	2.957	新加坡	5
全球	0.544	3.337	斯图加特	1

资料来源：本报告研究整理。

（二）代表性国家概况

根据洲际划分，这里重点选择亚洲的中国、日本和印度，欧洲的英国，北美洲的美国，南美洲的巴西，非洲的南非，大洋洲的澳大利亚进行比较研究。总的来看，澳大利亚和英国城市在环境韧性的各个分项指标中基本都比较有优势，而新兴经济体整体水平依然偏低（见表7-14）。

从交通拥挤程度看，英国、美国和澳大利亚处于领先地位，中国、印度和南非等新兴经济体表现比较差。从电力充沛度看，澳大利亚和英国处于领先的地位，但其城市间的差距较大。从生态多样性看，美国和英国处于领先地位，巴西、南非和印度等新兴经济体城市表现较差。从气候舒适度看，澳大利亚和日本的城市优势明显，但城市间差距较大。从环境污染度看，各国城市得分普遍较低，这表明环境污染是城市发展中面临的一个普遍问题，其中，中国和印度城市的环境污染问题较为明显。从自然灾害看，各国城市得分普遍较高。

表 7-14　　　　　代表性国家环境韧性分项指标的统计分析

		澳大利亚	中国	南非	印度	巴西	日本	美国	英国
交通拥挤程度	均值	0.623	0.539	0.482	0.555	0.520	0.606	0.628	0.641
	变异系数	6.069	5.988	4.519	5.249	5.846	36.432	5.535	5.057
电力充沛度	均值	0.947	0.510	0.826	0.629	0.779	0.825	0.795	0.973
	变异系数	10.544	2.787	9.169	4.320	4.275	6.071	4.629	19.234
生态多样性	均值	0.598	0.526	0.441	0.416	0.478	0.652	0.706	0.648
	变异系数	2.472	4.775	9.623	4.846	4.176	3.777	3.706	5.642
气候舒适度	均值	0.792	0.709	0.741	0.526	0.717	0.799	0.752	0.652
	变异系数	13.650	5.319	16.245	2.754	5.459	20.843	8.939	4.823
环境污染度	均值	0.382	0.266	0.317	0.227	0.355	0.447	0.373	0.410
	变异系数	16.406	5.239	6.431	2.605	14.685	4.626	9.817	6.390
自然灾害	均值	0.790	0.814	0.744	0.838	0.897	0.581	0.843	0.821
	变异系数	10.914	8.322	4.855	6.363	10.607	2.656	7.122	14.626
环境韧性整体	均值	0.776	0.491	0.593	0.442	0.631	0.721	0.732	0.766
	变异系数	23.901	5.881	7.259	3.654	6.138	9.319	6.878	13.124

资料来源：本报告研究整理。

第三节　社会包容

一　社会包容总体格局

（一）头部城市概况

亚洲、欧洲城市领跑全球，亚洲城市占据绝对主导地位。全球社会包容20强城市在全球分布呈现明显的极化，亚洲城市占据17席，欧洲城市占3席，表明亚洲城市在社会包容方面领先于全球其他城市。具体到国家维度方面，日本独占8席，其次是中国占4席（见表7-15）。

表 7 - 15　　　　　　　　　　社会包容指标全球 20 强城市

区域	国家	城市	指数	世界排名
亚洲	日本	东京	1.0000	1
亚洲	韩国	首尔	0.9785	2
欧洲	捷克	布拉格	0.9609	3
亚洲	日本	大阪	0.9564	4
亚洲	中国	台北	0.9547	5
亚洲	日本	静冈—滨松大都市圈	0.9323	6
亚洲	日本	北九州—福冈大都市圈	0.9218	7
亚洲	日本	札幌	0.9200	8
亚洲	中国	台南	0.9199	9
亚洲	日本	新潟	0.9086	10
亚洲	韩国	釜山	0.9043	11
亚洲	日本	名古屋	0.8954	12
亚洲	中国	高雄	0.8928	13
亚洲	日本	熊本	0.8917	14
亚洲	中国	台中	0.8911	15
欧洲	波兰	华沙	0.8817	16
欧洲	罗马尼亚	布加勒斯特	0.8756	17
亚洲	沙特阿拉伯	利雅得	0.8729	18
亚洲	韩国	大田	0.8706	19
亚洲	泰国	曼谷	0.8704	20

资料来源：本报告研究整理。

社会包容指标的全球 100 强城市在洲际分布上不均衡（见表 7 - 16），各大洲城市均值和波动幅度存在差异。一方面，从全球 100 强城市来看，社会包容在全球洲际分布呈现"亚洲引领，欧洲与北美洲跟随，南美洲、大洋洲、非洲落后"的格局。亚洲城市占据全球 100 强的 60%，欧洲、北美洲城市分别占 27%、10%。从最优城市看，全球性城市领跑各大洲，其中日本东京的社会包容处于绝对的优势地位，比纽约高 36 位。另一方面，全球 100 强城市的社会包容除非洲外，其他各大洲均值相差较小。其中，非洲城市的社会包容低于其他各大洲，开罗作为其最优城市，低于其他各大洲的均值。此外，各大洲社会包容波动相对较小，亚洲、欧洲的变异系数相对较大，表明两大洲内部城市间存在一定的差异。

表7-16　　　　　社会包容指标全球100强城市的洲际分布情况

区域	样本	均值	变异系数	最优城市	指数	世界排名
北美洲	10	0.8040	0.0234	纽约	0.8469	37
欧洲	27	0.8122	0.0564	布拉格	0.9609	3
亚洲	60	0.8432	0.0682	东京	1.0000	1
南美洲	2	0.8061	0.0149	圣若泽杜斯坎普斯	0.8146	46
大洋洲	1	0.7966	—	奥克兰	0.7966	66
非洲	0	—	—	开罗	0.6518	288
全球	1006	0.5526	0.3025	东京	1.0000	1

资料来源：本报告研究整理。

（二）整体空间格局

全球城市社会包容的洲际分布呈现层级分布，洲际与洲内城市间差异均较为显著。表7-17、图7-7和图7-8给出了全球城市社会包容的洲际分布，就百强城市比重可以判断出，社会包容在全球整体呈现欧洲与大洋洲较高、亚洲与北美洲次之、南美洲与非洲较低的逐级递减的格局。比较而言，欧洲、大洋洲、北美洲城市的社会包容指数均值较高，且洲内城市间差异相对较小，变异系数均低于全球平均水平。虽然亚洲城市社会包容在100强中占比绝对的领先，但是其余城市的社会包容指数相对较低，均值仅比全球平均水平高0.0018，与最高的欧洲相差0.1345，表明整体优势不够明显。同时，亚洲城市社会包容的变异系数相对较大，表明亚洲内部城市间社会包容存在一定的差异。非洲城市的社会包容低于全球平均水平，且内部存在较大的差异。

表7-17　　　　　全球城市社会包容指标的洲际分布　　　　　　（单位:%）

区域	样本	百强城市比重	均值	变异系数
北美洲	131	7.63	0.6200	0.1660
大洋洲	7	14.29	0.6414	0.1358
非洲	102	0.00	0.3243	0.4212
南美洲	75	2.67	0.4944	0.2834
欧洲	126	21.43	0.6889	0.1357

续表

区域	样本	百强城市比重	均值	变异系数
亚洲	565	10.62	0.5544	0.2808
总计	1006	9.94	0.5526	0.3025

资料来源：本报告研究整理。

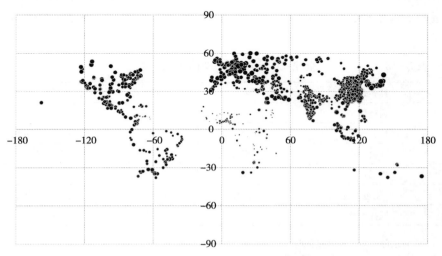

图7-7　全球1006个城市社会包容指标的空间分布

资料来源：中国社会科学院城市与竞争力中心数据库。

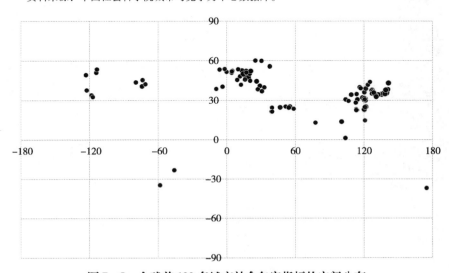

图7-8　全球前100名城市社会包容指标的空间分布

资料来源：中国社会科学院城市与竞争力中心数据库。

全球城市社会包容分项指标的均值和波动幅度差异较为明显（见表 7-18）。从均值来看，生活成本较高、文化包容度较低，前者的变异系数最低、后者变异系数最高，这表明生活成本差异相对较小，但是文化包容度存在较大的差别。此外，医疗健康的变异系数相对较大，说明全球城市间医疗健康水平差距较大。从最优城市来看，日本东京、静冈—滨松大都市圈共拥有三项全球前列的指标，城市的社会包容度相对较高。

表7-18　　　　　　　　全球城市社会包容分项指标统计描述

社会包容	均值	变异系数	最优城市
遗产保护	0.6224	0.2947	东京
社会安全	0.5545	0.2982	静冈—滨松大都市圈
社会公平	0.5139	0.2616	布拉格
生活成本	0.9097	0.1938	科尼亚
文化包容度	0.3085	0.8007	圣若泽杜斯坎普斯
医疗健康	0.4117	0.4077	东京

资料来源：本报告研究整理。

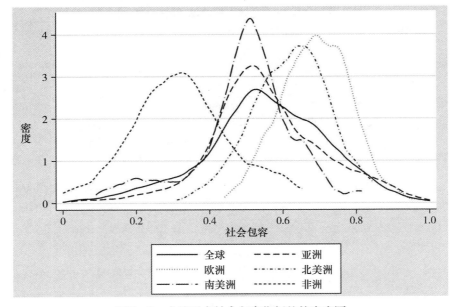

图7-9　全球城市社会包容指标的核密度图

资料来源：中国社会科学院城市与竞争力中心数据库。

二　社会包容国家格局

（一）G20 国家概况

日本、欧盟、美国城市社会包容较高，中国城市社会包容相对较强。从表 7–19 可以看出，日本城市社会包容在全球稳居前列，其 10 个城市排名均在 100 名内（实际均在全球 30 名内）；日本城市社会包容均值为 0.9151，高于全球平均水平 39.6%，且变异系数比全球平均水平低 84.9%，表明日本城市间社会包容差异较小。欧盟、美国城市社会包容次之，城市排名基本在全球前 500 名内，其中欧盟有 22 个城市位列全球 100 名之内。新兴国家城市社会包容相对较低，中国城市社会包容整体相对较强，前 100 名中有 27 个城市，但是仍有超 2/3 的城市处于全球 500 名之后，城市社会包容均值为 0.5735，仅比全球平均水平高 0.0209，且变异系数为 0.2025，在全球国家间处于较高水平。巴西、南非等国家城市社会包容较低，尤其是南非仅有 1 个城市进入全球前 500 名；其社会包容均值低于全球均值。

表 7–19　　　　　　　G20 国家样本城市社会包容指标排名分布

国家	前 20 占比	前 100 占比	101—200 占比	201—500 占比	前 500 占比
中国	20.00%	27.00%	18.00%	31.33%	27.80%
美国	0.00%	5.00%	15.00%	13.33%	12.00%
欧盟	15.00%	22.00%	24.00%	4.20%	13.20%
墨西哥	0.00%	0.00%	4.00%	6.67%	4.80%
印度	0.00%	1.00%	4.00%	5.67%	4.40%
德国	0.00%	3.00%	8.00%	0.67%	2.60%
意大利	0.00%	2.00%	5.00%	2.00%	2.60%
英国	0.00%	2.00%	5.00%	1.67%	2.40%
巴西	0.00%	1.00%	0.00%	1.67%	1.20%
日本	40.00%	10.00%	0.00%	0.00%	2.00%
法国	0.00%	0.00%	1.00%	2.33%	1.60%
加拿大	0.00%	5.00%	2.00%	0.67%	1.80%
俄罗斯	0.00%	2.00%	5.00%	8.00%	6.00%

续表

国家	前 20 占比	前 100 占比	101—200 占比	201—500 占比	前 500 占比
韩国	15.00%	7.00%	1.00%	0.00%	1.60%
印度尼西亚	0.00%	0.00%	4.00%	3.00%	2.60%
土耳其	0.00%	4.00%	3.00%	2.33%	2.80%
澳大利亚	0.00%	0.00%	0.00%	1.67%	1.00%
阿根廷	0.00%	1.00%	2.00%	1.00%	1.20%
南非	0.00%	0.00%	0.00%	0.33%	0.20%
沙特阿拉伯	5.00%	4.00%	2.00%	1.00%	1.80%
G20 国家	95.00%	90.00%	88.00%	85.33%	86.80%
非 G20 国家	5.00%	10.00%	12.00%	14.67%	13.20%
全球	100.00%	100.00%	100.00%	100.00%	100.00%

资料来源：本报告研究整理。

G20 国家城市社会包容高于非 G20 国家，且内部分化相对较小。从 G20 和非 G20 国家城市社会包容在各个排名段的分布来看，G20 国家城市社会包容完全超越非 G20 国家，具有绝对的优势；全球前 100 名中 G20 国家城市占了 90%，前 500 名占了 86.8%。具体而言，G20 国家城市社会包容均值高于非 G20 国家 0.1682，且前者变异系数低于后者 0.1997，说明非 G20 国家城市社会包容较低，且内部分化较为显著（见表 7-20）。

表 7-20　　　　G20 国家样本城市社会包容指标统计描述

国家	均值	变异系数	最优城市	世界排名
中国	0.5735	0.2025	台北	5
美国	0.6349	0.1460	纽约	37
欧盟	0.7288	0.1146	捷克	3
墨西哥	0.5869	0.1467	墨西哥城	113
印度	0.4716	0.2643	班加罗尔	96
德国	0.7360	0.0769	柏林	21
意大利	0.7151	0.0630	米兰	74
英国	0.7055	0.0677	西约克郡	75
巴西	0.5051	0.1818	圣若泽杜斯坎普斯	46

续表

国家	均值	变异系数	最优城市	世界排名
日本	0.9151	0.0458	东京	1
法国	0.6130	0.1303	巴黎	168
加拿大	0.7521	0.0958	多伦多	44
俄罗斯	0.6373	0.1178	莫斯科	36
韩国	0.8456	0.0874	首尔	2
印度尼西亚	0.6094	0.1554	雅加达	105
土耳其	0.6836	0.1561	伊斯坦布尔	38
澳大利亚	0.6155	0.0958	阿德莱德	218
阿根廷	0.6098	0.1652	布宜诺斯艾利斯	65
南非	0.4875	0.2416	开普敦	304
沙特阿拉伯	0.7358	0.1247	利雅得	18
G20 国家	0.5969	0.2279	东京	1
非 G20 国家	0.4287	0.4276	曼谷	20
全球	0.5526	0.3025	东京	1

资料来源：本报告研究整理。

（二）代表性国家概况

代表性国家社会包容分项指标存在较大差异，日本社会包容较为强势。除生活成本外，其他社会包容指标在代表性国家间的最大差异均在2倍以上，文化包容度最大的日本（0.6741）是最低的印度（0.1371）的4.9倍，代表性国家之间的差异较为显著。日本社会包容分项指标相对强势，除生活成本外，其他5项指标均处于代表性国家第一。中国社会包容整体处于全球平均水平之上，但与全球前列的日本存在一定的差距；其中医疗健康在代表性国家中排名最低，均值与日本相差近0.5。印度和南非社会包容整体相对较低，均有2个分项排名代表性国家最低（见表7-21）。

表7-21　　　　代表性国家社会包容分项指标的统计分析

		澳大利亚	巴西	美国	南非	日本	印度	英国	中国
遗产保护	均值	0.6381	0.6587	0.6712	0.6017	0.8252	0.4842	0.6699	0.6534
	变异系数	0.1369	0.1839	0.1860	0.3113	0.1022	0.4635	0.1608	0.1838

		澳大利亚	巴西	美国	南非	日本	印度	英国	中国
社会安全	均值	0.6064	0.3080	0.5064	0.2057	0.8556	0.5786	0.5395	0.6439
	变异系数	0.0993	0.3374	0.2616	0.2049	0.1156	0.2141	0.1166	0.1476
社会公平	均值	0.4685	0.4264	0.4202	0.3355	0.7255	0.4617	0.6230	0.5476
	变异系数	0.0659	0.0537	0.2286	0.0508	0.0774	0.1540	0.1346	0.1725
生活成本	均值	0.9766	0.8995	0.9790	0.9806	0.9642	0.9338	0.9645	0.9563
	变异系数	0.0219	0.0404	0.0098	0.0074	0.0258	0.0846	0.0510	0.1168
文化包容度	均值	0.4410	0.4481	0.5832	0.5286	0.6741	0.1371	0.5808	0.2406
	变异系数	0.2297	0.3748	0.2239	0.2825	0.0978	1.1765	0.1624	0.8847
医疗健康	均值	0.4950	0.3911	0.5803	0.5211	0.8426	0.4716	0.6463	0.3459
	变异系数	0.2660	0.3046	0.2270	0.3240	0.1040	0.2906	0.1402	0.3720
社会包容 整体	均值	0.6155	0.5051	0.6349	0.4875	0.9151	0.4716	0.7055	0.5735
	变异系数	0.0958	0.1818	0.1460	0.2416	0.0458	0.2643	0.0677	0.2025

第四节　科技创新

一　科技创新总体格局

（一）头部城市概况

全球科技创新的头部城市洲际分布不均衡。从全球科技创新 20 强城市在各大洲的分布情况看，全部集中在北美洲、亚洲和欧洲。其中，北美洲科技创新 20 强城市数量最多，入围城市有 9 个；其次是亚洲，入围城市有 7 个；欧洲入围城市最少，总共有 4 个（见表 7 - 22）。

表 7 - 22　　　　　　　　科技创新指标全球 20 强城市

区域	国家	城市	指数	世界排名
亚洲	日本	东京	1.000	1
北美洲	美国	纽约	0.960	2
亚洲	中国	北京	0.955	3
欧洲	英国	伦敦	0.928	4

续表

区域	国家	城市	指数	世界排名
北美洲	美国	旧金山	0.888	5
欧洲	法国	巴黎	0.883	6
亚洲	韩国	首尔	0.875	7
北美洲	美国	波士顿	0.871	8
亚洲	中国	上海	0.853	9
北美洲	美国	芝加哥	0.841	10
亚洲	日本	大阪	0.832	11
北美洲	美国	西雅图	0.829	12
北美洲	美国	洛杉矶	0.825	13
亚洲	新加坡	新加坡	0.800	14
北美洲	加拿大	多伦多	0.796	15
亚洲	中国	台北	0.780	16
北美洲	美国	费城	0.775	17
欧洲	德国	慕尼黑	0.769	18
北美洲	美国	奥斯丁	0.767	19
欧洲	俄罗斯	莫斯科	0.766	20

资料来源：本报告研究整理。

在全球科技创新前100名城市中（见表7-23），亚洲和北美洲的城市均值和波动幅度均比较接近。其中，北美洲和亚洲的城市科技创新均值最高，南美洲的城市科技创新均值最低，欧洲和大洋洲的城市科技创新均值居中。从各大洲科技创新的最优城市看，亚洲、北美洲、欧洲、大洋洲和南美洲对应的最优城市分别是东京、纽约、伦敦、悉尼和圣保罗，全球排名依次是第1、第2、第4、第44和第59。

表7-23 科技创新指标全球100强城市的洲际分布情况

区域	样本	均值	变异系数	最优城市	指数	世界排名
亚洲	27	0.713	0.156	东京	1.000	1
欧洲	31	0.696	0.104	伦敦	0.928	4
北美洲	35	0.716	0.125	纽约	0.960	2

续表

区域	样本	均值	变异系数	最优城市	指数	世界排名
南美洲	3	0.648	0.019	圣保罗	0.665	59
大洋洲	4	0.674	0.049	悉尼	0.705	44
全球	1006	0.311	0.602	东京	1.000	1

资料来源：本报告研究整理。

（二）整体空间格局

全球科技创新程度发达的城市主要集聚在欧洲、北美洲和亚洲地区。从全球城市科技创新洲际分布的均值特征看（见表7-24），大洋洲、欧洲和北美洲的城市科技创新相对发达，非洲的城市科技创新相对较弱，亚洲和南美洲的城市科技创新程度居中。从全球城市科技创新洲际分布的变异系数看，大洋洲的城市科技创新波动幅度较小，亚洲和非洲的城市科技创新波动幅度较大，欧洲、北美洲和南美洲的城市科技创新波动幅度居中。从各洲全球城市百强比重看，非洲没有一个城市进入科技创新全球前100名，南美洲、亚洲科技创新百强城市比重较低，大洋洲科技创新百强城市比重较高，欧洲和北美洲科技创新百强城市比重居中。

表7-24   全球城市科技创新指标的洲际分布   （单位:%）

区域	样本	百强城市比重	均值	变异系数
亚洲	565	4.78	0.262	0.599
欧洲	126	24.60	0.477	0.352
北美洲	131	26.72	0.449	0.460
南美洲	75	4.00	0.300	0.461
大洋洲	7	57.14	0.591	0.212
非洲	102	0	0.194	0.628
全球	1006	9.94	0.311	0.602

资料来源：本报告研究整理。

全球城市科技创新分项指标的均值总体偏低，波动幅度存在较大的差别。从科技创新分项指标的均值看，除全球城市的论文指数大于0.5之

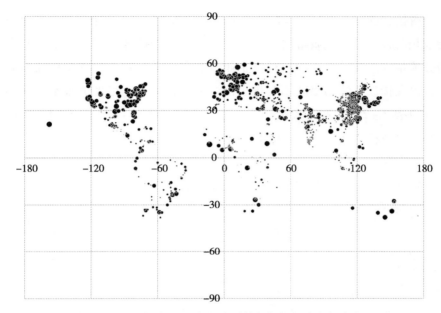

图7-10　全球1006个城市科技创新指标的空间分布

资料来源：中国社会科学院城市与竞争力中心数据库。

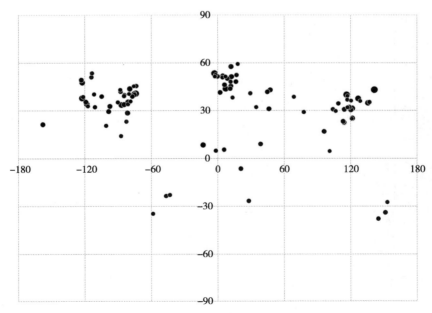

图7-11　全球前100名城市科技创新指标的空间分布

资料来源：中国社会科学院城市与竞争力中心数据库。

外，科技创新的其他分项指标的均值均小于0.5，且大学指数和科技企业指数相对较低，全球城市的知识密度和专利指数的表现居中。从科技创新分项指标的变异系数看，科技企业指数和大学指数的波动幅度相对较大，论文指数的波动幅度相对较小，专利指数和知识密度的波动幅度居中（见表7－25）。在五大分项指标中，东京有两项指标位居全球前列，纽约、莫斯科和北京各有一项指标位居全球前列。

表7－25 全球城市科技创新分项指标统计描述

科技创新	均值	变异系数	最优城市
专利指数	0.276	0.829	东京
论文指数	0.547	0.318	北京
科技企业指数	0.125	1.500	东京
大学指数	0.190	1.154	纽约
知识密度	0.347	0.637	莫斯科
科技创新	0.311	0.602	东京

资料来源：本报告研究整理。

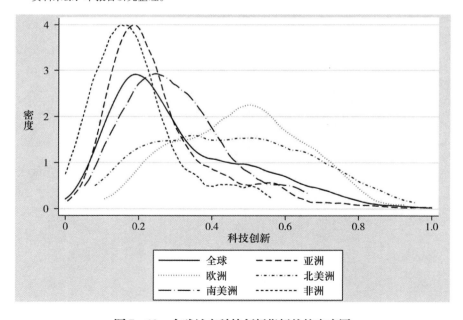

图7－12 全球城市科技创新指标的核密度图

资料来源：中国社会科学院城市与竞争力中心数据库。

二　科技创新国家格局

（一）G20 国家概况

新兴经济体在全球科技创新头部城市的数量仍然低于发达经济体，中美两国在 G20 国家科技创新排名靠前城市数量中占据绝对优势。对 G20 国家城市科技创新的排名情况进行比较发现，在全球城市科技创新前 20 名中的数量占比中，中国有 3 个城市入围，美国有 8 个城市入围，日本有 2 个城市入围，德国、英国、法国、加拿大、俄罗斯、韩国各有 1 个城市入围，其他国家没有城市进入全球前 20 名。在全球城市科技创新前 100 名中的数量占比中，美国城市数量占比最高，达 28%；其次是中国，占比达到 17%；印度尼西亚、南非和沙特阿拉伯没有一个城市进入全球前 100 名。在全球城市科技创新前 101—200 名中的数量占比中，中国和美国相差不大，中国占比达到 13%，墨西哥、阿根廷没有一个城市进入全球前 101—200 名。在全球城市科技创新前 201—500 名中的数量占比中，中国城市数量占比高达 24.67%，远高于美国的 9.00%，英国和加拿大没有一个城市进入全球前 201—500 名。在全球城市科技创新前 500 名中，中国城市的占比最高，达到 20.80%；其次是美国，占比达到 14.20%；城市占比最低的是南非和沙特阿拉伯，占比不超过 1%（见表 7-26）。

表 7-26　　　　G20 国家样本城市科技创新指标排名分布　　　（单位:%）

国家	前 20 占比	前 100 占比	101—200 占比	201—500 占比	前 500 占比
中国	15.00	17.00	13.00	24.67	20.80
美国	40.00	28.00	16.00	9.00	14.20
墨西哥	0	1.00	0	5.00	3.20
印度	0	1.00	6.00	8.33	6.40
德国	5.00	5.00	7.00	0.33	2.60
意大利	0	4.00	4.00	1.67	2.60
英国	5.00	4.00	8.00	0	2.60
巴西	0	2.00	1.00	4.67	3.40
日本	10.00	3.00	5.00	0.67	2.00
法国	5.00	1.00	3.00	1.67	1.80

续表

国家	前 20 占比	前 100 占比	101—200 占比	201—500 占比	前 500 占比
加拿大	5.00	6.00	3.00	0	1.80
俄罗斯	5.00	1.00	2.00	7.00	4.80
韩国	5.00	2.00	4.00	0.67	1.60
印度尼西亚	0	0	1.00	1.67	1.20
土耳其	0	1.00	1.00	3.67	2.60
澳大利亚	0	3.00	2.00	0.33	1.20
阿根廷	0	1.00	0	2.00	1.40
南非	0	0	2.00	1.00	1.00
沙特阿拉伯	0	0	1.00	0.67	0.60
总计	95.00	80.00	79.00	73.00	75.80

资料来源：本报告研究整理。

　　总体来看，新兴经济体城市科技创新的均值仍然低于发达经济体，内部分化程度高于发达经济体。对 G20 国家城市科技创新的情况进行比较发现（见表 7 - 27），在科技创新的均值方面，加拿大、日本、英国、德国和澳大利亚的城市具有明显的优势，印度、印度尼西亚、沙特阿拉伯和墨西哥的城市表现相对较差。从科技创新的变异系数看，加拿大、德国和意大利的城市波动幅度较小，沙特阿拉伯、中国和印度的城市波动幅度较大。从 G20 国家中科技创新的最优城市看，有 9 个城市进入世界科技创新排名前 20 名，有 16 个城市进入世界科技创新排名前 100 名，有 19 个城市进入世界科技创新排名前 200 名。

表 7 - 27　　　　　　　G20 国家样本城市科技创新指标统计描述

国家	均值	变异系数	最优城市	世界排名
法国	0.492	0.339	巴黎	6
美国	0.542	0.325	纽约	2
英国	0.594	0.204	伦敦	4
中国	0.263	0.591	北京	3
土耳其	0.324	0.396	伊斯坦布尔	57
意大利	0.537	0.202	罗马	35

续表

国家	均值	变异系数	最优城市	世界排名
俄罗斯	0.320	0.344	莫斯科	20
日本	0.600	0.306	东京	1
加拿大	0.642	0.140	多伦多	15
澳大利亚	0.574	0.223	悉尼	44
德国	0.582	0.165	慕尼黑	18
韩国	0.552	0.268	首尔	7
印度	0.216	0.560	孟买	80
印度尼西亚	0.222	0.438	雅加达	186
阿根廷	0.329	0.381	布宜诺斯艾利斯	72
墨西哥	0.249	0.438	墨西哥城	78
巴西	0.309	0.422	圣保罗	59
沙特阿拉伯	0.244	0.595	利雅得	102
南非	0.392	0.458	开普敦	120
全球	0.327	0.582	东京	1

资料来源：本报告研究整理。

（二）代表性国家概况

根据洲际划分，这里重点选择亚洲的中国、日本和印度，欧洲的英国，北美洲的美国，南美洲的巴西，非洲的南非，大洋洲的澳大利亚进行比较研究。总的来看，发达经济体城市在科技创新的分项指标中优势更为明显，新兴经济体城市各分项指标均存在较大的内部分化（见表7-28）。

从专利指数的均值看，日本、美国和英国的城市科技创新程度发达，印度和巴西的城市科技创新程度相对较差。从科技创新指数的变异系数看，英国、日本和澳大利亚的城市科技创新波动幅度较小，印度和巴西的城市科技创新波动幅度大。

从论文指数的均值看，澳大利亚、英国和日本城市论文指数较高，印度和中国的论文指数较低。从论文指数的变异系数看，英国、日本和澳大利亚的城市论文指数波动幅度较小，南非、中国和印度的城市论文指数波动幅度较大。

从科技企业指数的均值看，日本和美国的城市优势明显，印度和巴西的科技企业指数较低。从科技企业指数的变异系数看，美国和澳大利亚的城市波动幅度较小，印度和巴西的城市波动幅度较大。

从大学指数的均值看，印度和中国的城市大学指数较低，澳大利亚、英国和美国的城市大学指数较高。从大学指数的变异系数看，澳大利亚与英国的城市波动幅度较小，中国与印度的城市波动幅度较大。

从知识密度指数的均值看，英国和日本的城市优势明显，中国与印度表现欠佳。从知识密度指数度的变异系数看，英国和日本城市波动幅度较小，中国和印度的城市波动幅度最大。

表 7 - 28　　　　　代表性国家科技创新分项指标的统计分析

		中国	美国	印度	日本	英国	南非	巴西	澳大利亚
专利指数	均值	0.296	0.589	0.143	0.702	0.575	0.404	0.220	0.546
	变异系数	0.598	0.264	1.203	0.218	0.156	0.314	0.737	0.225
论文指数	均值	0.509	0.685	0.509	0.742	0.754	0.588	0.611	0.771
	变异系数	0.318	0.206	0.313	0.103	0.089	0.360	0.166	0.112
科技企业指数	均值	0.070	0.297	0.045	0.344	0.220	0.109	0.064	0.267
	变异系数	2.083	0.698	2.587	0.940	1.030	1.568	2.172	0.803
大学指数	均值	0.121	0.455	0.089	0.416	0.638	0.303	0.232	0.680
	变异系数	1.340	0.663	0.904	0.523	0.236	0.642	0.799	0.158
知识密度	均值	0.224	0.515	0.250	0.642	0.629	0.496	0.347	0.301
	变异系数	0.768	0.329	0.734	0.263	0.200	0.514	0.511	0.422
科技创新	均值	0.263	0.542	0.216	0.600	0.594	0.392	0.309	0.574
	变异系数	0.591	0.325	0.560	0.306	0.204	0.458	0.422	0.223

资料来源：本报告研究整理。

第五节　对外联系

一　对外联系总体格局

（一）头部城市概况

全球对外联系的头部城市洲际分布不均衡。从全球对外联系 20 强城市在各大洲的分布情况看，全部集中在北美洲、欧洲和亚洲。其中，北美洲对外联系 20 强城市数量最多，入围城市有 8 个；其次是欧洲，入围城市有 7 个；亚洲入围城市最少，总共有 5 个（见表 7 - 29）。

表 7 - 29　　　　　　　　对外联系指标全球 20 强城市

区域	国家	城市	指数	世界排名
欧洲	法国	巴黎	1.000	1
北美洲	美国	纽约	0.978	2
欧洲	英国	伦敦	0.961	3
亚洲	中国	北京	0.932	4
欧洲	荷兰	阿姆斯特丹	0.928	5
亚洲	土耳其	伊斯坦布尔	0.914	6
亚洲	中国	上海	0.890	7
欧洲	西班牙	巴塞罗那	0.890	8
欧洲	意大利	米兰	0.889	9
北美洲	美国	芝加哥	0.885	10
北美洲	美国	亚特兰大	0.883	11
欧洲	西班牙	马德里	0.882	12
北美洲	美国	达拉斯—佛尔沃斯堡	0.881	13
北美洲	美国	洛杉矶	0.873	14
北美洲	美国	休斯敦	0.871	15
欧洲	俄罗斯	莫斯科	0.865	16
北美洲	美国	华盛顿特区	0.863	17
亚洲	新加坡	新加坡	0.862	18
亚洲	日本	东京	0.859	19
北美洲	加拿大	多伦多	0.852	20

资料来源：本报告研究整理。

在全球对外联系前 100 名城市中，各洲的城市均值和波动幅度比较接近（见表 7 - 30）。其中，北美洲和欧洲的城市对外联系均值最高，南美洲的城市对外联系均值最低，亚洲和大洋洲的城市对外联系均值居中。从各大洲对外联系的最优城市看，欧洲、北美洲、亚洲、大洋洲和南美洲分别是巴黎、纽约、北京、悉尼和波哥大，全球排名依次是第 1、第 2、第 4、第 21 和第 88。

表 7 - 30 　　　　　　对外联系指标全球 100 强城市的洲际分布情况

区域	样本	均值	变异系数	最优城市	指数	世界排名
亚洲	25	0.781	0.089	北京	0.932	4
欧洲	44	0.787	0.089	巴黎	1.000	1
北美洲	25	0.806	0.085	纽约	0.978	2
南美洲	2	0.712	—	波哥大	0.713	88
大洋洲	4	0.769	0.083	悉尼	0.847	21
全球	1006	0.444	0.411	巴黎	1.000	1

资料来源：本报告研究整理。

（二）整体空间格局

全球对外联系程度发达的城市主要集聚在欧洲、北美洲和亚洲地区。从全球城市对外联系洲际分布的均值特征看（见表 7 - 31），大洋洲、欧洲和北美洲的城市对外联系相对发达，非洲的城市对外联系相对较弱，亚洲和南美洲的城市对外联系程度居中。从全球城市对外联系洲际分布的变异系数看，大洋洲的城市对外联系波动幅度较小，非洲的城市对外联系波动幅度较大，北美洲、欧洲、亚洲和南美洲的城市对外联系波动幅度居中。从各洲全球城市百强比重看，非洲没有一个城市进入对外联系全球前 100 名，南美洲、亚洲对外联系百强城市比重较低，大洋洲和欧洲对外联系百强城市比重较高，北美洲对外联系百强城市比重居中。

表 7 - 31 　　　　　　全球城市对外联系指标的洲际分布 　　　　　　（单位：%）

区域	样本	百强城市比重	均值	变异系数
亚洲	565	4.40	0.406	0.370
欧洲	126	34.90	0.582	0.371
北美洲	131	19.10	0.571	0.294
南美洲	75	2.70	0.406	0.360
大洋洲	7	57.10	0.680	0.190
非洲	102	0	0.331	0.471
全球	1006	9.94	0.444	0.411

资料来源：本报告研究整理。

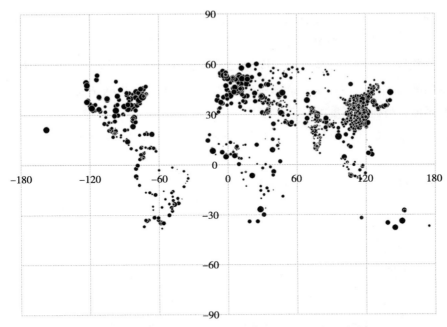

图 7 – 13　全球 1006 个城市对外联系指标的空间分布

资料来源：中国社会科学院城市与竞争力中心数据库。

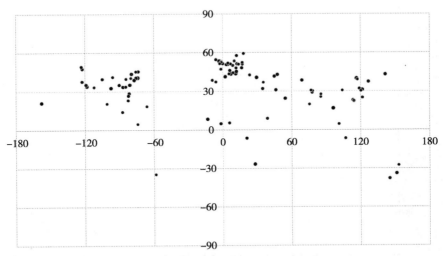

图 7 – 14　全球前 100 名城市对外联系指标的空间分布

资料来源：中国社会科学院城市与竞争力中心数据库。

　　全球城市对外联系分项指标的均值和波动幅度存在较大的差别。从对外联系分项指标的均值看（见表 7 – 32），全球城市的航运便利度相对较高，全球城市的航空便利度相对较低，全球城市的企业联系度、信息联系度、信息获取便利度、科研联系度表现居中。从对外联系分项指标的变异系数看，全球城市航空便利度的波动幅度相对较大，全球城市航运便利度的波动幅度相对较小，全球城市的企业联系度、信息联系度、信息获取联系度、科研联系度的波动幅度居中。在六大分项指标中，纽约有三项指标位居全球前列，巴黎、伦敦和悉尼各有一项指标位居全球前列。

表 7 – 32　　　　　　　　全球城市对外联系分项指标统计描述

对外联系	均值	变异系数	最优城市
企业联系度	0.586	0.550	纽约
信息联系度	0.347	0.635	纽约
信息获取便利度	0.408	0.543	悉尼
航运便利度	0.838	0.186	纽约
航空便利度	0.130	1.248	巴黎
科研联系度	0.428	0.626	伦敦
对外联系度	0.444	0.411	巴黎

资料来源：本报告研究整理。

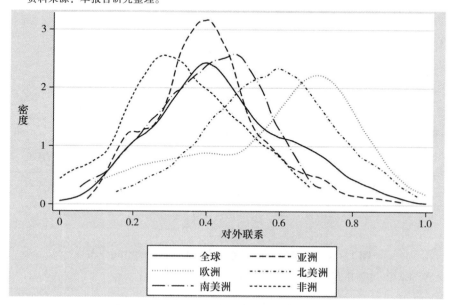

图 7 – 15　全球城市对外联系指标的核密度图

资料来源：中国社会科学院城市与竞争力中心数据库。

二 对外联系国家格局

(一) G20 国家概况

新兴经济体在全球对外联系头部城市的数量仍然低于发达经济体，中美两国在 G20 国家对外联系排名靠前城市数量中占据绝对优势。对 G20 国家城市对外联系的排名情况进行比较发现（见表 7–33），在全球城市对外联系前 20 名中的数量占比中，中国和美国分别有两个城市入围，意大利、英国、土耳其、日本、法国、加拿大、俄罗斯各有一个城市入围，其他国家没有城市进入全球前 20 名。在全球城市对外联系前 100 名中的数量占比中，美国城市数量占比最高，高达 20.0%；其次是中国，占比达到 10.0%；阿根廷、巴西、南非和沙特阿拉伯没有一个城市进入全球前 100 名。在全球城市对外联系前 101—200 名中的数量占比中，美国城市数量占比最高，高达 25.0%；其次是中国，占比达到 17.0%；墨西哥、韩国和印度尼西亚没有一个城市进入全球前 101—200 名。在全球城市对外联系前 201—500 名中的数量占比中，中国城市数量占比最高，高达 37.7%；其次是美国，占比达到 8.7%；德国没有一个城市进入全球前 201—500 名。在全球城市对外联系前 500 名中，中国城市的占比最高，达到 28.0%；其次是美国，占比达到 14.2%；城市占比最低的是南非和沙特阿拉伯，占比低于 1.0%。

表 7 –33   G20 国家样本城市对外联系指标排名分布   （单位:%）

国家	前 20 占比	前 100 占比	101—200 占比	201—500 占比	前 500 占比
中国	10.0	10.0	17.0	37.7	28.0
美国	10.0	20.0	25.0	8.7	14.2
墨西哥	0	1.0	0	5.0	3.2
印度	0	5.0	2.0	2.7	3.0
德国	0	7.0	6.0	0	2.6
意大利	5.0	4.0	7.0	0.7	2.6
英国	5.0	7.0	3.0	0.7	2.4
巴西	0	0	1.0	3.0	2.0
日本	5.0	1.0	2.0	2.3	2.0

国家	前 20 占比	前 100 占比	101—200 占比	201—500 占比	前 500 占比
法国	5.0	4.0	4.0	0.3	1.8
加拿大	5.0	4.0	3.0	0.7	1.8
俄罗斯	5.0	1.0	1.0	2.3	1.8
韩国	0	1.0	0	2.3	1.6
印度尼西亚	0	1.0	0	2.0	1.4
土耳其	5.0	2.0	1.0	1.3	1.4
澳大利亚	0	3.0	1.0	0.7	1.2
阿根廷	0	0	1.0	1.3	1.0
南非	0	0	1.0	1.0	0.8
沙特阿拉伯	0	0	1.0	1.0	0.8
总计	55.0	71.0	76.0	73.7	73.6

资料来源：本报告研究整理。

总体来看，新兴经济体城市对外联系的均值仍然低于发达经济体，内部分化程度高于发达经济体。对 G20 国家城市对外联系的情况进行比较发现（见表 7 - 34），在对外联系的均值方面，法国、德国、意大利和英国的城市具有明显的优势，印度、巴西和俄罗斯的城市表现相对较差。从对外联系的变异系数看，德国、意大利和加拿大的城市波动幅度较小，俄罗斯、巴西和印度的城市波动幅度较大。从 G20 国家中对外联系的最优城市看，有 9 个城市进入世界对外联系排名前 20 名，有 16 个城市进入世界对外联系排名前 100 名，有 19 个城市进入世界对外联系排名前 200 名。

表 7 - 34　　　　　G20 国家样本城市对外联系指标统计描述

国家	均值	变异系数	最优城市	世界排名
法国	0.7134	0.1825	巴黎	1
美国	0.6404	0.2192	纽约	2
英国	0.6914	0.2130	伦敦	3
中国	0.4455	0.2445	北京	4
土耳其	0.4495	0.3955	伊斯坦布尔	6

续表

国家	均值	变异系数	最优城市	世界排名
意大利	0.6900	0.1443	米兰	9
俄罗斯	0.3276	0.5071	莫斯科	16
日本	0.5659	0.2236	东京	19
加拿大	0.6958	0.1405	多伦多	20
澳大利亚	0.6717	0.2070	悉尼	21
德国	0.7131	0.0996	柏林	24
韩国	0.5479	0.2296	首尔	27
印度	0.3013	0.4952	孟买	54
印度尼西亚	0.3848	0.2964	雅加达	71
阿根廷	0.4522	0.3294	布宜诺斯艾利斯	91
墨西哥	0.4133	0.3209	墨西哥城	99
巴西	0.3548	0.4274	圣保罗	124
沙特阿拉伯	0.3807	0.3870	利雅得	128
南非	0.5239	0.2457	约翰内斯堡	141
全球	0.4440	0.4113	巴黎	1

资料来源：本报告研究整理。

（二）代表性国家概况

根据洲际划分，这里重点选择亚洲的中国、日本和印度，欧洲的英国，北美洲的美国，南美洲的巴西，非洲的南非，大洋洲的澳大利亚进行比较研究。总的来看，发达经济体城市在对外联系的分项指标中优势更为明显，新兴经济体城市各分项指标均存在较大的内部分化（见表7-35）。

从企业联系度的均值看，澳大利亚、日本和美国城市企业联系度较高，印度和巴西的城市联系度较低。从企业联系度的变异系数看，中国、日本和澳大利亚的城市企业联系度波动幅度较小，印度和巴西的城市企业联系度波动幅度较大。

从信息联系度的均值看，印度和日本的城市信息联系度较低，澳大利亚、美国、英国的城市信息联系度较高。从信息联系度的变异系数看，中国与澳大利亚的城市波动幅度较小，印度与日本的城市波动幅度较大。

从信息获取便利度的均值看，美国和英国的城市优势明显。从信息获取便利度的变异系数看，美国和英国城市波动幅度较小，中国的城市波动幅度最大。

从航运便利度的均值看，日本和英国的城市优势明显。从航运便利度的变异系数看，日本和英国的城市波动幅度较小，巴西的城市波动幅度较大。

从航空便利度的均值看，英国和美国的城市优势明显，英国的城市优势明显，巴西的城市表现相对较差。从航空便利度的变异系数看，英国和澳大利亚的城市波动幅度较小。

从科研联系度的均值看，英国和澳大利亚的城市优势明显。从科研联系度的变异系数看，日本和澳大利亚的城市波动幅度较小。

表7-35　　　　代表性国家对外联系分项指标的统计分析

		中国	美国	印度	日本	英国	南非	巴西	澳大利亚
企业联系度	均值	0.686	0.774	0.283	0.796	0.770	0.724	0.567	0.868
	变异系数	0.102	0.204	1.068	0.108	0.325	0.496	0.645	0.124
信息联系度	均值	0.448	0.554	0.249	0.152	0.547	0.315	0.356	0.661
	变异系数	0.313	0.356	0.743	1.427	0.471	0.523	0.476	0.230
信息获取便利度	均值	0.324	0.770	0.352	0.543	0.702	0.343	0.385	0.622
	变异系数	0.602	0.099	0.456	0.214	0.088	0.254	0.197	0.264
航运便利度	均值	0.882	0.865	0.872	0.946	0.937	0.860	0.473	0.806
	变异系数	0.116	0.157	0.093	0.064	0.042	0.116	0.358	0.302
航空便利度	均值	0.140	0.206	0.053	0.135	0.318	0.154	0.073	0.188
	变异系数	1.070	1.059	1.423	1.197	0.496	0.760	1.054	0.537
科研联系度	均值	0.272	0.680	0.319	0.650	0.752	0.629	0.502	0.815
	变异系数	0.771	0.300	0.720	0.202	0.337	0.254	0.444	0.166

资料来源：本报告研究整理。

第六节 全球城市可持续竞争力 解释性指标排名汇总

城市	国家	可持续竞争力排名	经济活力排名	环境韧性排名	社会包容排名	科技创新排名	对外联系排名
新加坡	新加坡	1	1	5	41	14	18
东京	日本	2	183	106	1	1	19
纽约	美国	3	29	278	37	2	2
伦敦	英国	4	20	184	83	4	3
旧金山	美国	5	8	255	72	5	48
巴黎	法国	6	192	75	168	6	1
香港	中国	7	98	9	151	22	31
大阪	日本	8	224	141	4	11	103
洛杉矶	美国	9	122	417	55	13	14
芝加哥	美国	10	84	356	192	10	10
巴塞罗那	西班牙	11	118	83	115	50	8
莫斯科	俄罗斯	12	272	387	36	20	16
斯德哥尔摩	瑞典	13	17	48	272	24	52
首尔	韩国	14	213	259	2	7	27
慕尼黑	德国	15	19	4	67	18	34
斯图加特	德国	16	83	1	157	69	67
波士顿	美国	17	18	157	81	8	26
马德里	西班牙	18	324	230	53	29	12
深圳	中国	19	24	85	98	33	56
法兰克福	德国	20	42	11	188	92	158
费城	美国	21	50	49	231	17	35
多伦多	加拿大	22	112	190	44	15	20
台北	中国	23	140	68	5	16	57
休斯敦	美国	24	49	272	176	23	15
迈阿密	美国	25	61	256	223	77	33
柏林	德国	26	153	17	21	38	24

续表

城市	国家	可持续竞争力排名	经济活力排名	环境韧性排名	社会包容排名	科技创新排名	对外联系排名
墨尔本	澳大利亚	27	119	34	302	52	42
罗马	意大利	28	388	114	100	35	23
上海	中国	29	201	458	47	9	7
西雅图	美国	30	31	295	123	12	32
曼彻斯特	英国	31	60	108	186	53	36
亚特兰大	美国	32	97	47	334	21	11
圣何塞	美国	33	3	198	110	90	154
克利夫兰	美国	34	7	112	467	61	122
悉尼	澳大利亚	35	88	126	291	44	21
广岛	日本	36	146	90	26	181	280
伯明翰	英国	37	55	139	255	104	50
北京	中国	38	223	716	50	3	4
米兰	意大利	39	385	137	74	46	9
蒙特利尔	加拿大	40	134	162	56	47	38
达拉斯—佛尔沃斯堡	美国	41	75	115	144	27	13
布宜诺斯艾利斯	阿根廷	42	617	405	65	72	91
维也纳	奥地利	43	57	2	32	45	37
特拉维夫—雅法	以色列	44	123	29	367	260	102
丹佛	美国	45	41	146	139	159	47
汉堡	德国	46	116	43	78	51	43
苏黎世	瑞士	47	45	14	107	40	45
名古屋	日本	48	128	225	12	62	183
北九州—福冈大都市圈	日本	49	52	102	7	149	313
巴尔的摩	美国	50	13	19	358	36	30
哥本哈根	丹麦	51	72	24	122	42	41
汉诺威	德国	52	79	3	236	116	86
盐湖城	美国	53	10	134	204	67	153
圣迭戈	美国	54	53	238	80	26	108
珀斯	澳大利亚	55	26	133	442	169	283
华盛顿特区	美国	56	113	432	158	39	17

续表

城市	国家	可持续竞争力排名	经济活力排名	环境韧性排名	社会包容排名	科技创新排名	对外联系排名
仁川	韩国	57	179	279	35	165	453
苏州	中国	58	99	532	23	148	182
罗利	美国	59	16	148	196	75	168
吉隆坡	马来西亚	60	96	171	175	97	66
温哥华	加拿大	61	92	73	69	28	51
阿姆斯特丹	荷兰	62	95	40	61	34	5
阿斯塔纳	哈萨克斯坦	63	291	159	225	426	782
日内瓦	瑞士	64	5	7	322	87	64
布鲁塞尔	比利时	65	149	66	97	63	22
底特律	美国	66	71	80	632	60	79
广州	中国	67	138	293	57	37	40
奥斯丁	美国	68	68	323	134	19	59
奥兰多	美国	69	37	60	339	126	63
西约克郡	英国	70	102	81	75	111	423
科隆	德国	71	85	69	135	151	105
赫尔辛基	芬兰	72	82	211	58	41	53
大田	韩国	73	178	282	19	95	284
伊斯坦布尔	土耳其	74	281	505	38	57	6
蔚山	韩国	75	62	31	93	225	363
里士满	美国	76	12	72	390	100	136
巴伦西亚	西班牙	77	293	200	147	208	69
耶路撒冷	以色列	78	163	104	425	135	145
俄亥俄州哥伦布	美国	79	63	109	279	70	107
圣保罗	巴西	80	527	252	824	59	124
布里奇波特—斯坦福德	美国	81	2	25	195	269	360
凤凰城	美国	82	145	805	265	177	76
南京	中国	83	136	510	29	43	55
多哈	卡塔尔	84	304	610	88	238	81
海法	以色列	85	130	27	389	133	187
墨西哥城	墨西哥	86	436	512	113	78	99

城市	国家	可持续竞争力排名	经济活力排名	环境韧性排名	社会包容排名	科技创新排名	对外联系排名
安特卫普	比利时	87	131	55	130	207	162
哈特福德	美国	88	9	33	556	223	240
利雅得	沙特阿拉伯	89	286	1000	18	102	128
札幌	日本	90	174	76	8	166	330
光州	韩国	91	181	41	86	182	386
釜山	韩国	92	177	87	11	146	203
那不勒斯	意大利	93	595	95	203	108	72
厦门	中国	94	139	303	140	121	117
米尔沃基	美国	95	15	51	407	137	176
格拉斯哥	英国	96	111	101	131	89	94
阿德莱德	澳大利亚	97	94	125	218	125	148
迪拜	阿拉伯联合酋长国	98	23	865	33	230	25
大邱	韩国	99	225	124	34	139	263
圣地亚哥	智利	100	249	678	198	129	241
马拉加	西班牙	101	331	178	116	289	146
雅典	希腊	102	360	189	370	66	44
无锡	中国	103	172	373	24	246	279
多特蒙德	德国	104	54	63	287	187	151
路易斯维尔	美国	105	22	54	344	144	225
比勒陀利亚	南非	106	159	653	544	203	235
埃森	德国	107	106	21	170	224	68
天津	中国	108	155	549	59	88	87
佛山	中国	109	158	239	126	271	338
台中	中国	110	203	314	15	205	265
布里斯班	澳大利亚	111	125	136	357	84	96
奥克兰	新西兰	112	43	214	66	48	74
德累斯顿	德国	113	147	23	101	134	174
圣彼得堡	俄罗斯	114	473	689	77	170	120

续表

城市	国家	可持续竞争力排名	经济活力排名	环境韧性排名	社会包容排名	科技创新排名	对外联系排名
弗吉尼亚比奇	美国	115	51	45	396	387	340
卡尔卡里	加拿大	116	33	297	52	64	129
拉斯维加斯	美国	117	135	350	235	221	111
波哥大	哥伦比亚	118	321	832	243	124	88
圣何塞	哥斯达黎加	119	263	292	283	306	253
麦地那	沙特阿拉伯	120	195	973	76	391	476
东莞	中国	121	101	249	137	257	181
武汉	中国	122	226	904	28	32	113
利马	秘鲁	123	392	651	247	155	160
高雄	中国	124	186	244	13	193	230
杜塞尔多夫	德国	125	32	8	165	172	77
坦帕	美国	126	115	71	508	199	121
贝尔法斯特	英国	127	65	26	152	152	169
吉达	沙特阿拉伯	128	253	500	54	708	355
伍斯特	美国	129	56	111	768	213	370
杭州	中国	130	230	551	40	25	78
里昂	法国	131	216	135	269	154	49
纽黑文	美国	132	46	116	714	79	198
莱比锡	德国	133	144	37	143	167	164
都柏林	爱尔兰	134	6	64	62	31	29
汉密尔顿	加拿大	135	21	96	229	143	170
海牙	荷兰	136	89	74	85	210	214
布法罗	美国	137	78	375	427	243	179
夏洛特	美国	138	48	339	249	142	39
列日	比利时	139	202	150	326	302	227
萨拉戈萨	西班牙	140	268	210	160	229	248
都灵	意大利	141	575	175	119	82	289
科泉	美国	142	35	232	193	259	341

续表

城市	国家	可持续竞争力排名	经济活力排名	环境韧性排名	社会包容排名	科技创新排名	对外联系排名
成都	中国	143	193	521	49	65	89
青岛	中国	144	218	444	43	99	166
纳什维尔—戴维森	美国	145	27	50	264	258	109
澳门	中国	146	11	91	649	344	215
里约热内卢	巴西	147	581	557	258	76	233
圣安东尼亚	美国	148	151	88	187	114	133
中山	中国	149	133	245	48	282	229
明尼阿波利斯	美国	150	81	84	185	101	112
仙台	日本	151	167	179	27	130	349
里斯本	葡萄牙	152	90	13	89	106	62
奥斯陆	挪威	153	4	32	132	54	60
宁波	中国	154	214	447	84	204	200
里尔	法国	155	212	28	435	228	147
利物浦	英国	156	86	110	141	180	84
奥勒姆	美国	157	28	160	816	593	368
常州	中国	158	234	327	172	278	366
郑州	中国	159	271	453	90	145	192
安曼	约旦	160	652	880	125	251	217
威尼斯	意大利	161	353	155	124	285	232
达曼	沙特阿拉伯	162	356	998	202	572	427
鹿特丹	荷兰	163	91	70	94	171	98
台南	中国	164	205	284	9	162	323
长沙	中国	165	198	468	68	138	157
莱斯特	英国	166	100	58	292	188	119
德黑兰	伊朗	167	596	929	399	150	310
圣胡安	波多黎各	168	573	6	684	216	252
普罗维登斯	美国	169	76	61	461	103	201
静冈—滨松大都市圈	日本	170	173	215	6	164	390

城市	国家	可持续竞争力排名	经济活力排名	环境韧性排名	社会包容排名	科技创新排名	对外联系排名
维罗那	意大利	171	395	92	103	176	177
约翰内斯堡	南非	172	264	316	575	127	141
巴吞鲁日	美国	173	14	16	456	156	238
曼谷	泰国	174	298	543	20	81	28
新奥尔良	美国	175	105	347	452	220	173
黄金海岸	澳大利亚	176	25	97	594	329	358
渥太华	加拿大	177	69	86	369	93	93
博洛尼亚	意大利	178	424	161	181	85	46
莱昂	墨西哥	179	346	522	403	290	286
索菲亚	保加利亚	180	565	400	156	163	80
印第安纳波利斯	美国	181	77	145	240	136	180
沈阳	中国	182	476	485	42	140	167
匹兹堡	美国	183	103	142	233	30	101
奥格登—莱顿	美国	184	74	209	384	446	657
佛罗伦萨	意大利	185	450	120	120	160	178
堪萨斯城	美国	186	73	12	211	141	175
布达佩斯	匈牙利	187	171	131	22	83	65
蒙得维的亚	乌拉圭	188	401	118	297	256	246
珠海	中国	189	80	291	162	372	308
火奴鲁鲁	美国	190	47	144	245	227	569
巴塞罗那—拉克鲁斯港	委内瑞拉	191	944	370	996	315	333
俄克拉荷马城	美国	192	66	77	277	226	210
大连	中国	193	364	467	31	115	139
明斯克	白俄罗斯	194	426	319	104	206	186
波尔图	葡萄牙	195	366	65	238	112	82
麦加	沙特阿拉伯	196	219	957	70	477	830
西安	中国	197	261	576	39	56	165
阿瓦士	伊朗	198	330	996	783	584	893

城市	国家	可持续竞争力排名	经济活力排名	环境韧性排名	社会包容排名	科技创新排名	对外联系排名
合肥	中国	199	156	631	102	86	135
马赛	法国	200	227	143	790	173	73
沙没巴干	泰国	201	284	182	159	891	508
巴伦西亚	委内瑞拉	202	964	363	975	215	401
布拉格	捷克	203	267	123	3	73	58
图卢兹	法国	204	245	105	311	194	131
查尔斯顿县北查尔斯顿市	美国	205	34	180	666	309	205
济南	中国	206	379	703	161	96	212
开普科勒尔	美国	207	70	22	755	888	861
新潟	日本	208	188	174	10	250	376
新山市	马来西亚	209	250	99	318	336	393
卡塔尼亚	意大利	210	576	218	257	268	126
加拉加斯	委内瑞拉	211	963	243	846	276	260
布加勒斯特	罗马尼亚	212	244	117	17	214	104
巴西利亚	巴西	213	488	98	342	252	417
哥伦比亚	美国	214	58	208	325	49	115
河畔	美国	215	175	857	315	537	306
圣多明各	多米尼加共和国	216	790	237	432	366	487
镇江	中国	217	148	361	224	300	314
孟菲斯	美国	218	104	52	454	174	218
布里斯托尔	英国	219	30	62	222	74	70
开普敦	南非	220	274	317	304	120	213
卡拉杰	伊朗	221	344	812	796	528	833
嘉兴	中国	222	251	369	92	346	264
罗切斯特	美国	223	107	57	266	236	140
阿布扎比	阿拉伯联合酋长国	224	39	872	30	281	125

续表

城市	国家	可持续竞争力排名	经济活力排名	环境韧性排名	社会包容排名	科技创新排名	对外联系排名
安卡拉	土耳其	225	464	473	82	118	100
门多萨	阿根廷	226	551	861	356	454	420
罗萨里奥	阿根廷	227	467	130	481	404	276
维多利亚	巴西	228	433	119	915	716	946
戴顿	美国	229	44	38	656	217	328
罗安达	安哥拉	230	903	357	861	602	776
雅加达	印度尼西亚	231	512	795	105	186	71
科威特城	科威特	232	655	748	142	599	116
南通	中国	233	185	386	169	280	381
辛辛那提	美国	234	93	36	284	55	161
热那亚	意大利	235	459	158	270	248	142
沙加	阿拉伯联合酋长国	236	114	961	155	425	402
布尔萨	土耳其	237	320	431	108	378	299
南昌	中国	238	184	492	274	168	261
伊兹密尔	土耳其	239	262	434	64	284	195
阿雷格里港	巴西	240	416	488	535	242	239
哥德堡	瑞典	241	141	10	228	113	191
波兹南	波兰	242	243	107	79	209	257
巴拿马城	巴拿马	243	452	385	212	295	114
巴里	意大利	244	397	147	267	255	130
马斯喀特	阿曼	245	297	183	71	362	292
福州	中国	246	246	424	138	239	242
诺丁汉	英国	247	109	79	189	105	155
提华那	墨西哥	248	368	329	414	470	441
纽卡斯尔	英国	249	157	309	316	189	545
熊本	日本	250	189	491	14	265	403
淄博	中国	251	204	509	184	320	413
胡亚雷斯	墨西哥	252	422	443	566	476	510

城市	国家	可持续竞争力排名	经济活力排名	环境韧性排名	社会包容排名	科技创新排名	对外联系排名
烟台	中国	253	176	438	145	314	311
谢菲尔德	英国	254	110	149	232	161	61
亚克朗市	美国	255	36	35	626	264	359
魁北克	加拿大	256	132	93	163	122	236
大急流城	美国	257	67	122	338	270	302
诺克斯维尔	美国	258	64	20	359	128	224
哈瓦那	古巴	259	362	181	592	480	591
马拉开波	委内瑞拉	260	956	353	952	766	604
伯明翰	美国	261	59	46	509	219	281
德里	印度	262	255	855	127	123	75
扬州	中国	263	229	440	128	325	351
昌原	韩国	264	143	202	106	316	439
埃德蒙顿	加拿大	265	121	82	60	71	144
绍兴	中国	266	288	449	216	423	275
马拉凯	委内瑞拉	267	947	368	961	796	583
泉州	中国	268	182	381	173	374	301
蒙特雷	墨西哥	269	315	187	194	279	255
长春	中国	270	513	881	99	117	220
麦德林	哥伦比亚	271	381	201	327	231	267
太原	中国	272	164	528	273	245	228
埃尔比勒	伊拉克	273	763	917	500	710	348
苏腊巴亚	印度尼西亚	274	444	498	117	335	407
塞维利亚	西班牙	275	606	229	153	201	197
圣地亚哥—德洛斯卡瓦耶罗斯	多米尼加共和国	276	517	380	700	545	362
温尼伯格	加拿大	277	126	100	129	158	243
徐州	中国	278	279	470	307	263	343
科尔多瓦	阿根廷	279	623	212	199	349	268
乌鲁木齐	中国	280	499	669	458	299	448

续表

城市	国家	可持续竞争力排名	经济活力排名	环境韧性排名	社会包容排名	科技创新排名	对外联系排名
波特兰	美国	281	127	78	114	91	97
巴勒莫	意大利	282	738	286	208	244	150
唐山	中国	283	211	563	252	352	322
重庆	中国	284	470	836	87	94	134
泰州	中国	285	154	408	256	450	361
巴格达	伊拉克	286	886	635	782	393	307
惠州	中国	287	194	320	215	348	498
南特	法国	288	231	129	392	233	137
威海	中国	289	241	454	280	400	400
盖布泽	土耳其	290	180	448	807	469	761
克拉科夫	波兰	291	345	170	63	153	132
瓜达拉哈拉	墨西哥	292	396	302	308	310	202
坎皮纳斯	巴西	293	469	205	462	192	300
温州	中国	294	524	446	301	292	277
亚松森	巴拉圭	295	618	127	397	568	551
尼斯—夏纳	法国	296	217	262	261	273	85
帕多瓦市	意大利	297	547	53	230	107	138
艾伦镇	美国	298	38	18	761	399	494
华沙	波兰	299	328	154	16	58	83
基多	厄瓜多尔	300	636	574	352	274	226
石家庄	中国	301	335	727	217	211	196
阿达纳	土耳其	302	405	559	299	382	543
拉各斯	尼日利亚	303	892	310	728	283	204
贝尔谢巴	以色列	304	162	360	690	748	317
萨克拉门托	美国	305	161	94	221	222	194
塞萨洛尼基	希腊	306	736	15	331	232	184
圣路易斯波托西	墨西哥	307	312	263	378	321	249
东营	中国	308	221	450	298	574	723

续表

城市	国家	可持续竞争力排名	经济活力排名	环境韧性排名	社会包容排名	科技创新排名	对外联系排名
新竹	中国	309	117	224	25	98	118
秋明	俄罗斯	310	257	758	310	402	824
瓦尔帕莱索	智利	311	258	442	729	377	325
巴库	阿塞拜疆	312	348	280	121	293	316
贵阳	中国	313	228	389	436	272	237
埃尔帕索	美国	314	165	325	207	328	464
德班	南非	315	310	172	722	313	251
阿尔及尔	阿尔及利亚	316	906	44	804	390	254
台州	中国	317	314	480	282	421	256
阿拉木图	哈萨克斯坦	318	406	934	281	319	627
班加罗尔	印度	319	296	222	96	110	90
贝克尔斯菲市	美国	320	137	367	534	443	559
怡保市	马来西亚	321	108	217	498	671	437
潍坊	中国	322	458	658	241	308	473
瓦赫兰	阿尔及利亚	323	711	289	726	570	327
昆明	中国	324	361	407	112	202	199
乌法	俄罗斯	325	519	342	375	373	426
里贝朗普雷图	巴西	326	378	226	885	644	415
圣克鲁斯	玻利维亚	327	731	1003	580	109	270
海口	中国	328	316	445	364	331	288
美利达	墨西哥	329	350	207	177	416	347
奥马哈	美国	330	87	59	246	198	258
南宁	中国	331	495	644	148	241	244
金华	中国	332	313	344	268	354	431
罗兹	波兰	333	299	390	150	266	295
圣若泽杜斯坎普斯	巴西	334	333	231	46	414	588
贝洛奥里藏特	巴西	335	674	268	475	253	397
贝尔格莱德	塞尔维亚	336	383	193	91	183	149

续表

城市	国家	可持续竞争力排名	经济活力排名	环境韧性排名	社会包容排名	科技创新排名	对外联系排名
卡利	哥伦比亚	337	357	336	395	342	290
萨马拉	俄罗斯	338	569	572	167	340	661
哈尔滨	中国	339	548	982	174	132	189
克雷塔罗	墨西哥	340	384	165	201	481	262
汕头	中国	341	248	270	386	380	380
波尔多	法国	342	233	39	271	237	127
萨格勒布	克罗地亚	343	340	30	45	147	143
焦作	中国	344	336	441	507	546	607
呼和浩特	中国	345	265	531	248	343	354
圣菲	阿根廷	346	497	383	182	341	309
土伦	法国	347	208	227	474	493	320
阿瓜斯卡连特斯	墨西哥	348	427	264	234	581	388
舟山	中国	349	169	234	540	500	450
危地马拉城	危地马拉	350	863	667	324	407	484
伊科罗杜	尼日利亚	351	808	429	958	993	710
泰安	中国	352	386	616	361	471	616
湖州	中国	353	200	321	285	398	416
廊坊	中国	354	222	465	366	498	223
贝鲁特	黎巴嫩	355	754	191	394	247	188
洛阳	中国	356	554	663	242	317	304
孟买	印度	357	332	789	227	80	54
盐城	中国	358	371	597	286	411	399
巴丹岛	印度尼西亚	359	374	341	443	912	790
兰州	中国	360	292	786	381	185	297
托雷翁	墨西哥	361	349	611	343	857	647
湘潭	中国	362	309	423	438	355	247
基辅	乌克兰	363	791	349	219	184	172
三马林达	印度尼西亚	364	240	290	572	775	878

续表

城市	国家	可持续 竞争力 排名	经济活力 排名	环境韧性 排名	社会包容 排名	科技创新 排名	对外联系 排名
萨拉索塔—布雷登顿	美国	365	129	67	149	364	382
普埃布拉	墨西哥	366	683	343	253	296	216
枣庄	中国	367	498	394	449	683	526
图森	美国	368	196	529	214	68	190
麦卡伦	美国	369	210	199	810	788	357
株洲	中国	370	393	556	421	337	374
塔尔萨	美国	371	124	56	368	254	222
突尼斯	突尼斯	372	583	257	387	218	234
芜湖	中国	373	170	396	303	358	324
济宁	中国	374	447	628	329	403	375
马瑙斯	巴西	375	714	959	695	327	590
银川	中国	376	306	680	587	322	378
卡塔赫纳	哥伦比亚	377	372	275	537	474	274
累西腓	巴西	378	645	418	595	298	547
弗雷斯诺	美国	379	168	240	480	339	332
马尼拉	菲律宾	380	510	743	95	262	106
比亚埃尔莫萨	墨西哥	381	282	307	423	738	729
库里奇巴	巴西	382	642	138	372	307	335
圣萨尔瓦多	萨尔瓦多	383	492	299	574	449	472
马塔莫罗斯	墨西哥	384	307	430	650	923	911
许昌	中国	385	238	452	573	542	504
大庆	中国	386	160	901	385	460	558
北干巴鲁	印度尼西亚	387	277	745	571	631	807
加济安泰普	土耳其	388	631	760	250	420	452
喀山	俄罗斯	389	750	843	183	261	465
淮安	中国	390	359	539	263	516	319
容迪亚伊	巴西	391	242	132	539	801	792
包头	中国	392	287	864	306	447	585

续表

城市	国家	可持续竞争力排名	经济活力排名	环境韧性排名	社会包容排名	科技创新排名	对外联系排名
设拉子	伊朗	393	713	930	671	441	815
福塔莱萨	巴西	394	780	333	642	323	614
的黎波里	利比亚	395	807	89	597	473	497
彼尔姆	俄罗斯	396	572	599	406	365	404
漳州	中国	397	319	481	319	475	470
宜昌	中国	398	252	701	251	412	389
聊城	中国	399	474	609	582	507	466
连云港	中国	400	237	594	354	397	536
鄂尔多斯	中国	401	317	741	398	914	315
鞍山	中国	402	577	493	376	408	537
阿布贾	尼日利亚	403	889	788	873	497	312
托卢卡	墨西哥	404	504	251	453	350	862
布莱梅	德国	405	206	42	146	178	185
江门	中国	406	377	365	312	502	428
内罗毕	肯尼亚	407	283	856	724	197	345
德州	中国	408	563	755	419	559	553
莆田	中国	409	259	382	553	684	500
吉林	中国	410	403	922	164	179	419
邯郸	中国	411	671	655	416	386	471
咸阳	中国	412	285	598	402	633	408
沧州	中国	413	338	632	422	624	572
安塔利亚	土耳其	414	352	807	51	405	326
萨尔蒂约	墨西哥	415	390	719	377	472	725
日照	中国	416	273	404	472	729	562
襄阳	中国	417	266	725	349	536	617
岳阳	中国	418	478	613	408	538	592
鄂州	中国	419	142	328	676	856	492
瓜亚基尔	厄瓜多尔	420	801	326	490	375	336

续表

城市	国家	可持续竞争力排名	经济活力排名	环境韧性排名	社会包容排名	科技创新排名	对外联系排名
盘锦	中国	421	400	235	430	767	481
马德普拉塔	阿根廷	422	611	167	603	455	811
索罗卡巴	巴西	423	438	266	578	557	728
滨州	中国	424	500	573	486	540	479
萨尔瓦多	巴西	425	819	194	633	311	430
临沂	中国	426	660	763	405	486	344
万隆	印度尼西亚	427	653	524	191	330	337
贝伦	巴西	428	727	242	715	510	663
萨拉托夫	俄罗斯	429	651	724	382	369	918
基尔库克	伊拉克	430	910	825	802	910	818
南阳	中国	431	703	768	410	332	271
新乡	中国	432	334	639	492	389	273
埃莫西约	墨西哥	433	419	752	345	417	538
戈亚尼亚	巴西	434	716	196	562	535	516
阿尔伯克基	美国	435	166	219	380	304	250
安阳	中国	436	429	571	697	353	435
马什哈德	伊朗	437	845	907	736	429	825
伊丽莎白港	南非	438	280	472	786	448	502
茂名	中国	439	318	463	401	675	564
布赖代	沙特阿拉伯	440	232	925	133	800	904
巴厘巴板	印度尼西亚	441	199	694	374	881	797
开封	中国	442	456	657	465	438	371
达卡	孟加拉国	443	926	947	546	234	207
湛江	中国	444	355	371	309	515	392
库利亚坎	墨西哥	445	442	351	466	679	456
阿雷基帕	秘鲁	446	209	995	601	726	595
德阳	中国	447	295	511	483	640	747
科恰班巴	玻利维亚	448	678	828	865	790	835

续表

城市	国家	可持续竞争力排名	经济活力排名	环境韧性排名	社会包容排名	科技创新排名	对外联系排名
北海	中国	449	260	308	801	707	499
西宁	中国	450	347	661	568	435	598
大不里士	伊朗	451	737	808	551	422	902
黄石	中国	452	152	504	721	575	512
钦奈	印度	453	370	306	166	119	92
揭阳	中国	454	235	332	489	818	461
里加	拉脱维亚	455	410	267	111	190	193
常德	中国	456	608	751	411	456	609
古晋	马来西亚	457	150	152	276	490	488
衡阳	中国	458	493	707	478	482	462
苏莱曼尼亚	伊拉克	459	854	685	350	803	817
宿迁	中国	460	303	525	426	670	455
奇姆肯特	哈萨克斯坦	461	735	585	835	886	987
柳州	中国	462	294	564	409	532	599
鹰潭	中国	463	190	397	640	889	567
若茵维莱	巴西	464	439	271	615	357	721
马鞍山	中国	465	236	411	441	465	318
新余	中国	466	239	420	607	691	638
肇庆	中国	467	308	474	333	514	523
秦皇岛	中国	468	278	530	365	345	445
雷诺萨	墨西哥	469	477	469	867	873	342
玛琅	印度尼西亚	470	514	783	180	556	733
濮阳	中国	471	483	544	447	778	716
锦州	中国	472	686	466	520	437	398
阿什哈巴德	土库曼斯坦	473	455	273	785	919	772
开罗	埃及	474	799	793	288	175	123
漯河	中国	475	394	414	789	830	434
三亚	中国	476	197	374	552	700	519

城市	国家	可持续竞争力排名	经济活力排名	环境韧性排名	社会包容排名	科技创新排名	对外联系排名
坎昆	墨西哥	477	337	652	213	954	331
科钦	印度	478	256	261	244	277	396
第比利斯	格鲁吉亚	479	269	439	154	294	221
巨港	印度尼西亚	480	461	315	707	643	683
阿克拉	加纳	481	557	197	884	301	321
保定	中国	482	729	791	323	318	449
潮州	中国	483	329	337	586	669	446
平顶山	中国	484	564	422	433	547	582
桂林	中国	485	521	732	313	359	305
弗罗茨瓦夫	波兰	486	431	168	73	200	209
圣路易斯	巴西	487	676	277	767	794	964
乌贝兰迪亚	巴西	488	526	428	739	511	703
帕丘卡—德索托	墨西哥	489	533	188	515	562	715
雅罗斯拉夫尔	俄罗斯	490	546	173	320	451	718
哈科特港	尼日利亚	491	839	579	883	763	580
浦那	印度	492	441	671	210	191	95
特鲁希略	秘鲁	493	460	717	673	672	391
蚌埠	中国	494	423	552	491	534	495
托木斯克	俄罗斯	495	599	955	388	297	968
新西伯利亚	俄罗斯	496	835	988	278	196	490
九江	中国	497	435	620	363	567	518
榆林	中国	498	207	527	469	809	571
哥印拜陀	印度	499	289	455	400	288	750
宝鸡	中国	500	300	690	434	596	742
鹤壁	中国	501	389	456	735	799	463
巴尔瑙尔	俄罗斯	502	640	304	412	522	973
菏泽	中国	503	692	676	685	603	660
萍乡	中国	504	247	568	600	828	770

城市	国家	可持续竞争力排名	经济活力排名	环境韧性排名	社会包容排名	科技创新排名	对外联系排名
佩雷拉	哥伦比亚	505	454	269	764	467	880
巴兰基利亚	哥伦比亚	506	632	506	637	445	377
德古西加巴	洪都拉斯	507	624	364	645	505	597
望加锡	印度尼西亚	508	463	359	305	494	620
郴州	中国	509	322	570	661	727	496
资阳	中国	510	587	656	770	817	534
阳江	中国	511	365	399	482	858	412
自贡	中国	512	409	708	675	569	637
奇瓦瓦	墨西哥	513	486	744	340	525	557
隆德里纳	巴西	514	555	345	679	428	560
辽阳	中国	515	449	372	579	807	421
上饶	中国	516	699	567	604	734	552
攀枝花	中国	517	373	281	678	699	820
巴东	印度尼西亚	518	479	548	314	560	795
亚历山大	埃及	519	793	479	428	195	206
卡萨布兰卡	摩洛哥	520	545	128	533	275	159
淮北	中国	521	375	471	542	583	578
茂物	印度尼西亚	522	743	638	220	430	373
泸州	中国	523	490	790	591	561	635
本溪	中国	524	679	412	477	663	561
抚顺	中国	525	421	569	506	464	478
赣州	中国	526	668	769	493	487	505
拉普拉塔	阿根廷	527	813	151	588	361	544
宁德	中国	528	387	660	524	544	365
萨姆松	土耳其	529	380	490	190	573	563
龙岩	中国	530	529	561	543	654	690
绵阳	中国	531	590	730	360	360	440
玉溪	中国	532	376	526	517	664	485

续表

城市	国家	可持续竞争力排名	经济活力排名	环境韧性排名	社会包容排名	科技创新排名	对外联系排名
安庆	中国	533	829	554	446	610	535
四平	中国	534	847	496	691	523	524
棉兰	印度尼西亚	535	677	416	330	419	411
若昂佩索阿	巴西	536	719	246	800	665	994
遵义	中国	537	453	746	547	512	528
松原	中国	538	562	750	598	811	642
卡拉奇	巴基斯坦	539	858	520	413	291	171
娄底	中国	540	367	590	569	722	579
墨西卡利	墨西哥	541	597	993	531	774	298
宜春	中国	542	712	691	445	808	540
陶里亚蒂	俄罗斯	543	598	203	391	618	685
商丘	中国	544	786	608	669	841	671
孝感	中国	545	650	944	692	709	570
景德镇	中国	546	391	523	641	632	418
荆门	中国	547	425	728	518	686	641
衢州	中国	548	432	497	545	594	568
特雷西纳	巴西	549	733	384	854	687	1000
三门峡	中国	550	411	623	672	909	640
万博	安哥拉	551	977	936	950	987	857
周口	中国	552	708	546	530	744	612
六盘水	中国	553	369	503	855	947	602
邢台	中国	554	766	784	503	609	615
茹伊斯迪福拉	巴西	555	633	260	746	439	865
晋城	中国	556	531	566	644	667	676
皮文迪	印度	557	323	415	974	998	698
钦州	中国	558	440	602	612	571	629
三明	中国	559	402	537	510	703	514
米苏拉塔	利比亚	560	935	819	906	1002	866

续表

城市	国家	可持续竞争力排名	经济活力排名	环境韧性排名	社会包容排名	科技创新排名	对外联系排名
克拉斯诺达尔	俄罗斯	561	661	849	136	367	432
卡诺	尼日利亚	562	900	870	928	548	601
科泽科德	印度	563	276	346	620	636	764
衡水	中国	564	664	753	760	724	506
阿斯特拉罕	俄罗斯	565	777	875	317	621	908
荆州	中国	566	619	798	444	488	486
益阳	中国	567	404	711	570	668	680
驻马店	中国	568	525	575	611	835	717
玉林	中国	569	666	712	732	656	632
伊尔库茨克	俄罗斯	570	669	989	630	379	785
梧州	中国	571	552	662	513	757	700
十堰	中国	572	468	595	532	434	491
金斯敦	牙买加	573	399	221	701	131	163
铜陵	中国	574	40	348	457	518	458
宜宾	中国	575	446	867	702	648	789
奥尔巴尼	美国	576	120	331	557	212	156
牡丹江	中国	577	794	641	590	645	677
加尔各答	印度	578	607	902	289	235	110
渭南	中国	579	739	534	653	777	353
杜阿拉	喀麦隆	580	904	392	945	635	475
尚勒乌尔法	土耳其	581	752	967	459	782	843
格兰德营	巴西	582	726	781	619	513	659
咸宁	中国	583	351	962	617	529	530
淮南	中国	584	418	553	561	520	387
长治	中国	585	343	486	521	549	689
信阳	中国	586	620	718	564	458	668
坎努尔	印度	587	301	378	815	823	732
梁赞	俄罗斯	588	658	683	328	508	957

续表

城市	国家	可持续 竞争力 排名	经济活力 排名	环境韧性 排名	社会包容 排名	科技创新 排名	对外联系 排名
吉大港	孟加拉国	589	945	772	845	623	515
金边	柬埔寨	590	578	820	448	468	352
眉山	中国	591	644	670	693	682	531
拉巴斯	玻利维亚	592	848	984	567	392	438
克拉玛依	中国	593	191	674	705	743	888
朔州	中国	594	187	311	737	930	613
阿比让	科特迪瓦	595	765	355	938	521	379
乐山	中国	596	491	852	495	787	649
遂宁	中国	597	734	545	559	694	744
德拉敦	印度	598	270	413	464	746	822
圣米格尔—德图库曼	阿根廷	599	742	140	636	649	854
滁州	中国	600	520	709	647	677	395
乌兰巴托	蒙古国	601	649	903	609	820	673
南充	中国	602	591	734	415	530	593
克麦罗沃	俄罗斯	603	662	906	417	501	989
清远	中国	604	567	516	259	598	245
马图林	委内瑞拉	605	985	377	990	992	809
费拉迪圣安娜	巴西	606	675	216	806	732	995
大同	中国	607	496	722	699	565	611
扎里亚	尼日利亚	608	830	759	953	626	821
三宝垄	印度尼西亚	609	445	659	205	527	424
拉杰沙希	孟加拉国	610	917	726	870	661	914
防城港	中国	611	327	398	759	929	521
莫雷利亚	墨西哥	612	630	258	371	466	329
宿雾	菲律宾	613	682	502	239	586	350
汕尾	中国	614	305	362	751	872	503
海得拉巴	印度	615	549	340	118	157	152
广安	中国	616	516	607	725	926	621

续表

城市	国家	可持续竞争力排名	经济活力排名	环境韧性排名	社会包容排名	科技创新排名	对外联系排名
塔伊夫	沙特阿拉伯	617	358	840	178	905	769
圣佩德罗苏拉	洪都拉斯	618	612	276	830	896	346
丽水	中国	619	434	645	522	503	459
阳泉	中国	620	215	550	730	911	482
营口	中国	621	505	220	440	739	269
南平	中国	622	789	648	527	563	554
坦皮科	墨西哥	623	667	233	608	768	832
库亚巴	巴西	624	684	508	703	730	847
车里雅宾斯克	俄罗斯	625	857	873	373	356	779
通化	中国	626	725	507	687	837	670
晋中	中国	627	412	596	555	614	653
张家口	中国	628	559	749	473	582	619
丹东	中国	629	722	558	379	712	467
喀土穆	苏丹	630	961	775	548	384	874
曲靖	中国	631	382	666	585	771	594
拉合尔	巴基斯坦	632	809	756	300	305	266
韶关	中国	633	588	699	418	637	394
临汾	中国	634	817	684	511	798	694
奥伦堡	俄罗斯	635	697	535	254	555	988
巴基西梅托	委内瑞拉	636	994	501	973	908	724
加沙	巴勒斯坦	637	341	274	899	761	749
比莱纳格尔	印度	638	448	542	949	755	891
延安	中国	639	290	642	589	620	566
运城	中国	640	553	737	558	655	684
哈马丹	伊朗	641	745	915	752	676	886
塞拉亚	墨西哥	642	544	166	837	689	735
吉安	中国	643	539	767	550	855	691
开塞利	土耳其	644	691	731	226	395	589

续表

城市	国家	可持续竞争力排名	经济活力排名	环境韧性排名	社会包容排名	科技创新排名	对外联系排名
顿河畔罗斯托夫	俄罗斯	645	821	283	290	436	541
辽源	中国	646	407	482	718	942	384
黄冈	中国	647	580	757	455	650	517
太子港	海地	648	990	483	918	863	285
宿州	中国	649	646	779	674	741	454
利伯维尔	加蓬	650	988	484	818	920	581
巴士拉	伊拉克	651	920	910	864	797	845
通辽	中国	652	609	739	576	825	565
宣城	中国	653	616	584	599	765	414
弗里尼欣	南非	654	414	391	932	940	773
马拉喀什	摩洛哥	655	511	402	341	492	293
马拉普兰	印度	656	326	457	921	878	871
伊斯法罕	伊朗	657	890	974	526	478	855
马那瓜	尼加拉瓜	658	864	879	528	580	444
承德	中国	659	462	799	424	566	422
坎帕拉	乌干达	660	489	195	882	410	451
达州	中国	661	760	591	750	753	665
云浮	中国	662	601	519	485	860	751
库埃纳瓦卡	墨西哥	663	574	204	596	499	507
梅尔辛	土耳其	664	518	713	351	396	727
班加西	利比亚	665	922	619	880	762	945
艾哈迈达巴德	印度	666	566	723	171	406	425
科塔	印度	667	428	990	625	484	758
高哈蒂	印度	668	487	884	748	415	549
西爪哇斗望市	印度尼西亚	669	707	614	741	925	477
埃斯基谢希尔	土耳其	670	718	894	209	413	600
科伦坡	斯里兰卡	671	899	338	383	240	219
乌尔米耶	伊朗	672	827	618	712	628	919

续表

城市	国家	可持续竞争力排名	经济活力排名	环境韧性排名	社会包容排名	科技创新排名	对外联系排名
河源	中国	673	475	665	762	802	708
内江	中国	674	413	577	662	731	693
沃罗涅日	俄罗斯	675	861	640	295	333	356
葫芦岛	中国	676	759	475	716	697	643
吕梁	中国	677	537	517	618	941	713
绥化	中国	678	884	935	734	945	682
汉中	中国	679	635	773	614	666	675
怀化	中国	680	812	845	720	836	678
鄂木斯克	俄罗斯	681	843	970	347	409	996
本地治里	印度	682	339	305	660	651	706
抚州	中国	683	756	782	631	870	587
贝宁	尼日利亚	684	779	892	935	833	879
阜阳	中国	685	853	617	581	587	603
奎隆	印度	686	275	636	713	776	956
克拉斯诺亚尔斯克	俄罗斯	687	773	945	337	324	759
胡富夫	沙特阿拉伯	688	311	854	262	887	748
铁岭	中国	689	841	514	765	832	429
赤峰	中国	690	776	809	639	662	626
埃努古	尼日利亚	691	875	977	934	783	894
永州	中国	692	723	824	664	804	639
维拉克斯	墨西哥	693	508	634	494	533	511
梅州	中国	694	592	565	512	653	539
伊瓦格	哥伦比亚	695	538	330	754	831	954
石嘴山	中国	696	254	499	828	784	644
贵港	中国	697	787	625	811	970	709
邵阳	中国	698	681	869	659	785	704
海防	越南	699	542	241	681	844	936
伊斯兰堡	巴基斯坦	700	865	742	336	286	272

续表

城市	国家	可持续竞争力排名	经济活力排名	环境韧性排名	社会包容排名	科技创新排名	对外联系排名
克里沃罗格	乌克兰	701	850	582	638	936	605
巴哈瓦尔布尔	巴基斯坦	702	823	874	778	728	804
安顺	中国	703	614	592	784	745	714
新库兹涅茨克	俄罗斯	704	758	437	504	611	826
随州	中国	705	430	646	719	918	532
崇左	中国	706	540	580	836	839	574
池州	中国	707	437	515	682	875	522
亳州	中国	708	772	675	628	900	622
马塞约	巴西	709	844	296	766	742	846
阿卡普尔科	墨西哥	710	605	733	479	871	745
六安	中国	711	894	747	484	931	480
特里凡得琅	印度	712	363	324	346	440	787
阿库雷	尼日利亚	713	856	740	942	754	852
纳塔尔	巴西	714	871	334	773	312	892
卡尔巴拉	伊拉克	715	915	814	817	838	903
达沃市	菲律宾	716	695	589	355	884	734
佳木斯	中国	717	781	896	745	698	739
塞得	埃及	718	615	688	897	795	863
百色	中国	719	602	776	744	895	586
叶卡捷琳堡	俄罗斯	720	880	905	275	444	577
芹苴	越南	721	485	248	862	805	844
卢迪亚纳	印度	722	466	586	667	617	856
梅克内斯	摩洛哥	723	482	393	844	629	907
齐齐哈尔	中国	724	837	991	584	496	654
黄山	中国	725	522	754	431	588	339
奇克拉约	秘鲁	726	698	715	827	956	760
乔斯	尼日利亚	727	893	846	916	692	697
岘港	越南	728	528	153	348	693	469

城市	国家	可持续竞争力排名	经济活力排名	环境韧性排名	社会包容排名	科技创新排名	对外联系排名
阿巴	尼日利亚	729	870	841	900	696	837
阜新	中国	730	907	693	708	589	730
库库塔	哥伦比亚	731	639	871	902	892	848
芒格洛尔	印度	732	354	164	541	553	870
哈拉雷	津巴布韦	733	826	287	839	541	555
下诺夫哥罗德	俄罗斯	734	840	228	109	303	687
瓦哈卡	墨西哥	735	680	643	197	576	771
安康	中国	736	836	787	658	821	707
塞伦	印度	737	535	604	814	287	231
伊巴丹	尼日利亚	738	918	401	823	554	372
白城	中国	739	586	971	652	814	679
拉什特	伊朗	740	833	729	772	613	993
斯法克斯	突尼斯	741	715	358	840	705	801
登巴萨	印度尼西亚	742	626	421	237	789	838
胡志明市	越南	743	824	186	260	267	211
图斯特拉古铁雷斯	墨西哥	744	751	163	613	824	877
来宾	中国	745	622	581	829	915	777
朝阳	中国	746	891	647	698	850	655
阿拉卡茹	巴西	747	814	250	727	720	961
白山	中国	748	603	897	404	948	405
河内	越南	749	816	192	200	249	259
焦特布尔	印度	750	543	983	501	638	686
康塞普西翁	智利	751	302	206	523	418	442
蒙巴萨	肯尼亚	752	451	253	907	749	850
那格浦尔	印度	753	556	965	519	432	765
忻州	中国	754	659	562	763	558	756
波萨里卡	墨西哥	755	641	785	853	967	829
纳西里耶	伊拉克	756	914	908	925	906	991

续表

城市	国家	可持续竞争力排名	经济活力排名	环境韧性排名	社会包容排名	科技创新排名	对外联系排名
苏拉特	印度	757	704	601	538	431	406
库姆	伊朗	758	908	958	710	605	872
伊热夫斯克	俄罗斯	759	795	536	393	483	979
保山	中国	760	822	603	769	509	652
嘉峪关	中国	761	325	555	797	877	740
布巴内斯瓦尔	印度	762	593	850	468	433	666
拉巴特	摩洛哥	763	600	121	439	334	303
黑角	刚果	764	936	478	984	975	662
特里苏尔	印度	765	550	494	362	792	695
卢萨卡	赞比亚	766	849	960	963	517	443
迪亚巴克尔	土耳其	767	706	803	525	706	806
加德满都	尼泊尔	768	862	682	471	600	410
雅温得	喀麦隆	769	987	265	849	718	527
奥韦里	尼日利亚	770	764	900	904	864	922
库马西	加纳	771	902	213	869	750	869
弗洛里亚诺波利斯	巴西	772	746	156	516	368	369
布卡拉曼加	哥伦比亚	773	532	113	668	491	364
特拉斯卡拉	墨西哥	774	705	254	353	601	966
基特韦	赞比亚	775	494	721	983	951	628
卡加延德奥罗	菲律宾	776	515	366	602	962	754
洛美	多哥	777	690	318	838	723	457
乌约	尼日利亚	778	802	627	924	848	934
哈巴罗夫斯克	俄罗斯	779	700	999	565	615	722
商洛	中国	780	796	818	821	816	460
阿散索尔	印度	781	481	322	863	885	958
达喀尔	塞内加尔	782	811	406	937	401	606
维萨卡帕特南	印度	783	536	883	335	595	881
雅安	中国	784	571	780	776	681	468

续表

城市	国家	可持续竞争力排名	经济活力排名	环境韧性排名	社会包容排名	科技创新排名	对外联系排名
丹吉尔	摩洛哥	785	503	288	704	772	849
达累斯萨拉姆	坦桑尼亚	786	934	312	893	394	474
代尼兹利	土耳其	787	484	821	206	479	901
张家界	中国	788	769	853	616	917	542
乌兰察布	中国	789	770	762	670	958	618
奥兰加巴德	印度	790	694	987	696	453	905
阿姆利则	印度	791	560	858	476	695	951
巴特那	印度	792	628	822	529	577	631
贺州	中国	793	828	705	852	725	752
天水	中国	794	701	817	680	592	803
布拉柴维尔	刚果	795	951	797	951	876	720
比亚维森西奥	哥伦比亚	796	398	313	933	903	766
贾朗达尔	印度	797	502	738	799	690	975
圭亚那城	委内瑞拉	798	997	938	993	989	436
呼伦贝尔	中国	799	480	972	651	939	596
圣玛尔塔	哥伦比亚	800	720	622	606	652	860
桑托斯将军城	菲律宾	801	523	294	677	972	805
锡尔赫特	孟加拉国	802	949	891	805	717	778
庆阳	中国	803	408	736	749	619	762
基希讷乌	摩尔多瓦	804	579	103	450	463	367
哈拉巴	墨西哥	805	530	169	549	564	938
勒克瑙	印度	806	757	994	463	371	433
昭通	中国	807	810	804	826	933	651
斋蒲尔	印度	808	741	695	293	326	294
哈尔科夫	乌克兰	809	973	706	502	388	788
鸡西	中国	810	885	560	753	826	696
广元	中国	811	610	765	648	773	731
克尔曼	伊朗	812	860	949	563	427	816

城市	国家	可持续竞争力排名	经济活力排名	环境韧性排名	社会包容排名	科技创新排名	对外联系排名
奥绍博	尼日利亚	813	895	593	927	991	851
库尔纳	孟加拉国	814	972	839	876	713	920
伏尔加格勒	俄罗斯	815	838	837	294	424	705
海得拉巴	巴基斯坦	816	874	887	877	338	208
埃罗德	印度	817	417	668	833	819	969
蒂鲁伯蒂	印度	818	443	697	605	678	784
金沙萨	刚果	819	993	946	976	747	667
吴忠	中国	820	771	801	868	862	489
楠榜省	印度尼西亚	821	702	489	321	827	726
瓦里	尼日利亚	822	806	583	981	966	897
詹谢普尔	印度	823	621	714	898	607	783
费萨拉巴德	巴基斯坦	824	897	654	723	543	608
科曼莎	伊朗	825	912	924	771	524	898
双鸭山	中国	826	873	895	775	988	814
阿斯马拉	厄立特里亚	827	1000	461	896	974	970
迈索尔	印度	828	561	301	621	442	755
非斯	摩洛哥	829	638	403	842	531	753
巴中	中国	830	855	792	694	982	533
乌海	中国	831	220	477	780	963	737
蒂鲁吉拉伯利	印度	832	558	621	665	579	823
努瓦克肖特	毛里塔尼亚	833	887	810	908	928	819
巴彦淖尔	中国	834	749	878	717	969	688
锡亚尔科特	巴基斯坦	835	866	650	879	874	633
戈尔哈布尔	印度	836	465	588	627	608	921
泰布克	沙特阿拉伯	837	744	851	470	622	859
韦诺尔	印度	838	415	451	832	461	719
埃里温	亚美尼亚	839	834	433	420	370	334
临沧	中国	840	688	673	875	916	646

续表

城市	国家	可持续竞争力排名	经济活力排名	环境韧性排名	社会包容排名	科技创新排名	对外联系排名
瓦拉纳西	印度	841	761	859	536	591	887
拉瓦尔品第	巴基斯坦	842	911	868	794	660	799
兰契	印度	843	693	842	792	769	794
铜川	中国	844	342	540	891	960	282
巴科洛德	菲律宾	845	627	876	683	934	674
喀布尔	阿富汗	846	940	978	941	719	576
蒂鲁巴	印度	847	457	513	859	984	798
白银	中国	848	665	898	643	952	664
密鲁特	印度	849	643	916	881	812	610
瓜廖尔	印度	850	656	866	756	751	983
占碑	印度尼西亚	851	724	912	583	829	520
马哈奇卡拉	俄罗斯	852	905	672	505	758	941
奥利沙	尼日利亚	853	928	863	946	997	867
伊洛林	尼日利亚	854	923	860	923	702	895
西里古里	印度	855	570	587	788	868	982
河池	中国	856	896	778	711	924	573
卡努尔	印度	857	501	981	757	946	931
马杜赖	印度	858	507	547	743	625	884
加拉特	印度	859	582	686	655	495	763
博卡罗钢铁城	印度	860	568	704	957	986	952
七台河	中国	861	798	388	892	977	701
纳杰夫	伊拉克	862	932	1004	943	781	947
马辰港	印度尼西亚	863	818	298	686	764	746
纳西克	印度	864	657	950	437	578	873
符拉迪沃斯托克	俄罗斯	865	797	354	497	383	493
中卫	中国	866	589	833	858	659	623
克塔克	印度	867	728	770	819	840	699
阿尔达比勒	伊朗	868	883	933	706	616	972

续表

城市	国家	可持续竞争力排名	经济活力排名	环境韧性排名	社会包容排名	科技创新排名	对外联系排名
杜兰戈	墨西哥	869	788	811	429	452	483
贾姆讷格尔	印度	870	471	624	577	950	900
印多尔	印度	871	778	649	747	504	409
普洱	中国	872	767	615	822	937	658
博帕尔	印度	873	783	626	514	539	509
丽江	中国	874	506	777	610	815	447
坤甸	印度尼西亚	875	792	710	742	867	712
科尼亚	土耳其	876	710	862	179	381	385
巴罗达	印度	877	762	679	296	462	656
鲁而克拉	印度	878	509	838	956	996	971
武威	中国	879	721	914	738	907	839
查谟	印度	880	709	605	488	590	584
索科托	尼日利亚	881	954	1005	965	880	913
平凉	中国	882	748	720	774	865	630
切尔塔拉	印度	883	472	427	940	957	883
白沙瓦	巴基斯坦	884	909	664	809	550	648
塔什干	乌兹别克斯坦	885	931	800	624	376	681
丹巴德	印度	886	753	696	808	721	810
贡土尔	印度	887	629	761	803	760	930
阿里格尔	印度	888	768	975	813	627	885
安拉阿巴德	印度	889	815	877	740	526	940
维查亚瓦达	印度	890	637	698	560	641	624
金昌	中国	891	717	834	793	791	634
坎普尔	印度	892	846	976	731	347	896
三宝颜市	菲律宾	893	747	612	634	961	985
乌里扬诺夫斯克	俄罗斯	894	876	285	487	489	939
萨哈兰普尔	印度	895	670	931	920	879	827
卡杜纳	尼日利亚	896	943	997	913	869	876

续表

城市	国家	可持续竞争力排名	经济活力排名	环境韧性排名	社会包容排名	科技创新排名	对外联系排名
张掖	中国	897	785	847	733	786	501
万象	老挝	898	831	969	688	704	550
第聂伯罗彼得罗夫斯克	乌克兰	899	879	379	635	904	556
穆扎法尔讷格尔	印度	900	648	885	895	971	960
斯利纳加	印度	901	673	630	872	634	868
鹤岗	中国	902	803	913	787	953	625
奢羯罗	印度	903	541	436	866	1000	909
奎达	巴基斯坦	904	933	921	820	714	802
胡布利—塔尔瓦尔	印度	905	604	352	622	658	925
昌迪加尔	印度	906	594	426	332	351	278
巴雷利	印度	907	782	943	890	842	977
利沃夫	乌克兰	908	950	606	499	485	546
桑给巴尔	坦桑尼亚	909	868	538	992	922	1004
卢本巴希	刚果	910	979	766	980	902	793
大马士革	叙利亚	911	916	435	988	457	791
扎波里日亚	乌克兰	912	948	578	593	752	927
萨那	也门	913	991	911	969	551	767
黑河	中国	914	939	942	623	921	781
亚兹德	伊朗	915	888	979	646	506	889
木尔坦	巴基斯坦	916	924	927	874	646	650
固原	中国	917	867	794	856	854	775
阿格拉	印度	918	851	826	709	701	736
苏库尔	巴基斯坦	919	859	956	889	893	974
基加利	卢旺达	920	585	223	922	851	548
英帕尔	印度	921	625	518	887	806	831
古杰兰瓦拉	巴基斯坦	922	913	844	917	894	929
贾巴尔普尔	印度	923	804	968	777	813	842
莫拉达巴德	印度	924	775	953	967	834	917

城市	国家	可持续竞争力排名	经济活力排名	环境韧性排名	社会包容排名	科技创新排名	对外联系排名
边和	越南	925	654	177	798	847	813
仰光	缅甸	926	957	954	663	657	296
纳曼干	乌兹别克斯坦	927	852	764	912	990	981
敖德萨	乌克兰	928	968	806	496	385	841
萨尔塔	阿根廷	929	952	702	460	519	738
塞康第—塔科拉迪	加纳	930	685	300	926	994	853
督伽坡	印度	931	755	600	825	639	935
马图拉	印度	932	800	886	903	604	796
定西	中国	933	805	835	654	680	672
贝尔高姆	印度	934	647	410	791	810	967
亚的斯亚贝巴	埃塞俄比亚	935	925	185	850	363	287
包纳加尔	印度	936	634	948	848	597	923
古尔伯加	印度	937	689	629	851	846	906
博格拉	孟加拉国	938	967	909	909	955	950
阿杰梅尔	印度	939	732	848	758	853	890
肖拉普尔	印度	940	696	771	886	793	937
阿姆拉瓦提	印度	941	672	774	894	715	932
陇南	中国	942	820	831	871	861	757
姆万扎	坦桑尼亚	943	901	918	860	897	998
乌贾因	印度	944	730	827	812	927	899
酒泉	中国	945	825	941	451	899	645
蒙罗维亚	利比里亚	946	927	462	989	552	529
扎黑丹	伊朗	947	937	926	841	674	786
南德	印度	948	740	940	781	1003	963
弗里敦	塞拉利昂	949	869	541	911	647	780
摩苏尔	伊拉克	950	941	637	919	759	959
尼亚美	尼日尔	951	842	923	966	849	636
菲罗扎巴德	印度	952	784	889	964	980	928

续表

城市	国家	可持续竞争力排名	经济活力排名	环境韧性排名	社会包容排名	科技创新排名	对外联系排名
顿涅茨克	乌克兰	953	919	236	657	459	962
尼亚拉	苏丹	954	978	899	905	770	942
伊春	中国	955	942	952	901	932	808
占西	印度	956	774	1001	929	822	926
戈勒克布尔	印度	957	881	920	955	898	924
阿波美—卡拉维	贝宁	958	971	633	910	780	525
苏伊士	埃及	959	882	459	843	685	774
布拉瓦约	津巴布韦	960	929	460	931	883	834
蒂鲁内尔维利	印度	961	613	495	795	756	933
马托拉	莫桑比克	962	958	464	970	1004	836
内洛儿	印度	963	687	823	831	901	882
萨戈达	巴基斯坦	964	966	687	947	740	965
卡耶姆库拉姆	印度	965	534	409	936	981	978
科托努	贝宁	966	921	247	878	642	383
马莱冈	印度	967	663	964	779	983	864
哈马	叙利亚	968	970	893	991	999	976
比卡内尔	印度	969	832	951	857	845	980
布兰太尔	马拉维	970	877	487	944	612	575
瓦朗加尔	印度	971	584	692	689	673	948
吉布提	吉布提	972	965	986	968	976	990
拉塔基亚	叙利亚	973	938	419	978	882	912
巴马科	马里	974	962	376	960	733	743
比什凯克	吉尔吉斯斯坦	975	976	813	847	585	513
瓦加杜古	布基纳法索	976	946	735	979	688	669
赖布尔	印度	977	898	681	629	736	800
迈杜古里	尼日利亚	978	953	700	954	866	944
阿勒颇	叙利亚	979	995	796	999	843	828
阿加迪尔	摩洛哥	980	420	176	554	630	915

城市	国家	可持续竞争力排名	经济活力排名	环境韧性排名	社会包容排名	科技创新排名	对外联系排名
科纳克里	几内亚	981	980	425	948	944	711
内维	尼日利亚	982	983	937	994	965	875
内比都	缅甸	983	960	335	930	949	916
布瓦凯	科特迪瓦	984	872	816	987	943	992
塔那那利佛	马达加斯加	985	992	888	939	711	702
拉卡	叙利亚	986	959	1002	998	1005	953
摩加迪沙	索马里	987	989	882	1005	978	812
曼德勒	缅甸	988	969	890	834	737	943
哈尔格萨	索马里	989	1005	985	977	985	984
利隆圭	马拉维	990	878	963	959	859	741
布琼布拉	布隆迪	991	974	1006	1002	959	999
奇卡帕	刚果	992	986	928	1004	1006	1001
博博迪乌拉索	布基纳法索	993	930	830	982	890	986
马普托	莫桑比克	994	981	802	888	606	291
霍姆斯	叙利亚	995	984	939	1000	913	949
姆布吉马伊	刚果	996	998	677	1006	995	1005
亚丁	也门	997	996	932	972	779	910
杜尚别	塔吉克斯坦	998	975	476	914	735	768
楠普拉	莫桑比克	999	982	992	985	979	858
卡南加	刚果	1000	999	966	997	1001	1002
布卡武	刚果	1001	955	395	995	938	1006
塔依兹	也门	1002	1001	815	986	852	955
荷台达	也门	1003	1003	829	1001	973	997
恩贾梅纳	乍得	1004	1006	980	962	935	692
班吉	中非共和国	1005	1002	533	971	964	840
基桑加尼	刚果	1006	1004	919	1003	968	1003

第四部分　城市分级

第 八 章

城市分级的一套新的标准

第一节　问题提出与文献回顾

一　全球城市分级是一个重要的理论和现实问题

全球化进程使得位于不同国家、不同区域的城市形成一个联系日益紧密的全球城市体系，但是，不同城市在全球城市体系中的地位仍存在显著差异。尽管随着科学技术发展、全球化升级以及全球分工日益复杂，全球城市体系中不同城市之间关系日益趋向扁平化和网络化，但不可否认的是，早在20世纪约翰·弗里德曼（John Friedmann）在"世界城市"理论中指出的某些城市在全球经济体系中对其他城市所具有的"指令与控制"职能（Friedmann，1986），对理解当前全球城市体系中的内部层级分化仍然具有很强的洞见。因此，全球城市分级研究对城市、国家与世界而言仍有很强的必要性。

研究全球城市分级具有重要的理论意义。在全球城市体系中，城市间产品与要素的流动已经打破了国界的限制，这使得对全球城市功能体系的研究更加复杂。特别是随着全球价值链分工、全球生产网络的发展以及智能时代的来临，全球城市的内部层级结构已经发生了重大变化。全球城市分级的研究涉及城市功能体系理论、城市空间相互作用理论等，上述议题一直是城市经济学、空间经济学以及经济地理学研究的热点与前沿领域。同时，如何从理论上理解和阐释全球城市体系发展中出现的新趋势，也是一个不断发展的重要问题。

研究全球城市分级也具有重要的现实意义。首先，随着城市世界的到来，全球城市体系是全球体系的骨架和血脉，认清全球城市体系及其运行、掌握全球城市体系发展趋势与动向，对把握全球体系运行和动向十分关键。其次，从一个更全面的视角来分析全球城市体系内部的差异性与不平等关系对于我们认识全球城市化发展中面临的挑战以及促进全球城市的可持续发展具有重要的参考价值。再次，在城市世界中，城市已经成为一个国家竞争力的重要空间载体，因此全球城市分级的研究对于一个国家认清自身城市在全球城市体系中的地位，进而揭示国家在全球经济体系中的地位具有直接参考作用。最后，对于具体城市而言，从功能上搞清楚某一城市在全球城市体系中的具体地位，可以为相关决策者基于城市层面制定更具竞争力和可持续性的政策提供决策参考与理论依据。总之，全球城市分级问题是全球以及加入全球化所有国家、城市及其他相关决策者十分关注的现实问题。

二 全球城市发展实践中出现了新的情况和趋势

随着人类逐渐迈入全球化和智能化的城市社会，城市的内涵、功能、形态、格局以及对世界的影响已经或者正在发生深刻的变化，这使得我们有必要从新的框架来分析和认识全球城市体系。

首先，经济全球化在曲折中仍然在不断推进，正在不断重塑全球城市间的关系。当前全球化的内涵已经发生变化，从历史上的商品贸易全球化、生产全球化、服务贸易全球化向科技创新全球化发展。根据托马斯·弗里德曼（Thomas L. Friedman）在《世界是平的》中的观点，目前全球化已经进入3.0阶段。在全球化的新阶段，主导全球城市体系的力量除了传统的金融，科技创新在决定城市在全球价值链分工与全球生产网络中的地位变得更加重要。在这个过程中，全球城市体系的内部格局将重构，一部分新型城市将崛起，因此有必要对全球城市体系的新格局进行研究。

其次，未来的全球将是一个城市主导的世界。2008年全球人口城市化超过50%后，全球城市化持续加速。联合国经济和社会事务部（UNDESA）公布的《2018年世界城市化趋势》报告显示，预计到2050年，全球城市化率有望达68%，未来世界将很快进入成熟的城市世界。因此，对全球城市体系的研究与人类社会的整体福利密切相关。

最后，随着信息化、网络化和智能化的迅猛发展，人类迈入智能化城市社会，城市的功能和形态正在发生转折性的变化。在新的技术推动下，城市将不再局限于以有形产品为代表的"硬物质"的生产、交换和消费，以信息、知识、思想等无形产品为代表的"软物质"在城市发展中的作用变得更加重要。城市功能的这种变化正在引起城市形态以及全球城市体系内部功能结构的变化，特别是全球城市体系中的等级关系在弱化、网络关系在增强，这也为我们如何对全球城市进行分级带来了新的挑战。

三　全球城市及其体系理论有待新的发展和创新

有关全球城市体系的研究源远流长、文献丰富，大致有两个阶段。

第一阶段主要从集聚度的视角来考察全球城市，其本质上是将全球城市视为一个空间集聚经济体。因此城市所集聚的人口、产业等要素的数量越多，那么该城市在全球城市体系中的等级就越高。早期城市与区域经济学的理论也主要从集聚度的视角来对城市进行研究。在早期理论中，如克里斯·泰勒（Chris Taylor）和廖什（A. Lsch）等提出的中心地理论很早便关注到了集聚度的重要性。在新古典框架下的区域经济学、新城市经济学以及新经济地理学等都强调了城市集聚度的重要性（Henderson，1974；Fujita，Ogawa，1982；Fujita，Krugman，1995），因此可用城市的经济集聚（Commendatore et al.，2017）、人口集聚（Zhong et al.，2017）等来对城市进行分级。在对全球城市分级的经典研究中，Friedmann的"世界城市"理论强调了高等级全球城市在全球经济体系中的"指令与控制"职能，一般用城市中跨国公司及其分支机构的数量来测算（Friedmann，1986）；Sassen 的"全球城市"理论主要用先进生产性服务业的国际化程度、集中度和强度作为划分全球城市等级的标准（Sassen，1991），上述研究实质上主要从集聚度角度对全球城市及其体系进行了研究。

第二阶段的研究则主要基于全球化的发展使得全球城市体系日益形成一个联系更加紧密的网络体系这一新现象，从联系度的角度来对全球城市进行分级。其核心是将全球城市体系视为一个网络体系，因此一个城市与其他城市的联系越紧密，那么该城市在全球城市体系中的地位就越重要。Taylor 基于其"互锁模型"，利用银行、保险、法律、咨询管理、

广告和会计等 "高级生产者服务业机构" 在世界各大城市中的分布为指标, 其所在的 GaWC 小组针对全球城市分级进行了大量研究 (Taylor, 2001)。基于联系度对全球城市分级的另一代表性理论是 Castells 提出的 "流空间" 理论, 其重点强调了信息流的作用, 认为全球城市依存于全球城市网络中 (Castells, 1996), Derudder 等在这一思路下利用全球 234 个城市的分级进行了研究 (Derudder et al., 2003)。需要注意的是, 基于联系度对全球城市分级的研究需要利用关系型数据, 不同学者所选取的关系型数据往往不同, 例如 Esparza 用贸易流数据 (Esparza, 2000), Jung 利用交通流 (Jung, 2008), Derudder 和 Witlox 用航空流来衡量城市间的联系度 (Derudder, Witlox, 2008)。

　　尽管上述研究为全球城市的分级提供了理论基础, 但是仍然存在以下问题。首先, 在分级框架上缺乏严密的逻辑性, 全球城市具有丰富的内涵, 包含的维度非常广泛, 现有基于集聚度和联系度对全球城市分级的研究强调了全球城市不同方面的内涵, 其一般性有待进一步改进, 为了对全球城市进行准确分级, 必须建立更加一般的分析框架。其次, 在对全球城市进行分级时, 仅考虑集聚度或者仅考虑联系度都是片面的: 仅使用集聚度来对全球城市分级会高估规模因素对城市等级的影响, 特别在当前全球生产网络中, 发达国家的城市往往会将产业链中劳动密集型的低端环节转移到发展中国家城市, 此时发展中国家城市的就业、产业规模可能会较大, 但由于在全球价值链分工中处于劣势地位, 其城市等级未必得到较大提高。仅考虑联系度对全球城市分级可能会高估某些枢纽型或特殊功能城市在全球城市体系中的地位, 例如, 属于航空枢纽的城市尽管具有较高的人流和物流, 但其本地经济规模未必得到同比例的提高, 而此时仅考虑联系度会高估其城市等级。旅游型城市往往具有较高的人流, 但其整体产业发展水平未必较高。最后, 没有吸纳新的发展实践, 特别考虑在新的技术条件下城市的新内涵。随着人类知识密度的增加、技术的进步以及生产方式的变化, 决定城市集聚度与联系度的因素不再局限于传统的有形产品与要素, 知识、信息、服务等无形要素与产品所发挥的作用正日益明显, 因此有必要结合当前城市发展的新变化来设计更加科学与全面的全球城市分级框架。

　　有鉴于此, 我们决定制定并发布全球 1006 个 50 万人口以上城市的分级。这 1006 个城市共涉及 6 大洲、136 个国家或地区，具体包括 565 个亚洲城市、126 个欧洲城市、131 个北美洲城市、102 个非洲城市、75 个南美洲城市、7 个大洋洲城市，基本上代表了当今世界不同地域和不同发展水平的城市状况。

在现有研究基础上，本报告全球城市评级框架的创新和改进之处主要体现在：第一，从替代弹性的视角，基于空间经济学理论，提出了基于集聚度与联系度的关于全球城市分级的更一般的经济学理论框架。第二，综合考虑集聚和联系这两个城市的关键特征，提出同时包括集聚度和联系度两个方面的全球城市分级框架，并设计了相应的指标体系。第三，考虑智能时代城市世界内涵的重大变化，重新审视了自城市起源以来日益重要的软的要素和产品，在全球城市分级框架中同时考虑了无形的"软"因素与有形的"硬"因素。第四，考虑到信息时代城市及其体系决定力量的重大变化，在选取集聚度与联系度指标时，除了强调传统的金融因素外，还强调了科技创新因素。

第二节　理论与方法

一　全球城市分级的理论框架——基于替代弹性的分析

某一城市在全球城市体系中的地位与该城市在全球城市产业体系中的地位密切相关。随着全球价值链与全球生产网络分工的发展，全球城市间的产业联系日益紧密，因此，全球城市也会形成产业分工地位导致的功能体系，其中，在全球城市功能体系中越难以被其他城市替代的城市，其在全球城市体系中的等级也就越高。具体而言，城市的替代弹性由其集聚的要素以及生产的产品的替代弹性所决定。

一个城市所集聚的要素越具有稀缺性，该要素的替代弹性越低，那么该城市的功能在城市体系中就越难以被替代。这里的要素包括自然环境、地理区位、劳动力、土地、资本以及技术等多种要素。例如，如果一个城市具备良好的地理区位使其处于交通网络中的关键节点，那么该城市的替代弹性就较低，也越容易在全球城市体系中处于较高等级。又比如，大城市往往由于可以集聚更多高技能劳动力（Davis, Dingel, 2014；Behrens et al., 2014），具有更高的效率，其集聚的高技能劳动力难以被其他城市的低技能劳动力替代，这会使大城市在城市体系中具有较高的地位。

生产低替代弹性产品的城市其等级往往要更高。城市体系中会出现由生产产品差异所形成的等级体系（Duranton，Puga，2001；2005）。当某一城市所生产产品的替代弹性较高时，这意味着其市场份额更容易被其他城市所生产的产品替代。特别是当产品流动存在运输成本时，高替代弹性产品的市场竞争力会随着产品运输距离的增加衰减得更快，因此生产高替代弹性产品的城市其经济腹地范围要更小，在全球城市体系中的地位要更低。Fujita 等的理论分析表明，在给定中心城市的区位后，低需求弹性的产品由于更难以被其他产品替代，因此生产低需求弹性产品的城市更容易在距离中心城市更近的空间范围内出现（Fujita et al.，1999）。

现实中城市是由不同产业与要素空间集聚所形成的，因此一个城市在全球城市体系中的地位取决于其所有产业与要素在全球生产体系中的总替代弹性，具有较低替代弹性的城市，其在全球城市体系中的地位要更高。本报告具体将某一城市的替代弹性写为以下因素的函数：

$$S_i = f(A, R) \tag{8.1}$$

上式中 S_i 为城市 i 的替代弹性，A 为该城市的集聚度，R 为该城市的联系度。在全球城市体系中，所谓集聚度指的是该城市集聚全球高端要素的数量，由于高端要素的替代弹性要更低，如果一个城市所集聚的全球高端要素数量越多，那么该城市在全球城市体系中更难以被其他城市替代，其地位要更高。所谓联系度则是从网络拓扑结构角度来衡量某一城市产业的替代弹性。当某一城市在全球生产网络中的中心性很高时，这表明该城市属于全球生产网络中的关键节点，在维系整个网络的稳定性方面具有难以被替代的功能。因此，具有较高联系度的城市其地位也更高。

基于以上经济学原理，为了更加全面地衡量集聚度与联系度，我们进一步将集聚度分为硬集聚与软集聚，将联系度分为硬联系与软联系。其中，所有的"硬"因素都指的是有形的产品或要素，例如人口、企业等；所有的"软"因素都指的是无形的产品或要素，例如知识、信息等。

我们构建的这个针对全球城市的新分级框架可以解决仅考虑集聚度或者联系度时对全球城市分级时所存在的问题，图 8-1 报告了全球城市分级的概念框架。

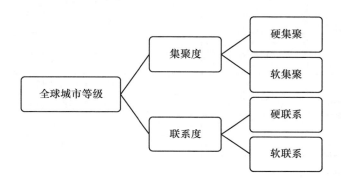

图 8-1　全球城市分级的概念框架

资料来源：本报告研究整理。

二　指标体系、计算方法与数据来源

在图 8-1 的基础上，本报告设计了全球城市分级指标体系，具体如表 8-1 所示。本报告设计的全球城市分级指标体系由 3 级指标构成，指数的合成方法如下：

$$S_i = A_i + R_i$$
$$A_i = Ah_i + As_i \qquad (8.2)$$
$$R_i = Rh_i + Rs_i$$

上式中 S_i 为城市 i 的全球城市等级得分，A_i 为城市 i 的集聚度，R_i 为城市 i 的联系度，Ah_i 为软集聚度，As_i 为硬集聚度，Rh_i 为硬联系度，Rs_i 为软联系度。3 级指标的具体内容见表 8-1，本报告在计算各项指数时采用的都是简单算术平均。

其中，对于上文中涉及的每一个指标，我们都将其标准化为 0—1，具体计算方法如下：

$$S = \frac{X - Min(X)}{Max(X) - Min(X)} \qquad (8.3)$$

上式中 X 为指标的原始得分，S 为标准化之后的得分。

表 8 - 1   **全球城市分级的指标体系**

1 级指标	2 级指标	3 级指标
集聚度	硬集聚	高端产业集聚度（企业）
		高收入人口集聚度（人口）
	软集聚	专利集聚度
		论文集聚度
联系度	硬联系	航空联系度（人口）
		跨国公司联系度（企业）
	软联系	信息联系度
		知识联系度

资料来源：本报告研究整理。

下面进一步介绍每一个 3 级指标的具体计算方法与数据来源。

（1）高端产业集聚度。该指数根据全球银行、科技以及其他行业的顶级企业总部的分布数据计算得到。其中，具体用各城市拥有的全球银行 1000 强总部数量、全球科技 1000 强总部数量、福布斯 2000 强企业总部（除去科技和金融企业）数量、全球前 75 家金融跨国公司总部数量（去除与前面重合的企业）、全球前 25 家金融跨国公司（去除与前面重合的企业）总部数量的和来表示。

（2）高收入人口集聚度。用各城市年收入大于 2 万美元的人口数量来衡量，数据来源于经济学人智库（EIU）。

（3）专利集聚度。用城市的专利申请量来衡量，利用国际知识产权组织（World Intellectual Property Organization）数据库检索得到。

（4）论文集聚度。用城市发表论文的总量来衡量，利用 Web of Science 数据库检索得到。

（5）航空联系度。用城市的国际航班数据来衡量，数据来源于各城市机场网站、维基百科以及国际航空协会网站。

（6）跨国公司联系度。用城市的跨国公司联系度来衡量。根据全球法律、管理咨询、会计、金融和广告共 175 家先进生产性服务业企业总部及其分支机构的分布，利用 GaWC 全球城市网络的计算方法得到。

（7）信息联系度。用城市在 Google 上的搜索热度来衡量，数据来源于 Google Trends 网站。

（8）知识联系度。用城市与其他城市合作发表论文的数据来衡量，根据 Web of Science 网站检索到的 2017 年全球引用率最高的前 10 万篇文献计算得到。

本部分的研究样本为全球 1006 个城市，如果没有特殊说明，所有指标都为 2017 年的年度数据。

三　城市分级方法

目前关于城市分级的研究中，聚类方法是最常用的一种分级方法，主要原因在于其可以相对准确地识别样本中不同子样本的差异性。其中，聚类方法可进一步分为层次聚类（Hierarchical Clustering）和非层次聚类两种方法，相对于非层次聚类，层次聚类方法的优势在于不需要预先指定聚类的数量，可以利用树状图（Dendrogram）来发现样本间的层次关系，结论相对客观。

因此，本报告在利用表 8 - 1 的指标体系得到样本中每个城市的全球城市等级得分后，使用层次聚类方法对全球城市进行分析。具体而言，层次聚类作为聚类方法的一种，以自下而上方法为例，其思路是先计算样本点之间的距离（Linkage），然后每次将距离最近的点合并到同一个类，再计算类与类之间的距离，将距离最近的类合并为一个大类；在此基础上不停地合并，直到合成了一个类。

第三节　实证分析

一　全球城市中心性层级

全球城市数量最少，区域门户城市数量最多。根据分层聚类的结果，全球城市体系是一个多层次的嵌套结构。从图 8 - 2 可以看出，全球 1006 个城市按照城市等级可分为 3 层，2 类（强国际性城市与弱国际性城市），5 等（A，B，C，D，E），共 10 级（A +，A，B +，B，C +，C，D +，D，E +，E）。

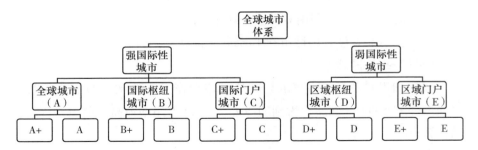

图 8-2 全球城市分级

资料来源：本报告研究整理。

第一类是强国际性城市，又可以分为：第一等全球城市（A），第二等国际枢纽城市（B），第三等国际门户城市（C）；第二类是弱国际性的城市，可分为：第四等区域枢纽城市（D），第五等区域门户城市（E）。

A+城市的数量为3；A城市数量为2；B+城市的数量为3；B城市数量为26；C+城市和C城市的数量分别为29和96。同理，D+城市的数量是122；D城市的数量为266；E+城市和E城市的数量分别为389和70。

表 8-2 全球城市等级

城市等级		城市数量	均值	标准差	变异系数
全球城市（A）	A+	3	0.9635	0.0320	0.0332
	A	2	0.9052	0.0006	0.0006
国际枢纽城市（B）	B+	3	0.7585	0.0178	0.0234
	B	26	0.6423	0.0464	0.0723
国际门户城市（C）	C+	29	0.5322	0.0251	0.0471
	C	96	0.4185	0.0354	0.0845
区域枢纽城市（D）	D+	122	0.3269	0.0181	0.0553
	D	266	0.2429	0.0244	0.1003
区域门户城市（E）	E+	389	0.1769	0.1900	0.1072
	E	70	0.0776	0.0404	0.5208
全部城市		1006	0.2565	0.1327	0.5172

资料来源：本报告研究整理。

二　全球城市总体层级的特征分析

集聚度、联系度越高及硬度、软度越强，城市等级越高。从表8－2可以看出全部城市总数量为1006，其城市等级得分的均值为0.2565，方差为0.1327，变异系数为0.5172。D＋及以上城市的均值高于全部城市的均值，A＋城市最高，为0.9635。同样的，E＋及以上城市的变异系数均小于全部城市的变异系数，A等级城市的变异系数最小，说明该类等级城市的内部差异较小；E等级城市的变异系数最大，为0.5208，说明该类城市的内部发展差异较大。

如图8－3所示，等级越高的城市颜色越深，高等级城市主要集中分布在北半球。欧洲、北美洲、亚洲城市的高等级城市数量远远高于其他大洲，具体分析见以下内容。

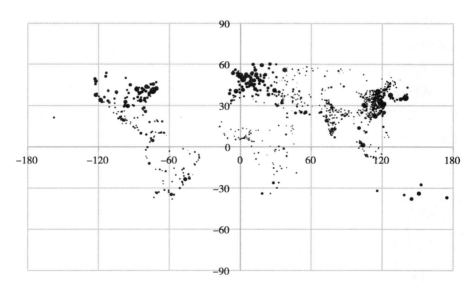

图8－3　全球等级城市分布

资料来源：本报告研究整理。

（一）A等城市构成及其特征

亚洲、欧洲、北美洲的城市等级得分最高。从表8－3可以看出，A＋等级城市仅有3个，纽约、伦敦和东京，其分别隶属于美国、英国、日本。从大洲方面来看，北美洲、欧洲和亚洲城市分别占据1席，说明北美洲、欧洲和亚洲城市的综合实力较强。

从特征方面来看，纽约、伦敦属于高集聚高联系城市，东京属于高集聚中联系城市；从软硬度来看，三者都属于强硬强软城市。说明集聚度、联系度越高以及硬度与软度越强，城市综合实力越强。

表8-3   A+等级城市

城市等级	城市	国家	大洲
A+	纽约	美国	北美洲
A+	伦敦	英国	欧洲
A+	东京	日本	亚洲

资料来源：本报告研究整理。

从表8-4可以看出，A等级城市仅有2个，北京和巴黎，其分别隶属于中国、法国。从大洲方面来看，亚洲和欧洲分别占据1席，说明亚洲、欧洲城市的整体综合实力在不断提高。

从特征方面来看，北京、巴黎属于高集聚高联系城市；从软硬度来看，二者都属于强硬强软城市。说明集聚度、联系度越高以及硬度与软度越强，城市总体实力越强。

表8-4   A等级城市

城市等级	城市	国家	大洲
A	北京	中国	亚洲
A	巴黎	法国	欧洲

资料来源：本报告研究整理。

（二）B等城市构成及其特征

亚洲城市的综合实力在不断提升。B+等级城市的数量为3。从表8-5可以看出，B+等级城市包括首尔、上海、芝加哥，其分别隶属于韩国、中国和美国。从大洲方面来看，亚洲城市占据2席，北美洲城市占据1席，说明亚洲城市的综合实力在不断提升。

　　从特征方面来看，首尔属于高集聚中联系城市；上海、芝加哥属于中集聚中联系城市；从软硬度来看，三者都属于中硬强软城市。说明三者在联系度以及硬度方面有待加强。

表 8 - 5　　　　　　　　　　　　　　B + 等级城市

城市等级	城市	国家	大洲
B +	首尔	韩国	亚洲
B +	上海	中国	亚洲
B +	芝加哥	美国	北美洲

　　资料来源：本报告研究整理。

　　B 等级城市为 26 个。从表 8 - 6 可以看出，B 等级城市主要包括悉尼、都柏林、维也纳、圣保罗等，所属国家分别为澳大利亚、爱尔兰、奥地利、巴西等；从代表性城市所属的大洲方面来看，欧洲城市占据 9 席，亚洲城市和北美洲城市分别占据 4 席和 2 席，大洋洲和南美洲城市分别占据 1 席，说明大洋洲和南美洲城市的总体综合实力有待加强。

　　从特征方面来看，B 等级城市一般属于中集聚中联系城市；从软硬度来看，大多数属于中硬强软城市。说明 B 等级城市在集聚度、联系度以及硬度方面亟须加强。

表 8 - 6　　　　　　　　　　　　　　B 等级城市

城市等级	城市	国家	大洲
B	悉尼	澳大利亚	大洋洲
B	都柏林	爱尔兰	欧洲
B	维也纳	奥地利	欧洲
B	圣保罗	巴西	南美洲
B	布鲁塞尔	比利时	欧洲
B	慕尼黑	德国	欧洲
B	莫斯科	俄罗斯	欧洲
B	阿姆斯特丹	荷兰	欧洲
B	多伦多	加拿大	北美洲

城市等级	城市	国家	大洲
B	波士顿	美国	北美洲
B	大阪	日本	亚洲
B	斯德哥尔摩	瑞典	欧洲
B	伊斯坦布尔	土耳其	亚洲
B	马德里	西班牙	欧洲
B	新加坡	新加坡	亚洲
B	米兰	意大利	欧洲
B	香港	中国	亚洲
B	……	……	……

注：因 B 等级城市数量较多，故选取每个国家中的一个代表性城市，"……"代表 B 等级未列城市。下同。

资料来源：本报告研究整理。

（三）C 等城市构成及其特征

C 等城市亟须提高联系度与硬度。C + 等级城市数量为29。从表8 - 7可以看出，C + 等级城市主要包括墨尔本、布宜诺斯艾利斯、迪拜、华沙等，所属国家分别为澳大利亚、阿根廷、阿拉伯联合酋长国、波兰等；从代表性城市所属的大洲方面来看，欧洲城市占据9席，亚洲城市占据5席，北美洲、大洋洲和南美洲城市分别占据2席，说明欧洲、亚洲城市在 C + 等级城市中优势明显。

从特征方面来看，C + 等级城市均属于中集聚中联系城市；从软硬度来看，大多数属于弱硬中软城市。说明 C + 等级城市在集聚度、联系度以及硬度方面须加强。

表8 - 7　　　　　　　　　　C + 等级城市

城市等级	城市	国家	大洲
C +	墨尔本	澳大利亚	大洋洲
C +	布宜诺斯艾利斯	阿根廷	南美洲
C +	迪拜	阿拉伯联合酋长国	亚洲

续表

城市等级	城市	国家	大洲
C +	华沙	波兰	欧洲
C +	哥本哈根	丹麦	欧洲
C +	法兰克福	德国	欧洲
C +	赫尔辛基	芬兰	欧洲
C +	波哥大	哥伦比亚	南美洲
C +	蒙特利尔	加拿大	北美洲
C +	布拉格	捷克	欧洲
C +	吉隆坡	马来西亚	亚洲
C +	西雅图	美国	北美洲
C +	奥斯陆	挪威	欧洲
C +	苏黎世	瑞士	欧洲
C +	曼谷	泰国	亚洲
C +	雅典	希腊	欧洲
C +	奥克兰	新西兰	大洋洲
C +	布达佩斯	匈牙利	欧洲
C +	孟买	印度	亚洲
C +	广州	中国	亚洲
C +	……	……	……

资料来源：本报告研究整理。

　　C 等级城市数量为 96。从表 8 - 8 可以看出，C 等级城市主要包括布里斯班、阿布扎比、开罗、里约热内卢等，所属国家分别为澳大利亚、阿拉伯联合酋长国、埃及、巴西等；从代表性城市所属的大洲方面来看，欧洲城市占据 15 席，亚洲城市占据 9 席，非洲城市占据 4 席，北美洲、大洋洲分别占据 3 席和 1 席，说明非洲城市在 C 等级城市的综合实力在逐步提升。

　　从特征方面来看，C 等级城市一般属于中集聚、低联系类型；从软硬度来看，大多数属于弱硬中软类型。说明 C 等级城市亟须提高联系度与硬度。

表 8 – 8　　　　　　　　　　　　C 等级城市

城市等级	城市	国家	大洲
C	布里斯班	澳大利亚	大洋洲
C	阿布扎比	阿拉伯联合酋长国	亚洲
C	开罗	埃及	非洲
C	里约热内卢	巴西	南美洲
C	索菲亚	保加利亚	欧洲
C	克拉科夫	波兰	欧洲
C	斯图加特	德国	欧洲
C	里昂	法国	欧洲
C	仁川	韩国	亚洲
C	鹿特丹	荷兰	欧洲
C	温哥华	加拿大	北美洲
C	多哈	卡塔尔	亚洲
C	萨格勒布	克罗地亚	欧洲
C	内罗毕	肯尼亚	非洲
C	里加	拉脱维亚	欧洲
C	布加勒斯特	罗马尼亚	欧洲
C	夏洛特	美国	北美洲
C	利马	秘鲁	南美洲
C	卡萨布兰卡	摩洛哥	非洲
C	墨西哥城	墨西哥	北美洲
C	约翰内斯堡	南非	非洲
C	里斯本	葡萄牙	欧洲
C	名古屋	日本	亚洲
C	日内瓦	瑞士	欧洲
C	贝尔格莱德	塞尔维亚	欧洲
C	利雅得	沙特阿拉伯	亚洲
C	安卡拉	土耳其	亚洲
C	基辅	乌克兰	欧洲
C	巴伦西亚	西班牙	欧洲
C	博洛尼亚	意大利	欧洲
C	德里	印度	亚洲

续表

城市等级	城市	国家	大洲
C	雅加达	印度尼西亚	亚洲
C	曼彻斯特	英国	欧洲
C	圣地亚哥	智利	南美洲
C	杭州	中国	亚洲
C	……	……	……

资料来源：本报告研究整理。

（四）D 等城市的构成及其特征

D 等城市亟须提升自身联系度与硬软度。D + 等级城市数量为 122。从表 8 - 9 可以看出，D + 等级城市主要包括巴库、亚历山大、亚的斯亚贝巴、卡拉奇等，所属国家分别为阿塞拜疆、埃及、埃塞俄比亚、巴基斯坦等；从代表性城市所属的大洲方面来看，亚洲城市占据席位最多，欧洲城市占据 11 席，非洲、北美洲以及南美洲城市分别占据 4 席，7 席和 6 席，说明非洲、南美洲城市在 D + 等级城市逐渐增多，其综合实力均亟须提升。

从特征方面来看，与 C 等级城市一样，D + 等级城市一般属于中集聚、低联系类型；从软硬度来看，大多数属于弱硬中软类型。说明 D + 等级城市亟须提高联系度与硬度。

表 8 - 9　　　　　　　　　　　　D + 等级城市

城市等级	城市	国家	大洲
D +	巴库	阿塞拜疆	亚洲
D +	亚历山大	埃及	非洲
D +	亚的斯亚贝巴	埃塞俄比亚	非洲
D +	卡拉奇	巴基斯坦	亚洲
D +	巴拿马城	巴拿马	北美洲
D +	坎皮纳斯	巴西	南美洲
D +	明斯克	白俄罗斯	亚洲
D +	安特卫普	比利时	欧洲

续表

城市等级	城市	国家	大洲
D+	圣胡安	波多黎各	北美洲
D+	弗罗茨瓦夫	波兰	欧洲
D+	圣克鲁斯	玻利维亚	南美洲
D+	科隆	德国	欧洲
D+	新西伯利亚	俄罗斯	欧洲
D+	基多	厄瓜多尔	南美洲
D+	南特	法国	欧洲
D+	马尼拉	菲律宾	亚洲
D+	麦德林	哥伦比亚	南美洲
D+	圣何塞	哥斯达黎加	北美洲
D+	第比利斯	格鲁吉亚	亚洲
D+	阿拉木图	哈萨克斯坦	亚洲
D+	釜山	韩国	亚洲
D+	海牙	荷兰	欧洲
D+	汉密尔顿	加拿大	北美洲
D+	贝鲁特	黎巴嫩	亚洲
D+	米尔沃基	美国	北美洲
D+	达卡	孟加拉国	亚洲
D+	瓜达拉哈拉	墨西哥	北美洲
D+	拉各斯	尼日利亚	非洲
D+	广岛	日本	亚洲
D+	哥德堡	瑞典	欧洲
D+	科伦坡	斯里兰卡	亚洲
D+	突尼斯	突尼斯	非洲
D+	伊兹密尔	土耳其	亚洲
D+	巴塞罗那—拉克鲁斯港	委内瑞拉	南美洲
D+	蒙得维的亚	乌拉圭	南美洲
D+	马拉加	西班牙	欧洲
D+	德黑兰	伊朗	亚洲
D+	金斯敦	牙买加	北美洲
D+	塞萨洛尼基	希腊	欧洲

续表

城市等级	城市	国家	大洲
D +	特拉维夫—雅法	以色列	亚洲
D +	佛罗伦萨	意大利	欧洲
D +	加尔各答	印度	亚洲
D +	贝尔法斯特	英国	欧洲
D +	安曼	约旦	亚洲
D +	胡志明市	越南	亚洲
D +	东莞	中国	亚洲
D +	……	……	……

资料来源：本报告研究整理。

D 等级城市数量为 266。从表 8 - 10 可以看出，D 等级城市主要包括黄金海岸、阿尔及尔、科尔多瓦、马斯喀特等，所属国家分别为澳大利亚、阿尔及利亚、阿根廷、阿曼等；从代表性城市所属的大洲方面来看，非洲城市最多，占据 23 席；其次是亚洲城市，占据 22 席；南美洲、欧洲以及北美洲城市分别占据 9、8、7 席，说明非洲、亚洲城市在 D 等级城市数量较多，其综合实力均有待提高。

从特征方面来看，D 等级城市大多数属于中集聚、低联系类型；从软硬度来看，大多数都属于弱硬弱软类型。说明 D 等级城市亟须提高其联系度、硬度与软度。

表 8 - 10　　　　　　　　　　D 等级城市

城市等级	城市	国家	大洲
D	黄金海岸	澳大利亚	大洋洲
D	阿尔及尔	阿尔及利亚	非洲
D	科尔多瓦	阿根廷	南美洲
D	马斯喀特	阿曼	亚洲
D	沙加	阿拉伯联合酋长国	亚洲
D	罗安达	安哥拉	非洲
D	拉合尔	巴基斯坦	亚洲
D	亚松森	巴拉圭	南美洲

续表

城市等级	城市	国家	大洲
D	库里奇巴	巴西	南美洲
D	列日	比利时	欧洲
D	科托努	贝宁	非洲
D	波兹南	波兰	欧洲
D	拉巴斯	玻利维亚	南美洲
D	洛美	多哥	非洲
D	圣多明各	多米尼加共和国	北美洲
D	喀山	俄罗斯	欧洲
D	瓜亚基尔	厄瓜多尔	南美洲
D	土伦	法国	欧洲
D	宿雾	菲律宾	亚洲
D	金沙萨	刚果	非洲
D	卡塔赫纳	哥伦比亚	南美洲
D	阿斯塔纳	哈萨克斯坦	亚洲
D	哈瓦那	古巴	北美洲
D	蔚山	韩国	亚洲
D	阿克拉	加纳	非洲
D	金边	柬埔寨	亚洲
D	哈拉雷	津巴布韦	非洲
D	比什凯克	吉尔吉斯斯坦	亚洲
D	德古西加巴	洪都拉斯	北美洲
D	杜阿拉	喀麦隆	非洲
D	科威特城	科威特	亚洲
D	阿比让	科特迪瓦	非洲
D	基加利	卢旺达	非洲
D	蒙罗维亚	利比里亚	非洲
D	新山	马来西亚	亚洲
D	布兰太尔	马拉维	非洲
D	万象	老挝	亚洲
D	的黎波里	利比亚	非洲
D	塔那那利佛	马达加斯加	非洲
D	塔尔萨	美国	北美洲

续表

城市等级	城市	国家	大洲
D	基希讷乌	摩尔多瓦	欧洲
D	拉巴特	摩洛哥	非洲
D	马普托	莫桑比克	非洲
D	普埃布拉	墨西哥	北美洲
D	比勒陀利亚	南非	非洲
D	马那瓜	尼加拉瓜	南美洲
D	加德满都	尼泊尔	亚洲
D	阿布贾	尼日利亚	非洲
D	北九州—福冈大都市圈	日本	亚洲
D	达喀尔	塞内加尔	非洲
D	圣萨尔瓦多	萨尔瓦多	北美洲
D	麦地那	沙特阿拉伯	亚洲
D	达累斯萨拉姆	坦桑尼亚	非洲
D	喀土穆	苏丹	非洲
D	布尔萨	土耳其	亚洲
D	萨拉戈萨	西班牙	欧洲
D	巴伦西亚	委内瑞拉	南美洲
D	危地马拉城	危地马拉	北美洲
D	埃里温	亚美尼亚	亚洲
D	坎帕拉	乌干达	非洲
D	巴格达	伊拉克	亚洲
D	塔什干	乌兹别克斯坦	亚洲
D	敖德萨	乌克兰	欧洲
D	马什哈德	伊朗	亚洲
D	科钦	印度	亚洲
D	苏腊巴亚	印度尼西亚	亚洲
D	西约克郡	英国	欧洲
D	卢萨卡	赞比亚	非洲
D	瓦尔帕莱索	智利	南美洲
D	新竹	中国	亚洲
D	……	……	……

资料来源：本报告研究整理。

（五）E 等城市构成及其特征

E 等城市亟须提升集聚度、联系度以及硬度、软度。E + 等级城市数量为 389。从表 8 - 11 可以看出，E + 等级城市主要包括喀布尔、马德普拉塔、苏伊士、费萨拉巴德等，所属国家分别为阿富汗、阿根廷、埃及、巴基斯坦等；从代表性城市所属的大洲方面来看，非洲城市最多，占据 27 席；其次是亚洲城市，占据 24 席；南美洲、北美洲以及欧洲城市分别占据 6、4、3 席，可以看出，与 D 等级城市类似，非洲、亚洲城市在 E + 等级城市数量较多。

从特征方面来看，E + 等级城市大多数属于低集聚、低联系类型；从软硬度来看，均属于弱硬弱软类型。说明 E + 等级城市亟须提高其集聚度与联系度、硬度与软度。

表 8 - 11   E + 等级城市

城市等级	城市	国家	大洲
E +	喀布尔	阿富汗	亚洲
E +	马德普拉塔	阿根廷	南美洲
E +	苏伊士	埃及	非洲
E +	费萨拉巴德	巴基斯坦	亚洲
E +	加沙	巴勒斯坦	亚洲
E +	乌贝兰迪亚	巴西	南美洲
E +	阿波美—卡拉维	贝宁	非洲
E +	科恰班巴	玻利维亚	南美洲
E +	瓦加杜古	布基纳法索	非洲
E +	布琼布拉	布隆迪	非洲
E +	托木斯克	俄罗斯	欧洲
E +	阿斯马拉	厄立特里亚	非洲
E +	达沃	菲律宾	亚洲
E +	布拉柴维尔	刚果	非洲
E +	佩雷拉	哥伦比亚	南美洲
E +	太子港	海地	北美洲
E +	利伯维尔	加蓬	非洲
E +	利隆圭	马拉维	非洲

续表

城市等级	城市	国家	大洲
E＋	圣佩德罗苏拉	洪都拉斯	北美洲
E＋	科纳克里	几内亚	非洲
E＋	库马西	加纳	非洲
E＋	蒙巴萨	肯尼亚	非洲
E＋	奇姆肯特	哈萨克斯坦	亚洲
E＋	班加西	利比亚	非洲
E＋	昌原	韩国	亚洲
E＋	吉布提	吉布提	非洲
E＋	布拉瓦约	津巴布韦	非洲
E＋	布瓦凯	科特迪瓦	非洲
E＋	巴马科	马里	非洲
E＋	努瓦克肖特	毛里塔尼亚	非洲
E＋	怡保	马来西亚	亚洲
E＋	奥勒姆	美国	北美洲
E＋	乌兰巴托	蒙古国	亚洲
E＋	吉大港	孟加拉国	亚洲
E＋	阿雷基帕	秘鲁	南美洲
E＋	曼德勒	缅甸	亚洲
E＋	非斯	摩洛哥	非洲
E＋	楠普拉	莫桑比克	非洲
E＋	托卢卡	墨西哥	北美洲
E＋	尼亚美	尼日尔	非洲
E＋	伊巴丹	尼日利亚	非洲
E＋	新潟	日本	亚洲
E＋	弗里敦	塞拉利昂	非洲
E＋	尼亚拉	苏丹	非洲
E＋	摩加迪沙	索马里	亚洲
E＋	杜尚别	塔吉克斯坦	亚洲
E＋	麦加	沙特阿拉伯	亚洲
E＋	姆万扎	坦桑尼亚	非洲
E＋	代尼兹利	土耳其	亚洲

城市等级	城市	国家	大洲
E +	阿什哈巴德	土库曼斯坦	亚洲
E +	马拉开波	委内瑞拉	南美洲
E +	哈尔科夫	乌克兰	欧洲
E +	大马士革	叙利亚	亚洲
E +	萨那	也门	亚洲
E +	埃尔比勒	伊拉克	亚洲
E +	克尔曼	伊朗	亚洲
E +	瓦拉纳西	印度	亚洲
E +	巴东	印度尼西亚	亚洲
E +	纽卡斯尔	英国	欧洲
E +	岘港	越南	亚洲
E +	恩贾梅纳	乍得	非洲
E +	班吉	中非共和国	非洲
E +	基特韦	赞比亚	非洲
E +	宝鸡	中国	亚洲
E +	……	……	……

资料来源：本报告研究整理。

E 等级城市数量为 70。从表 8 - 12 可以看出，E 等级城市主要包括万博、维多利亚、秋明、三宝颜市等，所属国家分别为安哥拉、巴西、俄罗斯、菲律宾等；从代表性城市所属的大洲方面来看，亚洲城市最多，占据 15 席；其次是非洲城市，占据 8 席；南美洲、欧洲以及北美洲城市分别占据 2、2、1 席，说明亚洲城市内部分化严重，既包含 A + 等级的顶尖城市也有 E 等级的相对不发达城市，内部分化问题值得关注。

从特征方面来看，E 等级城市绝大多数属于低集聚、低联系类型；从软硬度来看，均属于弱硬弱软类型。说明 E 等级城市有待加强其集聚度与联系度、硬度与软度。

表 8 - 12

E 等级城市

城市等级	城市	国家	大洲
E	万博	安哥拉	非洲
E	维多利亚	巴西	南美洲
E	秋明	俄罗斯	欧洲
E	三宝颜市	菲律宾	亚洲
E	基桑加尼	刚果	非洲
E	博格拉	孟加拉国	亚洲
E	弗里尼欣	南非	非洲
E	马托拉	莫桑比克	非洲
E	帕丘卡—德索托	墨西哥	北美洲
E	内比都	缅甸	亚洲
E	塞康第—塔科拉迪	加纳	非洲
E	米苏拉塔	利比亚	非洲
E	瓦里	尼日利亚	非洲
E	塔伊夫	沙特阿拉伯	亚洲
E	哈尔格萨	索马里	亚洲
E	斯法克斯	突尼斯	非洲
E	尚勒乌尔法	土耳其	亚洲
E	沙没巴干	泰国	亚洲
E	圭亚那城	委内瑞拉	南美洲
E	利沃夫	乌克兰	欧洲
E	荷台达	也门	亚洲
E	纳曼干	乌兹别克斯坦	亚洲
E	纳西里耶	伊拉克	亚洲
E	霍姆斯	叙利亚	亚洲
E	扎黑丹	伊朗	亚洲
E	贝尔谢巴	以色列	亚洲
E	卡耶姆库拉姆	印度	亚洲
E	鹤岗	中国	亚洲
E	……	……	……

资料来源：本报告研究整理。

三 集聚与联系特征的全球城市类型

集聚是联系的前提,集聚水平低难以实现高一级联系。运用聚类方法将集聚与联系类型分别分成3类(高中低),通过组合全球1006个城市按照集聚、联系度类型可分为九类(高集聚高联系、高集聚中联系、高集聚低联系,中集聚高联系、中集聚中联系、中集聚低联系,低集聚高联系、低集聚中联系、低集聚低联系)。其中,高集聚高联系的城市数量是4;高集聚中联系城市的数量为3;高集聚低联系的城市数量是1;中集聚中联系、中集聚低联系以及低集聚低联系的城市数量分别为91、329和578。其余类型城市的数量均为零。从表8-13可以看出低集聚低联系类型城市数量最多,说明集聚与联系是正相关的,并且低集聚高联系、低集聚中联系类型城市均为零,说明集聚是联系的前提,集聚水平低难以实现高一级联系。

全部城市的集聚度均值为0.2026,标准差为0.1160,变异系数为0.5725;联系度均值为0.2703,标准差为0.1433,变异系数为0.5302,可以看出所有类型城市的变异系数(集聚度、联系度)均未超过全部城市的变异系数。

从集聚度方面来看,高集聚高联系和高集聚中联系城市的均值要高于其他类型的城市,说明这些城市在集聚经济方面优势明显;低集聚低联系城市的集聚度均值最小,变异系数最大,说明集聚经济方面处于相对劣势,并且内部城市发展差异较大。从联系度方面来看,高集聚高联系城市的均值远高于其他类型城市,说明此类城市与外界的联系度较高,经济发展能力很强。同样的,低集聚低联系城市的联系度均值最小,变异系数最大,说明经济联系度方面处于相对劣势,并且内部城市发展差异较大。

表8-13 按照集聚、联系度分类的城市类型

城市类型	城市数量	集聚度均值	集聚度标准差	集聚度变异系数	联系度均值	联系度标准差	联系度变异系数
高集聚高联系	4	0.7545	0.0863	0.1144	0.9788	0.0151	0.0155

续表

城市类型	城市数量	集聚度均值	集聚度标准差	集聚度变异系数	联系度均值	联系度标准差	联系度变异系数
高集聚中联系	3	0.7757	0.1958	0.2524	0.7335	0.0141	0.0193
高集聚低联系	1	0.6648			0.4277		
中集聚高联系	0						
中集聚中联系	91	0.3897	0.0879	0.2256	0.5864	0.1061	0.1809
中集聚低联系	329	0.2726	0.0599	0.2197	0.2902	0.0814	0.2804
低集聚高联系	0						
低集聚中联系	0						
低集聚低联系	578	0.1257	0.0399	0.3174	0.2016	0.0701	0.3475
全部城市	1006	0.2026	0.1160	0.5725	0.2703	0.1433	0.5302

资料来源：本报告研究整理。

（一）高集聚高联系的城市及其分布

欧洲城市在高集聚高联系度方面综合实力较强。高集聚高联系类型城市的数量是 4。从表 8 – 14 可以看出，高集聚高联系城市包括纽约、伦敦、北京以及巴黎，分别隶属于美国、英国、中国和法国；纽约和北京的人口超过 2000 万人，伦敦和巴黎超过 1200 万人，这些城市的人均 GDP 普遍较高，尤其是纽约高达 89135.75 美元，北京偏低为 18748.91 美元；从大洲方面来看，欧洲城市占据 2 席，北美洲和亚洲城市分别占据 1 席，说明欧洲城市在高集聚高联系度方面综合实力较强。

表 8 – 14　　　　　　　　高集聚高联系城市

城市类型	城市	国家	大洲
高集聚高联系	纽约	美国	北美洲
高集聚高联系	伦敦	英国	欧洲
高集聚高联系	北京	中国	亚洲
高集聚高联系	巴黎	法国	欧洲

资料来源：本报告研究整理。

（二）高集聚中联系的城市及其分布

亚洲城市在高集聚中联系度方面综合实力较强。从表8－15可以看出，高集聚中联系城市包括东京、首尔和香港三个城市，分别隶属于日本、韩国、中国；东京和首尔的人口均超过2500万人，香港为740万人，这些城市的人均GDP普遍较高，尤其是香港高达47264.37美元，首尔偏低为29417.38美元；从大洲方面来看，三个城市均属于亚洲，说明亚洲城市在高集聚中联系度方面综合实力较强，也强调亚洲城市要增强联系度方面的能力。

表8－15　　　　　　　　　高集聚中联系城市

城市类型	城市	国家	大洲
高集聚中联系	东京	日本	亚洲
高集聚中联系	首尔	韩国	亚洲
高集聚中联系	香港	中国	亚洲

资料来源：本报告研究整理。

（三）高集聚低联系的城市及其分布

大阪亟须提高自身的软、硬联系度。从表8－16可以看出，高集聚低联系城市仅包括大阪一个城市，其隶属于日本；大阪的人口超过2000万人，人均GDP为46538.61美元，属于亚洲，说明大阪亟须提高自身的软、硬联系度。

表8－16　　　　　　　　　高集聚低联系城市

城市类型	城市	国家	大洲
高集聚低联系	大阪	日本	亚洲

资料来源：本报告研究整理。

（四）中集聚中联系的城市及其分布

欧、亚洲城市亟须提高集聚度与联系度。中集聚中联系类型城市的数量共有91个。从表8－17可以看出，中集聚中联系城市主要包括悉尼、都柏林、维也纳、迪拜等，所属国家分别为澳大利亚、爱尔兰、奥地利、阿拉伯联合酋长国等；这些城市人口规模平均在 683.70 万人，人均 GDP平均在 42924.92 美元，从代表性城市所属的大洲方面来看，欧洲城市最多，占据 25 席；其次是亚洲城市，占据 10 席；再次是北美洲、南美洲和非洲城市分别占据 4 席，大洋洲占据 2 席，说明欧洲城市在中集聚中联系类型城市综合实力较强，同时也需要提高集聚度和联系度。

表 8 - 17　　　　　　　　　　中集聚中联系城市

城市类型	城市	国家	大洲
中集聚中联系	悉尼	澳大利亚	大洋洲
中集聚中联系	都柏林	爱尔兰	欧洲
中集聚中联系	维也纳	奥地利	欧洲
中集聚中联系	迪拜	阿拉伯联合酋长国	亚洲
中集聚中联系	布宜诺斯艾利斯	阿根廷	南美洲
中集聚中联系	开罗	埃及	非洲
中集聚中联系	巴拿马城	巴拿马	北美洲
中集聚中联系	圣保罗	巴西	南美洲
中集聚中联系	布鲁塞尔	比利时	欧洲
中集聚中联系	哥本哈根	丹麦	欧洲
中集聚中联系	华沙	波兰	欧洲
中集聚中联系	索菲亚	保加利亚	欧洲
中集聚中联系	慕尼黑	德国	欧洲
中集聚中联系	莫斯科	俄罗斯	欧洲
中集聚中联系	阿姆斯特丹	荷兰	欧洲
中集聚中联系	赫尔辛基	芬兰	欧洲
中集聚中联系	波哥大	哥伦比亚	南美洲
中集聚中联系	里昂	法国	欧洲
中集聚中联系	多伦多	加拿大	北美洲
中集聚中联系	布拉格	捷克	欧洲
中集聚中联系	吉隆坡	马来西亚	亚洲
中集聚中联系	多哈	卡塔尔	亚洲
中集聚中联系	萨格勒布	克罗地亚	欧洲
中集聚中联系	布加勒斯特	罗马尼亚	欧洲
中集聚中联系	内罗毕	肯尼亚	非洲

续表

城市类型	城市	国家	大洲
中集聚中联系	芝加哥	美国	北美洲
中集聚中联系	奥斯陆	挪威	欧洲
中集聚中联系	墨西哥城	墨西哥	北美洲
中集聚中联系	约翰内斯堡	南非	非洲
中集聚中联系	利马	秘鲁	南美洲
中集聚中联系	卡萨布兰卡	摩洛哥	非洲
中集聚中联系	里斯本	葡萄牙	欧洲
中集聚中联系	斯德哥尔摩	瑞典	欧洲
中集聚中联系	苏黎世	瑞士	欧洲
中集聚中联系	伊斯坦布尔	土耳其	亚洲
中集聚中联系	曼谷	泰国	亚洲
中集聚中联系	利雅得	沙特阿拉伯	亚洲
中集聚中联系	贝尔格莱德	塞尔维亚	欧洲
中集聚中联系	基辅	乌克兰	欧洲
中集聚中联系	马德里	西班牙	欧洲
中集聚中联系	新加坡	新加坡	亚洲
中集聚中联系	雅典	希腊	欧洲
中集聚中联系	奥克兰	新西兰	大洋洲
中集聚中联系	布达佩斯	匈牙利	欧洲
中集聚中联系	米兰	意大利	欧洲
中集聚中联系	孟买	印度	亚洲
中集聚中联系	雅加达	印度尼西亚	亚洲
中集聚中联系	曼彻斯特	英国	欧洲
中集聚中联系	上海	中国	亚洲
中集聚中联系	……	……	……

注：因中集聚中联系城市数量较多，故选取每个国家中的一个代表性城市。下同。

资料来源：本报告研究整理。

（五）中集聚低联系的城市及其分布

亚洲城市在中集聚低联系类型城市中数量较多。中集聚低联系类型的城市数量为329。观察表 8 – 18，可以看出，中集聚低联系城市主要包括阿德莱德、科尔多瓦、阿布扎比、亚历山大等，所属国家分别为澳大利亚、阿根廷、阿拉伯联合酋长国、埃及等；此类城市人口规模平均在340.70万人，人均GDP平均在25423.55美元；从代表性城市所属的大洲方面来看，亚洲城市最多，占据18席；其次是欧洲城市，占据12席；再次是南美洲城市，占据8席；北美洲、非洲和大洋洲城市分别占据6、5、1席，说明亚洲城市在中集聚低联系类型城市中数量较多，同时亟须提升其软硬联系度。

表8-18　　　　　　　　中集聚低联系城市

城市类型	城市	国家	大洲
中集聚低联系	阿德莱德	澳大利亚	大洋洲
中集聚低联系	科尔多瓦	阿根廷	南美洲
中集聚低联系	阿布扎比	阿拉伯联合酋长国	亚洲
中集聚低联系	亚历山大	埃及	非洲
中集聚低联系	卡拉奇	巴基斯坦	亚洲
中集聚低联系	坎皮纳斯	巴西	南美洲
中集聚低联系	明斯克	白俄罗斯	亚洲
中集聚低联系	安特卫普	比利时	欧洲
中集聚低联系	圣胡安	波多黎各	北美洲
中集聚低联系	克拉科夫	波兰	欧洲
中集聚低联系	圣克鲁斯	玻利维亚	南美洲
中集聚低联系	汉诺威	德国	欧洲
中集聚低联系	圣地亚哥—德洛斯卡瓦耶罗斯	多米尼加共和国	北美洲
中集聚低联系	新西伯利亚	俄罗斯	欧洲
中集聚低联系	基多	厄瓜多尔	南美洲
中集聚低联系	马尼拉	菲律宾	亚洲
中集聚低联系	马赛	法国	欧洲
中集聚低联系	麦德林	哥伦比亚	南美洲
中集聚低联系	阿拉木图	哈萨克斯坦	亚洲
中集聚低联系	仁川	韩国	亚洲
中集聚低联系	鹿特丹	荷兰	欧洲

续表

城市类型	城市	国家	大洲
中集聚低联系	卡尔卡里	加拿大	北美洲
中集聚低联系	里加	拉脱维亚	欧洲
中集聚低联系	贝鲁特	黎巴嫩	亚洲
中集聚低联系	达卡	孟加拉国	亚洲
中集聚低联系	拉巴特	摩洛哥	非洲
中集聚低联系	奥斯丁	美国	北美洲
中集聚低联系	瓜达拉哈拉	墨西哥	北美洲
中集聚低联系	开普敦	南非	非洲
中集聚低联系	拉各斯	尼日利亚	非洲
中集聚低联系	突尼斯	突尼斯	非洲
中集聚低联系	科伦坡	斯里兰卡	亚洲
中集聚低联系	哥德堡	瑞典	欧洲
中集聚低联系	麦地那	沙特阿拉伯	亚洲
中集聚低联系	名古屋	日本	亚洲
中集聚低联系	安卡拉	土耳其	亚洲
中集聚低联系	巴塞罗那—拉克鲁斯港	委内瑞拉	南美洲
中集聚低联系	蒙得维的亚	乌拉圭	南美洲
中集聚低联系	巴伦西亚	西班牙	欧洲
中集聚低联系	德黑兰	伊朗	亚洲
中集聚低联系	金斯敦	牙买加	北美洲
中集聚低联系	塞萨洛尼基	希腊	欧洲
中集聚低联系	埃里温	亚美尼亚	亚洲
中集聚低联系	耶路撒冷	以色列	亚洲
中集聚低联系	佛罗伦萨	意大利	欧洲
中集聚低联系	钦奈	印度	亚洲
中集聚低联系	布里斯托尔	英国	欧洲
中集聚低联系	胡志明市	越南	亚洲
中集聚低联系	圣地亚哥	智利	南美洲
中集聚低联系	武汉	中国	亚洲
中集聚低联系	……	……	……

资料来源：本报告研究整理。

（六）低集聚低联系的城市

亚洲城市在提升集聚、联系度的同时须关注城市分化问题。低集聚低联系类型城市数量最多，为 578。观察表 8 - 19，可以看出，低集聚低联系城市主要包括黄金海岸、阿尔及尔、巴库、马斯喀特等，所属国家分别为澳大利亚、阿尔及利亚、阿塞拜疆、阿曼等，这些城市的人均 GDP 普遍较低，平均为 7112.58 美元，人口规模平均在 194.96 万人。从代表性城市所属的大洲方面来看，非洲城市最多，占据 39 席；其次是亚洲城市，占据 33 席；再次是南美洲和北美洲城市，分别占据 10 席和 9 席；欧洲和大洋洲城市分别占据 3 席和 1 席，说明非洲、亚洲城市在低集聚低联系类型城市中数量较多，集聚度、联系度亟须加强。同时也说明亚洲城市分化严重，既包括高集聚中联系的相对发达城市也含有低集聚低联系的欠发达城市。

表 8 - 19　　　　　　　　　低集聚低联系城市

城市类型	城市	国家	大洲
低集聚低联系	黄金海岸	澳大利亚	大洋洲
低集聚低联系	阿尔及尔	阿尔及利亚	非洲
低集聚低联系	巴库	阿塞拜疆	亚洲
低集聚低联系	马斯喀特	阿曼	亚洲
低集聚低联系	喀布尔	阿富汗	亚洲
低集聚低联系	门多萨	阿根廷	南美洲
低集聚低联系	苏伊士	埃及	非洲
低集聚低联系	亚的斯亚贝巴	埃塞俄比亚	非洲
低集聚低联系	罗安达	安哥拉	非洲
低集聚低联系	费萨拉巴德	巴基斯坦	亚洲
低集聚低联系	亚松森	巴拉圭	南美洲
低集聚低联系	加沙	巴勒斯坦	亚洲
低集聚低联系	纳塔尔	巴西	南美洲
低集聚低联系	科托努	贝宁	非洲
低集聚低联系	科恰班巴	玻利维亚	南美洲
低集聚低联系	瓦加杜古	布基纳法索	非洲
低集聚低联系	圣多明各	多米尼加共和国	北美洲

续表

城市类型	城市	国家	大洲
低集聚低联系	洛美	多哥	非洲
低集聚低联系	布琼布拉	布隆迪	非洲
低集聚低联系	乌法	俄罗斯	欧洲
低集聚低联系	瓜亚基尔	厄瓜多尔	南美洲
低集聚低联系	阿斯马拉	厄立特里亚	非洲
低集聚低联系	宿雾	菲律宾	亚洲
低集聚低联系	金沙萨	刚果	非洲
低集聚低联系	卡利	哥伦比亚	南美洲
低集聚低联系	第比利斯	格鲁吉亚	亚洲
低集聚低联系	圣何塞	哥斯达黎加	北美洲
低集聚低联系	哈瓦那	古巴	北美洲
低集聚低联系	太子港	海地	北美洲
低集聚低联系	奇姆肯特	哈萨克斯坦	亚洲
低集聚低联系	德古西加巴	洪都拉斯	北美洲
低集聚低联系	比什凯克	吉尔吉斯斯坦	亚洲
低集聚低联系	科纳克里	几内亚	非洲
低集聚低联系	吉布提	吉布提	非洲
低集聚低联系	阿克拉	加纳	非洲
低集聚低联系	金边	柬埔寨	亚洲
低集聚低联系	利伯维尔	加蓬	非洲
低集聚低联系	哈拉雷	津巴布韦	非洲
低集聚低联系	杜阿拉	喀麦隆	非洲
低集聚低联系	阿比让	科特迪瓦	非洲
低集聚低联系	科威特城	科威特	亚洲
低集聚低联系	蒙罗维亚	利比里亚	非洲
低集聚低联系	万象	老挝	亚洲
低集聚低联系	蒙巴萨	肯尼亚	非洲
低集聚低联系	的黎波里	利比亚	非洲
低集聚低联系	基加利	卢旺达	非洲
低集聚低联系	塔那那利佛	马达加斯加	非洲
低集聚低联系	布兰太尔	马拉维	非洲

城市类型	城市	国家	大洲
低集聚低联系	新山市	马来西亚	亚洲
低集聚低联系	巴马科	马里	非洲
低集聚低联系	努瓦克肖特	毛里塔尼亚	非洲
低集聚低联系	埃尔帕索	美国	北美洲
低集聚低联系	乌兰巴托	蒙古国	亚洲
低集聚低联系	吉大港	孟加拉国	亚洲
低集聚低联系	阿雷基帕	秘鲁	南美洲
低集聚低联系	曼德勒	缅甸	亚洲
低集聚低联系	基希讷乌	摩尔多瓦	欧洲
低集聚低联系	马拉喀什	摩洛哥	非洲
低集聚低联系	马普托	莫桑比克	非洲
低集聚低联系	提华那	墨西哥	北美洲
低集聚低联系	伊丽莎白港	南非	非洲
低集聚低联系	马那瓜	尼加拉瓜	南美洲
低集聚低联系	加德满都	尼泊尔	亚洲
低集聚低联系	尼亚美	尼日尔	非洲
低集聚低联系	阿布贾	尼日利亚	非洲
低集聚低联系	达喀尔	塞内加尔	非洲
低集聚低联系	圣萨尔瓦多	萨尔瓦多	北美洲
低集聚低联系	弗里敦	塞拉利昂	非洲
低集聚低联系	达曼	沙特阿拉伯	亚洲
低集聚低联系	喀土穆	苏丹	非洲
低集聚低联系	摩加迪沙	索马里	亚洲
低集聚低联系	杜尚别	塔吉克斯坦	亚洲
低集聚低联系	沙没巴干	泰国	亚洲
低集聚低联系	达累斯萨拉姆	坦桑尼亚	非洲
低集聚低联系	斯法克斯	突尼斯	非洲
低集聚低联系	安塔利亚	土耳其	亚洲
低集聚低联系	危地马拉城	危地马拉	北美洲
低集聚低联系	阿什哈巴德	土库曼斯坦	亚洲
低集聚低联系	坎帕拉	乌干达	非洲

续表

城市类型	城市	国家	大洲
低集聚低联系	马拉开波	委内瑞拉	南美洲
低集聚低联系	敖德萨	乌克兰	欧洲
低集聚低联系	塔什干	乌兹别克斯坦	亚洲
低集聚低联系	大马士革	叙利亚	亚洲
低集聚低联系	萨那	也门	亚洲
低集聚低联系	巴格达	伊拉克	亚洲
低集聚低联系	马什哈德	伊朗	亚洲
低集聚低联系	特拉维夫—雅法	以色列	亚洲
低集聚低联系	斋蒲尔	印度	亚洲
低集聚低联系	苏腊巴亚	印度尼西亚	亚洲
低集聚低联系	安曼	约旦	亚洲
低集聚低联系	卢萨卡	赞比亚	非洲
低集聚低联系	恩贾梅纳	乍得	非洲
低集聚低联系	瓦尔帕莱索	智利	南美洲
低集聚低联系	班吉	中非共和国	非洲
低集聚低联系	淮南	中国	亚洲
低集聚低联系	……	……	……

资料来源：本报告研究整理。

四 "硬"与"软"视角下的全球城市类型差异

软、硬度城市内部发展差距较大，软度在一定程度上可以改变硬度。运用聚类方法将硬度（硬集聚+硬联系）、软度（软集聚+软联系）类型分别分成3类（强中弱），通过组合全球1006个城市按照硬、软度类型可分为九类（强硬强软、强硬中软、强硬弱软，中硬强软、中硬中软、中硬弱软，弱硬强软、弱硬中软、弱硬弱软）。从表8-20可以看出，强硬强软的城市数量是5；中硬强软城市的数量为16；中硬中软的城市数量是11；弱硬强软、弱硬中软以及弱硬弱软的城市数量分别为16、331和627。其余类型城市（强硬中软、强硬弱软、中硬弱软）的数量均为0。说明硬与软是不完全相关的，硬度弱可以软度强，但软度弱硬度难强，在一定程度上软度可以改变硬度。

全部城市的硬度均值为 0.0782，标准差为 0.1272，变异系数为 1.6255；可以看出弱硬弱软城市（硬度）的变异系数超过全部城市的变异系数，说明其内部发展差异较大；全部城市的软度均值为 0.4157，标准差为 0.1500，变异系数为 0.3607，可以看出所有类型城市的变异系数（软度）均未超过全部城市的变异系数。

观察表 8-20 可以观察出，从硬度方面来看，强硬强软城市的均值为 0.8652，要高于其他类型的城市，说明此类城市在硬集聚和硬联系方面有绝对优势；弱硬弱软城市的均值最小为 0.0259，变异系数最大为 1.6432，说明该类城市在硬集聚和硬联系方面处于相对劣势，并且内部城市发展差异较大。从软度方面来看，强硬强软城市的均值为 0.9493，远高于其他类型城市，说明此类城市在软集聚和软联系方面有绝对优势。同样的，弱硬弱软城市的联系度均值最小，为 0.3241；变异系数最大，为 0.2507，说明此类城市在软集聚和软联系方面处于相对劣势，并且内部城市发展差异较大。

表 8-20　　　　　　　　　按照硬、软度分类的城市类型

城市类型	城市数量	硬度均值	硬度标准差	硬度变异系数	软度均值	软度标准差	软度变异系数
强硬强软	5	0.8652	0.1102	0.1273	0.9493	0.0565	0.0595
强硬中软	0						
强硬弱软	0						
中硬强软	16	0.5599	0.0785	0.1402	0.7649	0.0331	0.0432
中硬中软	11	0.4742	0.0280	0.0590	0.6425	0.0682	0.1061
中硬弱软	0						
弱硬强软	16	0.3147	0.1096	0.3484	0.7765	0.0560	0.0722
弱硬中软	331	0.1176	0.0975	0.8289	0.5395	0.0776	0.1439
弱硬弱软	627	0.0259	0.0425	1.6432	0.3241	0.0812	0.2507
全部城市	1006	0.0782	0.1272	1.6255	0.4157	0.1500	0.3607

资料来源：本报告研究整理。

（一）强硬强软的城市及其分布

欧洲、亚洲城市在强硬度和强软度方面实力较强。强硬强软类型城

市的数量为5。从表8-21可以看出，强硬强软城市包括纽约、伦敦、东京、北京和巴黎，分别隶属于美国、英国、日本、中国和法国；这类城市人均GDP普遍较高，尤其是纽约高达89135.75美元；最低为北京，18748.91美元，从人口规模来看，东京最多为4200万人，伦敦和巴黎人口规模相对较小，平均在1227.33万人。从大洲方面来看，欧洲、亚洲城市分别占据2席，北美洲城市占据1席，说明欧洲和亚洲城市在强硬度和强软度方面综合实力较强。

表8-21 强硬强软城市

城市类型	城市	国家	大洲
强硬强软	纽约	美国	北美洲
强硬强软	伦敦	英国	欧洲
强硬强软	东京	日本	亚洲
强硬强软	北京	中国	亚洲
强硬强软	巴黎	法国	欧洲

资料来源：本报告研究整理。

（二）中硬强软的城市及其分布

欧洲、亚洲城市在中硬强软类型中综合实力较强。中硬强软类型城市的数量为16。观察表8-22，可以看出，中硬强软城市主要包括悉尼、首尔、莫斯科、多伦多等，所属国家分别为澳大利亚、韩国、俄罗斯、加拿大等；该类城市的人均GDP较高，平均在48568.57美元，人口规模平均为1080.55万人。从代表性城市所属的大洲方面来看，亚洲、欧洲城市，分别占据4席；其次是北美洲城市，占据2席；南美洲和大洋洲城市分别占据1席，说明欧洲、亚洲城市在中硬强软类型城市中综合实力较强。

表8-22 中硬强软城市

城市类型	城市	国家	大洲
中硬强软	悉尼	澳大利亚	大洋洲
中硬强软	首尔	韩国	亚洲
中硬强软	莫斯科	俄罗斯	欧洲

续表

城市类型	城市	国家	大洲
中硬强软	多伦多	加拿大	北美洲
中硬强软	阿姆斯特丹	荷兰	欧洲
中硬强软	圣保罗	巴西	南美洲
中硬强软	芝加哥	美国	北美洲
中硬强软	新加坡	新加坡	亚洲
中硬强软	马德里	西班牙	欧洲
中硬强软	伊斯坦布尔	土耳其	亚洲
中硬强软	米兰	意大利	欧洲
中硬强软	香港	中国	亚洲
中硬强软	……	……	……

注：因中硬强软城市数量较多，故选取每个国家中的一个代表性城市。下同。

资料来源：本报告研究整理。

（三）中硬中软的城市及其分布

欧洲城市在中硬中软类型中综合实力较强。中硬中软类型城市的数量为 11。观察表 8 – 23，可以看出，中硬中软城市主要包括布鲁塞尔、都柏林、维也纳、迪拜等，所属国家分别为比利时、爱尔兰、奥地利、阿拉伯联合酋长国等，该类城市的人均 GDP 平均为 61986.53 美元，最高为瑞士的 93831.45 美元；人口规模水平较小，平均在 455.51 万人；从代表性城市所属的大洲方面来看，欧洲城市占据 5 席；亚洲城市占据 3 席；北美洲占据 1 席，说明欧洲城市在中硬中软类型城市中综合实力较强。

表 8 – 23　　　　　　　　　　中硬中软城市

城市类型	城市	国家	大洲
中硬中软	布鲁塞尔	比利时	欧洲
中硬中软	都柏林	爱尔兰	欧洲
中硬中软	维也纳	奥地利	欧洲
中硬中软	迪拜	阿拉伯联合酋长国	亚洲
中硬中软	慕尼黑	德国	欧洲

城市类型	城市	国家	大洲
中硬中软	达拉斯—佛尔沃斯堡	美国	北美洲
中硬中软	台北	中国	亚洲
中硬中软	苏黎世	瑞士	欧洲
中硬中软	曼谷	泰国	亚洲
中硬中软	……	……	……

资料来源：本报告研究整理。

（四）弱硬强软的城市及其分布

欧洲城市在弱硬强软类型城市中综合实力较强。弱硬强软类型城市的数量为16。从表8-24可以看出，弱硬强软城市主要包括墨尔本、柏林、波士顿、斯德哥尔摩等，所属国家分别为澳大利亚、德国、美国、瑞典等，该类城市的人均GDP较高，平均为55408.17美元，人口规模水平较小，平均在678.84万人。从代表性城市所属的大洲方面来看，欧洲城市占据4席；亚洲城市占据2席；北美洲和大洋洲分别占据1席，说明欧洲城市在弱硬强软类型城市中综合实力较强，同时也亟须提升自身的硬集聚和硬联系度。

表8-24　　　　　　　　　弱硬强软城市

城市类型	城市	国家	大洲
弱硬强软	墨尔本	澳大利亚	大洋洲
弱硬强软	柏林	德国	欧洲
弱硬强软	波士顿	美国	北美洲
弱硬强软	斯德哥尔摩	瑞典	欧洲
弱硬强软	罗马	意大利	欧洲
弱硬强软	巴塞罗那	西班牙	欧洲
弱硬强软	大阪	日本	亚洲
弱硬强软	广州	中国	亚洲
弱硬强软	……	……	……

资料来源：本报告研究整理。

（五）弱硬中软的城市及其分布

欧洲城市在弱硬中软类型城市中数量较多。弱硬中软类型城市的数量为331。从表8－25可以看出，弱硬中软城市主要包括布里斯班、布宜诺斯艾利斯、阿布扎比、开罗等，所属国家分别为澳大利亚、阿根廷、阿拉伯联合酋长国、埃及等，该类城市的人均GDP平均为27886.25美元，人口规模较小，平均在382.77万人。从代表性城市所属的大洲方面来看，欧洲城市最大，占据24席，其次是亚洲城市，占据18席，再次是南美洲，占据9席，北美洲、非洲和大洋洲分别占据5、5、2席，说明欧洲城市在弱硬中软类型城市中数量较多，亟须提升硬集聚度、硬联系度。

表8－25　　　　　　　　　　弱硬中软城市

城市类型	城市	国家	大洲
弱硬中软	布里斯班	澳大利亚	大洋洲
弱硬中软	布宜诺斯艾利斯	阿根廷	南美洲
弱硬中软	阿布扎比	阿拉伯联合酋长国	亚洲
弱硬中软	开罗	埃及	非洲
弱硬中软	卡拉奇	巴基斯坦	亚洲
弱硬中软	里约热内卢	巴西	南美洲
弱硬中软	索菲亚	保加利亚	欧洲
弱硬中软	明斯克	白俄罗斯	亚洲
弱硬中软	安特卫普	比利时	欧洲
弱硬中软	圣胡安	波多黎各	北美洲
弱硬中软	华沙	波兰	欧洲
弱硬中软	哥本哈根	丹麦	欧洲
弱硬中软	圣克鲁斯	玻利维亚	南美洲
弱硬中软	斯图加特	德国	欧洲
弱硬中软	基多	厄瓜多尔	南美洲
弱硬中软	新西伯利亚	俄罗斯	欧洲
弱硬中软	里昂	法国	欧洲
弱硬中软	赫尔辛基	芬兰	欧洲
弱硬中软	马尼拉	菲律宾	亚洲
弱硬中软	波哥大	哥伦比亚	南美洲

续表

城市类型	城市	国家	大洲
弱硬中软	第比利斯	格鲁吉亚	亚洲
弱硬中软	仁川	韩国	亚洲
弱硬中软	鹿特丹	荷兰	欧洲
弱硬中软	蒙特利尔	加拿大	北美洲
弱硬中软	布拉格	捷克	欧洲
弱硬中软	吉隆坡	马来西亚	亚洲
弱硬中软	多哈	卡塔尔	亚洲
弱硬中软	萨格勒布	克罗地亚	欧洲
弱硬中软	布加勒斯特	罗马尼亚	欧洲
弱硬中软	里加	拉脱维亚	欧洲
弱硬中软	内罗毕	肯尼亚	非洲
弱硬中软	贝鲁特	黎巴嫩	亚洲
弱硬中软	丹佛	美国	北美洲
弱硬中软	利马	秘鲁	南美洲
弱硬中软	卡萨布兰卡	摩洛哥	非洲
弱硬中软	墨西哥城	墨西哥	北美洲
弱硬中软	奥斯陆	挪威	欧洲
弱硬中软	约翰内斯堡	南非	非洲
弱硬中软	里斯本	葡萄牙	欧洲
弱硬中软	名古屋	日本	亚洲
弱硬中软	日内瓦	瑞士	欧洲
弱硬中软	贝尔格莱德	塞尔维亚	欧洲
弱硬中软	哥德堡	瑞典	欧洲
弱硬中软	利雅得	沙特阿拉伯	亚洲
弱硬中软	突尼斯	突尼斯	非洲
弱硬中软	科伦坡	斯里兰卡	亚洲
弱硬中软	安卡拉	土耳其	亚洲
弱硬中软	巴塞罗那—拉克鲁斯港	委内瑞拉	南美洲
弱硬中软	基辅	乌克兰	欧洲
弱硬中软	蒙得维的亚	乌拉圭	南美洲

城市类型	城市	国家	大洲
弱硬中软	巴伦西亚	西班牙	欧洲
弱硬中软	雅典	希腊	欧洲
弱硬中软	奥克兰	新西兰	大洋洲
弱硬中软	布达佩斯	匈牙利	欧洲
弱硬中软	德黑兰	伊朗	亚洲
弱硬中软	金斯敦	牙买加	北美洲
弱硬中软	耶路撒冷	以色列	亚洲
弱硬中软	博洛尼亚	意大利	欧洲
弱硬中软	孟买	印度	亚洲
弱硬中软	雅加达	印度尼西亚	亚洲
弱硬中软	曼彻斯特	英国	欧洲
弱硬中软	圣地亚哥	智利	南美洲
弱硬中软	成都	中国	亚洲
弱硬中软	……	……	……

资料来源：本报告研究整理。

(六) 弱硬弱软的城市及其分布

亚洲城市在弱硬弱软类型城市中数量较多，城市内部分化严重。弱硬弱软类型城市的数量为 627。观察表 8 - 26，可以看出，弱硬弱软城市主要包括黄金海岸、阿尔及尔、喀布尔、门多萨等，所属国家分别为澳大利亚、阿尔及利亚、阿富汗、阿根廷等。这类城市的人均 GDP 普遍偏低，平均为 7861.22 美元；人口规模较小，平均为 211.65 万人。从代表性城市所属的大洲方面来看，非洲城市最多，占据 39 席；其次是亚洲城市，占据 37 席；再次是南美洲和北美洲城市，分别占据 10 席；欧洲和大洋洲城市分别占据 5 席和 1 席，说明非洲、亚洲城市在弱硬弱软类型城市中数量较多，硬、软度亟须加强。同时也说明亚洲城市分化严重，既包括强硬强软的相对发达城市也含有弱硬弱软的欠发达城市。

表 8 – 26 弱硬弱软城市

城市类型	城市	国家	大洲
弱硬弱软	黄金海岸	澳大利亚	大洋洲
弱硬弱软	阿尔及尔	阿尔及利亚	非洲
弱硬弱软	喀布尔	阿富汗	亚洲
弱硬弱软	门多萨	阿根廷	南美洲
弱硬弱软	巴库	阿塞拜疆	亚洲
弱硬弱软	马斯喀特	阿曼	亚洲
弱硬弱软	沙加	阿拉伯联合酋长国	亚洲
弱硬弱软	苏伊士	埃及	非洲
弱硬弱软	亚的斯亚贝巴	埃塞俄比亚	非洲
弱硬弱软	罗安达	安哥拉	非洲
弱硬弱软	费萨拉巴德	巴基斯坦	亚洲
弱硬弱软	巴拿马城	巴拿马	北美洲
弱硬弱软	亚松森	巴拉圭	南美洲
弱硬弱软	加沙	巴勒斯坦	亚洲
弱硬弱软	戈亚尼亚	巴西	南美洲
弱硬弱软	科托努	贝宁	非洲
弱硬弱软	科恰班巴	玻利维亚	南美洲
弱硬弱软	瓦加杜古	布基纳法索	非洲
弱硬弱软	洛美	多哥	非洲
弱硬弱软	布琼布拉	布隆迪	非洲
弱硬弱软	圣多明各	多米尼加共和国	北美洲
弱硬弱软	圣彼得堡	俄罗斯	欧洲
弱硬弱软	瓜亚基尔	厄瓜多尔	南美洲
弱硬弱软	土伦	法国	欧洲
弱硬弱软	阿斯马拉	厄立特里亚	非洲
弱硬弱软	宿雾	菲律宾	亚洲
弱硬弱软	金沙萨	刚果	非洲
弱硬弱软	卡利	哥伦比亚	南美洲
弱硬弱软	圣何塞	哥斯达黎加	北美洲
弱硬弱软	哈瓦那	古巴	北美洲
弱硬弱软	阿拉木图	哈萨克斯坦	亚洲
弱硬弱软	太子港	海地	北美洲

续表

城市类型	城市	国家	大洲
弱硬弱软	昌原	韩国	亚洲
弱硬弱软	德古西加巴	洪都拉斯	北美洲
弱硬弱软	比什凯克	吉尔吉斯斯坦	亚洲
弱硬弱软	科纳克里	几内亚	非洲
弱硬弱软	吉布提	吉布提	非洲
弱硬弱软	阿克拉	加纳	非洲
弱硬弱软	金边	柬埔寨	亚洲
弱硬弱软	利伯维尔	加蓬	非洲
弱硬弱软	哈拉雷	津巴布韦	非洲
弱硬弱软	杜阿拉	喀麦隆	非洲
弱硬弱软	阿比让	科特迪瓦	非洲
弱硬弱软	科威特城	科威特	亚洲
弱硬弱软	蒙罗维亚	利比里亚	非洲
弱硬弱软	万象	老挝	亚洲
弱硬弱软	蒙巴萨	肯尼亚	非洲
弱硬弱软	的黎波里	利比亚	非洲
弱硬弱软	基加利	卢旺达	非洲
弱硬弱软	塔那那利佛	马达加斯加	非洲
弱硬弱软	布兰太尔	马拉维	非洲
弱硬弱软	新山	马来西亚	亚洲
弱硬弱软	巴马科	马里	非洲
弱硬弱软	努瓦克肖特	毛里塔尼亚	非洲
弱硬弱软	伯明翰	美国	北美洲
弱硬弱软	乌兰巴托	蒙古国	亚洲
弱硬弱软	达卡	孟加拉国	亚洲
弱硬弱软	阿雷基帕	秘鲁	南美洲
弱硬弱软	曼德勒	缅甸	亚洲
弱硬弱软	基希讷乌	摩尔多瓦	欧洲
弱硬弱软	非斯	摩洛哥	非洲
弱硬弱软	马普托	莫桑比克	非洲
弱硬弱软	提华那	墨西哥	北美洲
弱硬弱软	伊丽莎白港	南非	非洲

续表

城市类型	城市	国家	大洲
弱硬弱软	马那瓜	尼加拉瓜	南美洲
弱硬弱软	加德满都	尼泊尔	亚洲
弱硬弱软	尼亚美	尼日尔	非洲
弱硬弱软	拉各斯	尼日利亚	非洲
弱硬弱软	北九州—福冈	日本	亚洲
弱硬弱软	达喀尔	塞内加尔	非洲
弱硬弱软	圣萨尔瓦多	萨尔瓦多	北美洲
弱硬弱软	弗里敦	塞拉利昂	非洲
弱硬弱软	达曼	沙特阿拉伯	亚洲
弱硬弱软	喀土穆	苏丹	非洲
弱硬弱软	摩加迪沙	索马里	亚洲
弱硬弱软	杜尚别	塔吉克斯坦	亚洲
弱硬弱软	沙没巴干	泰国	亚洲
弱硬弱软	达累斯萨拉姆	坦桑尼亚	非洲
弱硬弱软	斯法克斯	突尼斯	非洲
弱硬弱软	安塔利亚	土耳其	亚洲
弱硬弱软	危地马拉城	危地马拉	北美洲
弱硬弱软	阿什哈巴德	土库曼斯坦	亚洲
弱硬弱软	加拉加斯	委内瑞拉	南美洲
弱硬弱软	坎帕拉	乌干达	非洲
弱硬弱软	敖德萨	乌克兰	欧洲
弱硬弱软	塔什干	乌兹别克斯坦	亚洲
弱硬弱软	大马士革	叙利亚	亚洲
弱硬弱软	埃里温	亚美尼亚	亚洲
弱硬弱软	萨那	也门	亚洲
弱硬弱软	巴格达	伊拉克	亚洲
弱硬弱软	马什哈德	伊朗	亚洲
弱硬弱软	特拉维夫—雅法	以色列	亚洲
弱硬弱软	艾哈迈达巴德	印度	亚洲
弱硬弱软	苏腊巴亚	印度尼西亚	亚洲
弱硬弱软	安曼	约旦	亚洲
弱硬弱软	纽卡斯尔	英国	欧洲

城市类型	城市	国家	大洲
弱硬弱软	胡志明市	越南	亚洲
弱硬弱软	卢萨卡	赞比亚	非洲
弱硬弱软	恩贾梅纳	乍得	非洲
弱硬弱软	康塞普西翁	智利	南美洲
弱硬弱软	班吉	中非共和国	非洲
弱硬弱软	呼和浩特	中国	亚洲
弱硬弱软	……	……	……

资料来源：本报告研究整理。

五　中国城市的分级情况

中国城市无全球城市，区域门户城市最多。中国城市在全球城市分级中的情况如表 8 - 27 所示，其中，A + 城市的数量为 0；A 城市数量为 1；B + 城市的数量为 1；B 城市数量为 2；C + 城市和 C 城市的数量分别为 4 和 18。同理，D + 城市的数量是 22；D 城市的数量为 100；E + 城市和 E 城市的数量分别为 141 和 2。

中国城市的总数量为 291，其城市等级得分的均值为 0.2379，方差为 0.0992，变异系数为 0.4170。D 及以上城市的均值高于中国城市的均值，A + 城市最高，为 0.9056。同样的，所有类型城市的变异系数均小于中国城市的变异系数，E 等级城市的变异系数最小，说明该类等级城市的内部差异较小；B 等级城市的变异系数最大，为 0.1611，说明该类城市的内部发展差异较大。

表 8 - 27　　　　　　　　中国城市在全球城市分级情况

城市等级		城市数量	均值	标准差	变异系数
全球城市（A）	A +	0			
	A	1	0.9056		
国际枢纽城市（B）	B +	1	0.7527		
	B	2	0.6616	0.1066	0.1611

续表

城市等级		城市数量	均值	标准差	变异系数
国际门户城市（C）	C +	4	0.5297	0.0294	0.0556
	C	18	0.4183	0.0391	0.0934
区域枢纽城市（D）	D +	22	0.3235	0.0136	0.0421
	D	100	0.2421	0.0241	0.0995
区域门户城市（E）	E +	141	0.1772	0.0183	0.1031
	E	2	0.1305	0.0011	0.0088
中国城市		291	0.2379	0.0992	0.4170

资料来源：本报告研究整理。

（一）A 等城市构成及其特征

北京的城市等级得分最高。中国无 A + 等级城市，从表 8 - 28 可以看出，A 等级城市仅有 1 个，北京。从特征方面来看，北京属于高集聚高联系城市；从软硬度来看，属于强硬强软城市。说明集聚度、联系度越高以及硬度与软度越强，城市总体实力越强。

表 8 - 28   A 等级城市

城市等级	城市	国家	大洲
A	北京	中国	亚洲

资料来源：本报告研究整理。

（二）B 等城市构成及其特征

B 等级城市在集聚度以及软度方面有明显差异。从表 8 - 29 可以看出，B + 等级城市的数量为 1，上海。从特征方面来看，上海属于中集聚中联系城市；从软硬度来看，属于中硬强软城市。说明上海在集聚度、联系度以及硬度方面有待加强。

表 8 - 29   B + 等级城市

城市等级	城市	国家	大洲
B +	上海	中国	亚洲

资料来源：本报告研究整理。

从表 8-30 可以看出，B 等级城市数量为 2，香港和台北。从特征方面来看，香港属于高集聚中联系城市，台北属于中集聚中联系城市；从软硬度来看，香港属于中硬强软城市，台北属于中硬中软城市。说明 B 等级城市在集聚度以及软度方面有明显差异。

表 8-30　　　　　　　　　　B 等级城市

城市等级	城市	国家	大洲
B	香港	中国	亚洲
B	台北	中国	亚洲

资料来源：本报告研究整理。

（三）C 等城市构成及其特征

C 等城市亟须提高硬度。C + 等级城市数量为 4。从表 8-31 可以看出，C + 等级城市包括广州、深圳、成都和南京。从特征方面来看，C + 等级城市均属于中集聚中联系城市；从软硬度来看，只有成都为弱硬中软城市，其余三个城市均为弱硬强软城市。说明 C + 等级城市在硬度方面亟须加强。

表 8-31　　　　　　　　　　C + 等级城市

城市等级	城市	国家	大洲
C +	广州	中国	亚洲
C +	深圳	中国	亚洲
C +	成都	中国	亚洲
C +	南京	中国	亚洲

资料来源：本报告研究整理。

C 等级城市数量为 18。从表 8-32 可以看出，C 等级城市主要包括杭州、武汉、天津、重庆等。从特征方面来看，C 等级城市一般属于中集聚低联系类型；从软硬度来看，大多数属于弱硬中软类型。说明 C 等级城市亟须提高联系度与硬度。

表8-32   C 等级城市

城市等级	城市	国家	大洲
C	杭州	中国	亚洲
C	武汉	中国	亚洲
C	天津	中国	亚洲
C	重庆	中国	亚洲
C	西安	中国	亚洲
C	青岛	中国	亚洲
C	长沙	中国	亚洲
C	厦门	中国	亚洲
C	合肥	中国	亚洲
C	大连	中国	亚洲
C	沈阳	中国	亚洲
C	济南	中国	亚洲
C	郑州	中国	亚洲
C	昆明	中国	亚洲
C	苏州	中国	亚洲
C	哈尔滨	中国	亚洲
C	福州	中国	亚洲
C	宁波	中国	亚洲

资料来源：本报告研究整理。

（四）D 等城市的构成及其特征

D 等城市亟须提升自身联系度与硬度。D + 等级城市数量为 22。从表 8 - 33 可以看出，D + 等级城市主要包括长春、无锡、石家庄、太原等。从特征方面来看，D + 等级城市均属于中集聚低联系类型；从软硬度来看，都属于弱硬中软类型。说明 D + 等级城市亟须提高联系度与硬度。

表 8 - 33　　　　　　　　　　D + 等级城市

城市等级	城市	国家	大洲
D +	长春	中国	亚洲
D +	无锡	中国	亚洲
D +	石家庄	中国	亚洲
D +	太原	中国	亚洲
D +	南昌	中国	亚洲
D +	贵阳	中国	亚洲
D +	南宁	中国	亚洲
D +	兰州	中国	亚洲
D +	珠海	中国	亚洲
D +	乌鲁木齐	中国	亚洲
D +	东莞	中国	亚洲
D +	高雄	中国	亚洲
D +	温州	中国	亚洲
D +	海口	中国	亚洲
D +	南阳	中国	亚洲
D +	徐州	中国	亚洲
D +	南通	中国	亚洲
D +	常州	中国	亚洲
D +	佛山	中国	亚洲
D +	澳门	中国	亚洲
D +	烟台	中国	亚洲
D +	中山	中国	亚洲

资料来源：本报告研究整理。

D 等级城市数量为 100。从表 8 - 34 可以看出，D 等级城市主要包括新竹、桂林、台中、洛阳等。从特征方面来看，D 等级城市大多数属于中集聚低联系类型；从软硬度来看，大多数属于弱硬中软类型。说明 D 等级城市亟须提高其联系度、硬度。

表 8 – 34 **D 等级城市**

城市等级	城市	国家	大洲
D	新竹	中国	亚洲
D	桂林	中国	亚洲
D	台中	中国	亚洲
D	洛阳	中国	亚洲
D	银川	中国	亚洲
D	扬州	中国	亚洲
D	呼和浩特	中国	亚洲
D	吉林	中国	亚洲
D	镇江	中国	亚洲
D	连云港	中国	亚洲
D	潍坊	中国	亚洲
D	惠州	中国	亚洲
D	绵阳	中国	亚洲
D	安阳	中国	亚洲
D	盐城	中国	亚洲
D	汕头	中国	亚洲
D	唐山	中国	亚洲
D	泉州	中国	亚洲
D	西宁	中国	亚洲
D	嘉兴	中国	亚洲
D	淄博	中国	亚洲
D	威海	中国	亚洲
D	邯郸	中国	亚洲
D	台南	中国	亚洲
D	襄阳	中国	亚洲

注：D 等级城市数量较多，故只选取其 25 个城市作为代表。下同。

资料来源：本报告研究整理。

（五）E 等城市构成及其特征

E 等城市亟须提升集聚度、联系度以及硬度、软度。E + 等级城市数量为 141。从表 8 – 35 可以看出，E + 等级城市主要包括宝鸡、宿迁、黄石、赤峰等。从特征方面来看，E+等级城市均属于低集聚低联系类型；从软硬度来看，均属于弱硬弱软类型。说明 E+等级城市亟须提高其集聚度与联系度、硬度与软度。

表 8–35   E+等级城市

城市等级	城市	国家	大洲
E+	宝鸡	中国	亚洲
E+	宿迁	中国	亚洲
E+	黄石	中国	亚洲
E+	赤峰	中国	亚洲
E+	黄冈	中国	亚洲
E+	荆州	中国	亚洲
E+	清远	中国	亚洲
E+	钦州	中国	亚洲
E+	泰安	中国	亚洲
E+	丽江	中国	亚洲
E+	遂宁	中国	亚洲
E+	娄底	中国	亚洲
E+	莆田	中国	亚洲
E+	承德	中国	亚洲
E+	日照	中国	亚洲
E+	龙岩	中国	亚洲
E+	汉中	中国	亚洲
E+	克拉玛依	中国	亚洲
E+	鄂尔多斯	中国	亚洲
E+	眉山	中国	亚洲
E+	枣庄	中国	亚洲
E+	晋中	中国	亚洲
E+	丹东	中国	亚洲
E+	张家界	中国	亚洲
E+	梅州	中国	亚洲

资料来源：本报告研究整理。

从表 8 - 36 可以看出，E 等级城市数量为 2，鹤岗和辽源。从特征方面来看，E 等级城市所有都属于低集聚低联系类型；从软硬度来看，均属于弱硬弱软类型。说明 E 等级城市亟须加强其集聚度与联系度、硬度与软度。

表 8 - 36   E 等级城市

城市等级	城市	国家	大洲
E	鹤岗	中国	亚洲
E	辽源	中国	亚洲

资料来源：本报告研究整理。

附　　录

城市竞争力评估理论与方法

城市在发展过程中，需要以自身要素禀赋与空间环境为基础并形成内部组织效率与外部经济优势，通过吸引、控制转化资源，通过占领和控制市场，更多、更广和更快地创造价值，以及获取各种资源租金，不断和最大限度地为其居民提供福利的能力大小，即为城市的竞争力水平。

从时间和层次看，城市竞争力可以分为短期竞争力和长期竞争力。短期竞争力是利用直接的要素和环境创造当前财富的能力，长期竞争力是利用基础的要素和环境可持续地创造财富提供效用的能力。从短期看，经济竞争力的构成就是城市的营商环境；从长期看，永续竞争力的构成就是城市的生活环境。而两者的关系如图1。

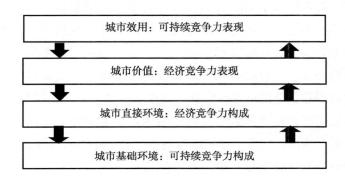

图1　城市经济竞争力与可持续竞争力的关系

资料来源：本报告研究整理。

在此基础上，本报告拟构建如下的城市竞争力模型：城市可持续竞争力通过经济竞争力的解释变量决定城市经济竞争力，城市经济竞争力进一步通过经济竞争力的解释变量影响城市的可持续竞争力。

一 城市经济竞争力

（一）城市经济竞争力决定机制与定义

城市是一个由人、私人部门、准公共部门、公共部门的一个非正式的开放的组织。在城市里，企业组织其员工创造并提供私人产品及服务给当地和外部市场，公共部门组织员工创造并提供地方化的公共产品及服务，它们共同构成相对独立的城市空间内的一个综合体。

单一城市竞争力决定：事实上，一个企业的业务选择，决定于其所处区位的环境状况，而企业的业务选择也决定企业创造附加值的高低。在一个城市里，其当地要素环境以及可以有效利用的外部环境，决定着城市的产业体系（包括产业和产业环节）的规模、结构和效率，而产业体系的状况又决定城市价值创造状况。而一个城市企业群的运营各环节的影响因素的组合状况，决定企业群的产业体系选择，决定企业群创造附加值的高低。

全球城市竞争力比较：在全球一体化的背景下，全球范围内有着众多的城市地区，不同城市在主体素质和要素环境方面禀赋不同、成本有异，接近和利用城市外部的要素环境距离和成本也是不同的。在开放经济体系下，要素环境不同所引起的城市间比较优势差异，导致城市区域间的产业差异和分工，决定对应的城市的产业体系的规模、层次、结构和效率千差万别，进而城市创造价值的也很不相同。如果从企业看，一个全球化的公司可能根据全球不同城市的要素环境状况来布局其全球产业链，进而形成企业的全球价值链；如果从城市看，在全球城市体系下，由全球各城市要素环境体系状况构成的体系，决定着全球城市的产业网络体系，而全球城市间的产业网络体系决定着全球价值链体系。

全球竞争及格局变化：由于城市间人口、企业和一些重要的生产要素是可移动的，城市要素环境差异主体导致潜在收益的差异。因此，相关城市之间不仅进行着分工、合作与贸易，也进行着复杂多样的竞争。城市竞争导致资源、要素在城市间遵循主体利益最大化的原则而流动和配置，经济体系趋向包括城市空间均衡在内的一般均衡态势。但是，由于城市之间的要素与环境以及主体素质的变化，会引起资源、要素与产业在空间上的重新配置，原有一般均衡的进程常常被打断，并趋向新的均衡。

图 2 简化地显示：A 城市通过吸引 B、C 的要素、产业甚至财富，通过利用 B、C 的要素环境及其与 B、C 城市的产业合作，形成 A 城开放的要素环境体系，培育开放的产业体系，创造 A 城的价值体系，形成 A 城的城市竞争力；A 城的价值体系、产业体系也是在全球竞争中，反过来影响自身的要素系统。B、C 亦如此。

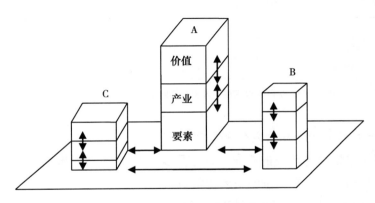

图 2　城市经济竞争力决定机制

在城市间在要素环境、产业体系、价值收益的合作和竞争中，通过要素环境、产业体系与价值收益的决定与反作用中，众多城市的竞争力被同时共同决定，且格局不断变化。

按照城市竞争与发展机制，一个城市的全球竞争力可以理解为城市在合作、竞争和发展过程中，与其他城市相比较所具有的吸引、争夺、拥有、控制、转化资源和争夺、占领、控制市场，更多、更快、更有效率、更可持续地创造价值，为其居民提供福利的能力。

按照机制与定义，可以将城市经济竞争力区分为显示（表现或产出）竞争力和构成（解释或投入）竞争力。对于城市的经济竞争力，一方面，从投入的角度看，各城市的要素和环境是有很大差异的，另一方面，从产出的角度看，各城市的产出即创造的价值都是可以用统一标准比较的。

（二）城市经济竞争力显示性框架与指标体系

根据上述定义，从显示或产出的角度看，竞争力主要表现为一个城市在其空间范围内，创造价值、获取经济租金的规模、水平和增长速度。根据指标最小化原则，经济密度（地均 GDP）是创造价值的效率和水平的恰当指标，而经济增量（当年 GDP 与上一年 GDP 的差，考虑到数据平稳性，以过去 GDP 五年增量平均值为宜）是创造价值的规模和增速的恰当指标。采用这两个指标可以合成一个较为合适反映经济竞争力被解释变量的指数。

表1　　　　　　　　　全球城市经济竞争力显示性指标体系

指标名称	具体指标	数据来源
经济增量	1.1 GDP 增量	EIU
经济密度	1.2 地均 GDP	EIU

资料来源：中国社会科学院城市与竞争力中心数据库。

（三）城市经济竞争力解释性框架

基于要素综合环境的视角，借鉴国民经济循环理论模型，本文建立了一个包括 6 个潜在变量的城市竞争力模型：

$$GUEC_J = \beta LF_J + \gamma LE_J + \delta SE_J + \varepsilon HE_J + \epsilon GC_J + \alpha IQ_J$$

在上式中，$GUEC_J$ 是全球经济竞争力，LF 是当地要素，具体包括人才、科技和金融要素，是城市竞争与发展的主体力量，是决定竞争力的推动力量；LE 即生活环境实际是指当地的需求，反映了当地市场需求大小和消费能力，是对城市竞争力的拉动力量；HE 为城市硬环境包括基础设施和生态环境等，是营商的基本条件，决定营商的便利性；SE 是城市软环境包括制度、文化以及社会安全，影响城市生产和交易的成本；GC 为全球联系，包含了城市与外部的软硬各方面的联系，决定着城市利用外部要素和需求的能力；IQ 主要指城市企业素质即由城市整体企业及产业状况，包括大企业和产业集群状况，企业和产业是城市发展和竞争的主体。共 6 个潜变量。这些变量对城市竞争力的贡献和作用方式不同，但是每个均不可或缺。

这个模型以企业（产业）主体为中心，以主体内外联系为主线，以主体交往制度为基础，以主体供求为内容，综合了影响竞争力的：主体与环境、供给与需求、存量与增量、软件与硬件、内部与外等多维因素。

以上6个潜变量是指6方面，每个方面均容纳许多具体的城市竞争力因素。按照抓住关键因素，以及数据可得性等原则，本报告选择6个方面35个指标，构建城市竞争力解释性指标体系（见表2）。

表2　　　　　全球城市经济竞争力解释性指标体系

一级指标	二级指标	指标内容	数据来源
1. 当地要素	1.1 融资便利度	营商环境报告之信贷可得性指标经城市修正	世界银行
	1.2 交易所指数	交易所交易额数据计算	网站查取
	1.3 论文指数	发表论文数量	网站查取
	1.4 专利指数	专利数量	网站查取
	1.5 青年人口比例	青年（20—29岁）人口占比	EIU 数据计算
	1.6 劳动力总数	劳动人口（15—59岁）总数	EIU 数据计算
2. 生活环境	2.1 遗产保护	博物馆数量	地图爬虫数据
	2.2 医疗健康	人均医疗机构数量	地图爬虫数据
	2.3 气候舒适度	气温、降水、灾害天气、能见度4项指标打分合成计算	提取数据（tf）
	2.4 环境污染度	PM2.5、人均 CO_2 排放量、人均 SO_2 排放量3项指标打分合成计算	提取数据（tf）
	2.5 生态多样性	森林、湖泊、绿地、湿地等10种地貌综合面积	提取数据（tf）
	2.6 生活成本	房价收入比	Numbeo 网站查询
	2.7 高尔夫球场	高尔夫球场数量	地图爬虫数据
3. 软件环境	3.1 社会安全	犯罪率数据	Numbeo 网站查询
	3.2 经济自由度	经济自由度指数经城市修正	经济自由度报告
	3.3 文化包容度	星巴克、麦当劳、沃尔玛数量计算	地图爬虫数据
	3.4 产权保护度	国际产权保护报告经城市修正	国际产权保护报告
	3.5 知识密度	图书馆数量/城市面积	地图爬虫数据
	3.6 经商便利度	世界银行营商环境指数经城市经商便利度话题舆情爬虫数据调整	世界银行网络爬虫数据

一级指标	二级指标	指标内容	数据来源
4. 硬件环境	4.1 交通拥挤程度	Numbeo 交通数据经城市交通话题舆情爬虫数据调整	Numbeo 网络爬虫数据
	4.2 电力充沛度	夜间灯光数据计算	夜间灯光地图
	4.3 信息获取便利度	网速	爬虫
	4.4 航运便利度	距离 100 大港距离	网站查取计算
	4.5 机场指数	机场基础设施综合评分	提取数据（tf）
	4.6 自然灾害指数	根据 6 种自然灾害的历史数据计算得出	哥伦比亚大学世界银行
5. 全球联系	5.1 航空线数	机场航班数量	网站查取计算
	5.2 信息联系度	谷歌趋势和百度趋势	网络爬虫数据
	5.3 科研联系度	合作论文发表数量 - 联系度计算	爬虫计算
	5.4 金融企业联系度	75 家金融类跨国公司分布—联系度计算	网站查取计算
	5.5 科技企业联系	25 家科技类跨国公司分布—联系度计算	网站查取计算
6. 产业素质	6.1 跨国银行	银行 1000 强企业总部分布—集聚度计算	网站查取
	6.2 跨国科技企业	科技 1000 强企业总部分布—集聚度计算	网站查取
	6.3 跨国公司	福布斯 2000 家跨国公司分布—集聚度计算	网站查取计算
	6.4 劳动生产率	GDP/劳动人口（15—59 岁）	EIU 数据计算
	6.5 大学指数	各城市排名最好大学分类打分并经城市大学数量调整	网站查取地图爬虫数据

资料来源：中国社会科学院城市与竞争力中心数据库。

二 城市可持续竞争力

（一）城市可持续竞争力决定机制与定义

城市可持续竞争力的决定机制与城市经济竞争力的决定机制基本相同，所不同的是可持续竞争力是长期机制而经济竞争力是短期机制，因此，决定可持续竞争力的因素和环境更加基础和间接，表现城市可持续竞争力的结果更加顶层和直接（见图3）。

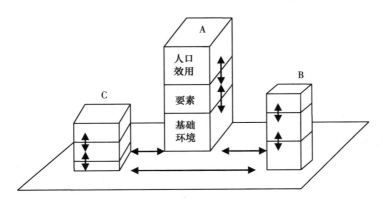

图3　城市可持续竞争力决定机制

城市可持续竞争力是指一个城市提升自身在经济、社会、生态、创新、全球联系等方面的优势，并寻求系统优化，以持续满足公民复杂而高级的福利效用的能力。

按照机制与定义，可以将城市可持续竞争力区分为显示（表现或产出）竞争力和构成（解释或投入）竞争力。对于城市的可持续竞争力，一方面，从投入的角度看，是更具长期意义决定未来发展与竞争的基础环境，另一方面，从产出的角度看，是更具长期意义表现未来竞争与发展的人口状况。

（二）城市可持续竞争力显示性框架与指标体系

根据可持续的定义，从显示或产出的角度看，可持续竞争力主要表现为一个城市在其空间范围内，居民获得福利效用的规模、水平和增长。根据指标最小化原则，高端人口密度（地均人口数量）是高福利效用的恰当指标，而高端人口增量（或者高端人口规模及人口增长率，考虑到数据平稳性，以过去GDP五年平均值为宜）是创造效用的规模和增速的恰当指标。采用这两项指标可以合成一个较为合适反映可持续竞争力被解释变量的指数。

表3 全球可持续竞争力显示性指标体系

指标名称	具体指标	数据来源
人才增量	1.1 高收入人口年增长指数	EIU
人才密度	1.2 地均高收入人口指数	EIU

资料来源：中国社会科学院城市与竞争力中心数据库。

（三）城市可持续竞争力解释性概念框架与指标体系

按照上述机制和定义，一个具有可持续竞争力的城市应该是：充满活力的营商城市；创新驱动的知识城市；社会包容的和谐城市；环境友好的生态城市；全球联系的国际城市。据此构建了一个包括5个解释变量的城市可持续竞争力模型：

$$GUSC_J = \alpha EV_J + \gamma ER_J + \delta SC_J + \beta TI_J + \epsilon EC_J$$

其中，$GUSC_J$，EV_J，ER_J，SC_J，TI_J，EC_J，分别表示城市的全球可持续竞争力、经济活力、环境韧性、社会包容、科技创新和对外联系。经济活力主要指创业环境和创业绩效，经济活力是可持续竞争力的基础。环境韧性包括生态环境和基础设施，是城市实现可持续发展的硬件基础。社会包容包含安全、信任、包容和秩序等各种软环境，体现了城市社会动员和社会整合能力，是城市实现可持续发展的软件基础。科技创新主要指创新氛围和创新条件，它是城市发展最终的动力源泉和不竭动力。对外联系决定城市利用和影响全球的程度。

以上5个潜变量是指5个方面，每个方面均容纳许多具体的城市竞争力因素。按照抓住关键因素，以及数据可得性等原则，选择5个方面28个指标，构建城市可持续竞争力解释性指标体系（见表4）。

表4 全球可持续竞争力解释性指标体系

一级指标	二级指标	指标内容	数据来源
1. 经济活力	1.1 经商便利度	世界银行营商环境指数经城市舆情爬虫数据调整	世界银行网络爬虫数据

续表

一级指标	二级指标	指标内容	数据来源
1. 经济活力	1.2 产权保护度	国际产权保护度报告经城市修正	国际产权保护度报告
	1.3 青年人口占比	青年（20—29 岁）人口占比	EIU 数据计算
	1.4 经济密度增长	经济密度（GDP/面积）5 年变化量	EIU 数据计算
	1.5 劳动生产率	GDP/劳动人口（15—59 岁）	EIU 数据计算
2. 环境韧性	2.1 交通拥挤程度	网络舆情分析	网络爬虫数据
	2.2 电力充沛度	夜间灯光数据计算	提取数据（tf）
	2.3 生态多样性	森林、湖泊、绿地、湿地等 10 中地貌综合面积	提取数据（tf）
	2.4 气候舒适度	气温、降水、灾害天气、能见度 4 项指标打分合成计算	提取数据（tf）
	2.5 环境污染度	PM2.5、人均 CO_2 排放量、人均 SO_2 排放量 3 项指标打分合成计算	提取数据（tf）
	2.6 自然灾害	根据 6 种自然灾害的历史数据计算得出	哥伦比亚大学世界银行
3. 社会包容	3.1 遗产保护	博物馆数量	地图爬虫数据
	3.2 社会安全	犯罪率数据	Numbeo 网站查询
	3.3 社会公平	基尼系数	网络爬虫数据
	3.4 生活成本	房价收入比	Numbeo 网站查询
	3.5 文化包容性	星巴克、麦当劳、沃尔玛数量计算	地图爬虫数据
	3.6 医疗健康	人均医疗机构数量	地图爬虫数据
4. 创新科技	4.1 专利指数	专利数量	网站查取计算
	4.2 论文指数	发表论文数量	网站查取计算
	4.3 科技企业数	科技企业总部分布	网站查取计算
	4.4 大学指数	各城市排名最好大学分类打分并经城市大学数量调整	网站查取计算地图爬虫数据
	4.5 知识密度	图书馆数量/城市面积	地图爬虫数据
5. 对外联系	5.1 企业联系度	跨国公司联系度	网站查取计算
	5.2 信息联系度	谷歌趋势和百度趋势	爬虫
	5.3 信息获取便利度	网速	爬虫
	5.4 航运便利度	距离 100 大港距离	网站查取计算

一级指标	二级指标	指标内容	数据来源
5. 对外联系	5.5 航空线数	机场航班数量	网站查取计算
	5.6 科研联系度	合作论文发表数量—联系度计算	爬虫计算

资料来源：中国社会科学院城市与竞争力中心数据库。

三 样本选择与样本分层

（一）城市定义

经济学中的城市是指具有相当面积、经济活动和住户集中，以致在私人企业和公共部门产生规模经济的连片地理区域，现代城市通常指一个都市化成都较高的居民集聚区。当然，不同国家和地区根据不同需求将城市界定为不同的定义。根据本报告的研究需要，项目组将城市定义为以中心城市为核心，并向外围辐射构成城市的结合区域。因此，本项目组的定义强调都市圈（Metro）意义上的城市，而非行政区意义上的城市。需要说明的是，基于数据的可得性，在部分样本城市仅有行政区层面统计数据如中国等，若非特别说明，本文样本城市均为都市圈统计口径的城市。

（二）样本城市

样本城市的确定是开展全球城市经济竞争力和可持续竞争力研究的基础。为力保证样本城市具有广泛性和典型性，本项目研究的样本城市以联合国经济与事务部 2015 年发布的《世界城市化展望》为基础，剔除了城市人口小于 50 万的样本，同时结合中国和个别国家的具体情况，最终选择 1006 个城市作为研究对象。就空间分布而言，本项目的样本共涉及 6 大洲 135 个国家和地区共 1006 个城市。具体大洲、国家和城市为：北美 11 个国家共 131 个城市，大洋洲 2 个国家共 7 个城市，非洲 39 个国家共 102 个城市，南美 11 个国家共 75 个城市，欧洲 29 个国家共 127 个城市，亚洲 43 个国家共 564 个城市。这 1006 个城市基本覆盖了当今全球不同经济领域和不同经济发展水平的城市，具体样本城市和所属国家可参见第一章经济竞争力和可持续竞争力的排名部分。

（三）数据来源

全球城市竞争力研究是一个对数据质量和数量都要求很高的研究项

目。课题组专门成立数据收集小组和 AI 及大数据研究团队,从 2019 年 4 月就开始工作,经过了近半年反反复复的搜索与整理,获得了较为理想的指标覆盖度。本次国际城市竞争力指标体系所使用的指标数据主要有四个来源,包括各国政府统计机构,国际性统计机构,国际性研究机构或公司的主题报告和调查数据,通过网络爬虫抓取大数据。数据资料的具体来源情况和指数解释附录指标体系。

四　竞争力指数的计算方法

（一）指标数据标准化方法

城市竞争力各项指标数据的量纲不同,首先应对所有指标数据都必须进行无量纲化处理。客观指标分为单一客观指标和综合客观指标。对于单一性客观指标原始数据无量纲处理,本文主要采取标准化、指数化、阈值法和百分比等级法四种方法。

标准化计算公式为:$X_i = \dfrac{(x_i - \bar{x})}{Q^2}$,$X_i$ 为 x_i 转换后的值,x_i 为原始数据,$\bar{x}$ 为平均值,Q^2 为方差,X_i 为标准化后数据。

指数法的计算公式为:$X_i = \dfrac{x_i}{x_{0i}}$,$X_i$ 为 x_i 转换后的值,x_i 为原始值,x_{0i} 为最大值,X_i 为指数。

阈值法的计算公式为:$X_i = \dfrac{(x_i - x_{Min})}{(x_{Max} - x_{Min})}$,$X_i$ 为 x_i 转换后的值,x_i 为原始值,x_{Max} 为最大样本值,x_{Min} 为最小样本值。

百分比等级法的计算公式为:$X_i = \dfrac{n_i}{(n_i + N_i)}$,$X_i$ 为 x_i 转换后的值,x_i 为原始值,n_i 为小于 x_i 的样本值数量,N_i 为除 x_i 外大于等于 x_i 的样本值数量。

综合客观指标原始数据的无量纲化处理是:先对构成中的各单个指标进行量化处理,再用等权法加权求得综合的指标值。

（二）城市竞争力变量的计算方法

1. 经济竞争力与可持续竞争力显示性的变量计算方法

关于城市的综合经济密度:考虑到地均 GDP 的误差,用当年的人均

GDP 作为修正系数，进行非线性的加权综合法修正。所谓非线性加权综合法（或"乘法"合成法）是指应用非线性模型 $g = \Pi x_j^{w_j}$ 来进行综合评价的。式中 w_j 为权重系数，x_j 表示相关指标。

关于城市的综合经济增量：考虑到经济增长的波动性，采用样本城市过去连续 5 年当年与上一年 GDP 的均值来表示。

关于城市的综合人口密度：考虑到地均高收入人口数的误差，用当年的人均 GDP 作为修正系数，进行非线性的加权综合法修正。所谓非线性加权综合法（或"乘法"合成法）是指应用非线性模型 $g = \Pi x_j^{w_j}$ 来进行综合评价的。式中 w_j 为权重系数，x_j 表示相关指标。

关于城市的综合人口增量：考虑到人口增长的波动性以及人口负增长，采用样本城市基期人口规模和过去连续 5 年人口增长率标准化后的合成指数。

2. 经济竞争力与可持续竞争力的解释性变量计算方法

尽管报告设计的解释性城市竞争力的指标为二级指标，实际上包括原始指标在内，解释性城市竞争力的指标为三级，在三级指标合成二级指标和二级指标合成一级指标时，采用先标准化再等权相加的办法，标准化方法如前所述。其公式为：

$$z_{il} = \sum_j z_{ilj}$$

其中，z_{il} 表示各二级指标，z_{ilj} 表示各三级指标。

$$Z_i = \sum_l z_{il}$$

其中，Z_i 表示各一级指标，z_{il} 表示各二级指标。

五　特别说明

全球城市竞争力评估体系是在倪鹏飞博士《中国城市竞争力报告》研究模型的基础上，结合世界城市发展的最新趋势而做出的。但是，全球竞争力评估体系和测算方法与《中国城市竞争力报告》有所不同。

参考文献

Ashton, T. S. , 2005, *An Economic History of England: the 18th Century*, Routledge.

Behrens, K. , G. Duranton, F. Robert – Nicoud, 2014, "Productive Cities: Sorting, Selection, and Agglomeration", *Journal of Political Economy*, Vol. 122, No. 3.

Bouchet, M. , S. Liu, J. Parilla, N. Kabbani, 2018, *Global Metro Monitor*, Washington, DC: Brookings Institution.

Castells, M. , 1996, *The Rise of the Network Society*, Malden, MA: Blackwell.

Cheeseman, N. , D. Burbidge, 2016, "Principles of Municipal finance", in M. Kamiya and L. Y. Zhang, eds. *Finance for City Leaders Handbook: Improving Municipal Finances to Deliver Better Services*, Nairobi: UN – Habitat.

Commendatore, P. , I. Kubin, P. Mossay, I. Sushko, 2017, "The Role of Centrality and Market Size in a Four – Region Asymmetric New Economic Geography Model", *Journal of Evolutionary Economics*, Vol. 27, No. 5.

Davis, D. R. , J. I. Dingel, 2014, "The Comparative Advantage of Cities", *Journal of International Economics*, Vol. 123.

Derudder, B. , F. Witlox, 2008, "Mapping World City Networks Through Airline Flows: Context, Relevance, and Problems", *Journal of Transport Geography*, Vol. 16, No. 5.

Derudder, Witlox, Catalano, 2003, "Hierarchical Tendencies and Regional Patterns in the World City Network: a Global Urban Analysis of 234 Cities", *Regional Studies*, Vol. 37, No. 9.

Dobbs, R. et al. , 2013, *Infrastructure Productivity: How to Save $1 Trillion a*

Year, New York: McKinsey Global Institute.

Duranton, G. , D. Puga, 2001, "Nursery Cities: Urban Diversity, Process Innovation, and the Life Cycle of Products", *American Economic Review*, Vol. 91, No. 5.

Duranton, G. , D. Puga, 2005, "From Sectoral to Functional Urban Specialisation", *Journal of Urban Economics*, Vol. 57, No. 2.

Esparza, A. X. , A. J. Krmenec, 2000, "Large City Interaction in the US Urban System", *Urban Studies*, Vol. 37, No. 4.

Friedmann, J. , 1986, "The World City Hypothesis", *Development and Change*, Vol. 17, No. 1.

Fujita, M. , H. Ogawa, 1982, "Multiple Equilibria and Structural Transition of non – Monocentric Urban Configurations", *Regional Science and Urban Economics*, Vol. 12, No. 2.

Fujita, M. , P. Krugman, 1995, "When is the Economy Monocentric?: vonThünen and Chamberlin Unified", *Regional Science and Urban Economics*, Vol. 25, No. 4.

Fujita, M. , P. Krugman, T. Mori, 1999, "On the Evolution of Hierarchical Urban Systems", *European Economic Review*, Vol. 43, No. 2.

Henderson, J. V. , 1974, "The Sizes and Types of Cities", *American Economic Review*, Vol. 64, No. 4.

Jung, W. S. , F. Wang, H. E. Stanley, 2008, "Gravity Model in the Korean Highway," *EPL (Europhysics Letters)*, Vol. 81, No. 4.

Peterson, E. R. et al. , 2018, *Global Cities Report: Learning from the East: Insights from China's Urban Success*, Chicago: A. T. Kearney.

Sassen, S. , 1991, *The Global City: New York, London, Tokyo*, Princeton, NJ: Princeton.

Taylor, P. J. , 2001, "Specification of the World City Network", *Geographical Analysis*, Vol. 33, No. 2.

Zhong, C. , M. Schläpfer, S. Müller Arisona, M. Batty, C. Ratti, G. Schmitt, 2017, "Revealing Centrality in the Spatial Structure of Cities from Human Activity Patterns", *Urban Studies*, Vol. 54, No. 2.

后　　记

　　《全球城市竞争力报告（2019—2020）》由中国社会科学院财经战略研究院倪鹏飞博士与联合国人类住区规划署马尔科·卡米亚（Marco Kamiya）牵头，数十家国际国内著名高校、权威统计部门、企业研发机构的近百名专家共同参与，历经整整一年，进行理论和调查、计量和案例等经验研究而形成的成果。《全球城市竞争力报告（2019—2020）》的基础理论、指标体系、研究框架和重要结论主要由主编倪鹏飞博士与马尔科·卡米亚做出。副主编郭靖（中国社会科学院大学）负责报告的数据采集、具体计算、资料汇总、部分可持续竞争力报告撰写和协调调度等工作。

　　关于城市竞争力，本次报告将其分为经济竞争力和可持续竞争力两个部分，并分别设计了不同的指标体系，对全球 1006 个城市的经济竞争力和可持续竞争力分别进行了测度。本报告根据全球城市竞争力与市政融资的关系，撰写了《全球市政融资的经验与方法》的主题报告。报告的文稿是在锤炼理论、采集数据、进行计量并得出基本结论后，由执笔者撰写而成的。

　　各章的文字贡献者是：第一章：全球城市竞争力 2018—2019 年度排名，课题组集体；第二章：全球城市竞争力总体报告，倪鹏飞、李博（天津理工大学）、马洪福（天津财经大学）、徐海东（中国社会科学院财经战略研究院）；第三章：全球市政融资的经验与方法，马尔科·卡米亚（联合国人类住区规划署）、丽兹·帕特森·冈特纳（联合国人类住区规划署）、倪鹏飞；第四章：城市经济竞争力分析报告，龚维进（首都经济贸易大学）；第五章：城市可持续竞争力分析报告，李启航（山东财经大学）；第六章：2019 年度全球城市可持续竞争力表现，曹清峰（天津财经大学）、郭金红（南开大学经济学院）；第七章：可持续竞争力解释性指标解析，倪鹏飞、郭靖（中国社会科学院大学）、彭旭辉（中国社会科学院财经战略研究院）；第八章：城市分级的一套新的标准，课题组集体；附录：倪鹏飞、郭靖。整个报告的计量数据，由倪鹏飞领导下的课题组完成。

　　《全球城市竞争力报告（2019—2020）》和全球城市竞争力的研究得到报告顾问及诸多机构和人士真诚无私的支持。我们对所有支持和关心这项研究单位和人士表示钦佩、敬意和感谢。

倪鹏飞　马尔科·卡米亚

2020 年 11 月 03 日